# Going the Distance

Richard Bettmann · Michael Roslon
(Hrsg.)

# Going the Distance

Impulse für die interkulturelle
Qualitative Sozialforschung

 Springer VS

*Herausgeber*
Richard Bettmann
Michael Roslon

Universität Duisburg-Essen
Deutschland

ISBN 978-3-658-00870-3          ISBN 978-3-658-00871-0 (eBook)
DOI 10.1007/978-3-658-00871-0

Die Deutsche Nationalbibliothek verzeichnet diese Publikation in der Deutschen Natio-
nalbibliografie; detaillierte bibliografische Daten sind im Internet über http://dnb.d-nb.de
abrufbar.

Springer VS
© Springer Fachmedien Wiesbaden 2013

Springer VS ist eine Marke von Springer DE. Springer DE ist Teil der Fachverlagsgruppe
Springer Science+Business Media.
www.springer-vs.de

# Inhalt

## Die Annäherung an das Feld

## Das Problem der Zwei- und Dreisprachigkeit, das Problem der doppelten Differenz in der Moderne und die Auswertung der erhobenen Daten

## Interkultur als Forschungsgegenstand

# Going the Distance
## Impulse für die interkulturelle qualitative Sozialforschung

*Richard Bettmann und Michael Roslon*

## Einleitung

Die qualitative Sozialforschung steht vor dem Problem, dass die soziale Welt in modernen Gesellschaften in ihrer Bedeutungsstruktur nicht mehr auf einem common-sense beruht. Im Zuge der Globalisierung, zunehmender Mobilität und die dadurch bedingte kulturelle Vervielfältigung der modernen Alltagswelt haben sich die Lebensformen der Menschen ausdifferenziert und damit auch die soziale Wirklichkeit. Zudem kann im Bereich der qualitativen Forschung konstatiert werden, dass Forschung vermehrt über *vormals* fest bestimmte kulturelle Grenzen hinweg betrieben wird. Demnach hat die qualitative Sozialforschung nicht mehr einen kulturell homogenen Forschungsgegenstand und endet heutzutage nicht mehr an kulturell fest bestimmbaren Grenzen. Vielen Forschenden[1] ist deutlich geworden, dass Kultur eben nicht mehr als abgeschlossene Monade aufgefasst werden kann. Die soziale Wirklichkeit wird zunehmend interkulturell und der Begriff der Interkulturalität bedarf in diesem Zusammenhang der Klärung.

## 1    Interkultur – was soll das sein?

Der Begriff der Interkultur ist in den Sozial- und Kulturwissenschaften heftig umstritten. So ist z. B. nicht klar, was unter dem lateinischen Präfix „inter", also dem Zwischen, zu verstehen ist. Auch ist nicht immer hinlänglich klar, was im Detail unter „Kultur" zu verstehen ist. Kann es ein „zwischen den Kulturen" überhaupt

---

1    Aus Gründen der besseren Lesbarkeit wird im Folgenden auf die gleichzeitige Verwendung männlicher und weiblicher Sprachformen verzichtet. Die Personenbezeichnungen beziehen sich auf beide Geschlechter.

geben? Und wie steht es um eine „[…]Denk- und Rede-Position *jenseits* der Kulturen"? (Matthes 1992: 4).

Bereits Jürgen Matthes veröffentlichte im Anschluss an ein Symposium unter dem Namen „*Jenseits* der Kulturen? Die Sozialwissenschaften vor dem Problem des Kulturvergleichs" einen viel beachteten Sammelband zum Thema Interkultur und Sozialwissenschaften unter dem Titel „Zwischen den Kulturen?" (1992). In diesem Band wurden in mehreren Beiträgen sowohl theoretische, methodologische als auch forschungspraktische Herausforderungen in der empirischen Forschung im Feld der Interkultur besprochen. Aus diesem Sammelband, der für unsere Beschäftigung mit dem Thema Interkultur richtungsweisend war und ist, haben wir die Gedanken des ersten Absatzes für die Entfaltung unserer Argumentationen einführend entnommen.

Aber was soll nun im Folgenden darunter zu verstehen sein, wenn wir von Interkultur sprechen?

Im Kontext qualitativer Forschung betrachten wir Interkultur, in Anlehnung an Wittgenstein, als einen Begriff mit unscharfen Rändern (Wittgenstein 1977). Im weitesten Sinne verstehen wir unter Interkultur ein Zusammen- und Aufeinandertreffen divergenter Deutungsmuster, Wissensbestände und Handlungsweisen. Dieses Zusammen- und Aufeinandertreffen divergenter Deutungsmuster und Wissensbestände sorgt für einen besonderen Typus der Interaktion. Beteiligte an eben solchen interaktiven Geschehen sind mehr als in anderen Situationen dazu aufgefordert, ihre divergenten Routinen a) zu hinterfragen und b) relational miteinander in Beziehung zu setzen, wenn sie unter pragmatischen Gesichtspunkten daran interessiert sind, (gelingende) Verständigung aufzubauen. In der interkulturellen Kommunikation kann die Reziprozität der Perspektiven (Schütz/ Luckmann 2003: 99 f.) nicht mehr hinlänglich unterstellt werden, bzw. nicht mehr in dem Maße, wie es in der intrakulturellen Kommunikation (zumindest fiktional) möglich ist. Daraus ergibt sich für die Interaktanten in interkulturellen Kommunikationssituationen, also auch für empirisch Forschende, das Problem, dass diese – mehr als in anderen Interaktionszusammenhängen – nach dem Aufbau kommunikationstechnischer Verbindungsbrücken suchen müssen und dafür mehr Aufwand betreiben, als dies in der sogenannten intrakulturellen Interaktion der Fall ist. Da interkulturelle Handlungs- bzw. Kommunikationsprozesse in modernen Gesellschaften zunehmen, nehmen auch die alltäglichen interkulturellen Interaktionen zu. Damit wird Interkultur unweigerlich nicht nur zu einer Herausforderung für den modernen Alltagsmenschen. Auch für die qualitative Sozialforschung wird Interkultur zunehmend zur Aufgabe. Dies konkretisiert sich z. B. wenn Forschung über nationale Grenzen hinweg betrieben wird, wenn innerhalb nationaler Grenzen kulturell fremde Milieus erforscht werden oder das Forscherteam selbst interkulturell zusammengesetzt ist – oder alles zusammenfällt.

Unter den durch Globalisierung bedingten, hiesigen Transformationsprozessen der Alltagswelt wird Interkultur zunehmend zu einer allzu alltäglichen Alltäglichkeit. Da die sichere Vertrautheit im Deckmantel eines common-sense zunehmend schwindet, schwindet auch unsere ad-hoc Verstehbarkeit gegenüber der sozialen Welt. In diesem Verschwinden entdecken wir aber auch Neues: wir alle werden in einer nie dagewesenen Weise mit dem Fremden konfrontiert. Diese Konfrontation fordert uns dazu auf, unser Eigenes und unsere Vertrautheit mit den Dingen hinlänglich und gründlich zu prüfen. Durch diese damit eingewobene „Befremdung der eigenen Kultur" (Hirschauer/Amann 1997) wird auch und insbesondere das Eigene zunehmend unvertraut. Dieser Modus sorgt dann dafür, dass interkulturelle Kommunikationsprozesse nicht mehr präzise von intrakulturellen Kommunikationsprozessen getrennt betrachtet werden können. Beides sind – in modernen Alltagswelten – Pole auf einem gleitendem Spektrum (Schröer 2009). Empirisch stellt dies die hermeneutisch arbeitenden Forscher vor ein zentrales Problem: Wenn interkulturelle Verständigungsprozesse nicht mehr konturenscharf von intrakulturellen Kommunikationsprozessen unterschieden werden können, gerade weil die Grenzen zwischen diesen Polen zunehmend verwischen, stellt sich die Frage, wie damit in der konkreten empirischen Forschung umgegangen werden sollte?

Bis dato verfügt die qualitative Sozialforschung noch nicht über geeignete Methoden, um Interkulturalität adäquat und umfassend zu erforschen. Auf methodischer und methodologischer Ebene tauchen in dem oben skizzierten Zusammenhang also völlig neue Fragen für die qualitative Forschung auf.

Vor diesen offensichtlichen Entwicklungen stehen alle Forscher vor der Herausforderung, Methoden, Theorien und Methodologien, im Kontext interkultureller Forschungsunternehmungen, neu zu diskutieren.

Begibt man sich in das Dickicht dieser Forschung wird deutlich, dass sich bereits mehrere Forscher mit interkulturellen Herausforderungen an bestimmten Stellen im Forschungsprozess konfrontiert gesehen und sich damit beschäftigt haben. Ausgangspunkt dieser Unternehmungen sind zumeist bekannte methodische Verfahren, die im Kontext interkultureller Forschung situativ modifiziert und dem Gegenstand anverwandelt werden.

Konkret handelt es sich dabei in den meisten Fällen um Zugangsschwierigkeiten zum Feld, um Probleme mit dem gewählten Datenerhebungsinstrument, um die Datenaufbereitung für eine angemessene Interpretation und letztendlich um die adäquate Auswertung der Daten.

Schon die so entworfene Problemskizze ist recht reichhaltig und legt nahe, dass nicht alle auftretenden Probleme und Lösungswege in einem Sammelband vollständig behandelt werden können. Das ist auch nicht das Ziel. Der Band hat das Ziel, dem Leser erlebnisnahe Berichte über Probleme und Herausforderungen und erprobte Verfahrenswege aus der interkulturellen Forschungspraxis zur Diskussion zu stellen. Der vorliegende Sammelband legt seinen Schwerpunkt somit auf die konkrete interkulturelle Forschungspraxis und zwar überwiegend aus einer qualitativ kommunikationssoziologischen Perspektive.

Um nun diese neue allzu alltägliche interkulturelle Alltäglichkeit möglichst adäquat untersuchen zu können, wird vom Forschenden Wissenschaftlichkeit einerseits und Kreativität andererseits abverlangt. Hier gilt es für den Forscher, die volle Distanz zu gehen. Dies bedeutet nicht nur, das aus der qualitativen Sozialforschung bekannte Repertoire der Forschungsmethoden auszuschöpfen. *Going the Distance* bedeutet ebenso, im interkulturellen Forschungsprozess und je nach situativen Erfordernissen, die methodischen Verfahren und Erkenntniswege kritisch zu hinterfragen und ggf. kreativ umzuformen. Ähnlich wurde dieses Thema in dem hervorragenden und von Gabriele Cappai herausgegebenen Sammelband zum Thema „Forschen unter Bedingungen kultureller Fremdheit" diskutiert (Cappai 2007). Auch der Sammelband von Gabriele Cappai, Shingo Shimada und Jürgen Straub (2010) unter dem Titel „Interpretative Sozialforschung und Kulturanalyse. Hermeneutik und die komparative Analyse kulturellen Handelns" hat uns sehr dabei geholfen, einen tieferen Einblick in die Herausforderung qualitativer interkultureller Forschung zu gewinnen. Auch der kürzlich erschienene Sammelband von Kruse et al. (2012) unter dem Titel „Qualitative Interviewforschung in und mit fremden Sprachen" geht besonders sensibel auf dieses Thema ein.

Bevor wir nun dazu übergehen, die einzelnen Beiträge vorzustellen, die auf diese Problematiken eingehen, möchten wir vorerst den Versuch unternehmen, eine Antwort auf die Frage zu gewinnen, was genau die Frage ist, auf die die Aufruhe im Bereich der qualitativen Sozialforschung im Kontext der Interkultur die Antwort ist? Wie kann es überhaupt sein, dass es innerhalb der Community qualitativ Forschender zu dieser Diskussion gekommen ist?[2]

---

2   Mit den folgenden Ausführungen erheben wir keinen Anspruch auf Vollständigkeit. Auch beanspruchen wir nicht, jeden einzelnen von uns angerissen Aspekt konturenscharf ausgearbeitet zu haben. Es geht uns lediglich darum, einige gesellschaftliche Entwicklungswege aufzuweisen, die unserer Ansicht nach zu den Irritationen im Feld der qualitativen Forschung beigetragen haben.

Um dieser Frage zumindest einleitend entgegenzukommen, wird das in der interkulturellen Forschung unumgängliche Thema des Ethnozentrismus diskutiert. Anschließend werden in gebotener Kürze vier Diskussionsstränge vorgestellt, die einen Einfluss auf die Ausübung qualitativer Sozialforschung haben: die zunehmende Ausdifferenzierung moderner Gesellschaften, Globalisierung und Glokalisierung, die Entwicklung vom common-sense hin zum diverse-sense, und die prozessuale Wandlung der kulturellen Homogenität zur kulturellen Heterogenität. Abschließend wird der Aspekt der Improvisation als notwendiger Bestandteil interkultureller Sozialforschung dargestellt.

## 2    Der Ethnozentrismusvorwurf

Wann immer man interkulturelle Forschung betreibt, muss man sich mit der Ethnozentrismusdiskussion auseinandersetzen (dazu Brocker/Nau 1997). Ethnozentrismus bedeutet, dass eine Gruppe ihre Normen, Werte und Erkenntniswege über die einer anderen Gruppe stellt. Da die meisten qualitativen Methoden in Bezug auf die Datenerhebung als auch in Bezug auf die Datenanalyse in Europa und in den USA/Kanada entwickelt worden sind, können sie sich dem Verdacht des Ethnozentrismus nicht gänzlich entziehen. Geht man nun davon aus, dass nicht nur der Inhalt eines Themas sondern auch der Zugriff auf eines (die Methode) kulturell geprägt ist, dann liegt es nahe, den Verdacht zu äußern, dass man mittels unreflektierter Anwendung methodischer Verfahren im interkulturellen Forschungskontext eine ethnozentristische Subsumption betreibt. Darunter verstehen wir Folgendes: Nutzt der Forscher nur bereits bekannte Datenerhebungs- und Analyseverfahren in unreflektierter Manier, dann wird das zu erforschende Fremde unter die eigenen kulturellen Codierungen subsumiert. So läuft man Gefahr, dass das zu erforschende Fremde, mittels des Zugriffs durch die herkömmlichen Methoden der qualitativen Sozialforschung, seine kulturelle Eigenständigkeit verliert und unter einem ethnozentrischen Denken entfremdet wird.

Dem könnte man entgegen halten, dass qualitativ-hermeneutisch verfahrende Sozialforschung *immer* den Versuch unternimmt, qualitative Forschungsgegenstände zu entfremden, sich diese vertraut zu machen, weil sie im Kern darauf abzielt, zu *verstehen,* sich also Fremdes hermeneutisch anverwandelt. Da dies einen gewissen normativen Horizont berührt, ist es aus unserer Sicht angebracht, auf einige forschungspraktische Aspekte zu verweisen.

Verstehen startet nun niemals von einem Nullpunkt. Dieser Satz beinhaltet die für uns handlungsleitende Tatsache, dass es kein Jenseits der Perspektive geben kann (Honer 1989). Es gibt also keinen endlichen Fixpunkt, von dem aus interkulturelle Forschung betrieben werden kann. Vielmehr geht es um eine starke Sensibilisierung gegenüber der eigenen Position, von der aus sich der Forschende dem zu erforschenden Gegenstand oder Handlungskontext nähert, um die eigenen Werte und Normen in der Beschreibung des Fremden offenzulegen. Noch nie war das mundanphänomenologische Subjekt empirisch so notwendig, wie im Bereich der interkulturellen Forschung. So sehen wir in der interkulturellen Kommunikationsforschung die Notwendigkeit, seine eigene Perspektive auf den Gegenstand zu klären, sowie die eingeschlagenen Verfahrenswege kritisch zu hinterfragen (dazu exemplarisch Kurt 2009). Im interkulturellen Forschungskontext muss also nicht nur der fremde Handlungskontext erforscht werden. Auch die eigene Kultur wird, betreibt man sensible interkulturelle Forschung, zunehmend befremdet. So birgt der interkulturelle Forschungskontext auch *zwei* Möglichkeiten zum interkulturellen Lernen: zum einen in Bezug auf das zu erforschende Fremde und zum anderen in Bezug auf das Befremden der eigenen Kultur (Bartmann/Immel 2012).

## 3    Die zunehmende Ausdifferenzierung moderner Gesellschaften

Das Aufkommen der Moderne und die Ausdifferenzierung moderner Gesellschaften stellen in gewisser Hinsicht den Nährboden für Interkultur dar, wie Eisenstadt ausführt (Eisenstadt 2006: 174 ff.). Wie kam es dazu?

Mit dem Einsetzen der Moderne haben Gesellschaften zwei gegenläufige Entwicklungen zu bewältigen: erst haben sie einen Prozess der Rationalisierung durchlaufen und anschließend den Prozess der Befreiung aus den rationalisierten Handlungszwängen (Wagner 1995).

Unter Rationalisierung ist die Klassifizierung und übersichtliche Ordnung der modernen Welt, die den Einzelnen befähigt, die moderne Gesellschaft handelnd zu bewältigen, zu verstehen (Weber 1993). Dies bedeutet aber auch, dass der Einzelne den Rationalisierungszwängen unterliegt, die er individuell erbringen muss. Diese Anforderung an den Einzelnen ermöglicht effizientes ökonomisches Agieren selbstverantwortlicher Individuen. Der Rationalisierungsprozess geht mit Prozessen der formalen Institutionalisierung in Form von Organisationen einher, die die formale Kontrolle gesellschaftlicher Handlungsabläufe sicherstellen (Hahn 1995: 175). Dies bindet den Einzelnen, den Alltagsmenschen und den Sozialforscher, in ein vorstrukturiertes Handlungskorsett. Selbstverständlich bedeutet Institutionalisierung zugleich Entlastung von Entscheidungszwängen für den Einzelnen (Gehlen 2004; 1960; Berger/Luckman 2003). Doch ist es genau diese geordnete Form der Moderne, die von ihren Bürgern nicht länger hingenommen wurde, woraufhin es zu Prozessen der Individualisierung und Differenzierung gesellschaftlicher Ordnung kam.

Die Prozesse der Differenzierung und Individualisierung – oben als Befreiung aus der rationalistischen Moderne umschrieben – stellen den Akteuren neue Handlungsspielräume zur Verfügung. Zugleich stellen sich aber auch neue Probleme für die Akteure: Zwar erkämpfen sich Akteure mehr Verantwortung und Freiheit zur Entscheidung über das eigene Handeln, ist dies jedoch gleichzeitig der Grund für die Veränderung der Gesellschaftsstruktur. Indem Menschen in konkreten Handlungs- und Kommunikationssituationen neue Formen sozialer Praktiken hervorbringen, bewirken sie einen Wandel der makrosoziologischen Struktur. Die veränderte gesellschaftliche Wirklichkeit mit ihren Freiräumen, die sie den Individuen zur Verfügung stellt, wirkte auf das Individuum in Form von Zwang zur Wahl zurück.

Auf diese Weise trugen Gesellschaften im Prozess der Modernisierung zum Teil aus sich selbst heraus zur Interkulturalität bei. Dieser Prozess der Modernisierung mit seinen Begleiterscheinungen, der sich Eisenstadt zufolge in unterschiedlichen Ausprägungen und Geschwindigkeiten über den Globus vollzieht, führt zu der Entstehung „multipler Modernen" (Eisenstadt 2006a), die sich alle auf der Bühne des kulturellen Welttheaters behaupten möchten. Durch die Interaktionsbeziehungen, die moderne Gesellschaften auch und vor allem über ihre eigenen Grenzen hinaus pflegen, finden gesellschaftliche Veränderungsprozesse statt, die auf individueller Ebene und somit auch für die Forscher auf lokaler Ebene weitreichende Folgen haben.

## 4    Globalisierung und Glokalisierung

Der Begriff der Globalisierung gehört mittlerweile ohne Zweifel zu den zentralen Begriffen der Sozialwissenschaften (Beck 2007). Auf der einen Seite wird diskutiert, dass es durch die Globalisierung zu einer Vereinheitlichung der Welt kommt. Da ist die Rede von „McDonaldisierung" (Ritzer 1993) oder auch „Cocalisierung" (Howes 1996). Deutlich wird durch diese begrifflichen Konstruktionen, dass es sich hierbei und vornehmlich um eine marktorientierte Auffassung in Bezug auf die Globalisierung handelt. Die Autoren gehen davon aus, dass es durch die weltweite Distribution von Produkten zu einer Vereinheitlichung von Lebensstilen kommt. Diese Entwicklung stößt aber nicht nur auf Zustimmung, sondern auch teils auf heftige Widerstände.

Andere nehmen an, dass es durch die Vermischung von kulturellen Praktiken im Rahmen der Globalisierung zu neuen Praktiken käme. Im Spektrum dieser Betrachtungsweise werden für diesen Prozess dann Begriffe wie Kreolisierung
(Hannerz 1986) und Hybridisierung (Bhaba 2000) eingeführt (zur detaillierten
Übersicht Wimmer 2005: 85 f.).

Zwischen diesen Betrachtungsweisen gibt es eine, die sich an dem Begriff der
Glokalisierung orientiert (Robertson 1992). Dieser Kunstbegriff verweist auf die
Wechselwirkungen und Interdependenzen zwischen globalen und lokalen Sinn-
systemen und Handlungen, die in einem lokalspezifischen Diskurs ihren Nieder-
schlag finden.

Die Begriffe der Globalisierung und der Glokalisierung machen deutlich, dass
selbst das Nahe für den Sozialforscher durch ferne Einflüsse fremd – oder in unserer Terminologie interkulturell oder lokal-kulturell – werden kann. Damit gerät
einer der Grundpfeiler der Hermeneutik, wenn es um den intersubjektiven Nach-
vollzug sozialen Handelns geht, ins Wanken: der common-sense.

## 5    Vom common sense zum diverse sense

In der Folge dieser zunehmenden Vielfalt erleben wir immer wieder und überall in unserer Lebensumwelt Handlungsweisen und Tatsachen, die uns fremd erscheinen. Da das Fremde aber nun nicht mehr weit weg, sondern als Nachbar
mitten unter uns ist, ändert sich das Verhältnis zu diesem Fremden und führt ul-
timativ auch zu einer Änderung des Verhältnisses, wie der Einzelne sich zu sich
selbst verhält.

Aus einer pragmatistischen Perspektive werden in einer derart beschaffenen
Interaktionsgemeinschaft, in der jeder ein neues Verhältnis zu sich selbst ausbildet, neue und vormals fremde Perspektiven übernommen. Mittels Kommunikation nehmen wir die Perspektive des Anderen in uns auf. Diese Vorstellung von
Mead ist verbunden mit dem Glauben an eine universalistische Gesellschaft, in
der jeder die Haltung des anderen kennt.

Bekanntlich baute die hermeneutisch rekonstruktiv verfahrende Sozialforschung immer auf diesem „common-sense" auf. Somit verbindet die beiden Rie-
sen, auf deren Schultern die wissenssoziologische Hermeneutik steht (Hitzler/
Reichertz/Schröer 1999), der Glaube an eine Zentralperspektive, die der Einzelne
auf *seine* Gesellschaft einnehmen kann (wohl wissend, dass – wie bereits mehrfach erwähnt – jede Betrachtung der Welt perspektivgebunden ist [dazu Schröer
1999]). Doch, so die Hoffnung des Pragmatismus und der Kommunikations-

theorie, bedeutet Kommunikation zu betreiben immer auch die Welt des Anderen – egal wie graduell fremd mir dieser auch sein mag – in mir aufzunehmen (Reichertz 2009).

Doch die bisherigen Darstellungen lassen uns daran zweifeln, ob man bei der Geschwindigkeit, mit der sich der Alltag wandelt, alle Perspektiven in sich aufnehmen kann. Die Mead'sche Universalgesellschaft mit der Perspektive des verallgemeinerten Anderen (Mead 1973: 358) halten wir, im Lichte der sich ändernden gesellschaftlichen Verhältnisse, für *nicht mehr* haltbar.

Zentral für das hier vorliegende Anliegen ist die Tatsache, dass sich entlang dieser gesellschaftlichen Transformationsprozesse der common-sense einer Gesellschaft verändert hat. Aus dem common ist, so unsere These, ein diverse-sense geworden, der sich durch eine Vielzahl von Wissensbeständen, Umgangspraktiken und Deutungsprozeduren ausdrückt. Mit dem Begriff des diverse-sense möchten wir zum Ausdruck bringen, dass in modernen pluralisierten und stark ausdifferenzierten Gesellschaften Interkultur eher der Normal- als der Ausnahmezustand geworden ist. Das heißt, dass wir in der Bewältigung unseres Alltags in modernen Gesellschaften permanent auf unterschiedliche und fremde Wissensbestände, Deutungsmuster und Handlungspraktiken treffen, mit denen wir uns im Vollzug des Alltags arrangieren (müssen). Das bedeutet zugleich, dass nicht jedes Gesellschaftsmitglied gleichermaßen über den gesamten gesellschaftlichen Wissensvorrat, die Handlungspraktiken und Deutungsmuster verfügen kann, sondern einen praktischen Umgang mit ihnen entwickeln muss, um Anschlussfähigkeit herstellen zu können. Diesem Prozess kann sich die qualitative Sozialforschung nicht entziehen, auch sie ist forschungspraktisch davon betroffen.

Der Begriff ‚diverse-sense‘ leitet umgehend über zu einer der prominesten Diskussionen innerhalb der Sozial- und Kommunikationswissenschaften, die in Bezug auf das Problem der Interkultur grundlegend ist: die Frage nach der Beschaffenheit von dem, was man als „Kultur" bezeichnet.


## 6  Von kultureller Homogenität zu kultureller Heterogenität

Der Begriff der Kultur gehört vermutlich zu den schillerndsten und zugleich problematischsten Begriffen innerhalb der Sozialwissenschaften. Dies liegt daran, dass mit dem Kulturbegriff der Versuch unternommen wird, ein breites Spektrum von Phänomenen zu untersuchen, woraus zwangsläufig das Problem folgt, dass der Begriff in viele Richtungen überstrapaziert wird.

Reckwitz folgend macht es Sinn, vier Ausprägungen des Kulturbegriffs zu differenzieren. Einerseits gibt es den normativen Kulturbegriff, der spezifische Verhaltensweisen und Artefakte als kulturell wertvoll ausflaggt. Andererseits gibt es den differenztheoretischen Kulturbegriff, der kulturelle Felder innerhalb von Gesellschaften ausdifferenziert. Für die qualitativ Forschungspraxis und das Phänomen der Interkultur sind der totalitätsorientierte und der bedeutungsorientierte Kulturbegriff von besonderer Relevanz (Reckwitz 2010). Beide stehen im Zusammenhang mit der Ausbildung der modernen Nationalstaaten seit dem 17. Jahrhundert (Anderson 1996).

Anderson führt aus, auf welche Weise moderne Staaten als ,imagined communities' eine politische (Zensus), historische (Ursprungslegende bzw. Gründungsmythos) und territoriale (Landkarte) Einheit bilden. Auf der Grundlage einer gemeinsamen Sprache, die über Mediensysteme verbreitet wird, verändert das Konzept der Nation die Menschheitsgeschichte seit dem 17. Jahrhundert (Anderson 1996). Unter Rückgriff auf den Kulturbegriff versieht Herder das noch junge Konzept des Nationalstaates mit der Vorstellung einer gemeinsamen Werte- und Normenbasis, die von einer gemeinsamen Sprache getragen wird. Herders ,Kugelmodell' von Kultur homogenisiert Gesellschaften nach innen und schließt sie nach außen hin ab (Herder 2002; Welsch 2010; Wimmer 1997). Die Gleichsetzung von Kultur und Nation bezeichnet demnach den ,totalitätsorientierten' Kulturbegriff (Reckwitz 2010: 19 ff.). Die Konzeption der kulturellen geschlossenen Nation stellt historisch ein nachhaltiges und bis heute einflussreiches Konzept dar, das Menschen nutzen, um die Welt als geordnetes Ganzes darzustellen. Es hat bis heute die (beängstigende) Kraft, Völker zu mobilisieren gegeneinander in den Krieg zu ziehen und gilt oftmals als Quelle rassistischen Denkens (Bauman 1992; Sarasin 2003).

Übersetzt man Herders Kulturkonzept in moderne Termini könnten man von einer der erfolgreichsten PR-Strategien aller Zeiten sprechen, die dazu geführt hat, dass sich die Werthaltungen und Handlungspraktiken der Menschen massiv gewandelt haben[3]. Menschen leben in einem nicht unerheblichen Maße nach, in und für ihre Kultur.

Diese Wirkkraft des Begriffs existiert bis heute. Der Kulturbegriff beeinflusst den Alltagsmenschen und auch den Wissenschaftler in seiner Wahrnehmung

---

3   Dies soll in keiner Weise bedeuten, dass der Kulturbegriff in irgendeiner Weise der ,Grund' für einige der schlimmsten Gräueltaten und dunkelsten Stunden der Menschheitsgeschichte ist, aber es darf nicht unerwähnt bleiben, dass der Gleichsetzung von Kultur und Nation ein enorm mobilisierendes Potential innewohnt.

maßgeblich. Wer in Kulturen denkt, denkt in einer naiven Einstellung zum Alltag in Mustern von Homogenität und Differenz – ‚wir' und ‚die'. Oftmals reflektieren wir, dass Kultur natürlich differenzierter ist – um es gleich darauf wieder zu
vergessen. Selbst wir ertappen uns immer wieder dabei, diese routinisierte Verwendung des totalitätsorientierten Kulturbegriffes im Sprechen und Denken über
Kulturen zu verwenden. Damit beugen auch wir uns bis heute der simplifizieren-
den Heuristik dieses Begriffs. Genau in dieser Hinsicht ist der Kulturbegriff am-
bivalent. Zuweilen sind wir aus unserer Erfahrung geneigt, zuzugeben, dass wir
Deutschen eine Kultur sind und erfahren dies in voller emotionaler Breite beim
Public Viewing. Im nächsten Moment scheint uns niemand fremder zu sein als
der eigene Nachbar. In diesem Moment leistet der Begriff nicht mehr hinreichend
das, wofür er nutzen soll.

Die soziologische Theoriebildung hat den totalitätsorientierten Kulturbegriff
in unterschiedlichen Forschungsrichtungen hinter sich gelassen und verwendet
einen bedeutungsorientierten Kulturbegriff. Demzufolge ist Kultur der historisch ausgebildete Sinn- und Deutungshorizont einer Gesellschaft, ein Rahmen,
der dem einzelnen Menschen Freiheit gibt und der vom einzelnen zur Erlangung
der Freiheit ein gewisses Maß an Unterordnung abverlangt (Soeffner/Raab 2011).
Es macht wenig Sinn davon auszugehen, dass dieser in sich homogen und einheitlich ist (bzw. jemals gewesen wäre). Stattdessen gab es immer ein gewisses Maß an
„kulturellen Interferenzen" (Reckwitz 2010). Die gesamte Menschheitsgeschichte
und ihre soziokulturelle Evolution sind überhaupt erst vor der Idee wechselseitiger gesellschaftlicher Interpenetrationen und kultureller Interferenzen hinlänglich zu verstehen. Im Unterschied zu ‚früher' werden die Interferenz-Erfahrun-
gen, d.h. die Erfahrung widersprüchlicher Wissens- und Praxisformen in der
Gesellschaft, in zunehmend heterogenen und ausdifferenzierten Gesellschaften
regelmäßig erlebt und gehören demnach zum Alltag der Menschen. Man muss
mit Welsch anerkennen, dass gegenwärtige Gesellschaften transkulturell arran-
giert, d.h. mit Elementen fremder Kulturen durchdrungen und verflochten sind
(Welsch 1999). Diese zunehmende wechselseitige Durchdringung ist ein ganz zentraler Aspekt der Globalisierung! Akteure werden im Alltag mit Differenz- und
Kontingenzerfahrungen konfrontiert und bewältigen diese in Interaktionsprozessen, was bereits unter dem Aspekt des diverse-sense diskutiert wurde. Was nutzt
also der Begriff der Kultur?

Menschen sind aufgrund ihrer ‚Mängelwesenhaftigkeit' (Gehlen 2004) und
aufgrund ihrer ‚exzentrischen Positionalität' (Plessner 1975) dazu gezwungen, kulturell zu leben. Kulturell leben bedeutet, die Welt umformen zu müssen, weil wir
in ihrem Naturzustand nicht (mehr) überlebensfähig sind.

Unser Vorschlag lautet demnach: Menschen leben kulturell. Und sie schaffen in sozialen und kommunikativen Praktiken Kultur, die mit Hall auch als diskursives Phänomen aufgefasst werden kann (Hall 1994). Jeder Mensch schafft für sich selbst, durch und mit anderen eine vertraute Perspektive, die sich u. a. auch aus erfahrungsbasierten Ähnlichkeitsbereichen verschiedener Interaktionspartner ergibt. Daraus entstehen dann spezifische Handlungspraktiken, Sinn und Bedeutungsmuster. Da der Sozialforscher kein sozial autarkes Wesen ist, betrifft ihn dies im gleichen Maße. Dies spiegelt sich in den Beiträgen wider, in denen die Autoren von teilweise sehr divergenten Kulturbegriffen ausgehen. Das verdeutlicht aber nur einmal mehr, dass Begriffe – ähnliche wie Werkzeuge für den Handwerker – ihrem Gegenstand angemessen ausgewählt werden müssen, also dem Prinzip der Adäquanz, in Bezug auf den entsprechenden Forschungsgegenstand, gerecht werden müssen.

Auf der einen Seite werden immer noch Kulturbegriffe angeboten, die nach wie vor an den Begriff der Nation gebunden sind. Vor dem oben skizzierten Hintergrund entstehen aber kollektive Identitäten nicht mehr unbedingt und vorrangig im Kontext nationalstaatlicher Zugehörigkeiten. In Anbetracht dieser Tatsache macht es auf der einen Seite zwar immer noch Sinn, auch über Nationalkulturen zu sprechen, weil Nationen, neben Organisationen, immer noch die großen Mitspieler der Moderne sind. Auf der anderen Seite verlieren sie ihren Wert für den Alltag der Menschen, oder, sie werden durch den Alltag der Menschen herausgefordert. Das, was wir vormals unter Kulturen verstanden haben, ist heute besser als eine Interaktionsgemeinschaft aufzufassen, die nicht mehr alleine von einer Sprache getragen wird, sondern viele aus dem kulturellen Leben hervorgebrachte Sprachen sowie Wissens- und Deutungsmuster integriert. Jedes einzelne Subjekt wird in diese Interaktionsgemeinschaft hineinsozialisiert und erwirbt dabei unterschiedliche praktische Deutungsmuster, die in spezifischen Handlungssituationen Sinn machen und mit denen es – pragmatisch verstanden – sinnvoll Anschluss zu anderen Teilnehmern der Interaktionsgemeinschaft generieren kann. Unter den heutigen gesellschaftlichen Verhältnissen ist Interkultur für den Alltagsmenschen keine unhintergehbare Irritationsquelle mehr, also kein radikales, sondern vielmehr ein graduelles Problem.

Der Aspekt der Anschlussfähigkeit gewinnt unter diesen Gesichtspunkt massiv an Gewicht und betrifft auch grundsätzlich die qualitative Sozialforschung. Wie kann ich Anschlussfähigkeit zu anderen Menschen aufbauen und wie gewinne ich über diese aufgebaute Anschlussfähigkeit Vertrauen bei anderen Menschen? Auf Grundlage unserer eigenen Forschungserfahrungen möchten wir festhalten, dass es dafür keine formelhafte Antwort geben kann und dass sich Vertrauen auch nicht auf der Grundlage einer hohen Erwartbarkeit ausbildet. Verlässlichkeit bedeutet nicht, dass man einem anderen Menschen auch vertraut. Es gibt nicht die Kniffs und Tipps, mit denen ich Vertrauen aufbauen kann. Vertrauen hat im Kern nichts damit zu tun, ob mein Gegenüber alles richtig macht und ob er in seinen Handlungen meinen Erwartungen entspricht. Vertrauen fluoriert zwischen Menschen auf der Grundlage von Sympathie und Antipathie. Es geht mehr um Form als um Inhalt. Interkulturelle Forschung ist demnach auch immer und vor allem eine formensuchende Beziehungsarbeit. Eine forschungsfördernde Beziehung ist dann gegeben, wenn die Forschungssituation nicht alleine von rationalen Interessen getragen wird, sondern auf Anerkennung beruht (Nothdurft 2007, Honneth 1992, Taylor 1993). Und ebenso verhält es sich mit der Anschlussfähigkeit. Auch sie wird teilweise gewährt, teilweise nicht und ist in vielen Fällen auch von Sympathie, Antipathie und Anerkennung, also von der sozialen Beziehung, abhängig, die ein Forscher zu den Protagonisten in einem Forschungsfeld aufbauen konnte. Dieses Phänomen bezeichnet Reichertz als „Kommunikationsmacht" (Reichertz 2009).

Wenn aber nun Vertrauen und Anschlussfähigkeit nicht technisch formell aufgebaut werden können, dann bleibt zu fragen, wie Anschluss*stellen* geschaffen werden können, mittels derer Verständigung aufgebaut werden kann?

## 7 Kreativität und Improvisation als Antwort

Aufgrund der oben beschriebenen Verhältnisse und der damit verbundenen Unübersehbarkeit der sozialen Welt, gewinnen Kreativität und Improvisation im Forschungsprozess an Relevanz (dazu Kurt 2008). Gerade weil die soziale Welt an Übersichtlichkeit verloren hat, muss der Sozialforscher in der Entwicklung von Verfahren kreativ werden und situativ improvisieren.

Das Leben ist eben, entgegen aller Bemühungen, nicht immer planbar (Kurt 2011). Ebenso verhält es sich mit der qualitativen Sozialforschung: auch sie ist, entgegen aller Bemühungen, nicht immer berechenbar. In vielen Fällen hat auch das Ereignis des Zufalls oder der Kontingenz, d. h. der Nichtvorhersehbarkeit von Handlungen, einen erheblichen Einfluss auf den Forschungsprozess. Je kulturell unvertrauter bzw. interkulturell*er* nun ein Forschungsfeld ist, desto mehr muss der Forscher sich darum bemühen, die Unvertrautheit in Vertrautheit zu transformieren und Zufälle als Forschungszugewinn akzeptieren. Um Unvertrautheit in Vertrautheit zu überführen, ist ein gewisses Tuning-in in die Perspektive des anderen, soweit es möglich ist, unbedingt von Nöten. Dies fordert vom Forscher ein existentielles Engagement (Honer 1993). Er muss, entgegen aller Widrigkeiten, dafür sorgen, seine für die Interpretation notwendige Mitspielkompetenz (Reichertz 2009a) zu erhöhen, indem er zu dem Forschungsfeld eine forschungsfördernde Beziehung aufbaut und ihm in dem Forschungsfeld unter dieser Beziehung gewisse Mitgliedschaftsrollen zugestanden werden. Geht man davon aus, dass in der interkulturellen Kommunikationsforschung die jeweiligen Wissensbestände und Deutungsprozeduren weiter auseinanderliegen als in der intrakulturellen Kommunikationsforschung, dann kann es in der Begegnung dieser Wissensbestände und Deutungsprozeduren, die selbstverständlich immer von Subjekten getragen werden, zu Zufälligkeiten kommen, die durch die wechselseitige Nicht-Passung evoziert werden. So können durch situative Improvisationen im Forschungsprozess völlig neue Anschlussstellen geschaffen werden, die dann nicht aus einem Plan, sondern aus einem situativ improvisatorischen Geschick des Forschers hervorgehen.

Improvisation als Mittel der Forschung verhält sich in gewisser Weise antagonistisch zu der herkömmlichen Verfahrenslogik in der qualitativen Sozialforschung. Improvisationale interkulturelle Sozialforscher gehen zwar von Methoden aus, sie halten aber im Forschungsprozess nicht nach Gedeih und Verderb daran fest. Sie sind dazu bereit, auf unwegsamem Gelände, zu Gunsten der Entdeckung des Neuen, zwar nicht gänzlich von den erlernten Methoden abzusehen, aber ihre Methoden improvisatorisch den Erfordernissen des Forschungskontextes anzupassen und diesen Anpassungsprozess kritisch zu reflektieren.

Genau dies leisten die Beiträge in diesem Band. Betrachtet man die Beiträge zusammen, dann lassen sich trotz vieler Unterscheide im Einzelnen doch auch einige Gemeinsamkeiten finden, die aus unserer Sicht für die interkulturelle Forschung typisch und wichtig sind. Jeder Bericht lässt ein hohes Maß an (Selbst-) Reflexion des eigenen Vorgehens und Verstehens erkennen, die den gesamten Forschungsprozess durchzieht. Dies liegt v. a. daran, dass der Untersuchungsgegenstand sich schwerlich in die vorliegenden, nicht interkulturell ausgerichteten Methodenkonzepte hineinzwängen lässt und die Forschenden stattdessen permanent dazu gezwungen sind, die Methode an den jeweiligen Gegenstand anzupassen. Dabei gilt es ohne Zweifel, die Wissenschaftlichkeit und die methodische Strenge nicht aus dem Blick zu verlieren. Jedoch scheint ein allzu ‚strenger‘ Methodenkanon in der interkulturellen Forschung für die Erkenntniserweiterung zuweilen eher hinderlich als förderlich zu sein. Dies führt zu dem Schluss, dass sich die qualitative Erforschung des Interkulturellen (noch) in einer Phase der Exploration befindet, in der kreative Lösungen unabdingbar sind. Hier werden die Forscher und Forscherinnen neue Wege gehen und das Feld der qualitativen Sozialforschung erweitern müssen. Der vorliegende Sammelband versteht sich dabei als erster Schritt in diese Richtung. Um dies zu leisten gliedert sich der Band in vier Diskussionsstränge, deren Beiträge nun kurz vorgestellt werden.

## 8 Übersicht über die Beiträge

### 8.1 Methodologisch methodische Überlegungen zur interkulturellen qualitativen Sozialforschung

**Anna Amelina** behandelt in ihrem Beitrag die Prämissen der wissenssoziologischen Hermeneutik in Zeiten zunehmender Internationalisierung. Sie schlägt vor, eine transnational orientierte hermeneutische Wissenssoziologie zu etablieren. Diese ist aus ihrer Sicht notwendig, da es in modernen Gesellschaften einerseits zu kulturellen Inferenzen kommt und weil andererseits Kulturen und Sinnmuster nicht mehr an Lokalitäten (rück-)gebunden sind. Kurz, kulturelle Muster enden nicht an nationalstaatlichen Grenzen und sind in sich keineswegs homogen. Aufgrund dieser Komplexität, die bereits für den Alltagsmenschen zuweilen schwierig zu meistern ist, schlägt die Verfasserin vor, im Forschungsprozess nicht mehr einen einzigen Typus zu (re-)konstruieren, sondern mehrere relevante Sinnfiguren anzubieten. Auf diese Weise werden Übergeneralisierungen der Forschenden bzw. der Forschergruppe ausgeschlossen.

**Norbert Schröer** behandelt in seinem Beitrag die Möglichkeit, eine methodisch kontrollierte Rekonstruktion interkultureller Verständigungsprozesse aus Sicht der Hermeneutischen Wissenssoziologie durchzuführen. Er geht davon aus, dass intra- und interkulturelle Kommunikation zwei Pole des gleichen Problems darstellen, nämlich der Verständigung in Anbetracht von Erfahrungsungleichheit. In interkultureller Kommunikation kann es allerdings vermehrt dazu kommen, dass der Rückgriff auf ein intersubjektiv geteiltes Appräsentationssystem nicht möglich ist. Um die Daten entsprechend ihrer kulturellen Einbettung verstehen zu können, schlägt Schröer vor, Co-Interpreten für die Interpretation der Daten zu nutzen. Er erklärt, wie mit Hilfe eines Co-Interpreten die Anverwandlung von fremdkulturellen Daten funktionieren kann und welche Schritte dabei berücksichtigt werden müssten. Da die Anverwandlung des Co-Interpreten aber nicht das Endprodukt sein kann, spricht Schröer von einer doppelten Anverwandlung. Die Anverwandlung der Daten durch den Co-Interpreten bedarf einer weiteren, wissenschaftlichen Anverwaldung durch den Sozialforscher.

**Almut Zwengel** beschäftigt sich in ihrem Beitrag mit dem Datenerhebungsinstrument des Narrativen Interviews im Kontext interkultureller Forschung. Nach

einer kurzen theoretischen Skizze zum Narrativen Interview erläutert die Autorin
das Datenerhebungsinstrument im Kontext einer Untersuchung, in der niedrigschwellige Deutschkurse in Grundschulen und in Kitas in Berlin untersucht wurden. Ihre weiteren Ausführungen plausibilisiert sie mit der Präsentation von drei
Stehgreiferzählungen aus einer Fallgeschichte. Zwengel macht mit ihrer Analyse
deutlich, welche Besonderheiten das Datenerhebungsinstrument ‚Narratives Interview' im interkulturellen Kontext zu Tage fördern kann. Dabei stellte sie fest,
dass die von ihr untersuchte Person immer wieder in einen sprachlichen Regress
verfiel, wenn sie über weiter zurückliegende Ereignisse aus ihrem Leben in längeren Narrationen berichtete.

**Ana Mijić** setzt sich in ihrem Beitrag mit der Übersetzungsproblematik in
hermeneutischen Verfahren auseinander. Ihre Erfahrungen resultieren aus einem
Forschungsprojekt über die Selbst- und Fremdbilder in Bosnien und Herzegowina. Dabei gerät ihre Rolle als Forscherin, die selbst dieser Region entstammt,
als Kulturübersetzerin in den Blick. Aufgrund der Anforderungen an den Übersetzungsprozess zeigt sie Grenzen aber auch Möglichkeiten der Hermeneutik auf
und fordert ein hohes Maß an (Selbst-)Reflexion im Forschungsprozess.

### 8.2 Die Annäherung an das Feld

**Halyna Leontiy** nimmt mit ihrem Beitrag Bezug auf ihre Forschung zur deutsch-
ukrainischen Wirtschaftskommunikation, in der die Deutungs- und Handlungsmuster im interkulturellen Geschäftsprozess rekonstruiert wurden. Nach einer
kurzen Einleitung und der Darstellung ihrer methodischen Vorgehensweise im
interkulturellen und mehrsprachigen Kontext werden die Forschungsphasen in
Bezug auf die Problematik des Zugangs zum Forschungsfeld sowie der darin vor-
kommenden Ereignisse ausführlich dargestellt. Sowohl die Auswahl als auch
der Zugang zu Interviewten ereignen sich als ergebniskonstitutive interkulturelle Faktoren und spiegeln – da das deutsch-ukrainische Forschungsfeld lokal
in der Ukraine platziert ist – die soziokulturellen sowie die politisch-ökonomi-
schen Rahmenbedingungen der postsowjetischen Ukraine wider. Es wird gezeigt,
dass die generelle, jeder Forschung immanente Feldzugangskomplexität (bedingt
z. B. durch das negative Bild der Sozialwissenschaftler oder durch ihre als störend
wahrnehmende Forschungstätigkeiten) im interkulturellen Feld und insbesondere im Ausland erhöht wird. Auch die Rolle der Forscherin wird dabei reflektiert,
denn der interkulturelle Dialog findet in der Person der Forscherin statt. Dabei
bringen die Bi-Kulturalität und die Mehrsprachigkeit der forschenden Person so-

wohl Vor- als auch Nachteile mit sich: Während die Multiperspektivität, der breitere Wissenshorizont sowie die Möglichkeit der „Grenzüberschreitung" Vorteile mit sich bringen, können Akteure auf diese Bi-Kulturalität mit Irritation und gesteigerter Vorsicht reagieren, was zu ungeahnten Schwierigkeiten im Forschungsprozess führen kann.

**Ingo Haltermann** thematisiert in seinem Beitrag die Schwierigkeit des interkulturellen Feldzuganges in Hochwassergebieten der Stadt Accra in Ghana. In seinem Beitrag gibt Haltermann Einblicke in gelungene wie auch misslungene Strategien der interkulturellen Forschung. Der Bericht schildert sehr erlebnisnah, wie er durch eine lokale Kontaktperson relevante Interviewpartner ausfindig machen konnte. Diese Erfahrungen reflektiert er unter Bezugnahme auf das Konzept des kulturvertrauten Co-Intepreten von Norbert Schröer (siehe dazu den Beitrag von Schröer in diesem Band). Das Konzept der dialogischen Anverwandlung, welches Norbert Schröer für die Analyse von fremdkulturellen Daten entwickelt hat, erweitert Haltermann zu einer dialogischen Anverwandlung des Untersuchungsfeldes durch kulturvertraute Co-Interpreten. Am Ende seines Artikels kommt er in Anbetracht seiner eigenen Erfahrungen zu dem Schluss, dass sauberes methodisches Arbeiten in schwierigen Feldern nicht immer durchgehalten werden kann und dass ein improvisatorisches Geschick dazugehört, um mit Unwegsamkeiten der Feldschließung im Sinne der Forschung produktiv umzugehen.

**Lois Chidalu Nwokey, Adiam Zerisenai und Norbert Schröer** thematisieren in ihrem Beitrag die Rekrutierung von Interviewees als erste Hürde in der qualitativen Sozialforschung. Diese Problematik beziehen sie darüber hinaus konkret auf interkulturelle Kontexte und erläutern erlebnisnah, welche Strategien in der interkulturell angelegten Feldforschung helfen können, um Menschen aus anderen Nationen für Interviews zu gewinnen. Nach einer kurzen theoretischen Einführung zur Problematik des Feldzuganges folgen zwei Feldzugangsberichte, die im Rahmen eines studentischen Lehrforschungsprojektes an der Hochschule Fulda entstanden sind. Am Ende des Artikels reflektieren die Autoren ihre Tätigkeit und bekräftigen, den Feldzugang als ersten Teil der qualitativen Sozialforschung grundsätzlich als Beziehungs- und Vertrauensarbeit zu verstehen.

### 8.3    Das Problem der Zwei- und Dreisprachigkeit, das Problem der doppelten Differenz in der Moderne und die Auswertung der erhobenen Daten

**Martin Bittner und Marga Günther** gehen auf das Verhältnis von Übersetzung und Interpretation ein. Dem Beitrag liegt eine Studie des Deutsch-Französischen

Jugendwerks zugrunde, bei der es zur Interpretation eines biografischen Interviews in verschiedenen Sprachen durch unterschiedliche Interpretationsgruppen
aus Deutschland und Frankreich kam. Im anschließenden Dialog der Interpretationsgruppen explizieren diese den jeweiligen Sinngehalt und verweisen dabei
auf die von ihnen an den Text herangetragenen Deutungsmuster. In dieser quasi
experimentell angelegten Forschung wird evident, welchen Einfluss sowohl die
Übersetzung als auch die Kulturgebundenheit der Interpretationsgruppe auf das
Interpretationsergebnis hat.

**Edith Enzenhofer** und **Katharina Resch** beschäftigen sich mit den Anforderungen bei der Durchführung und Übersetzung muttersprachlicher Interviews.
In ihrem Beitrag tragen sie dabei minutiös die einzelnen Schritte des Überset-
zungsprozesses vor. Daraus ergeben sich zwei wichtige Erkenntnisse. Sie plädieren
erstens dafür, den Übersetzungsprozess sehr sorgfältig durchzuführen, um dem
Datenmaterial in der Auswertung gerecht werden zu können und zweitens dafür,
dass die Translationswissenschaft und die Sozialwissenschaft stärker zusammen-
arbeiten müssen, um diese Herausforderungen zu meistern. Die Verfasserinnen
machen nicht nur den oftmals unsichtbaren Übersetzungsprozess sichtbar, sondern referieren und benennen überdies alle relevanten Aspekte, die es im Übersetzungsprozess zu berücksichtigen gilt.

**Peter Stegmaier** geht auf die Möglichkeiten und Grenzen der Feinauslegung
im Sinne der Sequenzanalyse von Interviews in multisprachlichen Kontexten ein.
Er geht von der These aus, dass sich Sozialforschung der Transnationalisierung ihrer Forschungsgegenstände und Arbeitskontexte nicht entziehen kann. Man kann
der Befremdung des eigenen Verstehens schon nicht ausweichen, wenn man sich
in Forschungskontexten bewegt, in deren Orientierungsrahmen man bereits einsozialisiert ist, um überhaupt wissenschaftlich relevante Aussagen über alltägliche
Plausibilitäten und Selbstverständlichkeiten hinaus machen zu können. Wenn
man sprachlich, kulturell oder geografisch fremdgehen muss, um ins Forschungsfeld bzw. an die zu Interviewenden heranzukommen, kann man der Verstehensbefremdung außerdem auf Grund der Kulturdifferenzen nicht entkommen. Dabei
muss in beiden Fällen die Fremdheits- oder Alteritätserfahrung des Forschenden
nicht notwendigerweise nur auf „fremde Sprachen" im herkömmlichen, nationalsprachlichen Sinne bedeutsam werden. Das kann im Grunde auch bei verschiedenen Fachsprachen (etwa wenn Wissenschaftlerinnen in interdisziplinären Projekten aufeinandertreffen) der Fall sein oder auch wenn es um Spezialdiskurse geht,
die innerhalb eines größeren Fachs entstanden sind. Die Frage ist, welche Bedeutung kulturellen Kontexten und Differenzen dabei zukommt und innerhalb welcher Grenzen interkulturelle Verständigung dennoch auf welche Weise gelingt. In

seinem Beitrag fasst er die Kulturdifferenz als Praxis auf: als soziales Handeln in verschiedenen Formen, Situationen und Kontexten, im Zuge dessen Akteure (Sozialforscher) Interviews in multisprachlichen Zusammenhängen deuten. Er systematisiert und reflektiert Aspekte des hineinfindenden Verstehens und des vertiefenden Verstehens.

### 8.4    Interkultur als Forschungsgegenstand

**Jonas Grutzpalk** wendet sich in seinem Beitrag dem Thema der Interkulturellen Kompetenz und dort insbesondere den Anbietern von interkulturellen Trainings zu. Der Verfasser spannt das komplexe und schwer zu durchdringende Geflecht des Kulturbegriffs auf und zeigt damit die Kompetenzen auf, die zwangsläufig in interkultureller Kommunikation erforderlich sind. Mit Hilfe einer eigenen empirischen Forschung untersucht der Verfasser, inwieweit Anbieter von interkulturellen Kompetenz-Trainings diesen komplexen Anforderungen gerecht werden. Die Diskussion der theoretischen Analyse und der Forschungsergebnisse führt Grutzpalk zu dem Schluss, dass Seminare zur interkulturellen Kompetenz häufig mit mangelhaften Kulturbegriffen arbeiten und überdies Gefahr laufen, Vorurteile eher zu bestätigen, statt sie abzubauen.

    **Gernot Saalmann** thematisiert in seinem Artikel die unhintergehbare Subjektivität des Forschers im Verstehensprozess. In kritischer Auseinandersetzung mit dem Konzept der Kulturstandards von Thomas und unter Rückgriff auf Bourdieus Habitustheorie kommt Saalmann auf einen Kulturbegriff, der lediglich einen Handlungsrahmen vorgibt, nach dem sich Menschen jedoch nicht zwangsläufig verhalten müssen. Daher plädiert er dafür, dass Ähnlichkeiten und Gemeinsamkeiten genauso Ausgangspunkt eines Verstehens sein können wie Differenz und Uneinigkeit. Diese Annahmen verdeutlicht Saalmann an Beispielen aus seinen Lehrerfahrungen zum Thema interkulturelle Kompetenz in Indien und Deutschland. Anhand dieser Gruppen in Deutschland und Indien zeigt der Autor, wie Lehrinhalte in differente, soziale Kontexte überführt und damit nutzbar gemacht werden. Daher distanziert er sich davon, in interkultureller Forschung von richtigem oder falschem Verstehen auszugehen und mahnt zu einem hohen Maß an Selbstreflexion.

    **Michael Roslon** analysiert ein interkulturelles Missverständnis und dessen Folgen. Das besondere daran ist, dass es ihm nicht um die Bedingungen interkultureller Kommunikation geht oder wie Kommunikationsfehler zu vermeiden sind, sondern es geht ihm um die Faktoren, die die interkulturelle Kommunikation beeinflussen und gleichsam durch diese beeinflusst werden. Missverständnisse, so Roslon, beschließen heutzutage nicht das Ende eines Kommunikationsprozesses bzw. führen nicht zwangsläufig zum Abbruch der Kommunikation, sondern können zur Kreation praktischer Zwischenglieder zwischen den Kulturen führen. Es gilt diese Zwischenglieder in den Blick zu nehmen und über adäquates methodisches Vorgehen für deren Analysen nachzudenken.

## 9    Fazit

Die versammelten Beiträge machen deutlich, dass sich Interkulturalität nicht in einen Methodenkanon hineinzwängen lässt. Das Thema entzieht sich der vollständigen methodischen Erfassbarkeit. Aus diesem Grund macht es (vorerst) wenig Sinn, einen strengen Methodenkanon zur ‚adäquaten' Erforschung der Interkultur anzustreben. Stattdessen geht es den Herausgebern mit diesem Band darum, den im Feld der Interkultur Forschenden, Berichte an die Hand zu geben, an denen sie sich orientieren und mit denen sie ihre eigenen Forschungserfahrungen abgleichen können. Die Beiträge machen transparent, wie man forscht, indem man offen an das Material herangeht, forschungspraktische Probleme erkennt und mit diesen methodisch verfährt. Aber der Band soll Forscher auch ermutigen, die bei ihren Forschungen mit forschungspraktischen Problemen traktiert werden, die üblichen Pfade des Forschens zu verlassen – ebenso wie die Boxer, die über die ganze Distanz eines Kampfes auf die Finten und verdeckten Schläge ihres Opponenten reagieren, ihre Strategie wechseln und situativ anpassen müssen. Dies bedeutet nicht, dass das Prinzip der Wissenschaftlichkeit und der methodischen Vorgehensweise verworfen werden soll. Feyerabends ‚anything goes' soll keinesfalls überstrapaziert werden (Feyerabend 1976), aber die Methode soll nicht den Blick für ihren Untersuchungsgegenstand verlieren.

   Es scheint, als bräche eine Phase der Orientierung, Exploration und Diskussion rund um den Einsatz qualitativer Forschungsmethoden im interkulturellen Kontext an. Dazu möchte dieser Band einen Beitrag leisten, indem die Beiträge Vorgehensweisen zur Diskussion stellen. Die Hermeneutik ist durch die steigende Interkulturalität der sozialen Wirklichkeit nicht gestorben, wir müssen nur lernen, sie im Lichte der gesellschaftlichen Wandlungsprozesse neu zu begreifen.[4]

---

4   Zu großem Dank verpflichtet sind wir Jo Reichertz, der uns ermutigt hat, diesen Sammelband in die Tat umzusetzen, der uns immer wieder hilfreich zur Seite stand und in langen Diskussionen

## Literaturverzeichnis

Anderson, Benedict (1996): Die Erfindung der Nation. Zur Karriere eines folgenreichen Konzepts. Frankfurt am Main: Campus

Bauman, Zygmunt (1992): Dialektik der Ordnung. Die Moderne und der Holocaust. Hamburg: Europäische Verlagsgesellschaft

Bartmann, Sylke/Immel, Oliver (2012) (Hrsg.): Das Vertraute und das Fremde. Differenzerfahrung und Fremdverstehen im Interkulturalitätsdiskurs. Bielefeld: transcript

Beck, Ulrich (2007). Was ist Globalisierung? Frankfurt am Main: Suhrkamp

Berger; Peter L./Luckmann, Thomas (2003): Die gesellschaftliche Konstruktion der Wirklichkeit. Eine Theorie der Wissenssoziologie. Frankfurt am Main: Fischer

Bhabha, Homi K. (2000): Die Verortung der Kultur. Tübingen: Stauffenburg Verlag

Brocker, Manfred/Nau, Heino Heinrich (1997) (Hg.): Ethnozentrismus. Möglichkeiten und Grenzen des interkulturellen Dialogs. Darmstadt: Wissenschaftliche Buchgesellschaft

Cappai, Gabriele (2008) (Hrsg.): Forschen unter Bedingungen kultureller Fremdheit. Wiesbaden: VS Verlag für Sozialwissenschaften

Cappai, Gabriele/Shimada, Shingo/Straub, Jürgen (2010) (Hg.): Interpretative Sozialforschung und Kulturanalyse. Hermeneutik und die komparative Analyse kulturellen Handelns. Bielefeld: transcript

Eisenstadt, Shmuel N. (2006): Die großen Revolutionen und die Kulturen der Moderne. Wiesbaden: VS Verlag für Sozialwissenschaften

Eisenstadt, Shmuel N. (2006a). Die Achsenzeit in der Weltgeschichte. In: Ders. (2006): Theorie und Moderne. Soziologische Essays. Wiesbaden: VS Verlag für Sozialwissenschaften. 253–275

Feyerabend, Paul (1976): Wider den Methodenzwang. Frankfurt am Main: Suhrkamp

Gehlen, Arnold (1960): Mensch und Institution. In: Ders. (1961): Anthropologische Forschung. Zur Selbstbegegnung und Selbstentdeckung des Menschen. Reinbek: Rowohlt. 69–77

Gehlen, Arnold (2004): Der Mensch. Seine Natur und seine Stellung in der Welt. AULA: Wiebelsheim

Hahn, Kornelia (1995): Soziale Kontrolle und Individualisierung. Zur Theorie moderner Ordnungsbildung. Opladen: Leske und Budrich

Hall, Stuart (1994): Die Frage der kulturellen Identität. In: Ders. (Hg.): Rassismus und kulturelle Identität. Ausgewählte Schriften 2. Hamburg: Argument. 180–222

Hannerz, Ulf (1987). The World in Creolisation. In: Africa Journal of the International African Institute 57 (4). 546–559

Herder, Johann Gottfried (2002): Ideen zur Philosophie der Geschichte der Menschheit. Band III/1. München/Wien: Hanser

und großem Einsatz und Engagement unsere Arbeit an diesem Sammelband unterstützt hat. Für die redaktionelle Arbeit danken wir außerdem Christina Toussaint sehr herzlich.

Hirschauer, Stefan/Amann, Klaus (1997) (Hg.). Die Befremdung der eigenen Kultur. Zur ethnographischen Herausforderung soziologischer Empirie. Frankfurt am Main: Suhrkamp

Hitzler, Ronald/Reichertz, Jo/Schröer, Norbert (1999): Das Arbeitsfeld einer hermeneutischen Wissenssoziologie. In: Dies. (Hg): Hermeneutische Wissenssoziologie. Standpunkte zur Theorie der Interpretation. Konstanz: UVK. 9–13

Honer, Anne (1993): Lebensweltliche Ethnographie. Ein explorativ-interpretativer Forschungsansatz am Beispiel von Heimwerker-Wissen. Wiesbaden: DUV

Honer, Anne (1989): Einige Probleme lebensweltlicher Ethnographie. Zur Methodologie und Methodik einer interpretativen Sozialforschung. In: Zeitschrift für Soziologie, Jg. 18, Heft 4. 297–312

Honneth, Axel (1992): Kampf um Anerkennung. Frankfurt am Main: Suhrkamp

Howes, Davis (1996): Cross-Cultural Consumption: Global Markets, Local Realities. London: Routledge

Kruse, Jan/Bethmann, Stephanie/Schmieder, Christian/Niermann, Debora (2012) (Hg.): Qualitative Interviewforschung in und mit fremden Sprachen. Eine Einführung in Theorie und Praxis. Weinheim: Juventa

Kurt, Ronald (2008): Komposition und Improvisation als Grundbegriffe einer allgemeinen Handlungstheorie. In: Kurt, Ronald/Näumann, Klaus (Hg.): Menschliches Handeln als Improvisation. Sozial- und musikwissenschaftliche Perspektiven. Bielefeld: transcript. 17–46

Kurt, Ronald (2009): Indien und Europa. Ein kultur- und musiksoziologischer Verstehensversuch. Bielefeld: transcript

Kurt, Ronald (2011): Improvisation als Methode der empirischen Sozialforschung. In: Schröer, Norbert/Bidlo, Oliver (Hrsg.): Die Entdeckung des Neuen. Qualitative Sozialforschung als Hermeneutische Wissenssoziologie. Wiesbaden: VS Verlag für Sozialwissenschaften. 69–83

Matthes, Jochen (1992). „Zwischen" den Kulturen? In: Matthes, Joachim (1992). Zwischen den Kulturen? Sonderband 8. Soziale Welt. Göttingen: Verlag Otto Schwartz& Co. 3–9

Mead, George, Herbert (1973): Geist, Identität und Gesellschaft aus Sicht des Sozialbehaviorismus. Frankfurt am Main: Suhrkamp

Nothdurft, Werner (2007): Anerkennung. In: Straub, Jürgen/Weidemann, Arne/Weidemann, Doris (Hrsg.): Handbuch interkulturelle Kommunikation und Kompetenz. Grundbegriffe – Theorien – Anwendungsfelder. Stuttgart/Weimar: J. B. Metzler. 110–122

Plessner, Helmut (1975): Die Stufen des Organischen und der Mensch. Berlin/New York: Walter de Gruyter

Reckwitz, Andreas (2010): Unscharfe Grenzen. Perspektiven der Kultursoziologie. Bielefeld: transcript

Reichertz, Jo (2009): Kommunikationsmacht. Was ist Kommunikation und was vermag sie? Und weshalb vermag sie das? Wiesbaden: VS Verlag für Sozialwissenschaften

Reichertz, Jo (2009a): Die Konjunktur der qualitativen Sozialforschung und Konjunkturen in der qualitativen Sozialforschung. In: Forum Qualitative Sozialforschung, Vol. 10. No. 3. Art 29, September 2009

Ritzer, George (1993): The McDonaldization of Society. Newbury Park: Pine Forge Press

Robertson, Roland (1992): Globalization: Social Theory and Global Culture. London: Sage

Sarasin, Philipp (2003): Geschichtswissenschaft und Diskursanalyse. Frankfurt am Main: Suhrkamp

Schröer, Norbert (2009). Interkulturelle Kommunikation. Einführung. Essen: Oldib

Schröer, Norbert (1999): Intersubjektivität, Perspektivität und Zeichenkonstitution. Kommunikation als pragmatische Abstimmung perspektivgebundener Deutungsmuster. In: Hitzler, Ronald/Reichertz, Jo/Schröer, Norbert (Hrsg.): Hermeneutische Wissenssoziologie. Standpunkte zur Theorie der Interpretation. Konstanz: UVK. 187–212

Schütz, Alfred & Luckmann, Thomas (2003): Strukturen der Lebenswelt. Konstanz: UVK

Soeffner, Hans-Georg/Raab, Jürgen (2011): Kultur und Auslegung der Kultur. Kultursoziologie als sozialwissenschaftliche Hermeneutik. In: Jaeger, Friedrich/Straub, Jürgen (Hrsg.): Handbuch der Kulturwissenschaften. Paradigmen und Disziplinen. Band 2. Stuttgart/Weimar: J. B. Metzler. 546–576

Taylor, Charles (1993): Multikulturalismus und die Politik der Anerkennung. Frankfurt am Main: Fischer

Wagner, Peter (1995): Soziologie der Moderne. Freiheit und Disziplin. Frankfurt am Main: Campus

Weber, Max (1993): Die protestantische Ethik und der „Geist" des Kapitalismus. Bodenheim: Athenäum

Welsch, Wolfgang (1999): Transculturality – the Puzzling Form of Cultures Today. In: Featherstone, Mike/Lash, Scott (Ed.): Spaces of Culture. City, Nation, World. London: Sage. 194–213

Welsch, Wolfgang (2010): Was ist eigentlich Transkulturalität? In: Darowska, Lucyna/Machold, Claudia (Hg.): Hochschule als transkultureller Raum? Beiträge zu Kultur, Bildung und Differenz. Bielefeld: transcript. 39–66

Wimmer, Andreas (1997): Die Pragmatik der kulturellen Produktion. Anmerkungen zur Ethnozentrismusproblematik aus ethnologischer Sicht. In: Brocker, Manfred/Neu, Heino Heinrich (Hrsg.): Ethnozentrismus. Möglichkeiten und Grenzen des interkulturellen Dialogs. Darmstadt: Wissenschaftliche Buchgesellschaft. 120–140

Wimmer, Andreas (2005): Kultur als Prozess. Zur Dynamik des Aushandelns von Bedeutungen. Wiesbaden: VS Verlag für Sozialwissenschaften

Wittgenstein, Ludwig (1977): Philosophische Untersuchungen. Frankfurt am Main: Suhrkamp

# Methodologisch-methodische Überlegungen zur interkulturellen qualitativen Sozialforschung

# Jenseits des Homogenitätsmodells der Kultur
Zur Analyse von Transnationalität und kulturellen Interferenzen auf der Grundlage der hermeneutischen Wissenssoziologie

*Anna Amelina*

## 1 Werden Kulturtheorien in der neueren Migrationsforschung vernachlässigt?

In den letzten 15 Jahren wurde die internationale Migrationsforschung mit der Entwicklung eines neuen Forschungsprogramms konfrontiert: Die transnationale Perspektive auf die geographische Mobilität (Basch/Glick Schiller/Szanton Blanc 1994; Portes 2001; Vertovec 1999) entwickelte sich zu einem angesehenen Forschungsprogramm der Transnational Studies (Faist 2000; Pries 2008a; 2008b; Khagram/Levitt 2008).

Während dessen liegt der inhaltliche Fokus der klassischen Migrationstheorien auf der Analyse der Akkulturations- und Assimilationsprozesse im Kontext des Immigrationslandes (Alba/Nee 2003; Esser 1980; Gordon 1964). Zwar sind auch andere bedeutsame theoretische Versuche unternommen worden, die Bedingungen und Mechanismen der internationalen Migration zu systematisieren: Dazu zählen beispielsweise die Theorie der Migrationssysteme (Boyd 1989), das Konzept der Haushaltsökonomien im Migrationsprozess (Stark 1995) und der Netzwerksansatz (Massey/Durand 2004). Nichtdestotrotz liegt vielen dieser Ansätze die Vorstellung zugrunde, dass es sich bei internationaler Migration um einen einmaligen (Aus-)Wanderungsakt handelt, quasi den Tausch eines gesellschaftlichen ‚Containers‘ gegen einen anderen.

Im Gegensatz dazu liegt das Augenmerk der transnationalen Migrationsforschung auf der temporären, zirkulären, nichtabschließbaren Qualität von Migrationsprozessen. Transnationale Migration wird dann als eine Form der geographischen Mobilität verstanden, die eine kontinuierliche Inkorporierung von mobilen Individuen in verschiedene grenzüberschreitende Strukturen, wie transnationale Netzwerke, Organisationen, Diaspora und Institutionen ermöglicht (Faist 2000; Pries 2008b). Die dauerhaften und stabilen grenzüberschreitenden Praktiken, soziale Kontakte und Beziehungen begünstigen die Herausbildung transnationaler sozialer Felder (Levitt/Glick Schiller 2004), die sich zwischen Emigrations- und Immigrationsstaaten aufspannen, und alternative soziale Realitäten erzeugen. Die Evidenz für diese Entwicklungen wird durch Studien über die Transformation von verwandtschaftlichen Beziehungen (Hondagneu-Sotelo/Avila 1997), sowie Studien zur Entstehung eines transnationalen politischen (Ostergraard-Nielsen 2003), eines ökonomischen (Portes/Guarnizo/Haller 2002) und eines religiösen Feldes (Levitt 2007) geliefert.

Die Entstehung neuer theoretischer Konzepte wird von der Entwicklung neuartiger methodologischer Positionen begleitet, die dagegen plädieren, geographische Mobilität ausschließlich im Kontext von nationalstaatlichen Containern der Immigrationsstaaten zu erforschen (Beck/Sznaider 2006; Pries 2008a; Wimmer/ Glick Schiller 2003). Diese Kritik am ‚methodologischen Nationalismus‘ der traditionellen Migrationsforschung stellt die Einschränkung der empirischen Analysen auf das Territorium und das institutionelle Setting eines ausgewählten Nationalstaates in Frage, weil auf diese Weise vielfältige Formen der grenzüberschreitenden Lebensführung und Vernetzung außer Acht gelassen werden und somit eine homogenisierende Perspektive auf Mobilität und Migration entworfen wird.

Obwohl dieser Kritik an den methodologischen Grundlagen der Migrationsforschung ein erhebliches Innovationspotential inhärent ist, muss ihr eine mangelnde kultursoziologische Perspektive bescheinigt werden. Im Gegensatz, beispielsweise, zu den Postkolonialen Studien (Varela/Dhawan 2005) ist das Interesse an Kultur in der transnationalen Migrationsforschung eher begrenzt (Kivisto 2001). Zwei Formen der Adressierung von ‚Kultur‘ können hier unterschieden werden. Entweder wird ‚Kultur‘ als ein Repertoire von primordialen Merkmalen einer Gruppe essentialisiert, oder, in den Studien, in denen das essentialistische Kulturverständnis abgelehnt wird, als eine Rekombination von verschiedenartigen Wissensordnungen und Sinnmustern, also als Prozesse der Kreolisierung (Hannerz 1996) konzeptualisiert. Nichtsdestotrotz hat die Diskussion dieser kulturtheoretischen Positionen bis jetzt keinen Eingang in die aktuellen methodologischen Debatten der Transnationalen Studien gefunden, die im Kontext der Kritik am methodologischen Nationalismus stattfinden. Dieser Aufsatz argumentiert jedoch, dass die aktuellen methodologischen Kontroversen der Transnationalisierungsforschung (Amelina/Faist/Nergiz 2012) von einem kultursoziologischen Blick außerordentlich profitieren würden.

Das Ziel des Kapitels besteht somit in der Entwicklung und Darstellung einer eigenen methodischen Strategie – einer transnational orientierten hermeneutischen Wissenssoziologie, die sowohl die wesentlichen Elemente der transnational orientierten Migrationsforschung als auch einen kultursoziologischen Blickwinkel einbezieht. Als ‚Kultur' werden hier Sinnmuster (Schütz 1981), symbolische Codes (Leví-Strauss 1958) oder Diskurse (Foucault 2002) bezeichnet. Mit anderen Worten verweist der Begriff ‚Kultur' auf alle Praktiken der Sinngebung (Hannerz 1996; Bhabha 1994). Darüber hinaus wird hier in Anschluss an Jeffrey Alexander und Philip Smith (2002) diejenige Sozialforschung als kultursoziologisch bezeichnet, die soziale Strukturen als eingebettet in (und geleitet von) Sinnmustern und Wissensordnungen definiert.

Meine zentrale These lautet also, dass die kultursoziologische Perspektive einen spezifischen Blickwinkel auf Prozesse der grenzüberschreitenden Mobilität, Vernetzung und Organisation sowie auf ihre angemessene methodische Untersuchung ermöglicht. Insbesondere können auf ihrer Grundlage folgende Fragen adressiert werden: Wie können wir transnationale soziale Praktiken von mobilen Akteuren erforschen, die in multiple kulturelle Ordnungen eingebettet sind? Welche methodologischen und methodischen Strategien bieten sich für die Untersuchung von transnationalen Netzwerken, Familien, Gemeinschaften oder Organisationen an, dessen soziale Praxis durch Mehrdeutigkeit und kulturelle Interferenzen charakterisiert ist? Als ‚kulturelle Interferenzen' werden hier in Anschluss an Andreas Reckwitz (2006) soziale Situationen verstanden, in denen Akteure in einer Situation, bei einem Objekt oder in einer Kategorie mit der gleichzeitigen Relevanz von unterschiedlichen Wissensordnungen konfrontiert werden. Beispielsweise weist die gleichzeitige Relevanz mehrerer Sinnmuster in Bezug auf die soziale Kategorie ‚Männlichkeit' (siehe Connell 2000) (z. B. ‚hegemoniale' vs. ‚subalterne' Männlichkeit) in transnationalen Familien auf eine solche Situation der kulturellen Interferenz hin.

Mit anderen Worten wird im Verlauf des Kapitels eine eigene methodische Position entwickelt, die die wesentlichen Elemente der Transnationalisierungsforschung und einer kultursoziologischen Zugangsweise kombiniert. Während der nächste Abschnitt im Detail auf die Frage eingeht, wie Transnationale Studien vom kultursoziologischen Blickwinkel profitieren und welche Rolle dabei das Konzept der kulturellen Interferenzen spielt, wird darauf aufbauend in weiteren Abschnitten die Methode der transnational orientierten Hermeneutik entwickelt. Diese kombiniert die Datenerhebung entlang der Logik der multilokalen Ethnographie (Marcus 1995) mit der Datenauswertung entlang der Logik der hermeneutischen Wissenssoziologie (Reichertz 2004), die durch den Ansatz der kulturellen Interferenzen erweitert wird (Reckwitz 2006).

## 2    Ist der Ansatz der ‚kulturellen Interferenzen' ein hilfreiches Instrument für die transnationale Methodologie?

Das zentrale Argument dieses Kapitels lautet, dass transnationale Migrationsforschung von einer kultursoziologischen Perspektive und insbesondere vom Konzept der kulturellen Interferenzen – der Idee der Überlappung kultureller Ordnungen – erheblich profitieren kann. Diesem Argument liegt die Annahme zugrunde, dass in transnationalen Kontexten soziale Akteure (Personen und Kollektive) mit einer hohen Wahrscheinlichkeit mit der Pluralität von Wissensordnungen und Interpretationsmustern konfrontiert sind (zum Akteursbegriff siehe Schimank 1988). Bevor, in Anlehnung in diese Idee, eine eigene methodische Forschungsstrategie elaboriert wird, sollen die relevanten kultursoziologischen Annahmen erörtert werden.

Welche Form der kultursoziologischen Forschung ist instruktiv für Migrationsforschung? Mit Jeffrey Alexander und Philip Smith (2002) halte ich diejenigen kultursoziologischen Ansätze für fruchtbar, die ‚Kultur' nicht als ein Ergebnis der ‚Sozialstruktur' betrachten. Alexander und Smith unterscheiden in diesem Zusammenhang zwischen „sociology of culture" und „cultural sociology". Während die erste Position dazu tendiert, die kulturelle Dimension durch den Rückgriff auf bestimmte sozialstrukturelle Bedingungen zu erklären, argumentieren die Vertreter der zweiten Position, dass kulturelle Ordnungen, also Sinn- und Interpretationsmuster, soziale Praktiken und soziales Handeln anleiten. So versteht die letztgenannte Position ‚Kultur' als eine unabhängige Variable im Beziehungszusammenhang zwischen ‚Kultur' und ‚Sozialstruktur' (Alexander, Smith 2002: 136).

Ein ähnliches Argument wird von Andreas Reckwitz (2001; 2006) vorgetragen, der soziale Praktiken als angeleitet durch Wissensordnungen und Sinnmuster versteht. Reckwitz bedient sich insbesondere einer praxeologischen Perspektive auf Kultur (Bourdieu 1984) und ersetzt deshalb die Unterscheidung von ‚Kultur' und ‚Sozialstruktur' durch die Unterscheidung in ‚Wissensordnungen' und ‚soziale Praxis'. Das für diesen Aufsatz relevante Argument von Reckwitz lautet, dass die Analyse der ‚Kultur' als einer unabhängigen Variable es verbietet, die ‚Kultur' als eine homogene Einheit zu konstruieren (Reckwitz 2006: 619). In diesem Zusammenhang kritisiert er das sog. Homogenitätsmodell der Kultur. Dabei werden drei seiner Elemente besonders kritisch herausgestellt:

i)   Kulturelle Ordnungen charakterisieren sich durch die interne Konsistenz und Schließung nach außen,

ii) Eine kulturelle Ordnung kann nur durch eine ausgewählte soziale Gruppe (Ethnie, Schicht, Geschlecht) geteilt werden,

iii) Kulturelle Transformationen sind als eine unveränderte Übertragung kultureller Muster von einer historischen Epoche in die andere zu sehen.

Das Homogenitätsmodell der ‚Kultur' erweist sich allerdings im Zusammenhang mit den Prozessen der globalen Transformation (Reckwitz 2006: 189) auf der einen Seite und mit der transnationalen Vergesellschaftung (Faist 2000) auf der anderen Seite als wenig tragfähig. Deshalb plädiert Reckwitz gegen die Fortführung des Homogenitätsmodells und für das Konzept der kulturellen Interferenzen, das ein flexibleres Verständnis von ‚Kultur' ermöglicht. Das Konzept der kulturellen Interferenzen basiert dabei auf folgenden Vorannahmen:

i) Kulturelle Ordnungen sind weit entfernt von interner Konsistenz und Geschlossenheit,

ii) Ausgewählte Wissensordnungen können durch unterschiedliche ‚Gruppen' oder ‚Kollektive' geteilt werden,

iii) Kulturelle Transformation soll als Wandel von Sinnordnungen und nicht als deren unveränderte Übertragung verstanden werden.

Diese Kritik stellt die Bedeutung der interpretativen Praxis der sozialen Akteure unter der Bedingung der Transnationalisierung heraus, die mit der Überlappung bzw. Interferenz von kulturellen Ordnungen konfrontiert sind. Von kultureller Interferenz kann nach Reckwitz dann gesprochen werden, wenn identische Situationen, Kategorien und Ereignisse von Akteuren mit verschiedenen (vielleicht sogar konfliegerenden) interpretativen Mustern belegt werden. Dabei handelt es sich hier nicht um die Überlappungen kultureller Elemente im essentialistischen Sinne (also um Überlappungen von Elementen, die bloß verschieden sind.) Stattdessen wird die ‚Differenz' zwischen Sinnmustern und Wissensordnungen als konstituierend für die Situation kultureller Interferenz seitens der Akteure wahrgenommen (siehe auch Otten/Geppert 2009). Der Begriff ‚Sinnmuster' verweist auf den geteilten Wissensvorrat in Bezug auf die spezifischen sozialen Interaktionen. Es fügt einzelne Bedeutungselemente zu einem Muster zusammen, die sowohl in sprachlichen als auch in nicht-sprachlicher Kommunikation enthalten sind (Reichertz 2004).

Kulturelle Interferenzen im Sinne von überlappenden Wissensordnungen können als ein zentrales Attribut der transnationalen Räume und Felder gesehen werden. Dieser Hypothese liegt die Annahme zugrunde, dass die grenzüberschreitende Zirkulation von Menschen, Semantiken, Technologien und Artefakten durch die Wahrscheinlichkeit des Zusammentreffens verschiedener Wissensordnungen charakterisierbar ist. Oder, anders formuliert: Transnationale Mobilität erzeugt das begünstigende Milieu für *cultural encounters*. Jedoch sollte dieses Argument nicht dahingehend missverstanden werden, dass es sich bei ‚Kulturen' um Nationalkulturen handelt und dass kulturelle Ordnungen an Nationalstaaten gebunden sind. Im Gegensatz dazu werden hier, wie bereits Reckwitz's Kritik am Homogenitätsmodell verdeutlicht, Wissensordnungen als inkonsistente und deterritorialisierte Wissensvorräte definiert, die historisch-spezifisch sind.

Wie kann das Konzept der interkulturellen Interferenz in eine eigenständige methodologische Strategie der Transnationalisierungsforschung umgesetzt werden? Um diese Frage zu beantworten, wird im Weiteren die Auswahl von Akteursstrategien vorgestellt, die aus den Situationen der kulturellen Interferenz hervorgehen (Reckwitz 2001: 102):

i)  Eine der Strategien des Umfangs mit kulturellen Interferenzen ist die Rekombination der verschiedenen Sinn-Elemente zu einem neuen Sinnmuster. Ulf Hannerz (1987; 1996) beschrieb einen solchen innovativen Rekombinationsprozess mit dem Begriff der kulturellen Kreolisierung. An dieser Stelle möchte ich das Beispiel der Aushandlung von Männlichkeit in transnationalen Familien in Erinnerung rufen. In diesem Fall kann dann von einer Kreolisierung gesprochen werden, wenn Akteure mit verschiedenen Bedeutungen der Kategorie ‚Männlichkeit' konfrontiert werden und dabei ein neues Sinnmuster entwickeln. Wenn also in einer spezifischen Situation, in der sich sowohl das Interpretationsschema ‚hegemoniale Männlichkeit', wie auch ‚subalterne Männlichkeit' als relevant darstellt, und wenn beide Sinnmuster zu einem neuen Interpretationsmuster kombiniert werden, dann handelt es sich hier um den Vorgang der Kreolisierung.

ii) Darüber hinaus besteht die weitere Interpretationsstrategie darin, ‚Verwendungskriterien' von unterschiedlichen Sinnmustern, die für identische Situationen relevant sind, neu zu definieren. Das Konzept der Verwendungskriterien entstand in der ethnomethodologischen Theorietradition. In der Regel erkennen Akteure implizite Verwendungskriterien von Sinnmustern und Kategorien und binden diese an spezifische Kontexte (z. B. öffentlich/privat, Diaspora, Ausländeramt) anhand der sog. indexikalischen Ausdrücke (Garfinkel 1967). Die Neu-Definition von Verwendungskontexten erfordert, dass Akteure sich darüber verständigen (müssen), in welchen Kontexten die Verwendung von welchen Sinnmustern in Bezug auf identische Situation, Objekt oder Kategorie (z. B. Männlichkeit) adäquat ist. Hier möchte ich wieder das Beispiel der gleichzeitigen Relevanz unterschiedlicher Sinnmuster in Bezug auf ‚Männlichkeit' in transnationalen Familien verwenden. Im oben erwähnten Beispiel würde die Neu-Definition der Verwendungskriterien von Sinnmustern, wie ‚hegemoniale Männlichkeit' und ‚subalterne Männlichkeit' dann vorliegen, wenn das erst genannte Interpretationsschema ausschließlich im Kontext von Diaspora (z. B. in ‚ethnischen Kirchen', Heimatvereinen) verwendet würde und das zweit genannte Interpretationsschema in anderen öffentlichen Kontexten, wie z. B. Schule, Ausländeramt oder Facebook.

iii) Die dritte Interpretationsstrategie zeichnet sich dadurch aus, dass die Ambivalenz – die wahrgenommene Gültigkeit unterschiedlicher Sinnmuster in Bezug auf eine Situation, konstant bleibt und nicht aufgelöst wird. Homi Bhabha (1990; 1994) beschrieb diesen Situationszusammenhang mit seinen Begriffen der ‚Hybridität', ‚kulturelle Übersetzung' und ‚Mimikry'. In diesem Fall würde in unserem imaginärem Beispiel in einer transnationalen Familie eine kontinuierliche Unklarheit darüber herrschen, welcher der Sinnmuster nun, ‚hegemoniale' oder ‚subalterne Männlichkeit', Handlungsroutinen, wie z. B. familiäre Entscheidungen, anleiten soll.

Eine der Konsequenzen aus dem Interferenzen-Ansatz lautet, dass unterschiedliche Formen des Umgangs mit kulturellen Überlappungen zu unterschiedlichen Typen des sozialen Handelns bzw. sozialer Praktiken führen. Diese kultursoziologische Perspektive versteht somit transnationale soziale Praktiken als eingebettet in fragmentierte und inkonsistente kulturelle Transformationen. Diese Perspektive legt es nahe, den Umgang mit kulturellen Interferenzen in den Fokus der Transnationalisierungsforschung zu rücken.

Das Ziel dieses Aufsatzes ist die Vorstellung einer eigenen Forschungsstrategie auf der Grundlage dieses Ansatzes, die die Untersuchung von Handlungsroutinen, Lebenswelten und geographischer Mobilitäten ermöglicht, die aus kulturellen Interferenzen resultieren. Um dieses Ziel zu erreichen, wird im Weiteren vorgeschlagen, die Erhebungsmethode der multilokalen Ethnographie nach George Marcus (1995) mit der Auswertungstechnik der hermeneutischen Wissenssoziologie (Hitzler/Reichertz/Schöer 1999; Reichertz 1997; Soeffner/Hitzler 1994) zu kombinieren. Allerdings sollen diese methodischen Techniken in aktuelle methodologisch-methodische Debatten der Transnationalisierungsforschung eingebettet werden. Deshalb werden im nachfolgenden Abschnitt aktuelle Forschungsstrategien der Transnationalisierungsforschung in einem Überblick vorgestellt.

## 3    Die räumliche Dimension in der Methodologie
     der Transnationalisierungsforschung

Qualitative Forschungsmethoden sind zu einem festen Bestandteil der aktuellen
Migrationsforschung geworden. Allerdings benötigen Untersuchungen der transnationalen Migration spezielle Methoden und Techniken, die in der Lage sind, die
kontinuierliche Überschreitung politisch-territorialer Grenzen durch Personen,
Objekte und Ideen adäquat zu analysieren. Daraus geht die Notwendigkeit hervor,
die sozialräumliche Dimension explizit zu thematisieren. Deshalb soll in diesem
Abschnitt ein Überblick über die zentralen methodologischen Überlegungen der
Transnationalisierungsforschung, und insbesondere über die Konzeptualisierung
der sozialräumlichen Dimension, gemacht werden. Dabei wird gefragt, inwiefern
die Methodologie der Transnationalen Studien und der Ansatz der kulturellen Interferenzen miteinander kompatibel sind.

Als erstes möchte ich auf die Kritik am methodologischen Nationalismus eingehen, die einen Meilenstein für die Herausbildung transnationaler Methodologie
darstellt (Wimmer/Glick Schiller 2003). In einer historischen Genealogie-Analyse
der Migrationsforschung stellten Andreas Wimmer und Nina Glick Schiller fest,
dass sowohl die Theoriebildung, als auch die Methodik der Migrationsforschung
unhinterfragt vom Primat der nationalstaatlichen Organisation der sozialen Welt
ausgeht. Soziale Realität ist demnach differenziert entlang nationalstaatlich-terri-
torialen Grenzen, und nationale Gesellschaften organisieren sich um homogene
Populationen mit gemeinsamen primordialen Merkmalen und gemeinsamer Geschichte. Wimmer und Glick Schiller unterscheiden drei Typen des methodologischen Nationalismus in der Migrationsforschung:

i)   ,Ignoring nationalism': Sie argumentieren, dass Migrationsforscher die Bedeu-
     tung des Nationalismus im Prozess der Migration häufig vernachlässigen, an-
     statt sie adäquat zu thematisieren;
ii)  ,Naturalizing nationalism': Nationalstaaten werden von der Migrationsfor-
     schung als quasinatürliche Container behandelt und implizit zur Kontextuali-
     sierung der Forschung verwendet (z. B. durch die Einschränkung der Untersu-
     chungen auf das Immigrationsland). So wird beispielsweise die Partizipation
     der Einwanderer in den Arbeitsmärkten des Immigrationslandes, ihr Bil-
     dungserfolg im Einwanderungsland und nationale Integrationspolitik etc. un-
     tersucht;
iii) ,Territorial limitation': Empirische Migrationsforschung findet meistens inner-
     halb der Grenzen von Nationalstaaten und insbesondere der Immigrations-

staaten statt. Deshalb können soziale Praktiken, die territoriale Grenzen überschreiten, empirisch nicht (oder nicht adäquat) berücksichtigt werden.

Die Kritik am methodologischen Nationalismus bezieht sich zwar nicht explizit
auf das Konzept der kulturellen Interferenzen, sie impliziert aber die Möglichkeit
der gleichzeitigen Aufrechterhaltung der verschiedenen kulturellen, ethnischen
und religiösen Zugehörigkeiten (Wimmer/Glick Schiller 2003: 581). Darüber hinaus verweist diese Kritik auf die Inadäquanz des Homogenitätsmodells der Kultur
(siehe oben), das ,Kulturen' im essentialistischen Sinne z. B. als ,Nationalkulturen'
definiert. Im Gegensatz dazu wird hier davon ausgegangen, dass Ensembles von
Sinnmustern und Wissensordnungen von mehreren ,Gruppen' gleichzeitig geteilt
werden können, unabhängig von ihren nationalen Zugehörigkeiten.

Die starke Zustimmung zu dieser Kritik ermöglichte eine theoretische Reflexion über das ,Container-Denken' (container thinking) und den ,ethnisch-na-
tionalen Blickwinkel' (ethnic lens) in der Migrationsforschung (Darieva/Glick
Schiller/Gruner-Domic 2011). Allerdings bot sie keine exakten Forschungstechni-
ken für die Überwindung des methodologischen Nationalismus an. Genau dieses
setzten sich Ulrich Beck und Natan Sznaider (2006) zum Ziel und entwickelten
das Forschungsprogramm des methodologischen Kosmopolitismus. Ihr Programm gründet sich insgesamt in drei Argumentationslinien, die wie folgt lauten:

i)  Die philosophischen Grundlagen des Kosmopolitismus, wie die des Stoizis-
    mus und Neo-Platonismus, verweisen auf die Möglichkeit der gleichzeitigen
    Aufrechterhaltung von multiplen Mitgliedschaften: „Every human being is
    rooted by birth in two worlds, two communities: in cosmos (that is nature)
    and in the polis (that is, city-state). Being part of the cosmos means that all
    men and women are equal by nature, yet part of different states organized in
    territorial units (polis)" (Beck/Sznaider 2006: 159);
ii) Die empirische Diagnose eines weltweiten gesellschaftlichen Wandels, der
    Kosmopolitisierung, die als Zunahme weltweiter Verflechtungszusammen-
    hänge definiert wird (Beck/Sznaider 2006: 9);
iii) Die Entwicklung eines konkreten empirischen Forschungsprogrammes, das
    eine durch Dichotomien geprägte Denkweise überwinden soll.

Wie sollte nun die dichotomisch-orientierte Denkweise in Frage gestellt werden?
Und warum wird dieses Ziel ins Zentrum dieses Forschungsprogramms gerückt?
Die Antwort auf diese Frage liegt in Beck und Szanider's Kritik von analytischen
Unterscheidungen der frühen Globalisierungs- und Transnationalisierungsfor-

schung, die strikt zwischen sozialräumlichen Dimensionen, wie ‚global' vs. ‚lokal' oder ‚national' vs. ‚transnational' trennt. Diese dichotomisch-orientierte Denkweise ist nach Ansicht von Autoren im methodologischen Nationalismus begründet, der der sozialwissenschaftlichen Forschung eine „Entweder-oder"-Unterscheidungslogik aufzwingt (ebd.: 18). Stattdessen sollten wir aber der „Sowohl-Als-Auch"-Logik des methodologischen Kosmopolitismus folgen, die uns ermöglicht, Forschungsdesigns unter Berücksichtigung des Lokalen und des Globalen, des Nationalen und des Transnationalen zu entwerfen. Auf diese Weise wird es möglich, der gleichzeitigen Relevanz unterschiedlicher sozialräumlicher Ebenen in der Analyse von grenzüberschreitenden Prozessen Rechnung zu tragen.

Die Autoren fordern im Weiteren, dass diese „Sowohl-als-auch"-Logik auf zwei Weisen implementiert wird. Auf einer Seite sollten ForscherInnen die Multi-Perspektivität von Handlungsstrategien der Akteure berücksichtigen, die gleichzeitig auf unterschiedlichen sozialräumlichen Ebenen agieren. Auf der anderen Seite soll die Multi-Perspektivität in die Beobachtungsstrategien der Forscher mit einfließen.

So können beispielsweise die kosmopolitischen Lebensstile von mobilen Akteuren unter Berücksichtigung unterschiedlicher sozialräumlicher Ebenen analysiert werden. Der Fokus auf die ‚lokale' Ebene würde die Beobachtung der Lebensstile am Wohnort und in den urbanen Nachbarschaften implizieren. Die Berücksichtigung der ‚nationalen' Ebene würde den Vergleich der Lebensstile von MigrantInnen in verschiedenen Nationalstaaten ermöglichen. Die Analyse der ‚transnationalen' Ebene würde die Rekonstruktion geographischer Mobilität und der Vernetzung über die nationalstaatlichen Grenzen hinweg in den Mittelpunkt rücken. Während dessen würde die Einbeziehung der ‚globalen' Ebene eine Analyse der weltweiten Transformation von Migrationspolitik erfordern, die als Reaktion auf transnationale soziale Praktiken stattfindet.

Zusammenfassend lässt sich festhalten, dass das Forschungsprogramm des methodologischen Kosmopolitismus die Multi-Perspektivität von Akteursstrategien und der wissenschaftlichen Beobachtung in den Mittelpunkt rückt. Diese Position, ähnlich wie die bereits zitierte Kritik am methodologischen Nationalismus, korrespondiert insofern mit dem Ansatz der kulturellen Interferenzen, da sie der Entstehung und Aufrechterhaltung von multiplen Zugehörigkeiten über die nationalstaatlichen Grenzen hinweg Rechnung trägt. Das „Sowohl-als-auch"-Prinzip der kosmopolitischen Methodologie verweist auf die zentrale Annahme von Reckwitz, die besagt, dass soziale Akteure gleichzeitig mit unterschiedlichen Interpretationsmustern in Bezug auf eine identische Situation, ein Objekt oder eine

Kategorie konfrontiert werden können und spezifische Strategien entwickeln, mit diesen Überlappungen umzugehen.

Obwohl die methodologischen Überlegungen von Beck und Sznaider für die Transnationale Studien zukunftsweisend sind, geben sie nur begrenzte Anhaltspunkte für eine konkrete Bestimmung von Aussageeinheiten ('units of analysis') in der Praxis der transnationalen Forschung. Im Gegensatz dazu entwickelte Ludger Pries (2008a) ein detailliertes Programm zur Definition von ‚transnationalen' Aussageeinheiten. Ohne eine weitere Referenz auf (sozial-)philosophische Grundlagen bezeichnet er diejenigen analytischen Einheiten als Aussageeinheiten, über die wissenschaftliche Aussagen formuliert werden. Ähnlich wie die bereits zitierten Autoren kritisiert er die Vorgehensweise von methodologisch nationalistisch orientierten Sozialwissenschaften, die ihre Aussageeinheiten ausschließlich unter Berücksichtigung von nationalstaatlichen Kontexten bestimmen. Demnach werden als transnationale Aussageeinheiten „dense and durable configurations of social practices, symbols and artifacts" (Pries 2008a: 5) verstanden.

Um diese Vorgehensweise bei der Bestimmung von Aussageeinheiten in Frage zu stellen, unterscheidet Pries (2008a) zwischen zwei Kontextualisierungsmöglichkeiten der internationalen Forschung: Zwischen einem absolutistischen und einem relationalen Raumverständnis. Während das absolutistische Raumverständnis soziale Praktiken ausschließlich einem bestimmten territorialen Container zuordnet, geht die relationale Raumvorstellung davon aus, dass die soziale Praxis selbst relevante geographische Bezugspunkte erzeugt, die über die sozialen Relationen miteinander verknüpft werden. Folglich argumentiert er, dass die Aussageeinheiten nicht ausschließlich vor dem Hintergrund eines absolutistischen Referenzrahmens bestimmt werden sollen (siehe Tabelle 1). Im Kon-

*Tabelle 1*     Vergleich von drei Ansätzen der internationalen Forschung
(Quelle: Pries 2008c: 49)

|  | Internationaler Vergleich | Weltsystemforschung | Transnationale Forschung |
|---|---|---|---|
| **Bezugseinheit** | Nationalgesellschaften | Weltsystem, Weltgesellschaft | Transnationale Sozialräume |
| **Klassische Aussageeinheit** | Soziale Klassen/Lebensstile/Chancencluster etc. | Machtzentren/Peripherien, Internat. Klassen | Lebensläufe Identitäten Familiennetzwerke |
| **Klassische Untersuchungseinheit** | Individuen, Haushalte, Kommunen | Handelsströme Unternehmen Finanzkapital | Individuen Haushalte Organisationen |

text von grenzüberschreitenden Prozessen müssen Räume als diskontinuierlich und fragmentiert, aber durch die sozialen Relationen aufrechterhaltend gesehen werden. Das relationale Raumverständnis ist hervorragend geeignet für die Kontextualisierung und die Bestimmung von Aussageeinheiten der Transnationalen Studien.

Um diesen Vorschlag zu plausibilisieren, unterscheidet Ludger Pries zwischen drei Typen der Internationalisierungsforschung: Einer international vergleichenden, den Weltsystem- und Weltgesellschaftsansätzen sowie den Transnationalen Studien. Dabei zeigt er auf, wie die Bestimmung von Aussageeinheiten im jeweiligen Typ von internationalen Studien aus der jeweiligen Definition des Referenzrahmens bzw. des sozialräumlichen Kontextes resultiert. So ergeben sich die Aussageeinheiten von international vergleichenden Studien aus der Bestimmung von Nationalstaaten als Referenzräume: Hier herrscht ein absolutistisches Raumverständnis vor. Ähnlich werden die Aussageeinheiten von Weltsystem- und Weltgesellschaftskonzepten aus dem absolutistischen Raumverständnis abgeleitet, das der Gesamtheit der sozialen Beziehungen eine globale geographische Reichweite bescheinigt, die mit der territorialen Fläche des Erdballs identisch ist. Dagegen fungiert als ein Referenzrahmen der Transnationalisierungsforschung das relationale Raumverständnis, das die Fragmentiertheit der räumlichen mit der Kohärenz der sozialen Beziehungen als vereinbar sieht. Zusammenfassend lässt sich festhalten, dass Ludger Pries die oben zitierte Unterscheidung zwischen dem absolutistischen und einem relationalen Raumverständnis gelingt, erstens, Kontextualisierungsstrategien unterschiedlicher Typen der Internationalisierungsforschung aufzuzeigen und, zweitens, Aussageeinheiten der Transnationalen Studien zu bestimmen.

Der Überblick über die methodologischen Ansätze der Transnationalisierungsforschung lässt die dringende Notwendigkeit erkennen, sowohl die traditionellen sozialwissenschaftlichen Techniken der Datenerhebung, als auch die Methoden der Dateninterpretation zu modifizieren. Eine solche methodische Innovation soll hier durch die Verknüpfung des Ansatzes der kulturellen Interferenzen mit den methodologischen Ideen der Transnationalisierungsforschung vorgestellt werden. Diese Technik der transnational orientierten hermeneutischen Wissenssoziologie besteht aus drei Elementen. Auf einer Seite stützt sie sich auf die modifizierte Form der Datenerhebung, die mit Ludger Pries' Vorstellung des angemessenen Referenzrahmens für ‚transnationale' Aussageeinheiten als „border-crossing pluri-local societal spaces" (2008a: 5) korrespondiert. Eine solche Form der Datenerhebung kann auf der Grundlage der multilokalen Ethnographie (Marcus 1995) realisiert werden, die die Durchführung von Interviews oder von teilnehmender Beobachtung in mehreren geographischen Orten bzw. Lokalitäten vorsieht. Auf der anderen Seite bezieht sich die Interpretation der Daten auf die modifizierte Form der hermeneutischen Wissenssoziologie (Reichertz 2004), wobei die letzte durch den Ansatz der kulturellen Interferenzen ergänzt wird. Schließlich sollte die Idee der Multi-Perspektivität (Beck/Sznaider 2006) in diesem Verfahren berücksichtigt werden, die hier als eine Anrufung zur Reflexivitätssteigerung im Forschungsprozess interpretiert wird. Dabei soll die Organisation des hermeneutischen Interpretationsverfahrens in heterogenen Forschungsgruppen die Reflexivitätssteigerung begünstigen. Auf diese drei Elemente wird in den nächsten Abschnitten genauer eingegangen.

## 4 Die transnational orientierte Hermeneutik als eine Kombination der multilokalen Ethnographie und der hermeneutischen Wissenssoziologie

Dieser Abschnitt soll darstellen, wie durch die Kombination von transnationaler Methodologie mit dem Konzept der kulturellen Interferenzen sowohl dem Problem des methodologischen Nationalismus begegnet wird, als auch die Idee der Multi-Perspektivität der Akteurs- und Beobachtungsperspektiven in den Forschungsprozess einbezogen wird. Als Ausgangsbasis für diese Kombination soll die Methode der hermeneutischen Wissenssoziologie dienen. Deshalb wird zunächst diese Forschungstechnik in einem kurzen Überblick vorgestellt.

Die hermeneutische Wissenssoziologie und das Konzept der kulturellen Interferenzen basieren auf gemeinsamen theoretischen Grundlagen in der Annahme, dass Handlungsroutinen immer in kulturelle Ordnungen – Interpretationsmuster und Sinngebungsprozesse – eingebettet sind (Hitzler/Honer 1997; Hitzler/Reichertz/Schröer 1999; Reichertz 2004; Soeffner 2004). Deshalb interessiert sich die hermeneutische Wissenssoziologie für die Rekonstruktion von Wissensordnungen, die auf der einen Seite soziales Handeln anleiten und, auf der anderen Seite, nur anhand der Handlungsroutinen und -praktiken beobachtbar sind. Insbesondere stehen die Interpretationsleistungen der Akteure im Vordergrund, ihr Erwerb und Verwendung von Sinnmustern. Da hermeneutische Wissenssoziologie sich für die soziale Dimension der Sinngebung interessiert, fragt sie weder nach subjektiven Aspekten der Sinngebung, noch danach, ob Sinngebung bewusst oder unbewusst erfolgt (Reichertz 2004).

Jo Reichertz, einer der Repräsentanten der hermeneutischen Wissenssoziologie, argumentiert, dass diese Methode auf „alle Typen der sozialen Interaktion und auf alle Typen der kulturellen Phänomene" angewendet werden kann (Reichertz 2004: 290). Insgesamt umfasst sie vier Arbeitsschritte, die nur kursorisch erörtert werden:

i)  Der erste Forschungsschritt der Datenerhebung sollte möglichst nichtstandardisiert ablaufen. Durch die nichtstandardisierten Verfahren soll eine ex ante Bestätigung theoretischer Überlegungen vermieden werden: Eine Vorgehensweise, bei der Forscher nur diejenigen Daten als relevant auswählen, die theoretische Passförmigkeit aufweisen;

ii) Im zweiten Schritt werden die Daten mit der Sequenzanalyse analysiert. Sie beginnt mit der Selektion der für die Forschungsfrage relevanten Textpassagen. Im Anschluss daran soll jeder Satz und sogar jedes Wort im gewählten Paragraph auf seine Bedeutung hinterfragt werden. In dieser Phase sollten die ForscherInnen so viele Hypothesen wie nur möglich über die möglichen Sinnmuster der ausgewählten Textbausteine formulieren;

iii) In der dritten Phase findet eine Selektion der formulierten Hypothesen statt: Diejenigen Vermutungen über die Interpretationsmuster, die sich als unpassend erweisen, werden verworfen. Dagegen bleiben diejenigen Annahmen bestehen, die sich als konsistent mit der Textstruktur erweisen. Anschließend soll diese Vorgehensweise nicht mehr nur auf einen Satz, sondern auch auf einen größeren Baustein angewendet werden, und anschließend auf den gesamten Text. In fraglichen Fällen soll die Datenerhebung wiederholt werden;

iv) Schließlich, im vierten Schritt, sollen die nichtverworfenen Sinnmuster zu einem Gesamtmuster zusammengefasst werden. Diese abschließende Konfiguration eines Sinnmusters wird als Ergebnis des Forschungsprozesses gesehen.

Darüber hinaus wird empfohlen, die Sequenzanalyse in Forschungsgruppen durchzuführen, da die Kommunikation in der Gruppe eine Validierung der Selektion unpassender Hypothesen ermöglicht. Der Begriff ‚passend' bezeichnet die Hypothese eines Sinnmusters, die, im Vergleich zu anderen Hypothesen, mit der Textstruktur am konsistentesten ist. Die intensive Entwicklung alternativer Hypothesen (Arbeitsschritt 2) hat die Exklusion der subjektiven Vorurteile des/der Forschenden aus dem Forschungsprozess zum Ziel. Darüber hinaus wird erwartet, dass die Sequenzanalyse selbstreflexiv abläuft. D. h., auf einer Seite wird der/die Forschende angehalten, über den eigenen historisch-spezifischen Sozialisationshintergrund hinaus zu reflektieren und dazu auf Distanz zu gehen. Auf der anderen Seite sollen Kurzbeschreibungen der für die Fragestellung relevanten Lebenswelten angefertigt werden.

Der Vorschlag der transnational orientierten Hermeneutik zielt zunächst auf die Modifikation der Datenerhebung der hermeneutischen Wissenssoziologie. Es wird hier vorgeschlagen, die Daten in einer nichtstandardisierten Form in mehreren geographischen Orten bzw. Lokalitäten zu erheben. Diese Vorgehensweise entspricht der Strategie der multilokalen Ethnographie (Marcus 1995; Falzon 2009), die auch für die sozialwissenschaftliche Forschung ein instruktives Forschungsprogramm bietet (Nadai/Maeder 2005; Mazzucato 2008). Entscheidend ist, dass die Vorgehensweise der multilokal organisierten Datenerhebung mit Ludger Pries' relationalem Raumverständnis korrespondiert. Erst diese Form der Datenerhebung ermöglicht die Bestimmung der ‚transnationalen' Aussageeinheiten, deren Referenzrahmen durch fragmentierte Geographien gebildet werden.

Ursprünglich entstand die multilokale Ethnographie im Kontext der sozial- und kulturanthropologischen Forschung Ende des letzten Jahrhunderts, die sich mit der zunehmenden Herausforderung konfrontiert sah, das Fortbestehen von ‚lokalen', ‚traditionellen' Gemeinschaften in einer sich globalisierenden Welt zu untersuchen (Clifford/Marcus 1986; Marcus 1995). Die Herausforderung bewegte die ForscherInnen dazu, Frage nach neuen Kriterien für die Bestimmung des Forschungsfeldes zu stellen: So entstand die Forschungstechnik der multilokalen Ethnographie, die die sozialanthropologische Forschungslogik im starken Maße verändert hat:

i) Die multilokale Ethnographie geht davon aus, das der Forschungsfokus auf der Untersuchung von face-to-face Interaktionen von ‚lokalen' Gruppen und ‚traditionellen' Gemeinschaften nicht mehr in einem geographischen Ort durchgeführt werden kann, weil solche Interaktionen heute in einen „emergenten, globalen" Kontext eingebettet sind (Marcus 1995). Deshalb setzt sie sich die Rekonstruktion sozialer Realitätsausschnitte zum Ziel, die, obwohl sie an geographisch unterschiedlichen Orten stattfinden, durch die gemeinsame Logik der Ereignisse und Situationen verbunden sind.

ii) Die Forschungstechnik der multilokalen Ethnographie reduziert die Bedeutung des Feldaufenthaltes der klassischen Sozialanthropologie (Malinowski 1967). Die letzte erforderte einen längeren Feldaufenthalt im Zeitraum von zwei und mehr Jahren, das das ‚Eintauchen' in die ‚lokale' ‚Kultur vorausgesetzt hatte. Allerdings kann die multilokale Ethnographie allein aus forschungspraktischen Gründen keinen langen Forschungsaufenthalt vorsehen, weil der Aufenthalt sich auf mehrere Jahre, oder vielleicht sogar Jahrzehnte, erstrecken würde. Die resultierende zeitliche Einschränkung der multilokalen

Ethnographie könne, so Marcus (1995), durch die Differenzierung von Forschungsaktivitäten erreicht werden: z. B. durch die Kombination eines längeren Forschungsaufenthalts an einem Ort mit einem kürzeren – an einem anderen. Jedoch hängt der Umfang der Einschränkungen von den Forschungszielen und der Forschungsfrage ab.

Nach George Marcus (1995) besteht die Besonderheit der multilokalen Ethnographie darin, dass der/die ForscherIn dem Forschungsobjekt oder -subjekt folgen bzw. es begleiten soll: „Follow the people," „follow the thing", „follow the metaphor", „follow the plot, story or allegory", „follow the life or biography", „follow the conflict" (Marcus 1995: 105 ff.) Somit sind Kriterien zur Bestimmung des empirischen Forschungsfeldes durchaus variabel. Diese Entscheidungshilfen, aber insbesondere der Vorschlag, die geographische Mobilität von Personen durch ForscherInnen zu begleiten, ermöglicht den TransnationalisierungsforscherInnen eine adäquate Beobachtung und Erhebung der grenzüberschreitenden Mobilität und Vernetzung. Erst auf diese Weise können die multilokalen Strategien und Organisationsformen, von z. B. transnationalen Familien, Gemeinschaften, Organisationen und Diaspora beobachtet werden (Lauser 2005; Mazzucato 2008).

Als zweites sieht der Methodenvorschlag der transnational orientierten Hermeneutik eine Modifikation der Elemente der Datenauswertung vor. Beck und Sznaider (2006) argumentieren, dass die grenzüberschreitenden Prozesse mit der gleichzeitigen Aufrechterhaltung multipler Zugehörigkeiten einhergehen. Sie sprechen in diesem Zusammenhang von der ,Sowohl-als-auch'-Logik des Kosmopolitismus. Mit anderen Worten entwickeln Akteure die Handlungsstrategien, die es ihnen ermöglichen, gleichzeitig an verschiedenen Interpretationsmustern in Bezug auf eine Situation, ein Objekt oder eine Kategorie (z. B. ,Männlichkeit') zu partizipieren. Diese Idee ist sogar genauer adressiert mit dem Konzept der kulturellen Interferenzen, das bereits oben vorgestellt wurde. Die Implementierung dieses Konzepts in die Datenauswertung soll das Verfahren der Sequenzanalyse der hermeneutischen Wissenssoziologie erweitern.

Wie bereits erläutert, besteht das Ziel der sozialwissenschaftlichen Hermeneutik in der detaillierten Rekonstruktion eines Sinnmusters oder einer Wissensordnung, die für Handlungsroutinen in spezifischen Kontexten relevant sind. Hier wird allerdings vorgeschlagen, nicht nur einen, sondern (potentiell relevante) mehrere Sinnmuster in Bezug auf eine Situation, ein Objekt oder eine Kategorie als Ergebnis des Auswertungsprozesses in Aussicht zu stellen. Diese Modifizierung resultiert aus der Annahme, dass im Kontext der transnationalen Migration Überlappungen kultureller Ordnungen wahrscheinlich sind. Für eine identische Situation, ein Objekt oder eine Kategorie können sich mehrere Sinnmuster gleichzeitig als gültig erweisen. Der Überschuss von Sinnmustern sowie die interpretative Unterbestimmtheit (Reckwitz 2006: 623) werden zu einem entscheidenden Charakteristikum dieses Settings. Wohlgemerkt: Es sind die Akteure (und nicht nur die ForscherInnen), die die Relevanz verschiedener Interpretationsschemata in ,identischen' Situationen vorfinden. Folglich befinden sich Akteure in einer ambivalenten Entscheidungssituation, denn sie werden mit der Unterbrechung von Handlungsroutinen konfrontiert. Aber, so Andreas Reckwitz, die Handlungspraktiken können nur im Falle der Reduktion von Kontingenz fortgesetzt werden: Erst wenn die Frage „Welche Sinnmuster sind nun gültig?" beantwortet worden ist.

Diese Überlegungen sollen in den sequenzanalytischen Vorgang einbezogen werden. Der Vorschlag lautet also, dass die oben beschriebenen Grundsätze der sozialwissenschaftlich-hermeneutischen Sequenzanalyse beibehalten werden. Allerdings sollte der Schritt 3 folgenderweise modifiziert werden:

- Die Selektion von Hypothesen bezüglich der ,passenden' Sinnmuster, also der Sinnmuster, die mit dem Text am konsistentesten übereinstimmen, soll die Möglichkeit beinhalten, nicht ausschließlich eine einzige relevante Hypothese auszuwählen, sondern auch die Möglichkeit berücksichtigen, dass mehrere Interpretationsschemata gleichzeitig für einen Textabschnitt relevant sind.
- Diese Gleichzeitigkeit der Relevanz mehrerer Sinnmuster bezüglich einer ,identischen' Situation oder Kategorie sollte jedoch nicht von den Forschenden an den Text herangetragen werden. Stattdessen sollte sie aus Textabschnitten und Textabsätzen als interpretative Unterbestimmtheit in Akteursperspektive rekonstruierbar sein.

Die Sequenzanalyse profitiert darüber hinaus von der Berücksichtigung der verschiedenen Umgangsformen mit der interpretativen Unterbestimmtheit. In Anlehnung an Reckwitz und andere (Bhabha 1994; Hannerz 1996) differenzieren wir zwischen drei Strategien des Umgangs mit der interpretativen Unterbestimmtheit. Die erste Form verweist auf die Möglichkeit der Rekombination unterschiedlicher Sinnmuster bezüglich eines Objekts oder einer Situation. D. h. im Kontext der Sequenzanalyse wäre eine solche Rekombination durchaus rekonstruierbar. Die zweite Strategie bezieht sich auf die Möglichkeit der Neu-Bestimmung von Anwendungskriterien und Anwendungskontexten von Sinnmustern. Somit würde aus der Sequenzanalyse eine solche Neu-Definition von Deutungskontexten (z. B. von Männlichkeiten) als ein mögliches Ergebnis hervorgehen. Schließlich, als

dritte Option, ist die Stabilisierung der Unsicherheit über die Gültigkeit der konkurrierenden Sinnmuster bezüglich einer Kategorie zu nennen. In diesem Fall
würde die Sequenzanalyse auf eine solche Stabilisierung der interpretativen Unterbestimmtheit verweisen.

Die Berücksichtigung dieser drei Optionen bereichert die Sequenzanalyse.
Denn auf diese Weise wird nicht nur festgestellt, ob und welche Sinnmuster in
spezifischen ‚identischen‘ Situationen gültig sind. Die Sequenzanalyse, die den
Praktiken des Umgangs mit der Interferenz von Sinnmustern Rechnung trägt,
zeigt auf, wie die Prozesse der Sinngebung ablaufen. Die ForscherInnen profitieren von dieser Modifikation der Datenerhebung als einer multilokaler Forschung
und der Datenauswertung als einer Kombination der hermeneutischen Wissenssoziologie mit dem Ansatz der kulturellen Interferenzen, weil sie auf der Grundlage dieser Forschungstechnik der Frage nachgehen können: Welche soziale Praktiken resultieren aus den Situationen der kulturellen Interferenz?

## 5  Organisierte Reflexivität: Kulturelle Heterogenität
   in Forschungsgruppen fördert die Entfaltung des Skeptizismus

Ohne Berücksichtigung der ‚reflexiven Wende‘ in den Sozialwissenschaften
(Clifford 1988) kann die transnational orientierte Hermeneutik ihr Ziel – die Rekonstruktion kultureller Interferenzen und der daraus resultierenden transnationalen Praktiken – nicht erreichen. Den Ausgangspunkt der reflexiven Wende
(Clifford 1988; Clifford/Marcus 1986) bildet die sozialanthropologische Debatte
über das Problem der wissenschaftlichen Repräsentation von ‚fremden‘ Kulturen durch ‚westliche‘ WissenschaftlerInnen. Die Diagnose der ‚Krise der Repräsentation‘ ging dabei einher mit der Offenlegung der impliziten Dichotomie
der sozialanthropologischen Forschung, nämlich der Unterscheidung zwischen
‚Wir‘ und ‚den Anderen‘. Die Suche nach Ähnlichkeiten und Unterschieden zwischen Kulturen, die die klassische sozialanthropologische Forschung bestimmte,
wurde als ein Ergebnis kolonialer Vergangenheit offengelegt. Eine entscheidende
Konsequenz dieser Debatten war die Feststellung der Unmöglichkeit der Formulierung des universellen Wissens über ‚fremde Kulturen‘. In diesem Kontext
wurden die Forderungen nach neuen Formen der Repräsentation sozialanthro-
pologischer Forschung virulent. Ich möchte hier nur kurz auf zwei Repräsenta-
tionsstrategien eingehen: auf die ‚dialogische‘ (Dwyer 1982) und auf die ‚kollaborative‘ Methodologie (Crapanzano 1980), um aufzuzeigen, wie die transnational
orientierte Hermeneutik von diesen Strategien profitieren kann. Gemeinsam ist

beiden Formen der Forschungsorganisation das Ziel, die Definitionsmacht in der Beziehung zwischen dem Forschenden und dem Forschungssubjekt zu verändern.

Die erste Strategie – dialogische Methodologie – zielt auf die Aufhebung der Unterscheidung zwischen der Ethnographin/dem Ethnographen und dem Forschungssubjekt. Interviewtranskriptionen und ethnographische Aufzeichnungen werden deshalb kaum mit wissenschaftlichen Kommentaren versehen. Die zweite Strategie – ‚kollaborative Methodologie' – fordert die Gleichstellung beider Positionen – der Forscherin/des Forschers und des Forschungssubjekts – im Forschungsprozess. Die verbalen Äußerungen der Forschungssubjekte werden zwar von den Forschenden aufgezeichnet, jedoch nicht durch wertende Kommentare interpretiert (Crapanzano 1980; Schröer 2009). Beide Strategien ermöglichen, sowohl die Über-Generalisierung von wissenschaftlichen Beobachtungen zu vermeiden, als auch den unendlichen Regress der Auto-Reflexion anzuhalten. Das Endergebnis beider Formen der Forschungsorganisation sind Rekonstruktionen der ‚Lokalen Stimmen' (Smith 1989).

Die Debatte über die ‚Krise der Repräsentation' sowie die resultierenden Modi der Forschungsorganisation sind auch für die transnational orientierte Hermeneutik relevant. Das Ziel dieser Debatte, nämlich, die Über-Generalisierungen von Konstruktionen der Forschenden zu vermeiden, lassen sich in die Methode der transnational orientierten Hermeneutik implementieren, indem der Prozess der Dateninterpretation (insb. die Sequenzanalyse) in interdisziplinären und kulturell-heterogenen Teams durchgeführt wird.

Auch die übliche Vorgehensweise der hermeneutischen Wissenssoziologie wird in Forschungsteams organisiert. Dies soll, so Reichertz (2004), eine innere Distanz und die Infragestellung des Vorwissens in Bezug auf das Forschungsobjekt ermöglichen. Die vorgeschlagene Modifikation betrifft die Zusammensetzung der Gruppen der Forschenden: interdisziplinär und kulturell-heterogen. Während das Kriterium der Interdisziplinarität sich auf den disziplinären Hintergrund der TeilnehmerInnen bezieht, bezieht sich die Erwartung der kulturellen Heterogenität auf den Sozialisationshintergrund des/der Forschenden und nicht auf ihren/seinen ethnischen oder nationalen Status. Dabei würde das (Nicht-)Vorhandensein eigener Migrationserfahrungen sowie der Grad der Beteiligung an grenzüberschreitenden Netzwerken und Beziehungen als eine spezifische Form der kulturellen Heterogenität gelten.

Die Organisation des Forschungsprozesses und insbesondere der Sequenzanalyse in interdisziplinären und kulturell-heterogenen Teams eröffnet folgende Vorteile:

i)  Sie ermöglicht eine erweiterte Rekonstruktion von Hypothesen über adäquate
    Interpretationen der jeweiligen Textabschnitte;
ii) Sie schränkt die nichtintendierten Versuche ein, universell generalisierbares
    Wissen zu produzieren, indem ‚die Stimme des Anderen' bzw. ‚heterogene
    Stimmen' in den Forschungsprozess mitaufgenommen werden;
iii) Schließlich verringert sie das Problem der Positionalität, das von erheblicher
    Relevanz in der Migrationsforschung ist. Dieses Problem besteht darin, dass
    im Forschungsprozess sowohl während der Datenerhebung als auch während
    der Datenauswertung Forschende situativ angehalten werden, sich als ein(e)
    Insider(in) oder ein(e) Outsider(in) in Bezug auf eine spezifische ‚Migranten-
    gruppe' oder ‚Forschungsfeld' zu positionieren (Ganga/Scott 2006; De Tona
    2006). Die Berücksichtigung von Heterogenität in der Zusammensetzung
    eines Forschungsteams wird eine explizite Reflexion über die Korrespondenz
    zwischen der Positionalität des/der Forschenden und seiner/ihrer Subjektivi-
    tät ermöglichen (Sheridan/Storch 2009: 32)

## 6    Fazit: Bausteine einer flexiblen Methodologie

In diesem Aufsatz wurden Elemente einer transnational orientierten hermeneutischen Wissenssoziologie vorgestellt. Diese Forschungstechnik basiert auf der
Kombination der methodischen Strategien der Transnationalisierungsforschung
und der kultursoziologischen Perspektive. Die Besonderheit der kultursoziologischen Herangehensweise besteht darin, dass transnationale Praktiken und Strukturen nicht (nur) als Ergebnis grenzüberschreitender Zirkulation von Personen,
Ideen und Artefakten gesehen werden, sondern als ein Ergebnis der Interferenz
von kulturellen Ordnungen, den Aushandlungen zwischen und der Transformation von Interpretationsmustern. Dieser spezifische Blickwinkel gründet sich in
der Annahme der spezifischen Beziehung zwischen ‚Kultur' und ‚Sozialstruktur',
in der ‚Kultur als eine ‚unabhängige Variable' gesehen wird.
    Im Gegensatz zu einer bloßen Beschreibung transnationaler sozialer Praktiken
bietet die vorgestellte Forschungsstrategie Erklärungsverteile, denn sie legt offen,
wie soziale Akteure mit verschiedenen Sinnmustern und Wissensordnungen hinsichtlich identischer Situationen, Objekte oder Kategorien umgehen.
    Somit umfasst eine transnational orientierte hermeneutische Wissenssoziolo-
gie drei Schritte. Der erste Schritt besteht aus der nichtstandardisierten Datenerhebung (Interviews, teilnehmende Beobachtung etc.) in Anlehnung an die multilokal organisierte Forschung (Marcus 1995; Falzon 2009). Dies ermöglicht die

Vermeidung des methodologischen Nationalismus und die Berücksichtigung der relationalen Qualität der transnationalen Kontexte sowie eine adäquate Bestimmung der ‚transnationalen' Aussageeinheiten.

Der zweite Schritt der Datenauswertung erfolgt in Anlehnung an die Methode der hermeneutischen Wissenssoziologie (Reichertz 2004) und an den Ansatz der kulturellen Interferenzen (Reckwitz 2006). Mehrere Sinnmuster (die für eine Situation, Objekt oder Kategorie relevant sind) wären ein mögliches Ergebnis der Sequenzanalyse. Auf diese Weise wird sowohl die nichthomogene Qualität kultureller Ordnungen, als auch das ‚Sowohl als auch'-Prinzip der kosmopolitischen Logik berücksichtigt.

Der dritte Schritt baut schließlich auf der Re-Organisation der Forschungspraxis auf, indem auf interdisziplinäre und kulturell-heterogene Forschungsteams gesetzt wird. Diese Re-Organisation ermöglicht eine autoreflexive Infragestellung der Hypothesen hinsichtlich der relevanten Sinnmuster während der Sequenzanalyse. Auf diese Weise wäre die Rekonstruktion kultureller Ordnungen und Interpretationspraktiken ohne einen totalisierenden und übergeneralisierenden Anspruch realisierbar.

## Literatur

Alba, Richard/Nee, Viktor (2003): Remaking the American Mainstream. Assimilation and contemporary immigration. Cambridge: Harvard University Press

Alexander, Jeffrey/Smith, Philip (2002): The Strong Program in Cultural Theory. In: Turner (ed..) Handbook of Sociological Theory. New York: Kluver Academic/Plenum Publishers. 135–150

Amelina, Anna/Faist, Thomas/Nergiz, Devrimsel D. (ed.) (2012): Methodologies on the Move. Transnational Turn in Empirical Migration Research. In: Ethnic and Racial Studies. Special Issue 2012. 35 (10)

Basch, Linda/Glick Schiller, Nina/Szanton Blanc, Cristina (1994): Nations unbound: Transnational Projects, postcolonial Predicaments, and deterritorialized Nationstates. Basel: Gordon and Breach

Beck, Ulrich/Sznaider, Natan (2006): Unpacking Cosmopolitanism for the Social Sciences. A research agenda. In: The British Journal of Sociology 57(1). 1–23

Bhabha, Homi (1990): The Third Space. Interview with Homi Bhabha. In: Rutherford, Jonathan (Hrsg.): Identity, Community, Culture, Difference. London: Lawrence & Wishart. 207–221

Bhabha, Homi (1994): The Location of Culture. London: Routledge

Borkert, Maren/Martín Pérez, Alberto/Scott, Sam/De Tona, Carla (ed.) (2006): Qualitative migration research in contemporary Europe. Forum Qualitative Sozialforschung/

Forum: Qualitative Social Research, 7(3). http://www.qualitative-research.net/in-dex.php/fqs/issue/view/4 [Date of access: June 4, 2009]

Bourdieu, Pierre (1984): Distinction: A social Critique of the Judgment of Taste. Oxford: Routledge and Kegan Paul ldt

Boyd, Monica (1989): Family and Personal Networks in International Migration. Recent Developments and New Agendas. In: International Migration Research 23(3). 638–670

Brubaker, Rogers (2002): Ethnicity without Groups. In: European Journal of Ethnicity 43(2). 163–89

Clifford, James (1988): The Predicament of Culture. Cambridge: Harvard University Press

Clifford, James/Marcus, George (ed.) (1986): Writing Culture. The Poetics and Politics of Ethnography. Berkeley: University California Press

Connell, Raewyn W. (2000): Der gemachte Mann. Konstruktion und Krise von Männlichkeiten. Opladen: Leske + Budrich

Crapanzano, Vincent (1980): Tuhami. Portrait of a Moroccan. Chicago: University of Chicago Press

Darieva, Tsypulma/Glick Schiller, Nina/Gruner-Domic, Sandra (ed.) (2011): Cosmopolitan Sociability: Locating Transnational Religious and Diasporic Networks. Ethnic and Racial Studies. Special Issue 2011. 34(3)

De Tona, Carla (2006): But what is interesting is the Story of why and how Migration happened. Ronit Lentin and Hassan Bousetta in conversation with Carla De Tona. In: Forum Qualitative Sozialforschung/Forum: Qualitative Social Research, 7(3), Art. 13. http://nbn-resolving.de/urn:nbn:de:0114-fqs0603139 [Date of access: June 10, 2009]

DeWind, Josh/Holdway, Jennifer (ed.) (2008): Migration and Development within and across Borders. Research and Policy Perspectives on Internal and International Migration. Geneva: International Organization for Migration

Dwyer, Kevin (1982): Moroccan Dialogues. Anthropology in Question. Chicago: University of Chicago Press

Esser, Hartmut (1980): Aspekte der Wanderungssoziologie. Assimilation und Integration von Wanderern, ethnischen Gruppen und Minderheiten. Eine Handlungstheoretische Analyse. Darmstadt: Luchterhand

Faist, Thomas (2000): The Volume and Dynamics of International Migration and Transnational Social Spaces. Oxford: Oxford University Press

Falzon, Mark-Anthony (ed.) (2009): Multi-Sited Ethnography. Theory, Praxis and Locality in Contemporary Research. London: Ashgate

Flick, Uwe/Von Kardorff, Ernst/Steinke, Ines (Hrsg.) (2004) A Companion to Qualitative Research. London: Sage

Foucault, Michel (2002): Archeology of Knowledge. London: Routledge

Ganga, Deianira/Scott, Sam (2006): Cultural „insiders" and the Issue of Positionality in Qualitative Migration Research. Moving „across" and moving „along" Researcher-Participant Divides. In: Forum Qualitative Sozialforschung/Forum: Qualitative Social Research, 7(3), Art. 7. http://nbn-resolving.de/urn:nbn:de:0114-fqs060379 [Date of access: June 10, 2009]

Garfinkel, Harold (1967): Studies of Ethnomethodology. Englewood Cliffs, NJ: Prentice Hall

Gordon, Milton M. (1964): Assimilation in American Life. The Role of Race, Religion and National Origin. New York: Oxford University Press

Hannerz, Ulf (1987): The World of Creolisation. In: Africa 57(4). 546–559

Hannerz, Ulf (1996): Transnational Connections. Culture, People, Places. London, New York: Routledge

Hitzler, Ronald/Honer, Anne (Hrsg.) (1997): Sozialwissenschaftliche Hermeneutik. Opladen: Leske + Budrich

Hitzler, Ronald/Reichertz, Jo/Norbert Schröer (Hrsg.) (1999): Hermeneutische Wissenssoziologie. Standpunkte zur Theorie der Interpretation. UVK

Hondagneu-Sotelo, Pierrette/Avila, Ernestine (1997): I'm here but I'm there: The meanings of Latina Transnational Motherhood. In: Gender Sociology 11. 548–571

Khagram, Sanjeev/Levitt, Peggy (ed.) (2008): The Transnational Studies Reader. Interdisciplinary Intersections and Innovations. New York: Routledge

Kivisto, Peter (2001): Theorizing Transnational Immigration. A Critical Review of Current Efforts. In: Ethnic and Racial Studies 24(4): 549–557

Lauser, Andrea (2005): Translokale Ethnographie. In: Forum Qualitative Sozialforschung/Forum: Qualitative Social Research, 6(3), Art. 7. http://nbn-resolving.de/urn:nbn:de:0114-fqs050374 [Date of access: June 10, 2009]

Lévi-Strauss, Claude (1958): Anthropology structurale. Paris: Plon

Levitt, Peggy (2007): God Needs No Passport. How Migrants are Transforming the American Religious Landscape. New York: New Press

Levitt, Peggy/Glick Schiller, Nina (2004): Conceptualizing Simultaneity. A Transnational Social Field Perspective on Society. In: International Migration Review 38(3). 1002–1039

Malinowski, Bronislaw (1967): A Diary in the Strict Sense of the Term. New York: Harcourt, Braces World

Marcus, George (1995): Ethnography in/of the World System. The Emergence of Multisited Ethnography. In: Annual Review of Anthropology 24. 95–117

Massey, Douglas/Jorge Durand (ed.) (2004): Crossing the border. Research from the Mexican Migration Project. New York: Russell Sage Foundation

Mazzucato, Valentina (2008): Simultaneity and Networks in Transnational Migration. Lessons learned from a Simultaneous Matched Sample Methodology. In: DeWind, Josh/Holdway, Jennifer (ed.): Migration and Development within and across Borders. Research and Policy Perspectives on Internal and International Migration. Geneva: International Organization for Migration. 69–100

Nadai, Eva/Maeder, Christoph (2005): Fuzzy fields. Multisited Ethnography in Sociological Research. In: Forum Qualitative Sozialforschung/Forum: Qualitative Social Research, 6(3), Art. 28. http://nbn-resolving.de/urn:nbn:de:0114-fqs0503288 [Date of access: April 4, 2007]

Østergaard-Nielsen, Eva (ed.) (2003): Transnational politics. Turks and Kurds in Germany. London: Routledge

Otten, Matthias/Geppert, Judith (2009): Mapping the Landscape of Qualitative Research on Intercultural Communication. A Hitchhiker's Guide to the Methodological Galaxy. In: Forum Qualitative Sozialforschung/Forum: Qualitative Social Research, 10(1), Art. 52. http://nbn-resolving.de/urn:nbn:de:0114-fqs0901520 [Date of access: June 10, 2009]

Otten, Matthias/Allwood, Jens/Aneas, Maria Assumpta/Busch, Dominic/Hoffman, David/ Schweisfurth, Michele (ed.) (2009): Qualitative research on intercultural communication. Forum Qualitative Sozialforschung/Forum: Qualitative Social Research, 10(1). http://www.qualitative-research.net/index.php/fqs/issue/view/30 [Date of access: June 10, 2009]

Portes, Alejandro (2001): Introduction. The Debates and Significance of Immigrant Transnationalism. In: Global Networks 1(3). 181–194

Portes, Alejandro/Guarnizo, Luis/Haller, William (2002): Transnational Entrepreneurs. An Alternative Form of Immigrant Economic Adaptation. In: American Sociological Review 67. 278–298

Pries, Ludger (ed.) (2008): Rethinking Transnationalism. The Meso-Link of Organizations. London: Routledge

Pries, Ludger (2008a): Transnational Societal Spaces. Which Units of Analysis, Reference and Measurement. In Pries, Ludger (ed.): Rethinking Transnationalism. The Meso-Link of Organizations. London: Routledge. 1–20

Pries, Ludger (2008b): Transnationalisierung der sozialen Welt. Sozialräume jenseits von Nationalgesellschaften. Frankfurt am Main: Suhrkamp

Pries, Ludger (2008c): Transnationalisierung und soziale Ungleichheit. Konzeptionelle Überlegungen und empirische Befunde aus der Migrationsforschung. In: Weiß, Anja und Peter Berger (Hrsg.): Transnationalisierung sozialer Ungleichheit. Wiesbaden: VS Verlag für Sozialwissenschaften

Reckwitz, Andreas (2001): Multikulturalismustheorien und der Kulturbegriff: Vom Homogenitätsmodell zum Modell kultureller Interferenzen. In: Berliner Journal für Soziologie 11(2). 179–200

Reckwitz, Andreas (2006): Die Transformation der Kulturtheorien. Zur Entwicklung eines Theorieprogramms. Göttingen: Velbrück

Reichertz, Jo (1997): Plädoyer für das Ende einer Methodologiedebatte bis zur letzten Konsequenz. In: Sutter, Tilmann (Hrsg.): Beobachtung verstehen, Verstehen beobachten. Perspektiven einer konstruktivistischen Hermeneutik. Opladen: Westdeutscher Verlag. 98–133

Reichertz, Jo (2004): Social Scientific Hermeneutics. In: Flick, Uwe/Von Kardorff, Ernst/ Steinke, Ines (ed.): A Companion to Qualitative Research. London: Sage. 290–296

Schimank, Uwe (1988): Gesellschaftliche Teilsysteme als Akteursfiktionen. In: Kölner Zeitschrift für Soziologie und Sozialpsychologie 40(4). 619–639

Schröer, Norbert (Hrsg.) (1994): Interpretative Sozialforschung. Auf dem Wege zu einer hermeneutischen Wissenssoziologie. Opladen: Westdeutscher Verlag

Schröer, Norbert (2009): Hermeneutic Sociology of Knowledge for Intercultural Understanding. In: Forum Qualitative Sozialforschung/Forum: Qualitative Social Research, 10(1), Art. 40. http://nbn-resolving.de/urn:nbn:de:0114-fqs0901408 [Date of access: June 10, 2009]

Schütz, Alfred (1981): Der sinnhafte Aufbau der sozialen Welt. Eine Einleitung in die verstehende Soziologie. Frankfurt am Main: Suhrkamp

Sheridan, Vera/Storch, Katharina (2009): Linking the Intercultural and Grounded Theory. Methodological Issues in Migration Research. In: Forum Qualitative Sozialforschung/Forum: Qualitative Social Research, 10(1), Art. 36. http://nbn-resolving.de/urn:nbn:de:0114-fqs0901363 [Date of access: June 19, 2009]

Smith, Paul (1989): Writing, General Knowledge and Postmodern Anthropology. In: Discourse: Journal for Theoretical Studies in Media and Culture 11(2). 159–170

Soeffner, Hans-Georg/Hitzler, Ronald (1994): Hermeneutik als Haltung und Handlung. In: Schröer, Norbert (Hrsg.): Interpretative Sozialforschung. Auf dem Wege zu einer hermeneutischen Wissenssoziologie. Opladen: Westdeutscher Verlag

Soeffner, Hans-Georg (2004): Die Auslegung des Alltags und der Alltag der Auslegung. Zur soziologischen Konzeption einer sozialwissenschaftlichen Hermeneutik. Konstanz: UVK

Stark, Oded (1995): Altruism and Beyond. An Economic Analysis of Altruism and Exchanges within Groups. Cambridge: Cambridge University Press

Sutter, Tilmann (Hrsg.) (1997): Beobachtung verstehen, Verstehen beobachten. Perspektiven einer konstruktivistischen Hermeneutik. Opladen: Westdeutscher Verlag

Turner, Jonathan (ed.) (2002): Handbook of Sociological Theory. New York: Kluver Academic/Plenum Publishers

Varela, Maria do Mar Castro/Dhawan, Nikita (2005): Postkoloniale Theorie. Eine kritische Einführung, Bielefeld: Transcript

Vertovec, Steven (1999): Conceiving and researching transnationalism. In: Ethnic and Racial Studies 22(2). 447–462

Wimmer, Andreas/Glick Schiller, Nina (2003): Methodological Nationalism. The Social Sciences and the Study of Migration. An Essay in Historical Epistemology. In: International Migration Review 37(3). 576–610

# Zur hermeneutisch-wissenssoziologischen Auslegung des Fremden
## Interpretieren mit Unterstützung kulturvertrauter Co-Interpreten

*Norbert Schröer*

Interkulturelle Kommunikation gilt als im hohen Maße störanfällig. Sie wurde deshalb lange Zeit vorrangig unter dem Aspekt der für sie typischen Missverständnisse analysiert. Unter dem Eindruck einer zunehmenden Globalisierung auch der Kommunikationsprozesse rückt seit geraumer Zeit aber die Frage nach den Chancen interkultureller Verständigung in den Vordergrund. In diesem Beitrag wird es darum gehen, die Möglichkeit einer interkulturellen Verständigung und die Bedingungen einer methodisch kontrollierten Rekonstruktion interkultureller Verständigungsprozesse aus der Sicht einer Hermeneutischen Wissenssoziologie zu erörtern.

## 1

In den 80er Jahren arbeitete der Soziologe Hans-Georg Soeffner die Grundzüge einer sozialwissenschaftlichen Hermeneutik aus (1989). Soeffner gründete sein Konzept auf die mundanphänomenologischen Konstitutionsanalysen von Alfred Schütz und Thomas Luckmann (1979; 1984). Während Schütz und Luckmann die invarianten Strukturen der Bewußtseinsformen offenlegten, hat Soeffner, auf dieser protosoziologischen und protohermeneutischen Analyse aufbauend, die Prämissen einer hermeneutisch-wissenssoziologischen Rekonstruktion der (empirischen) Wirklichkeit entwickelt. Gemeinsam mit seinen Schülern hat er in den Jahren darauf die sozialwissenschaftliche Hermeneutik pointiert zu einer Soziologie des Wissens ausgebaut (Soeffner 1992; 2000; Schröer 1994; Hitzler/Reichertz/Schröer 1999; Schröer/Bidlo 2011). Das daraus hervorgegangene komplexe theoretische, methodologische und methodische Konzept konnte sich so als Hermeneutische Wissenssoziologie positionieren.

Die Hermeneutische Wissenssoziologie ist von der Überzeugung getragen, dass die gesellschaftliche Wirklichkeit nur verstehend angemessen beschrieben werden kann. Ausschlaggebend hierfür ist die unterstellte Konstitution des Forschungsgegenstandes: Begreift man Gesellschaft als eine durch miteinander handelnde Subjekte konstruierte Wirklichkeit, dann ist diese Wirklichkeit erst erfasst, wenn die Sinnsetzungsprozesse der Handelnden, der sich daraus ergebende kommunikative Verständigungszusammenhang und der relevante kulturelle Orientierungsrahmen nachgezeichnet sind (vgl. auch Blumer 1980).

Gegenstand sozialwissenschaftlicher Forschung sind demzufolge zuerst die alltäglichen Verstehensleistungen der miteinander handelnden Subjekte, und der Hermeneutischen Wissenssoziologie fällt die Aufgabe zu, das alltäglich naive wechselseitige Verstehen skeptisch auf seine Verfahren hin zu hinterfragen und diese Verfahren theoretisch gefiltert so zu ordnen, dass sie dann methodisch kontrolliert im wissenschaftlichen Verstehen der alltäglichen Wirklichkeitskonstruktionen und der kulturellen Orientierungsrahmen zum Einsatz kommen können.

Für eine Klärung interkultureller Verständigungsprozesse ist eine Hermeneutische Wissenssoziologie gut geeignet, weil sie das Gelingen alltäglichen Verstehens nicht schlicht voraussetzt, sondern die Möglichkeit des wechselseitigen Verstehens vor aller empirischen Rekonstruktion alltäglicher Wirklichkeitskonstruktionen protohermeneutsch offenlegt. Mit Bezug auf die Konstitutionsanalysen von Alfred Schütz und Thomas Luckmann zu den Problemen des Fremdverstehens wird zunächst danach gefragt, wie alltägliches Verstehen in Anbetracht der Probleme des Fremdverstehens – d. h. in Anbetracht (a) der prinzipiellen Unzugänglichkeit alter egos, und in diesem Zusammenhang (b) der Perspektivität der Erfahrungsbildung – überhaupt möglich ist. Vor allem Alfred Schütz hebt hervor, daß ein Verstehen im strengen Sinne gar nicht möglich ist. Den Menschen bleibt im Alltag in Anbetracht ihrer strukturellen Erfahrungsungleichheit ‚lediglich' die pragmatische Verständigung, die Verständigung vor dem Hintergrund nie ganz abgestimmter sozialer Typisierungsschemata und nie ganz eindeutiger kultureller Orientierungsrahmen.

Die strukturelle Beharrlichkeit des Perspektivproblems führt also dazu, dass der Erfolg der Überbrückungsbemühungen begrenzt bleiben muss. Setzt man von daher Perspektivität ins Zentrum der kommunikationstheoretischen Betrachtung, dann lässt sich Intersubjektivität nur noch als annäherungsweise erreichbarer Grenzwert begreifen. Eine Klärung der Möglichkeit von Kommunikation muss die Perspektivität kommunikativer Verständigung in Rechnung stellen und zum Ausgangspunkt der Beschreibung kommunikativer Prozesse machen.

In seinen Konstitutionsanalysen zum unbefragten Boden der ‚natürlichen Einstellung' hat Alfred Schütz zeigen können, dass die Menschen für die Umsetzung ihrer praktischen Ziele in ihrem kommunikativen Handeln im Alltag bestimmte Idealisierungen vornehmen, mit denen die strukturelle Erfahrungsungleichheit bis auf weiteres überbrückt werden kann. Die Generalthese der Wechselseitigkeit der Perspektiven ist eine pragmatisch motivierte, idealisierende Grundhaltung, die kommunikative Verständigung erst möglich macht. Über sie in Gang gesetzt sorgen die alltäglichen Verständigungsbemühungen der Subjekte dafür, dass sich bestimmte Idealisierungsformen im intersubjektiven Spiegelungsprozeß herausbilden, durchhalten und in Typisierungsschemata verfestigen und so die Wechselseitigkeit der Perspektiven enorm stabilisieren.

Entsprechend ist für intrakulturelle Kommunikation dann ein gewisser Abgleich der subjektiven Erfahrungsaufbauten, der subjektiv verankerten Kontextualisierungshinweise, im Kern: der Relevanz- und Deutungsrahmen, charakteristisch, so dass die Unterstellung von Intersubjektivität zum Zwecke der Verständigung und der Handlungskoordinierung bis auf weiteres möglich ist. Solche *kommunikativen Ähnlichkeitsbereiche* haben sich über Generationen geschichtlich im intersubjektiven ‚Spiegelungsprozeß' herausgebildet, und sie werden im sozialisatorischen ‚Spiegelungsprozeß' tradiert. In intrakultureller Kommunikation ist das Grundproblem der Verständigung in Anbetracht von Erfahrungsungleichheit also über eine institutionalisierte Angleichung vor allem der orientierenden Relevanz- und Deutungsrahmen bis auf weiteres gelöst.

Die relative Stabilität kommunikativer Ähnlichkeitsbereiche in intrakultureller Kommunikation darf aber nicht darüber hinwegtäuschen, daß auch für sie die Relevanz- und Deutungsrahmen stets biographisch-perspektivisch gebunden bleiben. Die Heterogenität der Erfahrungsbildung kann nicht vollständig aufgehoben werden, und sie bleibt von daher auch der intrakulturellen Kommunikation als *dynamisierender Unruheherd* erhalten. Die ‚gemeinsame' Grundorientierung in intrakultureller Kommunikation repräsentiert aus dieser Sicht eine fragil bleibende, dezentrale Konstruktion von Erfahrungsgleichheit in Anbetracht nicht hintergehbarer Ungleichheit. Pragmatisch motiviert bemühen sich die Subjekte in der selbstverständlichen Unterstellung einer „Reziprozität der Perspektiven" alltäglich darum, die fragile Konstruktion zu stabilisieren, sie entsprechend situativer Erfordernisse und spezifischer Interessenslagen in Teilen neu auszuhandeln und entsprechend zu modifizieren. In Anbetracht der verbleibenden Heterogenität der Erfahrungsbildung ist dann auch plausibel, dass – in die gesellschaftliche Dimension verlängert – kulturelle Orientierungsrahmen bis in die Relevanz- und basalen Deutungsrahmen hinein in erheblichem Maße heterogen bleiben. Gesell-

schaftliche Konflikte auf der Ebene der Grundorientierung sind so auch hier vor-
gezeichnet.

Der kulturspezifische Relevanz- und Deutungsrahmen ist den Subjekten also
nicht einfach strukturell verbindlich vorgegeben, sondern er ist zunächst einmal
selbst Ergebnis subjektiver Aktivitäten, und er kann im Grunde genommen jederzeit von den Subjekten, wenn ihnen dies angezeigt sein sollte, modifiziert und entsprechend den praktischen Erfordernissen verändert werden. Für die hier inter-
essierende Möglichkeit interkultureller Verständigung ist dieser Befund zentral:
Denn wenn Menschen in Anbetracht ihrer Erfahrungsungleichheit sich die Voraussetzungen für eine pragmatische Verständigung in der Bildung intrakultureller Kommunikationskontexte erst schaffen müssen und sie modifizieren können,
dann sind auch Menschen, die bereits in verschiedenen intrakulturellen Kontexten einsozialisiert sind, grundsätzlich in der Lage, den von ihnen jeweils verinner-
lichten Relevanz- und Deutungsrahmen pragmatisch motiviert in einem gemeinsamen Spiegelungsprozeß so weit auszudifferenzieren, dass sich Ähnlichkeiten
der Erfahrungsaufbauten herausbilden, die einen praktischen Konsens und damit Handlungskoordinierung möglich machen. Die Möglichkeit zu interkulturellen Verständigungsprozessen ist gegeben, weil die Ausgangslage interkultureller
Kommunikation bzw. Verständigung im Grunde ein Spezialfall der Ausgangslage
kommunikativer Verständigungsprozesse überhaupt ist. Auch im Rahmen intrakultureller Kommunikation geht es um Verständigung in Anbetracht struktureller
Erfahrungsungleichheit, so dass die Grenzen zwischen intra- und interkultureller
Kommunikation fließend sind.

Im Unterschied zur interkulturellen Kommunikation können die Interaktanten in intrakultureller Interaktion auf ein bereits ausgearbeitetes, erprobtes, ihnen vertrautes und selbstverständliches ‚intersubjektives‘ Appräsentationssystem
zurückgreifen, mit dem die Divergenzen der subjektiven Erfahrungsbildung aber
auch nur bis auf weiteres alltäglich routinisiert ausbalanciert sind. Die für interkulturelle Kommunikation so typischen Mißverständnisse treten in intrakultureller Kommunikation eher selten so massiv auf. Das spezifische Problem, vor dem
die Interaktanten in interkultureller Kommunikation stehen, lässt sich von daher
in die Frage kleiden: Wie ist Verständigung in Anbetracht unabgestimmter und
bereits vollgültig ausgearbeiteter, den Parteien jeweils vertrauter und selbstver-
ständlicher, nicht kompatibler Deutungsrahmen möglich?

Die in der Beobachtung intrakultureller Kommunikation sich zeigende Möglichkeit einer Konstruktion von orientierungsstabilisierenden Ähnlichkeitsbereichen in Anbetracht von Erfahrungsungleichheit erweist sich somit auch für ein
Verständnis interkultureller Kommunikationsprozesse konstitutiv. Mit ihr ist dar-

auf verwiesen, dass die Bemühungen um Verständigung in interkultureller Kommunikation keineswegs aussichtslos sind. Die Kommunikanten haben grundsätzlich die Chance, in der intersubjektiven Spiegelung ihrer Perspektiven ihre Orientierungen pragmatisch motiviert so weit auszudifferenzieren, zu modifizieren und so anzugleichen, dass eine mehr oder weniger weitgehend erfolgreiche Unterstellung von Intersubjektivität gelingen kann und eine gemeinsame Handlungskoordinierung möglich wird. Diese Chance zur interkulturellen Verständigung fundiert dann auch die Möglichkeit einer wissenschaftlichen Hermeneutik des Fremden.

Vor diesem Hintergrund – strukturell identische Ausgangslage für intra- und interkulturelle Kommunikation; verbleibende Heterogenität der Erfahrungsbildung in intrakulturellen Kommunikationszusammenhängen; Chance zur pragmatisch motivierten Angleichung der Erfahrungsaufbauten zum Zwecke der Verständigung in interkulturellen Zusammenhängen – macht dann eine trennscharfe Abgrenzung von inter- und intrakultureller Kommunikation kaum noch Sinn. Es scheint vielmehr ratsam, die beiden verwandten Kommunikationstypen als *Pole eines gleitenden Spektrums* aufzufassen, so daß abgestufte Bestimmungen möglich werden, entsprechende Fragestellungen aufgeworfen und angemessene Untersuchungsdesigns kreiert werden können (exemplarisch Schröer 2002).

## 2

Die konstitutionsanalytische Klärung der Probleme und der Möglichkeit des Fremdverstehens wirkt sich sowohl auf das Gegenstandsverständnis einer Hermeneutischen Wissenssoziologie als auch auf die Bestimmung des Erkenntnisstatus einer auf diesen Gegenstand bezogenen methodisch kontrollierten Rekonstruktion aus. Und sie hat entsprechende Folgen für die empirische Rekonstruktion interkultureller Kommunikationsprozesse.

### 2.1

Da die kulturellen Vororientierungen, die sich geschichtlich über Generationen in intersubjektiven Spiegelungsprozessen herausgebildet haben, aufgrund der strukturellen Ungleichheit der Erfahrungsbildung nicht zu einer widerspruchsfreien Abstimmung gelangen können, sind die Handlungssubjekte alltäglich gezwungen, im situativen Verständigungsprozeß mehr oder weniger weitgehende

Abstimmungen, Modifikationen und Ausdifferenzierungen vorzunehmen. Die Einsicht in diese kommunikative Dynamik führt zu einem heterogenen Kulturverständnis, zu einem Kulturverständnis, das Kultur als steten Aushandlungs- und Anpassungsprozeß divergierender Perspektiven und Interessen, als dezentralen Ähnlichkeitsbereich begreift. Von daher steht im Zentrum empirischer Rekonstruktionen einer Hermeneutischen Wissenssoziologie stets die Dynamik zwischen den dezentralen Vortypisierungen und den situativ kommunikativen Abstimmungen. Diese schon für eher intrakulturelle Kommunikationsprozesse erhebliche Dynamik findet sich dann in interkulturellen Kommunikationsprozessen besonders ausgeprägt, da keine oder nur eine rudimentär gemeinsame kulturelle Vororientierung besteht, die kommunikative Verständigung vielmehr mit Bezug auf (zunächst) verschiedene kulturelle Vorprägungen erfolgt. Von daher ist in Bezug auf interkulturelle Kommunikation für eine Hermeneutische Wissenssoziologie im besonderen von Interesse, empirisch zu rekonstruieren, wie die Dynamik von situativer interkultureller Verständigung und die der Angleichung der kulturellen Vortypisierungen jeweils vonstatten geht.

Hier bieten sich grundsätzlich zwei Rekonstruktionsstrategien an: Wünschenswert wäre die Analyse von Verständigungsprozessen über einen längeren Zeitraum, weil so schrittweise die zunehmende Konstruktion eines kulturellen Ähnlichkeitsbereichs ausgehend von kulturell auseinanderfallenden Orientierungsrahmen beschrieben werden könnte. Da aber eine solche Forschungsanlage viel zu aufwendig und zu langwierig ist, begnügt man sich in der Regel mit der Erstellung von ,Momentaufnahmen', mit denen der Verständigungsprozeß zu einem bestimmten Zeitpunkt abgebildet ist, mit dem typische Mißverständnisstrukturen als Aspekte eines laufenden Verständigungsprozesses sichtbar werden und entsprechend die Probleme und Chancen einer weitergehenden Verständigung und kulturellen Angleichung aufgezeigt werden können.

## 2.2

Das Wissen um die Nichthintergehbarkeit der Erfahrungsungleichheit hat aber auch Folgen für die Bestimmung des erkenntnistheoretischen Status von wissenschaftlichem Verstehen. Nimmt man sie, die Nichthintergehbarkeit der Erfahrungsungleichheit, auch auf dieser Ebene ernst, dann ist auch bei einer methodisch kontrollierten Erfahrungsbildung Objektivität bzw. intersubjektive Gültigkeit – streng genommen – nicht zu haben. Beim ,intrakulturellen Forschen' wird dieses Problem im Normalfall übergangen. In Forschungskontexten, in denen die Perspektive des Sozialforschers – wie bei der Analyse interkultureller Kommunikation – zumindest an einen feldrelevanten kulturellen Orientierungsrahmen nicht ohne weiteres anschlußfähig ist, lässt sich dieses erkenntnistheoretische Problem nicht mehr kaschieren. Der Sozialforscher befindet sich dann offensichtlich bei der Analyse interkultureller Verständigungszusammenhänge selbst in einem interkulturellen Verständigungszusammenhang. Allerdings geht es ihm dabei nicht, wie den alltagspraktisch Handelnden, um eine pragmatische Abstimmung und Angleichung, ihm geht es um die Übersetzung der fremdkulturellen Perspektive in die Perspektive seiner Herkunftskultur. Um eine solche Übersetzung leisten zu können, muss sich der Sozialforscher auf einen Dialog mit dem zu untersuchenden Feld einlassen. Darauf verweist mit Nachdruck die in der Ethnographie geführte writing-culture-Debatte (zusammenfassend: Clifford/ Marcus 1986; Sanjek 1991; Berg/Fuchs 1993) Allerdings blieben die ausgearbeiteten Lösungsvorschläge heterogen und nur wenig überzeugend. (Dwyer 1977, 1979; Tedlock 1985; Tyler 1991, 1993). Mit dem Verweis auf den Dialogcharakter ist auf die *verschachtelte Perspektivik der Forschungssituation* aufmerksam gemacht:

- Der Sozialforscher hat keine andere Möglichkeit, als sich mit einem biographisch aufgebauten und kulturspezifisch überformten *Vorverständnis* der ihm fremden Kultur zu nähern.
- Die ihm fremde Kultur präsentiert sich ihm – aus welchen Zusammenhängen auch immer – stets spezifisch, fragmentarisch und vor allem *reaktiv*.

Wenn sich der Forschungsgegenstand der Sozialforschung aber nicht hintergehbar im Dialog des Forschers mit dem Feld konstituiert, dann macht es auch keinen Sinn, diesen Dialog unterlaufen zu wollen. Der Sozialforscher sollte vielmehr den Dialog suchen, um das eigene Vorverständnis auf die Probe zu stellen, um sich die Chance zu einer Ausdifferenzierung des mitgebrachten Vorverständnishorizontes zu eröffnen. Auch wenn das Vorverständnis nie in Gänze zur Disposition gestellt werden kann, so ist die Bereitschaft zum Dialog doch die Möglichkeit, in der Modifikation des Vorverständnisses die eigene Perspektive zu distanzieren. „Diese Art der Interpretation, die die Unmöglichkeit der Herkunftsvernichtung durch die Möglichkeit der Herkunftsdistanzierung kompensiert" (Marquard 1981: 124), bezeichnet Marquard als „distanzierende Hermeneutik".

Implizit wurde mit der Begründung der Dialogorientierung bereits das zweite methodologisch methodische Forschungsprinzip einer hermeneutischen Wissenssoziologie beschrieben: die *Reflexion*. Dem Sozialforscher geht es nicht einfach darum, im Dialog sein Vorverständnis zu erweitern. Ihm liegt daran, sein

Vorverständnis *methodisch kontrolliert* zu erweitern. D. h.: Der Sozialforscher ist gehalten, seinen Dialog mit dem Feld ‚immer wieder' neu zu distanzieren, um sich Rechenschaft darüber abzulegen, in welcher Dialogsituation er sich befindet, ob die gewählten Verfahren angemessen waren, welche Verfahren in der Folge zum Einsatz kommen sollten etc. Die methodisch kontrollierte Ausdifferenzierung des Vorverständnisses entpuppt sich so als eine eigentümliche Bewegung: Der Sozialforscher lässt sich auf seinen Gegenstand ein, indem er sich ihm fortwährend entfremdet. Diese in sich gebrochene Bewegung des gleichzeitigen sich Einlassens und Abgrenzens ist die Voraussetzung für ein verstehendes Erkennen (Plessner 1979).

Nur dadurch, dass der Forscher sich von dem Dialog, auf den er sich einzulassen hat, immer wieder reflektierend abwendet, eröffnet er sich die Chance, den Forschungsgang zu kontrollieren, die Resultate seiner Bemühungen anderen gegenüber zu begründen und sie über die scientific community kontrollieren zu lassen.

Dieser Sachverhalt erschließt sich in dieser Klarheit am ehesten in der Auseinandersetzung um eine Hermeneutik des Fremden. Die Frage, welches *Ziel* nun der Sozialforscher im Dialog mit dem Fremden verfolgt, ist damit aber noch nicht hinreichend beantwortet. Oben wurde bereits festgestellt, dass es dem Sozialforscher nicht wie vielleicht dem Immigranten darum geht, in der ihm fremden Kultur aufzugehen, sich zu assimilieren. Für ihn ist der Dialog mit dem Fremden lediglich ein Mittel, um sich mit der fremden Kultur vertraut zu machen und sie für die Mitglieder seiner Herkunftskultur zu übersetzen. Allerdings: Der Versuch einer Übersetzung im strengen Sinne dürfte von vornherein zum Scheitern verurteilt sein. Der Sozialforscher verfügt im Dialog stehend über keine Warte, von der aus ihm eine neutrale Inbezugsetzung der kulturfremden mit der eigenen Herkunftsperspektive möglich wäre. Überdies lassen sich verschiedene kulturspezifische Perspektiven kaum reibungslos ineinander überführen. Sie lassen sich ‚bestenfalls' „harmonisieren", wie Benjamin es ausdrückt (Benjamin 1977: 59).

Wenn der Sozialforscher aber an einer ‚authentischen' Übersetzung des Fremden scheitern muss, dann stellt sich die Frage, nach welchen ‚Regeln' der Harmonisierungsdialog mit dem Fremden überhaupt verläuft. Davon ausgehend, dass das ethnologische Verstehen lediglich ein Spezialfall des Fremdverstehens im allgemeinen ist, beantwortet Rüdiger Bubner diese Frage mit den Argumenten der allgemeinen Hermeneutik:

„Die ethnologische Forschung wendet sich nach außen in eine unbekannte Welt, um sie in eine Beziehung nach innen zur vertrauten Welt zu versetzen. Anders kann das

Fremde gar nicht zugänglich sein, als indem es die ursprüngliche Fremdheit verliert und sich in Ähnlichkeiten auflöst, die ein Wiedererkennen erlauben. Der Forscher stellt Relationen her, die das ihm Begegnende weniger rätselhaft und unerklärlich erscheinen lassen. Er vergleicht eigentümliche Verhaltensweisen mit solchen, die er und alle Angehörigen seiner Kultur selber üben, er analogisiert normative Regelmäßigkeit mit bekannten Institutionen, er übersetzt eine Lebensform in eine andere." (Bubner 1980: 190)

*Übersetzen heißt also anverwandeln!* Und dem Sozialforscher fällt die Aufgabe zu, aus dem Dialog mit dem Fremden heraus und vor dem Hintergrund seines kulturspezifisch überformten Vorverständnisses – Dialog und Vorverständnis reflektierend – harmonisierende Hypothesen über den Relevanz- und Deutungsrahmen der fremden Kultur zu entwerfen und sie auf diese Weise bis auf weiteres zu verstehen.

Der Sozialforscher bleibt so seinem Vorverständnis verhaftet und setzt es gleichzeitig begrenzt aufs Spiel: Er differenziert sein Vorverständnis in einer sich anpassenden Hinwendung aus und eignet sich das Fremde so an. Sein übersetzendes Anverwandeln ist ein „Vorstoß über die Grenzen des eigenen Sprachgebrauchs hinaus, (…) (ein; N. S.) Einreißen und Neugestalten der eigenen Sprache" (Asad 1993: 323). Die Ausdifferenzierungsbemühungen des Sozialforschers stellen so den *wissenschaftlich (re)konstruktiven Spezialfall interkultureller Verständigung* dar. In der Auseinandersetzung mit dem Fremden differenziert er, der Sozialforscher, seine Perspektive so aus, daß auf seiner Seite reflektiert ein Ähnlichkeitsbereich entsteht, in bezug auf den das Fremde vertraut wird, ohne daß der Relevanz- und Deutungsrahmen seiner Herkunftsperspektive im ganzen verändert worden wäre. Der Sozialforscher kultiviert so *eine Variante alltagsweltlich interkultureller Verständigung.* Seine Übersetzungstätigkeit ist in alltagsweltlichen Verständigungsprozessen fundiert. *Er, der Sozialforscher, erkennt die fremde Kultur in ihren Eigenarten zwar nicht an sich, aber für sich und macht (a) sich und die Rezipienten seines Forschungsberichts so mit ihr vertraut und ermöglicht (b) der scientific community eine Kritik seiner Aneignung* – womit der intersubjektive Spiegelungsprozeß und damit die Verallgemeinerung des Verallgemeinerten in Gang gehalten wird.

## 2.3

Eine so aus dem Dialog vorgenommene Übersetzung erfolgt nach dem Prinzip
der Anverwandlung: In der Auseinandersetzung mit dem Fremden differenziert
der Sozialforscher seine Perspektive so aus, dass auf seiner Seite ein reflektierter
Ähnlichkeitsbereich entsteht, von dem her ihm das Fremde vertraut wird, ohne
daß er den Relevanz- oder Deutungsrahmen seiner Herkunfsperspektive im ganzen verändert. Der Sozialforscher greift auf eine Variante alltagsweltlicher interkultureller Verständigung zurück, verfeinert sie methodisch und kreiert so den
wissenschaftlich rekonstruktiven Spezialfall interkultureller Verständigung: eine
den Dialog, aus dem sie hervorgegangen ist, mitreflektierende, analogisierende
Übersetzung.

Damit stellt sich für die Datenauswertung entsprechend die Frage nach einer
angemessenen methodischen Gestaltung des Dialogs. Ähnlich wie andere Soziologen und Soziolinguisten, die sich dem Problem der Hermeneutik des Fremden
in empirischen Untersuchungen gestellt haben, schlage ich vor, das Datenmaterial
im Dialog mit kulturvertrauten Co-Interpreten auszuwerten. Die Aufgabe dieser
Co-Interpreten besteht dann darin, dem Sozialforscher die ihm fremde Perspektive so zu übersetzen, daß ihm analogisierende Anverwandlungsprozesse möglich
werden, so dass ihm dann irritierende fremdkulturelle Kommunikationssegmente
als sinnvoll nachvollziehbar, verstehbar werden. Es geht um die fallspezifische
Übersetzung eines kulturspezifischen Deutungsrahmens in einen anderen kulturspezifischen Deutungsrahmen. Die Aufgabe eines Co-Interpreten kann allerdings ‚nur' darin bestehen, die Deutungsmuster der einen Kultur an die der anderen analogisierend anzuverwandeln. Von der Ohe bemüht hierfür das Bild des
Fährmanns, „der selbstverständlich und wesentlich das ‚Transportgut' erst zusam-
menstellt, bevor er es in die richtigen Kanäle leitet und dafür Sorge trägt, daß Inhalt und Verpackung den Zollbestimmungen des jeweiligen Empfängers zumindest nicht zuwiderlaufen" (1987: 403).

Versteht man die Aufgabe eines Co Interpreten als die eines (konstruierenden)
Dolmetschers, dann lassen sich die Kompetenzen, über die ein dolmetschender
Co-Interpret im Rahmen meiner Untersuchung idealerweise verfügen sollte, be-
stimmen:

a)  Einem ‚Kulturdolmetscher' müssen die kulturspezifischen Deutungsrahmen,
    die er miteinander in Beziehung setzt, vertraut sein. Diese Vertrautheit darf
    sich für keine der beiden Seiten bloß theoretisch herstellen. Sie muß vielmehr
    jeweils Ausdruck eines Involviertseins in den praktischen Lebensvollzug der

beiden Bezugsgemeinschaften sein. Erst ein lebenspraktisch verwurzeltes Wissen um die relevanten Deutungs- und Orientierungsrahmen ist die Voraussetzung für eine nuancierte Lesartenbildung und Lesartenanverwandlung.

b) Ein Co-Interpret muss fähig sein, die für die Untersuchung relevanten kulturspezifischen Deutungsrahmen in eine angemessene Beziehung zu setzen. D. h.: Er muss in der Lage sein, in der Interpretation am Einzelfall angemessene Analogien von der Quellenkultur hin zur Rezeptorkultur zu konstruieren und zu explizieren. Ihm obliegt es – um mit Walter Benjamin zu sprechen – „diejenigen Intentionen auf die Sprache, in die übersetzt wird, zu finden, von der aus in ihr das Echo des Orginals erweckt wird" (Benjamin 1977: 57).

c) Um eine für die Untersuchung geeignete Lesartenbildung zu ermöglichen, müssen die Co-Interpreten über die untersuchungsleitende Fragestellung informiert sein. Nur in Anbetracht eines Wissens um die Untersuchungsausrichtung haben sie eine Chance, die fallspezifisch relevanten Deutungsmuster zu rekonstruieren. Überdies müssen sie bereit sein, sich zumindest rudimentär in die Methodologie und Methodik einzelfallanalytischen Interpretierens einzuarbeiten:

- Ihnen muss klar sein, daß es bei einer Einzelfallrekonstruktion um die Ermittlung des sich im Einzelfall zeigenden Typischen geht.
- Sie müssen sich daran gewöhnen die Interpretation nach dem Prinzip der sukzessiven Selektivität vorzunehmen. D. h.: Ihre Interpretation muss sich aus einer gewissen Lesartenvielfalt heraus schrittweise auf die Explikation einer Fallstruktur hin entwickeln.

Das hier angedeutet Anforderungsprofil ist allerdings so anspruchsvoll, daß es von den Co-Interpreten kaum eingelöst werden kann. Insbesondere habe ich eine kaum hintergehbare Problemlage ausmachen können: Ein Co-Interpret sollte idealerweise über ein „praktisches Bewußtsein" (Giddens 1992: 91ff.) von den beiden kulturspezifischen Deutungsrahmen verfügen, die er überdies in „diskursives Bewußtsein" (ebenda) überführen können sollte. Nun ist es in der Regel aber so, dass Co-Interpreten zwar über eine naturwüchsige Sozialisation in ihre Herkunftskultur verfügen, aber in die Rezeptorkultur nur sekundär einsozialisiert sind. D. h.: Sie sind mit dem praktischen Bewusstsein der Lebenspraxis, auf welche die analogisierende Übersetzung ausgerichtet sein soll, nicht vollständig vertraut, was für eine angemessene ‚Übersetzung' problematisch bleibt.

Gerade diese nicht hintergehbare Problemlage bei der anverwandelnden Übersetzung durch einen Co-Interpreten macht einen eingehenden ‚Anverwandlungsdialog' zwischen dem Co-Interpreten und dem wissenschaftlichen Kommu-

nikationsforscher erforderlich. Die im folgenden beschriebene Schrittfolge soll
dazu beitragen, methodisch kontrolliert entsprechende Anverwandlungsprozesse
zu fördern:

*1) die Übersetzung des Co-Interpreten*
Nach der Einführung in die untersuchungsleitende Fragestellung und in die Prinzipien sequenzanalytischen Interpretierens kann dem Co-Interpreten das zu interpretierende Datenmaterial zur Verfügung gestellt werden. Die Aufgabe des
Co-Interpreten besteht in dieser Phase darin, gemäß den zuvor besprochenen
methodischen Prinzipien sich intensiv mit dem Material auseinanderzusetzen
und für die fremdkulturelle Perspektive Lesarten zu bilden. Die Lesartenbildung
muß so angelegt sein, dass sie für einen deutschen Interpreten nachvollziehbar ist.
D. h.: Sie ist bereits am Deutungsrahmen der Rezeptorkultur orientiert und stellt
insofern die erste und für die weitere Untersuchung richtungsweisende Analogisierung der relevanten Deutungsrahmen dar.

*2) das gemeinsame Interpretationsgespräch*
Der Co-Interpret kann nun seine erste analogisierende Übersetzung den deutschen
Interpreten vorstellen. Die deutschen Interpreten erhalten in der Aneignung der
Übersetzung die Gelegenheit, (vermeintliche) Inkonsistenzen, verbleibende Erklärungslücken und andere Irritationen festzustellen und den Co-Interpreten um
weitergehende Übersetzungen zu bitten. Als Dialogform bietet sich das offene gemeinsame Interpretationsgespräch an, weil im unmittelbaren Austausch des Gesprächs ein verstrickter, komplexer, nuancierter und unverzüglicher Abgleich der
Interpretationsperspektiven und der Aufbau eines gemeinsamen Deutungsmus-
ters möglich ist. So ist das offene Interpretationsgespräch auch eine geeignete
Form, den oben reklamierten strukturellen Übersetzungshindernissen entgegen-
zutreten: Dadurch, dass der Co-Interpret über die Nachfragen der deutschen Interpreten gezwungen wird, seine Analogisierung der Verteidigungsperspektive
des türkischen Beschuldigten zu überdenken, weitergehender zu erläutern und
zu präzisieren, können Defizite der Übersetzung, die als Folge einer mangelnden
Vertrautheit mit der Rezeptorkultur entstehen können, zumindest eingeschränkt
werden. Gleichzeitig wird über einen solchen Dialog die Interpretation wieder für
neue Lesarten geöffnet und damit eine Lesartenvielfalt hergestellt, für die der in
methodischen Belangen eher unerfahrene Co-Interpret nicht ohne weiteres garantieren kann.

*3) hermeneutische Ausdeutung des gemeinsamen Interpretationsgesprächs*
In der zweiten Übersetzungsphase wurde die Analogisierung im Dialog des Co-Interpreten mit den deutschen Interpreten konstituiert. Der Flüchtigkeit der Lesartenbildung sollte mit einer Tonbandprotokollierung des Gesprächs begegnet werden. Die hermeneutische Interpretation des transkribierten Gesprächstextes bietet dann die Möglichkeit zu einer abschließenden Festlegung der Analogisierung.

Obwohl das Interpretationsgespräch an methodischen Standards orientiert ist, bleibt die Lesartenbildung bis zu einem gewissen Grad stets konturenunscharf und diffus. Ziel einer Auslegung des Gesprächstextes ist es nun, die Lesarten mit Bezug auf den Dialog, in dem sie gebildet wurden, konturenscharf zu bestimmen. Dabei wird es darauf ankommen, die Bedeutung des Interpretationsgesprächs für die Lesartenkonstitution in Rechnung zu stellen.

*4) Kontrollinterpretationen*
In Anbetracht des nicht hintergehbaren Grundproblems der Überprüfbarkeit der von einem Co-Interpreten vorgenommenen analogisierenden Interpretation erscheint es ratsam, sich schon bei der Interpretation der einzelnen Fälle nicht auf die Mitarbeit nur eines Co-Interpreten zu verlassen. Vielmehr ist es sinnvoll, eine Leitinterpretation durchzuführen, und sie dann anschließend mit Hilfe von Kontrollinterpretationen qualitativ induktiv zu überprüfen.

*5) erste hypothetische Rekonstruktion des strukturellen Orientierungsrahmens*
Nach Abschluß der Kontrollinterpretationen können nun – verdichtet – die einzelfallspezifischen Besonderheiten der Verteidigungsperspektive des türkischen Beschuldigten beschrieben und in Bezug zu den Besonderheiten der Ermittlungsführung des deutschen Vernehmungsbeamten gesetzt werden. Vor dem Hintergrund dieser Gesamtbeschreibung der Besonderheiten des Einzelfalles ist es nun möglich, empirisch fundiert eine Hypothese über den strukturierenden kulturspezifischen Orientierungsrahmen aufzustellen.

Die grundsätzlichen und spezifischen Übersetzungsprobleme des Co-Interpreten sollen – wenn man so will – in dem von mir vorgeschlagenen einzelfallanalytischen Verfahren über eine Anverwandlung seines Analogisierungsangebots bewältigt werden. Charakteristisch für das von mir hier entwickelte Verfahren ist also nicht einfach die Anverwandlung mithilfe von Co-Interpreten, sondern eine doppelte Anverwandlung: die analogisiernde Übersetzung der Co-Interpreten wird von den deutschen Interpreten ihrerseits übersetzt, die Anverwandlung so in ihre abschließende Form gebracht.

## Literatur

Asad, Talal (1993): Übersetzen zwischen Kulturen. Ein Konzept der britischen Sozialanthropologie. In: Eberhard Berg/Martin Fuchs (Hg.): Kultur, soziale Praxis, Text. Die Krise der ethnographischen Repräsentation. Frankfurt am Main: Suhrkamp. 300–334

Benjamin, Walter (1977): Die Aufgabe des Übersetzers. In: ders. Illuminationen. Ausgewählte Schriften 1. Frankfurt am Main: Suhrkamp. 50–62

Berg, Eberhard/Martin Fuchs (Hrsg.) (1993): Kultur, soziale Praxis, Text. Die Krise der ethnographischen Repräsentation. Frankfurt am Main: Suhrkamp

Blumer, Herbert (1980): Der methodologische Standort des Symbolischen Interaktionismus. In: Arbeitsgruppe Bielefelder Soziologen (Hrsg.): Alltagswissen, Interaktion und gesellschaftliche Wirklichkeit 1 + 2. Opladen: Westdeutscher Verlag. 80–146

Bubner, Rüdiger (1980): Ethnologie und Hermeneutik. In: Gerhard Baer/Pierre Centlivres (Hrsg.): Ethnologie im Dialog, Fribourg: Editions Universitaires. 183–196

Clifford, James/Marcus, George E. (ed.) (1986): Writing Culture. The Poetics and Politics of Ethnography. Berkeley: University of California Press

Dwyer, Kevin (1977): On the Dialogic of Fieldwork. In: Dialectical Anthropology. Vol.2 (1-4). 143–151

Dwyer, Kevin (1979): The Dialogic of Ethnology. In: Dialectical Anthropology. Vol 4 (3). 205–224

Giddens, Anthony (1992): Die Konstitution der Gesellschaft. Frankfurt am Main: Campus

Hitzler, Ronald/Reichertz, Jo/Schröer, Norbert (Hg.) (1999): Hermeneutische Wissenssoziologie. Standpunkte zur Theorie der Interpretation. Konstanz: UVK

Malinowski, Bronislaw (1979a): Argonauten des westlichen Pazifik. Frankfurt am Main: Syndikat

Marquard, Odo (1981): Die Frage nach der Frage, auf die die Hermeneutik eine Antwort hat. In: ders.: Abschied vom Prinzipiellen, Stuttgart: Reclam. 117–146

Ohe, Werner von der (1987): Interethnische Beziehungen als Dolmetscherarbeit. In: Ders. (Hrsg.): Kulturanthropologie, Berlin: Duncker & Humblot. 401–420

Plessner, Helmuth (1979): Mit anderen Augen. In: ders.: Zwischen Philosophie und Gesellschaft, Frankfurt am Main: Suhrkamp. 233–248

Sanjek, Roger (ed.) (1991): Fieldnotes: The Making of Anthropology. Ithaca/London: Cornell University Press

Schröer, Norbert (Hrsg.) (1994): Interpretative Sozialforschung. Auf dem Wege zu einer Hermeneutischen Wissenssoziologie. Opladen: Westdeutscher Verlag

Schröer, Norbert (1997): Wissenssoziologische Hermeneutik. In: Hitzler, Ronald/Honer, Anne (Hrsg.): Sozialwissenschaftliche Hermeneutik, Opladen: Leske + Budrich. 109–129

Schröer, Norbert (2002): Verfehlte Verständigung? Kommunikationssoziologische Fallstudie zur interkulturellen Kommunikation. Konstanz: UVK

Schröer, Norbert; Bidlo Oliver (Hrsg.) (2011): Die Entdeckung des Neuen. Qualitative Sozialforschung als Hermeneutische Wissenssoziologie. Wiesbaden: VS Verlag für Sozialwissenschaften

Schütz, Alfred/Luckmann, Thomas (1979 und 1984): Strukturen der Lebenswelt 1 und 2. Frankfurt am Main: Suhrkamp

Soeffner, Hans-Georg (1989): Auslegung des Alltags – Der Alltag der Auslegung. Frankfurt am Main: Suhrkamp

Soeffner, Hans-Georg (1992): Die Ordnung der Rituale. Die Auslegung des Alltags 2. Frankfurt am Main: Suhrkamp

Soeffner, Hans-Georg (2000): Gesellschaft ohne Baldachin. Über die Labilität von Ordnungskonstruktionen. Weilerswist: Velbrück

Tedlock, Dennis (1985): Die analogische Tradition und die Anfänge einer dialogischen Anthropologie. In: Trickster 12/13. 62–74

Tyler, Steven (1991): Das Unaussprechliche. Ethnographie. Diskurs und Rhetorik in der postmodernen Welt. München: Trickster

Tyler, Steven (1993): Zum „Be-/Abschreiben" als „Sprechen für". Ein Kommentar. In: Eberhard Berg/Martin Fuchs (Hrsg.): Kultur, soziale Praxis, Text. Die Krise der ethnographischen Repräsentation. Frankfurt am Main: Suhrkamp. 288–296

# Sprachliche Regression im narrativen Interview
## Eine Migrantin erinnert sich[1]

*Almut Zwengel*

## 1    Vorbemerkung

Es wurde ein weitgehend narratives Interview mit einer ägyptischstämmigen Heiratsmigrantin geführt, die zu dem Zeitpunkt des Interviews seit sieben Jahren in Deutschland wohnte. Fokus des Interviews war die Sprachbiographie. Bei der Auswertung der Daten stieß ich auf ein überraschendes Phänomen. Wenn die Migrantin von Erlebnissen erzählte, die weiter zurück lagen, fiel auch ihre Ausdrucksweise im Deutschen auf einen früheren Stand zurück. Dieser überraschenden sprachlichen Regression im narrativen Interview soll im Folgenden nachgegangen werden. Dabei werden zunächst das narrative Interview als Methode und der ursprüngliche Untersuchungszusammenahng des analysierten Interviews vorgestellt. Dann werden 3 Stegreiferzählungen aus dem Interview genauer betrachtet, die sich auf Erlebnisse der Migrantin aus unterschiedlichen Phasen ihres Lebens in Deutschland beziehen. Abschließend wird überlegt, was die belegte sprachliche Regression für die methodischen Möglichkeiten des narrativen Interviews bedeuten könnte.

Es könnte auch argumentiert werden, dass das Sprachniveau abhängt vom Zeitpunkt im Interview: Die Befragte muss sich erst an die Interviewsituation gewöhnen und gewinnt wahrscheinlich zunehmend an Sicherheit. Einzuwenden ist, dass die drei hier genauer betrachteten Situationen im Erleben chronologisch aufeinander folgten, in der Darstellung im Interview aber in umgekehrter Reihenfolge erzählt wurden.

---

1    In einer früheren Fassung wurde dieser Text unter dem Titel „Sprachliche Integration als Prozess. Eine Fallstudie zu den Auswirkungen erweiterter Wissensbestände" vorgetragen bei der Jahrestagung der Sektion Wissenssoziologie der Deutschen Gesellschaft für Soziologie zum Thema „Ethnographie des Wissens" am 2. 6. 2006 in Fulda.

## 2    Zum narrativen Interview

Das narrative Interview setzt voraus, dass „der Informant selbst handelnd oder er-
leidend in den Vorgang involviert war, über den er begfragt werden soll" (Küsters
2009: 30). Dabei liegt der Fokus auf den Handlungsprozessen (ebd.: 36). Zwei Aspekte sind bei der Vorgehensweise entscheidend. Zum einen wird mit einer längeren, narrativen Eingangssequenz begonnen, die es der befragten Person ermöglicht, Zusammenhänge aus ihrer Sicht und möglichst unbeeinflusst von Setzungen
der interviewenden Person darzulegen. Hopf (2004: 356) spricht davon, dass „die
Haupterzählung von den Befragten autonom gestaltet wird". Bei vielen Auswer-
tungsverfahren ist diese Eingangserzählung ein zentraler Fokus der Untersuchung
(z. B. Fischer-Rosenthal/Rosenthal 1997, zit. in Küsters (2009: 84). Die zweite methodische Vorgabe ist, dass im Laufe des narrativen Interviews immer wieder
Stegreiferzählungen zu selbst erlebten Ereignissen evoziert werden (vgl. Gläser/
Laudel 2009: 42). Wiedemann (1986, zit. In Küsters 2009: 36) weist zu recht darauf hin, dass es sich bei den beiden narrativen Vorgaben um völlig unterschiedliche Ebenen handelt: Am Anfang werden längerfristige Prozesse dargestellt; bei
den Stegreiferzählungen geht es um Einzelerlebnisse. Lucius-Hoene/Deppermann
(2002: 156 f.) greifen diese Unterscheidung auf und differenzieren zwischen drei
Formen des Erzählens im weiteren Sinne, wobei wohl von einem Kontinuum auszugehen ist, das sich aufspannt zwischen den Polen des szenisch-episodischen Erzählens, das „kurze, zeitlich abgeschlossene Episoden" betrifft, auf der einen und
dem Pol des chronikartigen Erzählens, das sich auf „längere Zeiträume" bezieht,
auf der anderen Seite. Die folgende eigene Analyse fokussiert ausschließlich auf
das szenisch-episodische Erzählen.

Theoretisch hergeleitet wird das narrative Interview im Allgemeinen über
Kallmeyer und Schütze (Kallmeyer/Schütze 1977; Schütze 1978). Sie unterscheiden
3 Arten der Sachverhaltsdarstellung: berichten, erzählen und argumentieren. Für
alle drei gelten 3 Zugzwänge. Der Kondensierungszwang ist der begrenzten Zeit
geschuldet. Der Detaillierungszwang verlangt die Berücksichtigung des für den
dargestellten Sachverhalt Wichtigen und der Gestaltschließungszwang schließlich
macht es notwendig, eine einmal begonnene Sachverhaltsdarstellung abzuschlie-
ßen. Favorisiert nun wird das Erzählen, nicht nur, weil es besonders erlebnisnah
ist, sondern auch, weil hier die Zugzwänge in besonderer Weise wirken. Gesagt
wird, was für die Geschichte wichtig ist. Dies lässt eigene Selbstdarstellungen und
Adressatenorientierung etwas in den Hintergrund treten. Die Geschichte entfaltet ihre eigene Dynamik. In ihrem Zusammenhang gibt der Informant Informationen preis, die er um ihrer selbst willen nicht gegeben hätte, die aber für seine

Erzählung wichtig und für den Untersuchenden oft von besonderem Interesse sind. Als problematisch gilt, wenn es zu Argumentationen kommt. Wie ist vorzugehen, wenn der Informant nicht mit einer Narration beginnt, sondern argumentiert (Lucius-Hoene/Deppermann 2002: 330 f.)? In welchen inhaltlichen Zusammenhängen kommt es vor, dass eher argumentiert als erzählt wird (Küsters 2009: 84)? Auf welche biographischen Verstrickungen kann das Ausweichen auf Argumentationen verweisen (Schütze 2001: 14 f.)? Im Folgenden wird auch eine Interviewpassage berücksichtigt werden, in der es nur ansatzweise zu einer Erzählung kommt.

Zur Durchführung narrativer Interviews gibt es zahlreiche Tipps. Küsters (2009: 194) schlägt vor, sich in Alltagsgesprächen auf narrative Strukturen einzulassen. Hopf (2004: 356) empfiehlt, für die Hervorlockung von Stegreiferzählungen an in der Eingangserzählung genannte Situationen anzuknüpfen oder bei Argumentationen nach einer Belegerzählung zu fragen. Immanente Fragen sollten vor externen Nachfragen gestellt werden. Lucius-Hoene/Deppermann (2002: 301) fordern einen bestimmten Interviewstil:

> „Knüpfen Sie an nicht ausgeschöpfte Erzählpotentiale, die für Ihre Interessen relevant sind, an. Setzen Sie zunächst an unklaren oder lückenhaften Passagen an. Stellen Sie Ihre Fragen wiederum erzählgenerierend. Fragen Sie also eher nach Entwicklungen, Ereignissen und Handlungen und nicht nach Gefühlen, Befindlichkeiten und Urteilen."

Im hier analysierten Interview ist dies nicht immer gelungen.

Das narrative Interview kann ein grundlegendes Problem nicht lösen. Die im Interview erzählten Erlebnisse sind unwiederbringlich verloren. Dabei geht es nicht nur um das Vergessen. Vergangene Erlebnisse sind nicht mehr unmittelbar erreichbar, sondern nur als verarbeitete Erfahrung und nur in einem spezifischen Kontext – hier einem Interview – zugänglich (Küsters 2009: 32; Lucius-Hoene/Deppermann 2002: 91). Gerade weil dies so ist, ist die Beobachtung sprachlicher Regression so bemerkenswert. Es scheint, als würde durch das Erzählen eine besondere Nähe zu den unwiederbringlich verlorenen Erlebnissen erreicht.

## 3 Zum analysierten Fall

Besonderheiten beim Spracherwerb von Migrantinnen sind erst recht spät in den Blick geraten. Es wurden sogenannte „Mütterkurse" angeboten, die niedrigschwellig familienzentriert lebende Frauen mit schwachem Bildungshintergrund

ansprechen sollten, z. B. in Berlin und in Bremen. Mit dem neuen Zuwanderungs-
gesetz wurden dann ab 2005 flächendeckend Integrationskurse eingeführt. Auch
hier werden spezifische Bedürfnisse von Frauen zum Teil in seperaten Frauen-
kursen berücksichtigt. Die Migratinnen praktizieren Sprachlernstrategien, die an-
geleitetes und eigenständiges Lernen auf vielfältige Weise kombinieren. So sind
für die Schweiz in Interviews von Duff/Leuppi (1997) Lernstrategien von Arbeits-
und Fluchtmigrantinnen dokumentiert, die Unterricht ersetzen oder ergänzen:
„Da habe ich am dritten Tag angefangen mit Selbstunterricht, täglich neun Stunden" (ebd.: 66). „Ich habe dann von den Kindern Deutsch sprechen gelernt". „Da
habe ich ein kleines Büchlein ‚In 24 Stunden Deutsch lernen' gefunden" (ebd.: 65).
„Ich habe die ersten Schulbücher meiner Tochter genommen" (ebd.: 66). Es werden also spezifische, oft familiennahe Lernstrategien deutlich.

Gegenstand des Interesses ist die sprachliche Integration. Diese verlangt nicht
nur Wissen in den Bereichen Phonologie, Morphologie, Semantik, Syntax und
Pragmatik der zu erwerbenden Sprache. Nötig sind ebenfalls Wissensbestände
zu Lebenswelten und zu Institutionen der Aufnahmegesellschaft. Sprachliche Integration ist deshalb nicht über bloße Sprachstandsmessungen zu erfassen. Sie
konkretisiert sich in der Bewältigung alltäglicher Kommunikationssituationen, in
denen Wissensbestände der unterschiedenen Bereiche aktualisiert werden. Für
eine Untersuchung sprachlicher Integration scheint es deshalb günstig, von alltäglichen Interaktionssituationen auszugehen.

Bei Migrantinnen wird häufig an bildungsferne Frauen aus den klassischen
Anwerbeländern gedacht. Neuere Studien betonen, dass es ebenfalls bildungser-
folgreiche Migrantinnen gibt, und dass deren Zahl zunimmt (Gutierrez-Rodi-
gruez 1999; Hummrich 2002; Badawia 2002; Pott 2002; Nohl/Schnittenhelm/
Schmidtke/Weiß 2010). Zu dieser neuen Forschungsrichtung passt, dass im vorliegenden Beitrag eine Heiratsmigrantin mit akademischer Vorbildung genauer
betrachtet wird.

Der eigene Forschungszusammenhang zur sprachlichen Integration von Mi-
grantinnen soll nun kurz skizziert werden. Ausgangspunkt war ein Interesse an
Migrantinnen, die bereits sehr lange in Deutschland leben und dennoch über
nur sehr geringe Deutschkenntnisse verfügen. Dazu wurden niedrigschwellige
Deutschkurse an Grundschulen und Kitas in Berlin untersucht (Zwengel 2004).
Überraschendes Ergebnis war, dass die Frauen nicht in erster Linie ihre Kinder
unterstützen wollten, sondern Autonomie anstrebten. Sie wollten alleine zum
Arzt, zum Einkaufen und auf Ämter gehen können. Die Sprachbiographien von
drei ehemaligen Besucherinnen von „Mütterkursen" wurden dann eingehender
betrachtet (Zwengel 2006). Es zeigten sich drei unterschiedliche Fallstrukturen.

Die Autonome möchte möglichst eigenständig sein – in ihrer ganzen Lebensführung. Die Fossilierende hat abgesehen von der Leiterin ihres früherern Sprachkurses kaum Kontakt zu Deutschen und entwickelt sich sprachlich deshalb im Deutschen nicht weiter, sondern eher zurück. Die Mittlerin schließlich ist sehr bildungsorientiert und hat zugleich ein positives Verhältnis zur Herkunftskultur. Auf der Suche nach Möglichkeiten, wie der Sprachrwerb der Migrantinnen gefördert werden könnten, stieß ich auf ihre Kinder. Gewöhnlich wird der Beitrag der Eltern zum Spracherwerb der Kinder thematisiert. Wie aber sehen die Prozesse in umgekehrter Richtung aus? Als empirische Basis wurden 4 alltägliche Tischgespräche in je 2 Familien, in denen Russisch als Herkunftssprache präsent ist, aufgezeichnet (Zwengel 2009). Die Anwesenden wechselten frei zwischen der deutschen und der russischen Sprache. Immer wieder kam es zu sprachbezogenen Unterstützungshandlungen zwischen Kindern, zwischen Kindern und Eltern, zwischen Eltern und Kindern und zwischen Eltern. Alle Akteure verfügten nur über begrenzte Kenntnisse im Deutschen und unterstützten sich dennoch gegenseitig. Mit der Analyse informeller Gespräche kontrastiert die bisher letzte Untersuchung, die sich auf die alltägliche Bewältigung von Gesprächen in formellen Situationen bezieht. Untersucht wurden Elterngespräche in der Schule. Hier interessierte die Frage, ob Übersetzung durch ein Kind, wie oft vermutet, eine ungünstige Konstellation darstellt. Es zeigte sich bei Grundschulkindern, dass die emotionale Bindung an die Mutter viel entscheidender ist als die kognitive Unterlegenheit der Mutter im Bereich der deutschen Sprache (Zwengel: im erscheinen). Zudem wurde deutlich, dass auch Mütter mit begrenzten Deutschkenntnissen ihre Interessen als Erziehungsberechtigte selbstbewusst vertreten können (Zwengel 2010).

Nun geht es um den Befragungszusammenhang. Die hier Ayla genannte Migrantin wurde im September 2003 im Wohnzimmer ihrer Privatwohnung interviewt. Das mit einem Aufnahmegerät aufgezeichnete Interview dauerte 90 Minuten. Die narrative Eingangssequenz wurde initiiert mit: „kannst du ein bisschen von deinem Leben erzählen als du Kind warst und dann später … es kann ganz ausführlich sein" (1/5–1/7). Der Interviewverlauf wurde dann unterstützt durch eine tabellarische Übersicht, die der Interviewerin vorlag. Dort waren für die Bereiche Lebenslauf, Sprachbiographie, Sprachkurs und Integrationsebenen jeweils Grundfragen, Narrationsstimuli und zu erfragende Basisdaten festgehalten. Zudem galt als Leitlinie möglichst viele Stegreiferzählungen hervorzulocken.

Befragerin und Befragte waren sich bekannt. Im Herbst 2002 hatte ich in einem „Mütterkurs" in Berlin unterrichtet. Ayla war eine der Teilnehmerinnen. Im Interview verbesserte sich Ayla selbst – z. B.: „geht zu Kindergarten … zum

Kindergarten" (2/2), „eine Mädchen ein Mädchen (1/52) – und fragte nach, wenn sie etwas nicht verstanden hatte. Sie nutzte die Interviewerin als Lernhilfe für den eigenen Spracherwerb. Dies kann mit meiner früheren Rolle als Lehrerin und/oder mit hoher Lernmotivation erklärt werden, die dazu führt, dass selbst ein Interview als Lernmöglichkeit genutzt wird.

Ayla wurde 1971 in einem ägyptischen Dorf geboren. Ihr inzwischen verstorbener Vater arbeitete eine Zeit lang als Selbstständiger im Baugewerbe. Ayla studierte in Kairo Biochemie und arbeitete dann an einer Privatschule und in einem Labor. Im Alter von 25 Jahren kam sie als Heiratsmigrantin nach Deutschland. Ihr ebenfalls ägyptischstämmiger Mann lebte damals bereits seit über 20 Jahren dort. Er führte ein Tuchgeschäft, in dem Ayla inzwischen mitarbeitet. Das Paar hat zum Zeitpunkt des Interviews eine 6-jährige Tochter und einen 3-jährigen Sohn. Als Ayla nach Deutschland kam, sprach sie kein Deutsch. Ein Freund ihres Mannes gab ihr eine Zeit lang Privatunterricht. 4 Jahre nach ihrer Ankunft in Deutschland besuchte Ayla dann von 2000 bis 2001 „Mütterkurse" an Grundschulen. Später nahm sie an Deutschkursen in der Volkshochschule teil und schloss schließlich mit einer Zertifikatsprüfung ab.

Ayla verfügt über ein überdurchschnittlich hohes Bildungsniveau. In der narrativen Eingangssequenz wird deutlich, dass sie ihre in Ägypten begonnene berufliche Karriere in Deutschland nicht adäquat fortführen kann. Der stattdessen präsentierte Aufstieg in zunehmend anspruchsvollere Deutschkurse wirkt vor diesem Hintergrund wie eine Art Ersatzkarriere. Dass Ayla als Heiratsmigrantin aus einem Nicht-EU-Staat ohne vorherige Deutschkenntnisse einreiste, war bis zur Neuregelung 2007 eher typisch.

Im Folgenden sollen aus dem Interview mit Ayla drei Stegreiferzählungen zu unterschiedlich weit zurück liegenden Ereignissen genauer betrachtet werden. Es handelt sich dabei um Situationen, die die zentrale Hypothese, dass es bei der Erzählung zu weiter zurückliegenden Ereignissen zu sprachlichen Regressionen kommen kann, in besonders augenfälliger Weise stützen. Die Situationen werden in chronologischer Reihenfolge präsentiert. Eine Überprüfung der Gültigkeit der These über das Interview und über die drei betrachteten Situationen hinaus kann dabei leider nicht geboten werden.

## 4 Ergebnisse

### 4.1 Situation 1: Besuch der Ausländerbehörde kurz nach der Ankunft in Deutschland

17/45    I:    und auf dem Amt hat dann .. Ihr Mann für Sie übersetzt und Sie haben dann

17/46    geantwortet oder Sie wussten gar nicht was passiert?

17/47    A:    ja ich wusste gar nicht was passiert ((Lachen))

17/48    I:    ((Lachen))

17/49    A:    vorher ich wusste gar nix ja vorher viel .. viel Papier muss machen ...ich weiß ich

17/50    nicht .. anmelden und .. bei Sozial was bei .. der .. Ausländerpolizei .. (das ist)

17/51    Ausländerpolizist ich muss dort die Aufenthalt ich muss viel viel Papier muss ich und ich

17/52    weiß nicht was ist .. was ist passiert jetzt

Wichtige Angaben werden durch die Interviewerin vorgegeben. Sie nennt den Kontext – das Amt –, mögliche Kommunikationsstrategien und eine Einschätzung der Situation als Ganzes. Die Befragte greift „Amt" auf, zunächst als Sozial- und dann als Ausländerbehörde (17/50). Die Kommunikationsstrategien werden nicht benannt. Die Einschätzung wird bestätigend wieder aufgenommen. Sie erhält durch die Verbindung mit einem Lachen (17/47) und durch ihre ratifizierende Aufnahme am Ende der Darstellung (17/52) besonderes Gewicht. Das Lachen könnte darauf verweisen, dass sich Ayla hier als nicht kompetente Interaktionspartnerin wahrnimmt.

Ayla spricht vier Mal von „muss" (17/49, 51) und verdeutlicht so den Zwangscharakter der Kommunikation. Es handelt sich bei dem dort dokumentierten Gespräch um Zwangskommunikation im Sinne von Schütze (1975). Der Besuch der Ausländerbehörde ist am Anfang des Deutschlandaufenthaltes praktisch nicht zu umgehen.[2] Zumeist handelt es sich dort um „affektiv negativ aufgeladene Situationen" (Greif 2002: 154). Zu ihrer Bewältigung sind neben sprachlicher Kompetenz „Behördenkompetenzen" (a. a. O.) notwendig. Alya erinnert sich also an eine Situation, die psychisch vermutlich sehr belastend war. Dies könnte sprachliche Regression mit begründen.

---

2    Vgl. zu Interaktionen in der Ausländerbehörde auch Scheffer (1997).

Bei der Sachverhaltsdarstellung handelt es sich nur ansatzweise um eine Stegreiferzählung. Der entscheidende Übergang ist der von „Ausländerpolizei" zu „Ausländerpolizist" (17/50–51). Hier wird deutlich, dass es um eine Einzelsituation geht. Dies verdeutlicht auch die zeitliche Markierung im abschließenden „was ist passiert jetzt" (17/52). Die minimale Voraussetzung für eine Erzählung aber, das Aufeinanderfolgen von zwei Handlungen (Labov/Waletzky 1973), ist nicht gegeben. Möglicherweise wird hier eine eingeschränkte narrative Kompetenz eines früheren Stadiums des Spracherwerbs reaktualisiert.

Eindeutiger ist eine solche Regression im Fall von „viel Papier muss". Zunächst einmal fällt das Fehlen des Subjektes auf (17/49). Es liegt nahe, dass Ayla hier selbst das mitgedachte Subjekt ist wie dies später in einer analogen Formulierung explizit der Fall ist (17/51). Ayla verfügt über feldspezifisches Vokabular wie „Aufenthalt" (17/51) und „anmelden" (17/50). Im Hinblick aber auf die beizubringenden Unterlagen und das auszufüllende Formular bleibt es bei einem vagen „viel Papier" (17/49, 51). Nach telefonischer Auskunft der Ausländerbehörde Frankfurt/Main vom 9.1.2012 sind für die Beantragung einer Aufenthaltserlaubnis folgend Unterlagen beizubringen: Paß, Lichtbild, Bescheinigung des Arbeitgbers, Altersversorgung, Krankenversicherungsschutz, Einkommensnachweis, Schulbescheinigung, Studiennachweis und Wohnraumnachweis. Ayla verfügt heute über ein Sprachniveau, das es ihr ermöglichen würde, diese Fülle von Papieren ein wenig genauer zu benennen.

Ayla spricht von „vorher" (17/49) und grenzt sich damit deutlich von ihren kommunikativen Möglichkeiten zum Zeitpunkt des Interviews ab. Die Bewältigung der geschilderten Situation verlangt nicht nur sprachliche, sondern auch institutionenbezogene Kompetenz, und zwar insbesondere die, „wie man die geforderten Formulare ausfüllt und welche Bescheinigungen beigebracht werden müssen" (Greif 2002: 155). „Was passiert" bezieht sich auf beide Kompetenzebenen zugleich.

## 4.2  Situation 2: ein Konflikt am Arbeitsplatz
## nach einigen Jahren in Deutschland

| | | |
|---|---|---|
| 4/52 | I. | ist es dir schon mal passiert dass Deutsche unfreundlich waren zu dir? |
| | | nicht nett |
| 5/1 | | waren? |
| 5/2 | A: | ja manchmal ( ) im Laden war ein deutscher Frau und war sehr war sehr |

| 5/3 | | unfreundlich sie hat sie hat etwas gekauft oder sie fragt … über die Preis und |
| 5/4 | | etwas hab ich gesagt fünf Euro sie hat gekauft und wieder zurück (sie will) soll ihr |
| 5/5 | | geben oder was ich weiß ich nicht und wir haben geschrieben keine |
| 5/6 | | zurückgegeben nur umtauschen hab ich gesagt und sie schimpft und sagt du du |
| 5/7 | I: | verstehst du nicht du kannst du nicht sprechen … also war so … unfreundlich hab |
| 5/8 | | ich gesagt vor mein Mann ich ich bleibe nicht im Laden das ist gibt Kunde ist nicht |
| 5/9 | | gut .. und danach hat sie kommt und unterschuldigt unter/…… |
| 5/10 | I: | entschuldigt? |
| 5/11 | A: | entschuldigen ja hat gesagt Entschuldigung ich war nicht .. nervös und ich war ich |
| 5/12 | | habe Ärger vorher |
| 5/13 | I: | und Sie wollten gar nicht mehr im Laden arbeiten deswegen? |
| 5/14 | A: | ja weil sie sagte sie kannst nicht sprechen wo ist dein Mann warum ( ) die die |
| 5/15 | | Frauen und sie kann nicht sprechen (hab ich gesagt) was was willst du ich ich |
| 5/16 | | kann ich kann nicht spre/ich kann nicht sprechen mit dir was willst du und war so |
| 5/17 | | … unfreundlich hab gesagt ich muss gut lernen Deutsch reden ( ) |

Wie in 3.1 handelt es sich um eine Erinnerung an eine psychisch belastende Situation. Im Tuchgeschäft kauft eine Kundin bei Ayla ein Produkt, das sie später zurückgeben möchte, obwohl aus Sicht der Verkäuferin nur die Möglichkeit zum Umtausch gegeben ist. Dies ist der Konflikt auf der ersten Ebene. Nicht ganz sicher ist, ob die Kundin zum Zeitpunkt des Kaufes von der durch die Verkäuferin vorgegebenen Regelung wusste. Vielleicht hat sie erfolglos danach gefragt („sie fragt … über die Preis und etwas" 5/3–4); vermutlich aber ist die Vorgabe angeschlagen („wir haben geschrieben keine zurückgeben nur umtauschen" 5/5–6). Recht zum Umtausch, aber nicht zur Rückgabe kann als eine in Deutschland verbreitete und hier von Migranten durchgesetzte institutionelle Regelung vorausgesetzt werden.

Der Ausgangskonflikt wird überlagert durch deutlich stärker gewichtete Zweifel an Aylas sprachlicher Kompetenz im Deutschen. Zentral ist hier, dass die Kundin die Vorgabe der Verkäuferin nicht anerkennt und dies mit unzureichender Information begründet, die sie auf Aylas vermeintlich unzureichenden Deutschkenntnisse zurückführt – „du du verstehst du nicht du kannst du nicht sprechen" (5/6–7). Aylas Einschätzung, dass sich die Kundin dabei extrem unfreundlich äußere, bestätigt sich durch deren spätere Entschuldigung. Mit „unfreundlich" wird dabei wiederholt Bezug genommen auf die argumentative Einbettung der geschilderten Einzelsituation. Es handelt sich dabei um einen Verstoß gegen eine zentrale Regel des *service encounter*. Nach Goffman (1983: 15) gelten dort „the two rules […] equality of treatment and courteous treatment". Im hier betrachteten Fall zeigt sich, dass die zweite Regel nicht nur für das Handeln des Personals wichtig ist.

Wie steht Alya nun zu dem Vorwurf unzureichender Deutschkenntnisse? Sie räumt im Rückblick Verständnisschwierigkeiten ein. So heißt es: „sie fragt… über den Preis und etwas" (5/3–4) und „soll ihr geben oder was ich weiß ich nicht" (5/4–5). Bei der Zurückweisung der Vorwürfe der Kundin heißt es etwas repetitiv: „was was willst du ich ich kann ich kann nicht spre / ich kann nicht sprechen mit dir was willst du" (5/15–16). Ayla begründet ihre Absicht, den Betrieb zu verlassen, nicht mit dem Ausgangskonflikt, sondern mit der Zuschreibung unzureichender Deutschkenntnisse. Mit ihrem abschließenden Wunsch, besser Deutsch zu lernen, nimmt sie die abwertende Fremdzuschreibung der Kundin letztlich ratifizierend auf.

Die geschilderte Konfliktsituation ist auch im Hinblick auf das Geschlechterverhältnis von Interesse. Die Kundin schreibt der ein Kopftuch tragenden Verkäuferin wohl als muslimer Frau mangelnde Sprachkenntnis zu („die die Frauen und sie kann nicht sprechen", 5/14–15). Indem sie wünscht, den Ehemann zu sprechen, stärkt sie allerdings selbst die angenommene Zurücksetzung der Frau. Ayla hingegen stellt sich selbst an entscheidender Stelle als autonom dar. Sie nimmt keine Anweisungen von ihrem Mann entgegen und fragt ihn auch nicht um Rat, sondern setzt ihn von ihrer Entscheidung, nicht weiter im Geschäft zu arbeiten, in Kenntnis. Der Ehemann erscheint hier als Vertrauter und als zentrale Bezugsperson. Die Entscheidung, die Mitarbeit aufzugeben, wird allerdings später zurückgenommen. Sie selbst markiert die durch eine Zuschreibung unzureichender Sprachkompetenz hervorgerufene Verletzung am deutlichsten.

Im Hinblick auf die zentrale Argumentation des Textes ist entscheidend, dass die sprachliche Ausdrucksweise komplexer ist als in der zuvor kommentierten Textstelle. Dies zeigt sich zunächst einmal daran, dass eine ausgebaute Erzählung gelingt. Auffällig ist zudem die häufige Einführung direkter Rede. Dass es sich dennoch um eine Lernervarietät handelt, zeigt sich zum Beispiel am generalisierenden Gebrauch der Konjunktion „und". Dies gilt vor allem, aber nicht nur für eine Verwendung im temporalen Sinne („und wir haben geschrieben", 5/5). Auffällig sind Schwierigkeiten bei der Bildung der Vergangenheit („danach hat sie kommt" 5/9, „habe Ärger vorher" 5/12), fehlende Konkordanz der Zeiten („sie hat etwas gekauft oder sie fragt" 5/3, „hab ich gesagt und sie schimpft" 5/6) sowie ein Schwanken zwischen Duzen und Siezen („sie kannst nicht sprechen" 5/14, „die Frauen und sie kannst nicht sprechen" 5/14–15). Deutlich wird ein erheblicher Zuwachs an Interaktionskompetenz. Ayla gelingt es, sich sprachlich zur Wehr zu setzen.

### 4.3 Situation 3: Besuch eines Elternabends, der kurz vor dem Interview stattfand

| | | |
|---|---|---|
| 4/37 | I: | waren Sie schon mal auf einem Elternabend? |
| 4/38 | A: | ja ich bin immer |
| 4/39 | I: | immer ja? das ist gut und ist es mit Deutsch manchmal schwierig auf dem |
| 4/40 | | Elternabend zu verstehen? |
| 4/41 | A: | gibt's die Lehrer sprechen einfache ich versteh alles und gibt's Lehrer verstehen |
| 4/42 | | das ist .. schwer Vokabeln ich kann nicht verstehen manchmal so manchmal so |
| 4/43 | | aber ( ) ich verstehe und die Elternabend die Elternabende das jetzt der |
| 4/44 | | Elternabend in der Schule … vor meine Tochter war einfach … |
| 4/45 | I: | worüber haben Sie gesprochen? |
| 4/46 | A: | über mein Kinder über die was müssen sie machen in die Ferien sie müssen viel |
| 4/47 | | malen sie müssen viel …. basteln schneiden sie müssen viel … sprechen und |
| 4/48 | | wann sie kommen nach die Schule sie müssen die Kinder fragen was hast du |
| 4/49 | | heute gemacht was hast du erzähl mal und war gut war nicht gut hast du gefallen |
| 4/50 | | oder so … ( ) gut gefällt dir und der Lehrer was hat er was hat sie gemacht |
| 4/51 | | mit dir …… das alles |

Ayla spricht zunächst über Elternabende im Allgemeinen und geht dann zur Darstellung einer Einzelsituation über („die Elternabende das jetzt", 4/43). Auf Nachfrage („worüber haben Sie gesprochen", 4/45) nennt sie als Gesprächsgegenstände Möglichkeiten zur Förderung der Kinder in den Schulferien und alltägliches Fragen der Kinder nach ihren Erlebnissen in der Schule. Es folgt keine Endrahmung der Einzelsituation. Die dargestellte Situation scheint für Ayla psychisch weniger belastend gewesen zu sein als die beiden zuvor genannten. Ayla hat sich inzwischen ein wenig eingelebt.

Ayla ist bereits aus dem Kindergarten mit Elternabenden vertraut. Sie verfügt von daher über ein gewisses institutionenbezogenes Wissen. Da die Tochter zum Zeitpunkt des Interviews 6 Jahre alt ist, dürfte es sich um einen der ersten Elternabende in der Schule handeln. Der erste Elternabend ist es aber vermutlich nicht, da hier bereits über Schulferien gesprochen wird. Die Autorität des Lehrers bleibt in der Darstellung von Ayla unhinterfragt. Seine Ratschläge werden wiederholt mit „müssen" distanzlos übernommen. Es kommt nicht zu einer Prüfung der Frage, ob die Institution Schule den eigenen Erwartungen gerecht wird.[3] Ayla transferiert Wissen aus der Schule in ihre familiäre Lebenswelt. Sie könnte zur Mittlerin werden.[4] Ayla könnte ihre sprach- und institutionenbezogenen Wissensbestände an geringer integrierte Eltern arabischer Herkunft weitergeben. Damit würde sie zu einer Verringerung der sozialen und kulturellen Distanz zwischen ihrer ethnischen *community* und der von Autochthonen dominierten Institutionen der Aufnahmegesellschaft beitragen (Zwengel 2006).

Der Elternabend in der Schule ihrer Tochter, den Ayla hier darstellt, liegt nur kurze Zeit zurück („jetzt", 4/43). Dies erleichtert die Darstellung. Die Anforderungen an das Gedächtnis sind gering. Zentral im Hinblick auf die hier verfolgte Fragestellung ist, dass Aylas Sprachkompetenz zur Zeit der erlebten Situation und zum Zeitpunkt ihrer Darstellung nahezu identisch ist. Aylas Kompetenz im Deutschen manifestiert sich auf unterschiedlichen Ebenen. Ihr Vokabular bei der Wiedergabe der vom Lehrer gewünschten pädagogischen Aktivitäten ist differenziert: „malen", „basteln", „schneiden", „sprechen" (4/47). Das Handlungsmuster „das Kind nach der Schule fragen" wird vielschichtig entfaltet. Als Stimuli werden Fragen und Erzählanreize berücksichtigt. Es wird Bezug genommen auf Aktivitäten des Kindes, auf Handlungen des/der Lehrer/in sowie auf Bewertungen durch das Kind. Dennoch zeigt sich auch hier, dass Ayla noch eine Lernervarietät spricht – wenn auch auf hohem Niveau. Sie verknüpft Singular und Plural: „mein

---

3   Nach Neumann/Popp (1997) könnte eine Berücksichtigung der Familiensprachen in der Schule gefordert werde. Nach Berger et al. (1989) könnte eine kritische Besichtigung der Einrichtung vorgenommen werden.

4   Vgl. zur Entstehung sprachlicher und kultureller Mittler Buss (1995) sowie zu für die Tätigkeit nützlichen Kompetenzen Kühne (2003).

Kinder", 4/46, „die Kinder fragen was hast du" (4/48). Sie markiert auf unvollständige Weise, dass zwei Geschlechter möglich sind: „der Lehrer was hat er was hat
sie" (4/50). Sie wechselt das Referenzobjekt ohne dies – z. B. durch Nennung des
Eigennamens – zu markieren: „wann sie kommen nach die Schule sie müssen die
Kinder fragen" (4/48). Das erste „sie" verweist hier auf Kinder; das zweite auf Eltern. Im Hinblick auf die verfolgte Fragestellung ist zentral, dass sich die sprachliche Ausdrucksweise auf einem deutlich höheren Niveau bewegt als in den beiden zuvor analysierten Textpassagen.

## 4.4   Vergleich

Bei den drei präsentierten Situationen nimmt das Verständnis durch Ayla zu. Bei
der ersten Situation lautet die Gesamteinschätzung: „und ich weiß nicht was ist ..
was ist passiert jetzt" (17/52). Zum Ausdruck kommt hier Unverständnis. Bei der
zweiten Situation bestehen einzelne Verständnisunsicherheiten: „sie fragt ... über
die Preis und etwas" (5/3–4), „soll ihr geben oder was ich weiß ich nicht" (5/3–4).
Man kann von Globalverständnis sprechen. Bei der dritten Situation schließlich
liegt Detailverständnis vor. Die Kommunikation wird zusammenfassend eingeordnet mit „war einfach" (4/44).

Trotz der eindeutigen sprachlichen Progression, die sich beim Vergleich der
drei Passagen zeigt, soll auf Gemeinsamkeiten hingewiesen werden. In allen drei
Situationen handelt es sich um Lernervarietäten. Gewisse Abweichungen von
der deutschen Standartsprache tauchen – in unterschiedlicher Häufigkeit – si-
tuationsübergreifend auf. Folgende Abweichungen sind in allen drei Situationen
belegt. Es werden Fälle verwechselt: „ich muss dort die Aufenthalt" (17/51); „ein
deutscher Frau (5/2), „über die Preis" (5/3), „vor mein Mann" (5/8); „vor [d. i. von]
meine Tochter" (4/44), „über mein Kinder" (4/46), „was müssen sie machen in
die Ferien" (4/46), „nach die Schule" (4/4). Nicht selten fehlt ein Subjekt: „viel
Papier muss machen" (17/49); „war sehr war sehr unfreundlich" (5/2–3), „soll ihr
geben" (5/4), „hab gesagt" (5/17); „war gut" (4/49). Zu bedenken ist, dass unterschiedlich häufiges Auftreten von Abweichungen von der Standardsprache auch
mit unterschiedlicher Textlänge zusammenhängen kann.

Die institutionellen Kontexte der drei betrachteten Situationen sind unterschiedlich: Es handelt sich um die Einrichtungen Behörde, Betrieb und Schule.
Während es sich beim ersten Besuch der Ausländerbehörde um die Konfrontation
mit einem unbekannten institutionellen Kontext handelt, ist der Elternabend der
Akteurin als Interaktionsform bereits bekannt. Über zahlreiche Interaktionser-

fahrungen verfügt die Interviewpartnerin im Tuchgeschäft. Die dargestellte, dort situierte Interaktion ist allerdings besonders anspruchsvoll, weil es sich um eine Konfliktsituation handelt, in der individuelle Interessensvertretung notwendig ist. Die drei Situationen wären deutlich besser vergleichbar, wenn sie in analogen institutionellen Kontexten situiert wären. Günstig wären beispielsweise Darstellungen zu Arztbesuchen am Anfang des Deutschlandaufenthaltes, nach einigen Jahren und kurz vor der Durchführung des Interviews. Solche empirischen Daten liegen leider nicht vor.

## 5    Fazit: sprachliche Regression beim Erzählen von weiter zurückliegenden Erlebnissen

Es wurden 3 Situationen aus einem narrativen Interview miteinander verglichen, die im Lebenslauf der Interviewten chronologisch aufeinander folgten. Es geht um den ersten Besuch der Ausländerbehörde in Deutschland, um einen Konflikt am Arbeitsplatz nach einigen Jahren und um den Besuch eines Elternabends kurz vor dem Interview. Je weiter die geschilderten Erlebnisse zurückliegen, desto rudimentärer ist die gewählte sprachliche Varietät des Deutschen. Es wird nicht behauptet, dass es sich um die zur damaligen Zeit beherrschte Varietät handelt, aber es findet eine gewisse Annäherung statt.

Dieses Ergebnis spricht für eine Verwendung des narrativen Interviews als Erhebungsinstrument. Jedes Interview steht vor dem Problem, dass die erfragten Erlebnisse bereits vergangen und nicht mehr unmittelbar zugänglich sind. Ihre Darstellung ist geprägt durch Verarbeitungsprozesse und durch die Anforderungen der Situation, in der die Erinnerungen aktualisiert werden. Bei der Sachverhaltsdarstellungsform des Erzählens nun scheint eine beonders große Nähe zum erinnerten Sachverhalt zu entstehen. Er wird quasi noch einmal nacherlebt. Dies zeigt sich an der Nähe zwischen der sprachlichen Ausdrucksweise zum Zeitpunkt des Erlebens und der gewählten sprachlichen Form zum Zeitpunkt des Erzählens.

Da das Phänomen nur an Hand eines Interviews gezeigt wurde, könnte es sein, dass es sich um einen Fall von Idiosynkrasie handelt. Belegt ist der Befund aber bereits in der Sekundärliteratur. So stellt Franceschini (2003) bei der Auswertung eines narrativen Interviews mit einer 1972 nach Deutschland gereisten und 1986 befragten „Gastarbeiterin"[5] fest, dass deren sprachliche Differenziertheit und Korrektheit im Laufe des Interviews zunehme. Dies wird auf die – weit-

---

5    Zu weiteren interessanten Deutungen des genannten Interviews vgl. Riemann(Hrsg.) (2003).

gehend chronologische – Darstellung der Biographie bezogen [36]. „She [d. i. die Interviewte] gives the impression that while narrating she falls back into the variety she had spoken in the beginning: as if her memory brings about a regression of linguistic forms." [38]. Franceschini geht hier weiter als der vorliegende Text, weil sie die Varietät zum Zeitpunkt des Interviews mit der zum Zeitpunkt des Erlebten gleichsetzt. Es wird im Zitat nicht ausreichend zwischen der Reihenfolge der Darstellung und der Reihenfolge des Erlebens unterschieden – wohl weil beides im narrativen Interview häufig zusammenfällt. Es nimmt nicht nur die Nähe zur Standardvarietät zu, sondern auch die Interaktionskompetenz. So heißt es bei Franceschini: „In the beginning of the interview she repeatedly presents herself as someone who is helplessly exposed to communication; in the course of the interview she turns to describing herself as an active person who requests information" [53]. Eine ähnliche Weiterentwicklung zeigte sich auch in dem hier dokumentierten Fall: von einem ersten Ausgeliefertsein – „ich weiß nicht was ist .. was ist passiert jetzt" (17/52) – über Ansätze zu eigener Interessensvertretung – „was willst du ich ich kann ich kann nicht spre/ich kann nicht sprechen mit dir" (5/15–16) – bis hin zur souveränen Aneignung von Informationen aus Kontexten der Aufnahmegesellschaft, die anderen Migrantinnen weitervermittelt werden könnten.

Narrative Interviews mit MigrantInnen werden oft skeptisch betrachtet. Wenn sie in Deutsch geführt werden, reiche die Kompetenz der befragten Person oft nicht aus, um sich differenziert ausdrücken zu können. Im vorliegenden Zusammenhang nun ist gerade begrenzte sprachliche Performanz ein wichtiger Indikator. Sie verweist auf die Möglichkeit, sich in frühere Phasen des Erlebens zurück zu versetzen.

An der sprachlichen Regression zeigt sich die besondere Stärke des narrativen Interviews. Dass auch in anderen sozialen Kontexten, wie Beichte oder therapeutisches Gespräch, gern auf Narration als Form der Sachverhaltsdarstellung zurückgegriffen wird, erscheint wenig verwunderlich. Die Erzählung ermöglicht eine besondere Nähe zum dargestellten Erlebnis.

## Literatur

Badawia, Tarek (2002):‚Der dritte Stuhl'. Eine Grounded Theory-Studie zum kreativen Umgang bildungserfolgreicher Immigrantenjugendlicher mit kultureller Differenz. Frankfurt am Main: IKO-Verlag für Interkulturelle Kommunikation

Berger, Hartwig/Akpinar, Ünal/Bayam, Halime/Kopar, Nurhayat/Masuch, Sigrid/Öztürk, Ahmet/Sevinc, Meryem/Ünal, Hamza/Zimmermann, Ulrike (1989): Wer tanzt nach wessen Pfeife? Zusammenarbeit mit ausländischen Eltern. Weinheim/Basel: Beltz

Buss, Stefan (1995): Zweitspracherwerb und soziale Integration als biographische Erfahrung. Eine Analyse narrativer Interviews mit türkischen Arbeitsmigranten. In: Deutsch lernen. 20. 248–275

Duff, Daniela/Leuppi, Bea (1997): Frauenleben. Entwicklungsgeschichte von Migrantinnen mit besonderem Augenmerk auf ihre Integrationsprozesse und den Folgerungen, die sich daraus für die Sozialarbeit ableiten lassen. Bern: hect.

Franceschini, Rita (2003): Unfocussed Language Acquisition? The Presentation of Linguistic Situations in Biographical Narration. In: Forum Qualitative Sozialforschung/ Forum: Qualitative Social Research [Online Journal], 4(3), Art. 19. Verfügbar unter: http://www.qualitative-research-net/fqs-texte/3-03/3-03franceschini-e.htm [Februar 29, 2008].

Gläser, Jochen/Laudel, Grit (2009): Experteninterviews und qualitative Inhaltsanalyse. Wiesbaden: VS Verlag für Sozialwissenschaften

Goffman, Erving (1983): The Interaction Order. In: American Sociological Association 1982 Presidential Address. American Sociological Review. 48. 1–17

Greif, Siegfried (2002): Migration und implizites kulturelles Lernen in der Ausländerbehörde. In Jochen Oltmer (Hrsg.): Migrationsforschung und Interkulturelle Studien. Zehn Jahre IMIS. Osnabrück: Rasch. 135–155

Gutierrez-Rodriguez, Encarnación (1999): Intellektuelle Migrantinnen. Subjektivitäten im Zeitalter der Globalisierung. Eine postkoloniale dekonstruktive Analyse von Biographien im Spannungsfeld von Ethnisierung und Vergeschlechtlichung. Opladen: Leske + Budrich

Hopf, Christel (2004): Qualitative Interviews – ein Überblick. In Uwe Flick, Uwe/von Kardorff Ernst/Steinke, Ines (Hrsg.): Qualitative Forschung. Ein Handbuch . Reinbek: Rowohlt Taschenbuch. 349–360

Hummrich, Merle (2002): Bildungserfolg und Migration. Biographien junger Frauen in der Einwanderungsgesellschaft. Opladen: Leske + Budrich

Kallmeyer, Werner/Schütze, Fritz (1977): Zur Konstitution von Kommunikationsschemata der Sachverhaltsdarstellung. In Wegner, Dirk (Hrsg.): Gesprächsanalysen. Vorträge gehalten anläßlich des 5. Kolloquiums des Instituts für Kommunikationsforschung und Phonetik. Bonn 14.–16. Oktober 1976. Hamburg: Buske. 159–274

Kühne, Klaus (2003): Sprachmittel im Gesundheits-, Sozial- und Bildungsbereich. In: Migration und Soziale Arbeit. 25. 32–38

Küsters, Ivonne (2009). Narrative Interviews. Grundlagen und Anwendungen. Wiesbaden: VS Verlag für Sozialwissenschaften

Labov, William/Waletzky, Joshua (1973): Erzählanalyse: Mündliche Versionen persönlicher Erfahrung. In: Ihwe, Jens (Hrsg.): Literaturwissenschaft und Linguistik. Texte zur Theorie der Literaturwissenschaft. Bd. 2. Frankfurt am Main: Athenäum. 78–126

Lucius-Hoene, Gabriele/Deppermann, Arnulf (2002): Rekonstruktion narrativer Identität. Ein Arbeitsbuch zur Analyse narrativer Interviews. Opladen: Leske + Budrich

Neumann, Ursula/Popp, Ulrike (1997): Die Elternschaft der Faberschule. In: Gogolin, Ingrid/Neumann, Ursula (Hrsg.): Großstadt-Grundschule. Eine Fallstudie über sprachliche und kulturelle Pluralität als Bedingung der Grundschularbeit. Münster/New York: Waxmann. 47–78

Nohl, Arnd-Michael/Schittehelm, Karin/Schmidtke, Oliver/Weiß, Anja (Hrsg.) (2010): Kulturelles Kapital in der Migration. Hochqualifizierte Einwanderer und Einwanderinnen auf dem Arbeitsmarkt. Wiesbaden: VS Verlag für Sozialwissenschaften

Pott, Andreas (2002): Ethnizität und Raum im Aufstiegsprozess. Eine Untersuchung zum Bildungsaufstieg in der zweiten türkischen Migrantengeneration. Opladen: Leske + Budrich

Riemann, Gerhard (Hrsg.) (2003): Doing Biographical Research. In: Forum Qualitative Sozialforschung/Forum: Qualitative Research [Online Journal], 4 (3). Verfügbar unter: http://www.qualitative-research.net/fqs/fqs-d/inhalt 3-03-de.htm [Februar 29, 2008]

Scheffer, Thomas (1997): Der administrative Blick. Über den Gebrauch des Passes in der Ausländerbehörde. In: Amman, Klaus/Hirschauer, Stefan (Hrsg.): Die ethnographische Herausforderung. Beiträge zur Erneuerung soziologischer Empirie. Frankfurt am Main: Suhrkamp. 95–113

Schütze, Fritz (1975): Sprache soziologisch gesehen. 2 Bände. München: Fink

Schütze, Fritz (1978): Die Technik des narrativen Interviews in Interaktionsfeldstudien – dargestellt an einem Projekt zur Erforschung von kommunalen Machtstrukturen. Bielefeld. Fakultät für Soziologie. Arbeitsberichte und Forschungsmaterialien 1.

Schütze, Fritz (2001): Rätselhafte Stellen im narrativen Interview und ihre Analyse. In: Handlung, Kultur, Interpretation. 10. 12–28

Zwengel, Almut (2004): Autonomie durch Sprachkenntnisse. Überlegungen zu Deutschkursen für Migrantinnen in Kitas und Schulen ihrer Kinder. In: Deutsch als Zweitsprache. 18–23

Zwengel, Almut (2006): Wenn die Worte fehlen … Wie Migrantinnen mit geringen Deutschkenntnissen ihren Alltag gestalten. In: Migration und Soziale Arbeit. 28. 143–151

Zwengel, Almut (2009). Spracherwerb und Generationenverhältnis. Wenn Eltern durch ihre Kinder lernen. In Dirim, Inci/Mecheril, Paul (Hrsg.): Migration und Bildung. Soziologische und erziehungswissenschaftliche Schlaglichter. Wiesbaden: VS-Verlag Sozialwissenschaften. 79–98

Zwengel, Almut (2010). Wer hat was zu sagen? Gespräche zwischen LehrerInnen und migrierten Müttern, die von Kindern gedolmetscht werden. In: Migration und Soziale Arbeit. 32. 302–308

Zwengel, Almut (im Erscheinen) Mama, sag du's! Wenn Kinder Gespräche zwischen eingewanderten Müttern und Lehrer/innen dolmetschen. In: Nah und fern. Kulturmagazin für Migration und Partizipation

# Grenzen des Verstehens? – Verstehen der Grenzen!
## Reflexionen über die methodischen Herausforderungen hermeneutischer Sozialforschung im ‚interkulturellen' Kontext

*Ana Mijić*

## 1    Einleitung

Das Nachdenken über die besonderen Herausforderungen ‚interkultureller For-schung' provoziert zuallererst die Frage, was unter einer solchen überhaupt zu verstehen ist. Vollkommen zurecht wird immer wieder darauf hingewiesen, dass es keiner Überschreitung nationalstaatlicher, ‚ethnischer' oder sprachlicher Gren-zen bedarf, um von ‚interkulturellen' Analysen zu sprechen. So darf man sich etwa keinesfalls der Illusion hingeben, dass man sein Gegenüber ohne Weiteres *versteht,* nur weil er oder sie die vermeintlich gleiche Sprache spricht. Als in Wien lebende und arbeitende ‚Deutsche' wurde ich *g'schwind* dieses Wunschdenkens beraubt. Je weiter man sich jedoch als ForscherIn von dem, was sich als das ‚Eigene' bezeich-nen lässt, entfernt, desto schwieriger gestaltet sich die Arbeit. Insofern erscheint es wenig sinnvoll, ‚*Intra*kulturelles' vom ‚*Inter*kulturellen' im Sinne einer Dicho-tomie zu scheiden und im Vorfeld eines Projektes festzulegen, ob die eigene For-schung nun der einen oder der anderen Kategorie angehört. Vielmehr ist davon auszugehen, dass diese beiden Begriffe die Extreme einer Skala repräsentieren, d. h. ein Feld aufspannen, in dessen Rahmen man die eigene Arbeit verorten kann. Die Plausibilität einer solchen Betrachtungsweise zeigte sich auch bei dem For-schungsprojekt, auf welches ich mich im vorliegenden Beitrag beziehen möchte. Hierbei handelte es sich um eine Analyse von Deutungsmustern in Bosnien und Herzegowina und damit – zumindest auf den ersten Blick – recht eindeutig um eine Forschung, die als interkulturell zu bezeichnen wäre. Doch aufgrund mei-ner eigenen Biographie – als ‚Deutsche' mit einem bosnischen ‚Migrationshin-tergrund' – stand ich dem Forschungsfeld kulturell betrachtet näher, als dies typischerweise für eine interkulturell angelegte qualitative Untersuchung angenommen wird.[1] Der Beitrag beschreibt die Herausforderungen, mit welchen ich mich im Rahmen meiner eigenen Forschungsarbeit konfrontiert sah, und zeichnet nach, wie mit diesen Herausforderungen im Konkreten umgegangen wurde. Zur besseren Nachvollziehbarkeit wird diesen Ausführungen eine Skizze des Forschungsprojektes vorangestellt, in der das zentrale Untersuchungsinteresse, der theoretische Hintergrund sowie die methodische Herangehensweise offengelegt werden. Im Anschluss daran widme ich mich zunächst den forschungspragmatischen Problemen des Feldzugangs und der Interviewführung. Es wird gezeigt, dass ich im Rahmen von insgesamt drei Erhebungsphasen mit verschiedenen Herausforderungen im Hinblick auf die Mobilisierung von GesprächspartnerInnen umzugehen hatte, die sich aus den jeweils unterschiedlichen Rahmenbedingungen ergaben. Phasenübergreifend wurde ich einerseits mit dem Problem konfrontiert, dass ein ‚zyklisches Vorgehen' aus forschungspragmatischen Gründen nicht gänzlich umsetzbar war. Um die sich daraus ergebenden Schwierigkeiten zu überwinden, war ein hohes Maß an Wissen über den Forschungskontext vonnöten. Andererseits erwies es sich durchweg als eine besondere Herausforderung, Vertrauen zu den Interviewten aufzubauen. Dies verdankte sich jedoch zu einem großen Teil dem Untersuchungsgegenstand selbst. Vor dem Hintergrund der Kriegserfahrungen der Menschen war es mitunter schwierig, die Gratwanderung zwischen Nähe und Distanz – die Ambivalenz des ‚going native' – zu bestehen. Es bedurfte einerseits einer intensiven Selbstreflexion, d. h. einer eingehenden Reflexion über meine Rolle als Forscherin, welche ich andererseits auch überzeugend nach außen präsentieren musste. Insgesamt zeigte sich im Verlauf der Datenerhebung, dass diese ohne eigene Sprachkenntnisse vermutlich so nicht möglich gewesen wäre. Dieses Unterkapitel abschließend werden noch einige Hinweise gegeben, wie die Daten im vorliegenden Fall aufbereitet wurden.

Trotz gewisser Komplikationen, mit denen im Verlauf der Datenerhebung zu rechnen ist, liegt die zentrale Herausforderung in der reflektierten Überwindung der Übersetzungsproblematik im Rahmen der Interpretation. Wie ist es in Anbetracht der unterschiedlichen Erfahrungshorizonte von Interviewten und Interpretierenden sowie der Tatsache, dass das Datenmaterial in einer anderen Sprache vorliegt möglich, zu validen Erkenntnissen zu kommen? Diese Frage steht in einem unmittelbaren Zusammenhang mit einer grundsätzlichen Herausforde-

---

1   Obwohl eine dichotome Differenzierung von ‚interkulturell' und ‚intrakulturell' prinzipiell wie auch in dem hier verhandelten Fall als problematisch zu betrachten ist, werde ich im Folgenden, nicht zuletzt mangels Alternativen, diese Begriffe verwenden, um zwischen verhältnismäßig ‚nahen' und ‚fernen' Forschungsphänomenen zu unterscheiden.

rung interpretativer Sozialforschung: der Problematik des Fremdverstehens. Ausgehend von einer kurzen Bestimmung dieser Problematik, bei der ich mich vor allem auf die Überlegungen von Alfred Schütz beziehe, soll zunächst gefragt werden, wie der Unterschied zwischen intra- und interkulturellem Alltagsverstehen zu fassen ist, um dann auf Grenzen und Möglichkeiten interkulturell angelegter wissenschaftlicher Rekonstruktionen einzugehen. Es wird zu zeigen sein, dass die Übergänge zwischen intrakulturellem und interkulturellem Verstehen zwar fließend sind, dass also die Notwendigkeit der ‚Übersetzung' kein Spezifikum des Verstehens ‚anderer', ‚fremder' Kulturen darstellt. Diese Annahme darf jedoch nicht darüber hinwegtäuschen, dass sich die Problematik des Fremdverstehens zuspitzt, je weiter sich vom eigenen kulturellen Umfeld entfernt. Und dies gilt es im Rahmen interkulturell angelegter, hermeneutisch verfahrender Untersuchungen m. E. angemessen zu berücksichtigen. Ein Vorschlag zur Überwindung solcher Grenzen des Verstehens wurde von Norbert Schröer in die Methodendiskussion eingeführt (Schröer 2002; Schröer 2007). Die für den vorliegenden Forschungskontext zugeschnittene Herangehensweise, welche ich abschließend darstellen werde, lehnt sich an seine Überlegungen zur kulturvertrauten Co-Interpretation an.

## 2     Zur Analyse von Deutungsmustern in Bosnien und Herzegowina des Nachkriegs – Eine Projektskizze

Im Zentrum des Forschungsprojektes steht die Frage nach den Besonderheiten der Identitätskonstruktion, d. h. der Konstruktion des ‚Selbst' und damit auch des/der ‚Anderen' im Zuge der gesellschaftlichen Wandlungsprozesse im gegenwärtigen Bosnien und Herzegowina – einer Gesellschaft, in der die kriegerischen Auseinandersetzungen zwischen 1992 und 1995 ‚ethnisch' begründet waren (bzw. wurden) und in der die ehemaligen Kriegsparteien heute in einem nationalstaatlichen Gebilde zusammenleben. Der forschungsleitenden Annahme zufolge ist der Nachkriegstransformationsprozess in Bosnien und Herzegowina dadurch charakterisiert, dass hier im Vorfeld sowie während der kriegerischen Auseinandersetzungen zunächst ein ‚Selbst' konstruiert wurde, das in einem besonders ausgeprägten Maße durch eine hierarchisierende ethnische Ingroup-Outgroup-Unterscheidung strukturiert ist, d. h. eine Unterscheidung zwischen ‚Wir' und ‚die Anderen', die gekennzeichnet ist durch abwertende Zuschreibungen gegenüber der ethnischen Fremdgruppe und aufwertenden Zuschreibungen gegenüber der ethnischen Eigengruppe. Nach Beendigung des kriegerischen Konfliktes, d. h.

im konkreten Fall nach dem Friedensabkommen von Dayton im November 1995, und im Zuge des daran anschließenden Prozesses der Neuorganisation des Landes, werden die Akteure mit einer neuen Situation konfrontiert, welche ihnen eine neue ‚Definition der Situation' abverlangt. Einerseits wird die hierarchisierende Ethnizität im Lichte ‚von außen' herangetragener normativer Standards delegitimiert oder gerät zumindest unter einen ‚neuen' Begründungszwang. Andererseits erscheint – pragmatisch betrachtet – auf der Basis einer solchen hierarchisierenden Vorstellung von Ethnizität eine gesamtgesellschaftliche Integration – jenseits der ethnischen Vergemeinschaftung – als nicht möglich. Der Fokus des Projektes liegt auf einer Analyse der sich in der Spannung von Legitimierung und De-Legitimierung hierarchisierender Ethnizität vollziehenden Selbst- und Fremddeutung von Akteuren. Anders formuliert: Es geht um die Frage, wie Akteure mit *alternativen Wirklichkeitsbestimmungen* im Hinblick auf ihre bis dato nicht weiter hinterfragte ethnische Identität umgehen, welche ‚Bewältigungsstrategien' sie zur Anwendung bringen. Dieser Fragestellung wurde sowohl von einem empirischen als auch von einem theoretischen Standpunkt aus nachgegangen. Ein fundiertes Ergebnis war letztlich jedoch nur durch eine empirische Analyse zu erwarten, die auf eine Rekonstruktion der Prozesse angelegt ist, durch die soziale Wirklichkeit in ihrer sinnhaften Strukturierung hergestellt wird. Im Zentrum stand damit die *Rekonstruktion* von in der empirischen Wirklichkeit bereits erfolgten *Konstruktionen*. Diese Rekonstruktion verlief im vorliegenden Fall über eine objektiv-hermeneutische Analyse sozialer Deutungsmuster.

Die primäre empirische Materialgrundlage des Projektes bilden Aufzeichnungen von (weitgehend) nichtstandardisierten, gesprächsförmigen Interviews mit Menschen verschiedenen Alters und unterschiedlicher ethnischer Zugehörigkeit in Bosnien und Herzegowina. Ihre Erfahrungsberichte sollten es ermöglichen, die im ‚kollektiven Gedächtnis' der jeweiligen ethnischen Gruppen gespeicherten und aktuell handlungswirksamen Deutungsmuster zu rekonstruieren. Die Interviews wurden im Zeitraum zwischen dem Sommer 2007 und dem Sommer 2009 in verschiedenen Städten und ländlichen Gebieten sowohl der *Republika Srpska* als auch der *Föderation Bosnien und Herzegowina* erhoben.[2] Darüber hinaus wurden sekundäranalytisch einerseits ExpertInneninterviews mit Vertre-

---

2   Das „Rahmenabkommen über einen Frieden in Bosnien und Herzegowina" (Friedensvertrag von Dayton) besiegelte eine Teilung des Landes in die *Föderation Bosnien und Herzegowina,* die mehrheitlich von BosniakInnen (bosnischen MuslimInnen) und bosnischen KroatInnen bewohnt ist, die so genannte *Republika Srpska,* in der bosnische SerbInnen die ethnische Mehrheit bilden, sowie den Brčko-Distrikt, ein Sonderverwaltungsgebiet, das unter der Verantwortung beider Entitäten steht.

terInnen verschiedener Organisationen sowie „von der Untersuchungswirklichkeit selbst schon hergestellte Ausdrucksgestalten" (Oevermann 2002: 18) herangezogen. Letztere setzen sich schwerpunktmäßig zusammen aus Kommentaren in Online-Foren, aus aktuellen Buchpublikationen, der Medienberichterstattung zu bestimmten politischen Ereignissen sowie aus Dokumenten der Populärkultur.

## 3 Datenerhebung im ‚interkulturellen' Kontext – Ein *Slippery Slope*

### 3.1 *Drei Phasen der Datenerhebung*

Die Datenerhebung erfolgte in insgesamt drei Phasen mit jeweils mehrwöchigen Aufenthalten in Bosnien und Herzegowina. Der *ersten Phase* im Sommer 2007 kommt in mehrfacher Hinsicht ein Sonderstatus zu. Der damalige Aufenthalt diente nicht – zumindest nicht genuin – der Erhebung von Interviews für ein konkretes Forschungsvorhaben. Sein ursprünglicher Grund war meine Mitarbeit an einem friedenspolitischen Projekt mit Jugendlichen unterschiedlicher ethnischer Zugehörigkeit, in dessen Rahmen ich unter anderem dafür verantwortlich war, sowohl mit den Jugendlichen als auch mit den einheimischen BetreuerInnen narrativ-biographische Interviews zu führen, die in erster Linie der Dokumentation dienen sollten. Diesem Aufenthalt und diesen, in der Nachbereitung auch transkribierten und analysierten Gesprächen, war nun aber die Entfaltung meiner Forschungsfrage zu verdanken. Es waren diese Erfahrungen, die mich auf ein interessantes und m. E. erforschenswertes empirisches Phänomen stießen.

Viele der Herausforderungen, die sich im weiteren Verlauf der Forschungstätigkeit im Hinblick auf die Datenerhebung zeigten, wurden in dieser ersten Phase aufgrund der Einbettung in den spezifischen Kontext des friedenspolitischen Projektes nicht offensichtlich. Es bestand weder ein Problem, GesprächspartnerInnen zu mobilisieren, denn diese meldeten sich nach einer generellen Anfrage freiwillig und erklärten sich bereit, ihre ‚Lebensgeschichte' zu erzählen. Noch erwies es sich als schwierig, Vertrauen zu den GesprächspartnerInnen aufzubauen, da das Projekt in gewisser Weise einen geschützten Raum bot und, nicht zuletzt aufgrund einer bestehenden Bekanntschaft im Vorfeld der jeweiligen Interviews, eine offene und intensive Gesprächsführung ermöglichte. Gleichzeitig ist es aber auch diesem ‚geschützten Raum' zu verdanken, dass die hier erhobenen Daten zumindest im Verdacht stehen müssen, verzerrt zu sein. Es ist davon auszugehen, dass Jugendliche, die an einem solchen ‚interethnischen' Projekt teilnehmen, und BetreuerInnen, die sich im Rahmen eines solchen Projektes engagieren, über spezi-

fische Deutungsmuster im Hinblick auf ethnische Grenzziehungen verfügen. Weil
es in der Untersuchung nun aber nicht um diese spezifischen Deutungsmuster gehen sollte, musste im weiteren Verlauf der Forschung versucht werden, diese Verzerrung zu vermeiden. Die zweite und dritte Erhebungsphase waren daher ganz
zentral mit dem Problem des Feldzugangs verbunden: Wie kann es mir gelingen
von Wien aus, Kontakt zu potentiellen InterviewpartnerInnen herzustellen? Es
stellte sich schnell heraus, dass ein Arrangement der Interviews im Vorfeld weiterer Aufenthalte in Bosnien und Herzegowina nicht möglich war. Eine solche Vor-
aborganisation muss fast notwendiger Weise über bestimmte Organisationen oder
Institutionen verlaufen, doch das sollte – einerseits aufgrund der bereits thema-
tisierten Gefahr, die Materialgrundlage zu verzerren, und andererseits, weil sich
die Anonymität der InterviewpartnerInnen so ungleich schwieriger gewährleisten
lässt – möglichst verhindert werden.

In der *zweiten Phase* konzentrierte ich mich auf eine konkrete Region in Bosnien und Herzegowina. Ein längerer Aufenthalt in dieser Region ermöglichte es
mir, intensivere Kontakte zu knüpfen, ,Sondierungsgespräche' zu führen und
schließlich auch die ersten potentiellen InterviewpartnerInnen aufzuspüren.
Nach kurzen Vorabgesprächen erklärten sich insgesamt fünf Personen zu einem
auf Tonband aufgezeichneten Interview bereit. Dem vorsichtigen Herantasten
war es vermutlich zu verdanken, dass diesen Interviews erstaunlich wenige ,miss-
glückte' Versuche vorausgingen. Die Menschen zeigten, nachdem sie die Möglichkeit bekommen hatten, sich meiner Motive zu versichern, eine durchaus hohe Bereitschaft, über ihre Kriegserfahrungen und vor allem auch über die Zeit seit Ende
des Krieges zu sprechen.

Diese Erfahrung motivierte mich schließlich, im Zuge der *dritten Phase* den
räumlichen Radius meiner Erhebung zu erweitern sowie zu einer pragmatische-
ren Herangehensweise im Hinblick auf die Annäherung an potentielle InterviewpartnerInnen überzugehen. Geleitet von den aus der Analyse des bisherigen Materials gewonnenen Erkenntnissen, begab ich mich im Sommer 2009 erneut ins
Feld, beschränkte meine Erhebung nun aber nicht mehr auf eine konkrete Region,
sondern versuchte ganz gezielt Daten in verschiedenen Gebieten, d. h. sowohl in
der Republika Srpska als auch in der Föderation Bosnien und Herzegowina, in
Städten wie in ländlichen Gebieten zu erheben. Eine größere Diversität des Materials sollte es ermöglichen, die Analyse kontrastierend anzulegen. Aus forschungspragmatischen Gründen, vor allem im Hinblick auf den zeitlichen Aufwand, war
ein vorsichtiges ,Herantasten', wie es in der zweiten Erhebungsphase erfolgte, nun
aber nicht mehr möglich. Es galt eine neue Strategie zu entwickeln. Diese Strategie bestand darin, möglichst schnell in das Forschungsfeld abzutauchen. Aktuelle

politische Ereignisse oder Themen, die die Medienberichterstattung dominierten, boten hierfür ein geeignetes Mittel.[3] Daneben nutzte ich aber auch ‚Insiderinformationen' aus bereits erhobenen Interviews, um weitere GesprächspartnerInnen zu mobilisieren. Grundsätzlich zeichnete sich diese Strategie dadurch aus, dass ein großer Teil der Interviews ad hoc erhoben bzw. innerhalb kurzer Zeit ‚spontan' organisiert wurde.

### 3.2    Spezifische Probleme der Datenerhebung

Interpretative Forschung, so Ulrike Froschauer und Manfred Lueger, weist grundsätzlich „ein hohes Maß an flexibler Gegenstandsorientierung [auf] und [ist] daher nicht im Voraus in allen Einzelheiten planbar (…) Will man (…) gesellschaftliche Phänomene in ihrer sozialen Dynamik und Logik verstehen und für Neues empfänglich sein, so muss man sich von den laufenden Ergebnissen der Untersuchung leiten lassen, weshalb sich häufig erst im Forschungsverlauf zeigt, welche Fragen überhaupt sinnvoll gestellt werden können und welche Vorgangsweise zu deren Bearbeitung zweckmäßig ist" (Froschauer/Lueger 2009: 71). Folgerichtig plädieren der/die AutorIn für eine zyklische Strukturierung des Forschungsprozesses. Obwohl im Rahmen des Forschungsprojektes drei Erhebungsphasen stattgefunden haben, deren jeweilige Ergebnisse die weitere Vorgehensweise durchaus (mit-)strukturierten, konnte das Prinzip der *zyklischen Vorgehensweise* nur modifiziert zur Anwendung kommen. Dieses Schicksal teilen wahrscheinlich alle Projekte, die ihre Daten nicht in räumlicher Nähe zur Forschungsstätte erheben können. Aufgrund von begrenzten zeitlichen wie finanziellen Ressourcen, ist es kaum möglich, Interview für Interview zu erheben, zu transkribieren und auszuwerten, um sich dann, auf der Grundlage der Interpretationsergebnisse jedes einzelnen Interviews, erneut ins Feld zu begeben. Prinzipiell gilt es zwar zu berücksichtigen, dass die Interpretation die Erhebung steuert und nicht umgekehrt

---

3    So nahm ich etwa den Jahrestag der kroatischen Militäroperation ‚Oluja' im Jahre 1995, bei der tausende SerbInnen aus Kroatien vertrieben wurden und zum Teil in Bosnien Zuflucht fanden, zum Anlass, Menschen in der Hauptstadt der serbischen Entität, Banja Luka, zu einem Gespräch zu bewegen. Oder ich verbrachte den Gedenktag an den Genozid in Srebrenica (11. Juli 1995) in Srebrenica, verzichtete jedoch an diesem Tag, nicht zuletzt aufgrund ethischer Überlegungen, auf jeden Versuch der Interviewerhebung. Selbst wenn die Forschung darauf angelegt ist, Protokolle für eine rekonstruktive Analyse zu erheben, gewinnt jede Untersuchung auch dadurch, dass man sich beobachtend ins Feld begibt und dadurch einerseits ein Gespür für das Phänomen bekommt und andererseits sein externes Kontextwissen erweitert.

(Froschauer/Lueger 2009: 75), da sich dieses Prinzip jedoch rein forschungspragmatisch nicht immer zur Gänze umsetzen lässt, bedarf es während der Erhebung
einer umso höheren Reflexionsbereitschaft. Wenn noch keine, bzw. nur die Interpretationen aus der vorherigen Erhebungsphase vorliegen, muss man zumindest
versuchen, sich antizipatorisch vom Material leiten zu lassen. Welche Kontraste
sind gedankenexperimentell vorstellbar? Welche potentiellen Interviewees könnten den bisherigen GesprächspartnerInnen maximal widersprechen? In welchen
Gebieten des Landes wären aufgrund des strukturellen Kontextes ähnliche oder
gänzlich andere Aussagen zu erwarten? Solche und ähnliche Fragen, die sich
einer Art ‚theoretischem Sampling‘ verdankten, bestimmten letztlich, wohin die
Reise ging.

Dass eine solche Vorgehensweise dann aber wiederum ein hohes Maß an *Wissen über den Forschungskontext* zur Voraussetzung hat, erscheint evident. Je weiter
man sich vom eigenen kulturellen Umfeld entfernt, desto weniger kann man sich
auf sein „Denken-wie-üblich" (Schütz 1972: 60) verlassen. Aufgrund mangelndem
„Vertrautheitswissens" (ebd.: 55 f.), wird es bereits im Rahmen der Datenerhebung
notwendig sein, sich ein explizites „Bekanntheitswissen" (ebd.) anzueignen, um
sich in der Forschungsumgebung adäquat bewegen zu können.

Dieses Wissen reicht jedoch nicht aus, um als Forscherin oder als Forscher
den Status eines ‚Fremden‘, eines Außenstehenden ablegen zu können, was wiederum gewisse Folgen im Hinblick auf die Interviewführung zeitigt. Spezifische
Erhebungstechniken, wie etwa das narrative und/oder biographische Interview,
bedürfen eines speziellen Vertrauensverhältnisses zwischen dem interviewenden
Personal und den Interviewten, damit eine offene und intensive Gesprächsführung überhaupt möglich ist. Es erscheint in gewisser Weise plausibel, dass es sich
im Rahmen interkultureller Forschung aufgrund der Fremdheit des Interviewers
als ungleich schwieriger erweisen kann, Vertrauen zu den GesprächspartnerInnen aufzubauen. Gleichzeitig bringt eine solche Gesprächskonstellation, bei der
die Interviewerin von den GesprächspartnerInnen als eine außenstehende und
‚desinteressierte Beobachterin‘[4] wahrgenommen wird, rein pragmatisch betrachtet, auch einen gewissen Vorteil mit sich: Die Wahrscheinlichkeit, dass zu einer
‚außenstehenden Person‘ außerhalb der aktuellen Interviewsituation zukünftig
noch weitere Kontakte bestehen werden, wird vermutlich als verschwindend ge-

---

4   Alfred Schütz beschreibt die Haltung von (Sozial-)WissenschaftlerInnen als die eines „uninteres-
    sierten Beobachters", womit zum Ausdruck gebracht werden soll, dass die/der WissenschaftlerIn
    kein pragmatisches, sondern lediglich ein kognitives Interesse an der beobachteten Situation hat
    (Schütz 2010: 368 f.).

ring eingestuft. Es kann von den RednerInnen also plausibel angenommen werden, dass das Verhalten in der Interviewsituation keinerlei Folgen im eigenen Alltag zeitigen wird, was sich wiederum positiv auf ihre Offenheit und Authentizität auswirken kann.

Die Gratwanderung zwischen Nähe und Distanz zu bestehen, war eine der zentralen Herausforderungen meiner Datenerhebung. Angesichts der Kriegserfahrungen meiner GesprächspartnerInnen war es unbedingt notwendig ein hohes Maß an Empathie im Hinblick auf ihre Geschichten zu zeigen, ohne dabei jedoch aus der (distanzierten) Rolle einer Wissenschaftlerin zu fallen. Die Ambivalenz dessen auszuhalten, was in der Anthropologie auch als ‚going native‘ bezeichnet wird, war im Zuge der Interviewführung entscheidend. Es galt gleichzeitig interessiert genug zu sein, um dem erfahrenen Leid gerecht zu werden,[5] und ausreichend ‚desinteressiert‘, um die wissenschaftliche ‚Objektivität‘ und ‚Neutralität‘ nicht nur faktisch aufrechtzuerhalten, sondern auch gegenüber den InterviewpartnerInnen deutlich zu signalisieren. Die Notwendigkeit unmissverständlich anzuzeigen, dass ich mich als ‚neutrale‘ Wissenschaftlerin für die Lebensweise dieser Menschen, ihre Erfahrungen und Haltungen gegenüber bestimmten Themen interessiere, ergab sich paradoxerweise aus meiner biographischen Nähe zum Feld: Meine Sprachkenntnisse sowie mein Nachname wurden nun selbst zur Ursache eines spezifischen Misstrauens, welches einmal stärker und einmal weniger stark ausgeprägt war und sich stets in der Frage äußerte, welcher ethnischen Gruppe ich denn angehören würde. Das Problem des ‚interkulturellen Forschens‘ stellte sich nun auf eine ganz andere Art: Als relevant erwies sich plötzlich die Frage, ob ich mich einer der ethnischen Gruppen zugehörig fühle. Dieser Sachverhalt machte es notwendig, meine Haltung als ‚desinteressierte Beobachterin‘ äußerst stark zu betonen.

Nichtsdestotrotz wäre die Datenerhebung ohne eigene Sprachkenntnisse nicht oder nur schwer möglich gewesen. Es ist zwar grundsätzlich vorstellbar, mit einem Übersetzer oder einer Übersetzerin zu arbeiten. Doch abgesehen von dem Problem, dass auch eine mündliche Übersetzung stets schon bestimmte Inter-

---

5  Angesichts der möglicherweise traumatischen Erfahrungen der Interviewten, bedurfte es nicht nur einer ausgeprägten Empathie. Darüber hinaus sah ich mich dazu verpflichtet, bei meinen Nachfragen große Vorsicht walten zu lassen. So entschied ich von Fall zu Fall, ob ich spezifische, für eine Deutungsmusteranalyse besonders geeignete Erhebungstechniken (Ullrich 1999: 4), wie etwa die gezielte Konfrontation mit Inkonsistenzen, zur Anwendung bringe. Abgesehen von ethischen Bedenken, hätte sich ein allzu aggressives Auftreten in manchen Fällen aller Wahrscheinlichkeit nach als kontraproduktiv erwiesen.

pretationen transportiert, wird durch eine anwesende dritte Person einerseits die ‚Zweisamkeit' aufgelöst, die typischerweise eine größere Nähe und Offenheit erlaubt. Darüber hinaus besteht die Gefahr, dass sich die jeweiligen GesprächspartnerInnen plötzlich in der ‚Minderheit' sehen und dadurch gehemmt sind, offen zu sprechen. Bei mangelnden eigenen Sprachkenntnissen wäre es daher vorzuziehen, die Interviewerhebung prinzipiell einer anderen, der jeweiligen Sprache mächtigen Person zu überlassen.

### 3.3    Hinweise zur Datenaufbereitung

Das Datenmaterial wurde im Anschluss an die jeweiligen Erhebungsphasen transkribiert und liegt in bosnischer/kroatischer/serbischer Sprache vor. Auf eine Übersetzung des gesamten Materials wurde nicht zuletzt aufgrund des immensen Zeitaufwands verzichtet. Aus zweierlei Gründen ergab sich dennoch die Notwendigkeit, zumindest einzelne Passagen aus den Interviews ins Deutsche zu übertragen: Einerseits war es nicht möglich, Interpretationsgruppen zu organisieren, die sich ausschließlich aus *native speakern* zusammensetzen – auf diesen Aspekt wird noch zurückzukommen sein. Andererseits mussten Teile der Daten für die Präsentation im Rahmen von Vorträgen, sowie für Publikationen so aufbereitet werden, dass sie dem Publikum zugänglich sind. Die Originaltranskripte bildeten letztlich aber die eigentliche Grundlage der Interpretation, zu der es immer dann zurückzukehren galt, wenn sich bestimmte Passagen nicht entschlüsseln ließen. Es musste stets sichergestellt werden, dass sich bestimmte Lesarten oder dem Material inhärente Inkonsistenzen nicht der Übersetzung verdankten.

## 4    Die Auswertung fremdsprachigen Materials

### 4.1    Zum Problem des ‚interkulturellen' Fremdverstehens

Als Alltagsmenschen gehen wir davon aus, dass wir unser Gegenüber verstehen und unser Gegenüber das versteht, was wir ausdrücken wollen. Diese Annahme wird – abgesehen von Situationen des offensichtlichen Missverstehens – typischerweise nicht weiter hinterfragt. Hierbei handelt es sich jedoch um eine für die menschliche Kommunikation konstitutive Vereinfachung. In der Auseinandersetzung mit dem seines Erachtens zu undifferenzierten Begriff des Verstehens von Max Weber, beschäftigt sich Alfred Schütz mit der, allen Kommunikationsprozessen inhärenten Problematik des Fremdverstehens. Ihm zufolge wäre der subjektive bzw. der gemeinte Sinn, den das Gegenüber mit einer Handlung verbindet, nur unter der Voraussetzung eines vollständigen Wissens über dessen Erfahrungshorizont, und das bedeutet letztlich nur bei völliger Identität zweier Personen, bestimmbar. Der Sinn, den ich meinem Gegenüber unterstelle, weicht damit notwendiger Weise von dem Sinn ab, den er mit seiner Handlung verbindet, denn das Fremdverstehen beruht auf meinen Erfahrungen vom Anderen. Jedes echte Fremdverstehen, so Schütz, ist „auf Akten der Selbstauslegung des Verstehenden fundiert" (Schütz 2004: 123). Das Gegenüber kann nur verstanden werden, indem das Kommunizierte in das eigene Relevanzsystem übertragen bzw. ‚übersetzt' wird. Der subjektive Sinn bleibt damit, so Schütz, „auch bei optimaler Deutung ein Limesbegriff" (Schütz 2004: 221). Dem Verstehen anderer sind demnach deutliche Grenzen gesetzt. Dennoch ist davon auszugehen, dass ‚Verstehen' prinzipiell gelingen kann. Schütz zufolge wird das Verstehen im Alltag und damit auch Intersubjektivität durch „zwei pragmatisch motivierte Grundkonstruktionen" ermöglicht, die er in der so genannten *Generalthesis der Reziprozität der Perspektiven* zusammenfasst: Einerseits die Idealisierung der Austauschbarkeit der Standpunkte und andererseits die Idealisierung der Übereinstimmung der Relevanzsysteme. Die erste Idealisierung umfasst die Annahme, dass ich, wenn ich dort wäre, wo mein Gegenüber jetzt ist, die Dinge in gleicher Perspektive, Distanz, Reichweite erfahren würde wie er, und er würde die gleichen Dinge in gleicher Perspektive erfahren wie ich, stünde er an meiner Stelle (Schütz/Luckmann 2003: 99). Mit der zweiten Idealisierung unterstellt man im Rahmen einer Interaktionssituation, aller subjektiven Bedingtheit der je eigenen Relevanzsysteme zum Trotz, eine gemeinsame Definition der Situation. Man geht also typischerweise davon aus, dass das Gegenüber die Welt in ähnlicher Weise deutet wie man selbst und dass die bestehenden Unterschiede, die sich aus der jeweiligen biographischen Situation ergeben, für die „gegenwärtigen praktischen Zwecke irrelevant sind" (Schütz/Luckmann 2003: 99).

Ohne diese pragmatisch motivierte, idealisierende Grundhaltung, durch welche Intersubjektivität quasi unterstellt wird, wäre Verständigung kaum möglich. Doch damit Intersubjektivität zum Zweck der Verständigung überhaupt unterstellt werden kann, bedarf es einer gewissen Übereinstimmung der Relevanz- und Deutungsrahmen (Schröer 2007: 213). Das heißt: Das Gelingen der Interaktion auf der Grundlage dieser Idealisierungen ist davon abhängig, inwieweit die Interaktanten auf gemeinsame Wissensbestände, auf institutionalisierte und damit tradierte Kultur- und Zivilisationsmuster zurückgreifen können. Der Grad, der in einer Situation angenommenen Intersubjektivität und damit auch die Reichweite der Annahme der Reziprozität der Perspektiven kann also variieren. Das Problem des *intra*kulturellen Fremdverstehens wird dadurch, dass die Interagierenden über ähnliche Relevanz- und Deutungsrahmen verfügen, die in sozialen Institutionalisierungsprozessen entstanden und im Rahmen der Sozialisation internalisiert wurden, wenn schon nicht gelöst, so doch zumindest deutlich abgeschwächt. Die Schwierigkeit, das Gegenüber zu verstehen, spitzt sich jedoch bei *inter*kulturellen Kontakten zu. Hier lässt sich die Generalthese der Reziprozität der Perspektiven ungleich schwieriger durchhalten, was in den stärker divergierenden (kulturellen) Deutungsrahmen begründet liegt. Die Routine des „Denkens-wie-üblich" gerät ins Wanken, wie Schütz im Rahmen seiner materialen Analyse *Der Fremde* zu zeigen vermag:

> „Für den Fremden sind die Zivilisations- und Kulturmuster seiner Heimatgruppe weiterhin das Ergebnis einer ungebrochenen historischen Entwicklung und ein Element seiner persönlichen Biographie, welche aus genau diesem Grund immer noch das unbefragte Bezugsschema seiner ‚relativ natürlichen Weltanschauung' ist. Ganz von alleine beginnt deshalb der Fremde seine neue Umwelt im Sinn seines Denkens-wie-üblich auszulegen. Im Bezugsschema, das er aus seiner Heimat mitbrachte, findet er jedoch ein fertiges Vorstellungsmuster, das vermutlich in der Gruppe, welcher er sich nähert, gültig bleibt – eine Vorstellung die sich aber sehr bald als notwendig ungeeignet erweisen wird" (Schütz 1972: 60).

Die Problematik besteht Schütz zufolge also nicht nur darin, dass unterschiedliche Kultur- und Zivilisationsmuster aufeinander treffen, sondern auch in der Tatsache, dass den Interaktanten im interkulturellen Verstehensprozess zunächst nichts anderes übrig bleibt, als auf die eigenen kulturellen Deutungsmuster (mitsamt der vorgefertigten Vorstellung über die neue Gruppe) zurückzugreifen, um das Gegenüber zu verstehen. Denn Fremdverstehen beruht, wie bereits gezeigt wurde, stets in der Selbstauslegung. Dieser Auslegungsprozess wird sich in Interaktionssituationen jedoch alsbald als inadäquat erweisen und das Vertrauen in das Denken-wie-üblich fundamental erschüttern.[6]

Nur sehr langsam wird der Fremde die neuen Kulturmuster verinnerlichen, so dass sie für ihn „eine Selbstverständlichkeit, ein unbefragbarer Lebensstil, Obdach und Schutz [werden]. Aber dann ist der Fremde kein Fremder mehr, und

---

6    Bei stark ausgeprägter Fremdheitserfahrung kann die Unvertrautheit der fremden Deutungsmuster gar dazu führen, dass sich die Generalthese der Reziprozität der Perspektiven in die einer Irreziprozität der Perspektiven umkehrt (Eberle 2007: 256).

seine besonderen Probleme wurden gelöst" (Schütz 1972: 69). Schütz vergleicht den Prozess der Aneignung neuer Kulturmuster mit dem Erlernen einer Fremdsprache und verdeutlicht die Probleme, die der Fremde beim Verstehen seiner neuen Umwelt hat, anhand der Unterscheidung zwischen passivem Verstehen einer Sprache, gekennzeichnet durch die erlernten linguistischen Symbole und syntaktischen Regeln, sowie ihrem aktiven Beherrschen, welches eben mehr erfordert als eine Kenntnis der Grammatik und einen ausreichenden Wortschatz. Er fasst diesen Gedanken prägnant zusammen:

> „Um eine Sprache frei als Ausdrucksschema zu beherrschen, muß man in ihr Liebesbriefe geschrieben haben; man muß in ihr beten und fluchen und die Dinge mit jeder nur möglichen Schattierung ausdrücken können, so wie es der Adressat und die Situation verlangen. Nur Mitglieder der in-group haben das Ausdrucksschema frei in der Hand und beherrschen es frei innerhalb ihres ‚Denkens-wie-üblich'" (Schütz 1972: 65).

Nicht immer geht es beim interkulturellen Kontakt aber um einen Fremden, „der heute kommt und morgen bleibt" (Simmel 1992) bzw. um die von Schütz schwerpunktmäßig behandelte Assimilation des Fremden in die neue Kultur. Doch auch in weniger dauerhaften Beziehungen zwischen Fremden, besteht grundsätzlich die Möglichkeit einer interaktiven Angleichung der Perspektiven, so dass die Reziprozitätsunterstellung wieder zu greifen vermag:

> „Die Kommunikanten haben grundsätzlich die Chance, in der intersubjektiven Spiegelung ihrer Perspektiven ihre Orientierungen pragmatisch motiviert so weit auszudifferenzieren, zu modifizieren und so anzugleichen, dass eine mehr oder weniger weitgehend erfolgreiche Unterstellung von Intersubjektivität gelingen kann und eine gemeinsame Handlungskoordinierung möglich wird. Diese Chance zur interkulturellen Verständigung fundiert dann auch die Möglichkeit einer wissenschaftlichen Hermeneutik des Fremden" (Schröer 2007: 215).

Auf das wissenschaftliche Fremdverstehen wird im Folgenden näher einzugehen sein. An dieser Stelle lässt sich festhalten, dass Fremdverstehen – d. h. letztlich aber auch ‚Übersetzen' nicht nur der Sprache, sondern verstanden als Vermittlung unterschiedlicher Sinnwelten (Shimada 2007; Srubar 2007; Srubar 2009) – aufgrund der unterschiedlichen Wissensbestände und Erfahrungshorizonte bzw. der nicht hintergehbaren strukturellen Erfahrungsungleichheit von Menschen, zunächst einmal als eine grundsätzliche Herausforderung zu begreifen ist. Denn faktisch wird auch intrakulturell kaum jemals eine vollkommene Übereinstim-

mung der Relevanzsysteme vorliegen (Shimada 2007: 121).[7] Das interkulturelle
Verstehen wird jedoch dadurch erschwert, dass die Generalthese der Reziprozität der Perspektiven typischerweise schwieriger aufrechterhalten werden kann, da
die Schnittmenge an gemeinsamen kulturellen Deutungsmustern ungleich kleiner
ist. Die Grenze zwischen inter- und intrakultureller Kommunikation ist also insgesamt als fließend zu betrachten, als eine Skala, deren Pole einerseits durch ein
„vollkommenes Verstehen" und andererseits durch „radikale Fremdheit" markiert
sind (Shimada 2007: 120). Weder die eine noch die andere Seite wird realiter je erreicht werden. Diese Gedanken lassen sich im Wesentlichen auch auf das wissenschaftliche Verstehen des Fremden übertragen.

### 4.2   Zum wissenschaftlichen Verstehen des Fremden

Das Gelingen sozialwissenschaftlichen Verstehens hängt wesentlich davon ab, ob
die Interpretinnen und Interpreten eine ausreichende Kenntnis über die Kultur
besitzen, der sie sich hermeneutisch zuwenden, denn aus dieser Kenntnis speist
sich überhaupt erst die Möglichkeit des Interpretierens: „Wer selbst die Kompetenz
hat, ‚richtig' Bedeutung zu schaffen kann aufgrund der gleichen Kompetenz überprüfen, ob sprachliche Handlungen anderer regelgerecht gebaut sind und auch
bestimmen, welche Bedeutung sie nach sich ziehen" (Reichertz 2007: 16). Man
muss sich jedoch, so Jo Reichertz treffend, nicht den „Trobriandern" oder „Bali-
nesen" zuwenden, um festzustellen, dass sich „Fremdes" nur schwer im Eigenen
ausdrücken lässt. Schon das ‚Eigene', das sogenannte *Intra*kulturelle, weist so viele
Facetten auf und ist kaum auf einen Nenner zu bringen (Reichertz 2007: 18).

> „Von Kultur als einer Einheit zu sprechen ist lediglich eine Idealisierung, die uns kaum
> von den Daten nahe gelegt wird. Kultur ist eher eine Akteurfiktion, geschaffen von
> Wissenschaftlern, um weiter arbeiten zu können, die jedoch die Vielfältigkeit von Kul-
> tur leicht verdunkelt oder gar unsichtbar macht" (Reichertz 2007: 18).

Konsequenterweise müsste daher im Verlauf eines jeden Forschungsprozesses infrage gestellt werden, inwieweit tatsächlich von einer ‚Deckungsgleichheit' oder
zumindest von einer hinreichenden Ähnlichkeit der ‚Kulturen' der Forschenden und der Beforschten auszugehen ist. Forschungen, die sich jedoch ganz of-

---

7   Man denke in diesem Zusammenhang etwa an Karl Mannheims Annahme der prinzipiellen
    Standortgebundenheit des Denkens (Mannheim 1931).

fensichtlich jenseits eines intrakulturellen Kontextes bewegen, bedürfen in jedem Fall einer verstärkten Reflexion. Dies wird vor allem dann evident, wenn das Forschungsmaterial in einer Fremdsprache vorliegt. Hier kommt man m.E. nicht umhin zu fragen, inwiefern es möglich ist, mit Übersetzungen fremdsprachigen Materials zu arbeiten und dabei auch zu berücksichtigen, dass Übersetzungen selbst schon als Interpretationsleistung oder zumindest als spezifische „Auslegungen" (Gadamer 1989: 122) zu verstehen sind. Selbst wenn eine Übersetzung nicht notwendig erscheint, weil man die Sprache, in der das Datenmaterial vorliegt, zu beherrschen glaubt, bleibt das Übersetzungsproblem möglicherweise auf einer anderen Ebene, quasi ‚kaschiert' bestehen: Sehr gute Englischkenntnisse etwa garantieren nicht, dass man über eine „aktive Kenntnis der Kultur- und Zivilisationsmuster" der britischen *High Society* verfügt und das Ausdrucksschema, wie Schütz es formuliert, frei innerhalb seines eigenen „Denkens-wie-üblich" beherrscht. Wie man es dreht und wendet, die ‚Übersetzungsprobleme', sowohl die sprachlichen als auch die nichtsprachlichen, können im interkulturellen Kontext ungleich schwerer abgefangen werden. Dies darf zwar nicht zum Anlass genommen werden, interkultureller Forschung eine grundsätzliche Absage zu erteilen, doch man muss sich stets darüber im Klaren sein, dass eine solche Forschung aufgrund der spezifischen Herausforderungen prinzipiell einer besonderen Reflexion bedarf. Doch gerade Ulrich Oevermann, dessen objektive Hermeneutik im Rahmen meiner Untersuchung zur Anwendung kommt, scheint in verschiedenen ‚interkulturell' angelegten Untersuchungen über diese Herausforderungen schlicht hinwegzusehen (2001; 2008; Dersch/Oevermann 1994). So unterzieht er beispielsweise das Interview mit einer tunesischen Bäuerin einer Deutungsmusteranalyse, ohne jedoch zu problematisieren, dass eben dieses Interview, einen insgesamt sechsstufigen Übersetzungsprozess durchlaufen hat, bevor er überhaupt mit seiner Interpretation beginnt (Reichertz 2007: 19).

An anderer Stelle merkt Oevermann zwar an, dass es immer vorzuziehen sei, die Daten in ihrer Originalsprache zu analysieren. Wenn sich dies allerding nicht realisieren lässt – beispielsweise aufgrund mangelnder Sprachkenntnisse – müssten eben die Übersetzungen „konsequent und stur wörtlich" (Oevermann 2008: 151) ernst genommen und wie Primärtexte behandelt werden. Die Interpretation dürfe nicht ständig auf einen generalisierenden Verdacht von Übersetzungsfehlern hin relativiert werden: „Denn wenn die Übersetzung tatsächlich fehlerhaft oder schief sein sollte, dann bemerkt man das nur, sofern man sie wie einen originalen Text detailliert und unter der wie auch immer künstlich naiven Voraussetzung behandelt, sie sei in sich konsistent wie ein muttersprachliches Datum" (Oevermann 2008: 151). Oevermanns Überlegungen, die pragmatisch betrachtet äußerst verführerisch sind und denen man schon allein aus Gründen reiner Bequemlichkeit so einiges abgewinnen könnte, beruhen letztlich auf seinem spezifischen Verständnis von Fremdverstehen. Oevermann zufolge stellt das Fremdverstehen die Sozial- oder Erfahrungswissenschaften nicht nur vor keine besondere Herausforderung; das Fremde sei sogar grundsätzlich besser zu verstehen, als das Eigene (Oevermann 2001: 79; Oevermann 2008: 147). Diese Annahme wiederum basiert im Kern auf Oevermanns (analytischer) Unterscheidung zwischen „praktischem" Verstehen (Alltag) und „methodischem" Verstehen (Wissenschaft). Die folgende Textpassage spricht alle wesentlichen Aspekte seiner Auffassung zum Problembereich an und wird aus diesem Grund vollständig zitiert:

> „Gewöhnlich wird das Verstehen des Fremden für schwierig gehalten gegenüber dem Verstehen des Eigenen. Das trifft aber nur zu, wenn man sich auf das praktische Verstehen beschränkt. Für es gilt trivialerweise, daß man das Eigene ja schon immer verstanden hat, sonst wäre es nicht das Eigene, während fremd nur dasjenige ist, was man noch nicht verstanden hat, sonst wäre es nicht das Fremde. Entsprechend ist für das praktische Verstehen des Fremden die Überwindung der historischen Distanz zum Gegenstand das Hauptproblem, wie eben für den Reisenden in einer fremden Welt oder den Fernhandel betreibenden Kaufmann, den Missionar oder den erobernden Krieger. Für das methodische Verstehen gilt aber umgekehrt, daß das Vorwissen, das das praktische Verstehen des Eigenen als immer schon problemlos möglich erscheinen läßt, sich wie ein opazisierender Schleier vor das Objekt des Verstehens legt. Das Fremde stellt das methodische Verstehen insofern vor ein viel geringeres Problem, als von vornherein ein das praktische Verstehen ermöglichendes Vorwissen gar nicht vorhanden ist, so daß jener opazisierende Schleier gar nicht erst zur Herstellung einer künstlichen Naivität entfernt werden muß, sondern – mit Rückgriff auf die Universalien des sprachlich vermittelten Rekonstruierens von Bedeutung und das ‚mundane reasoning' – die objektive Sinnstruktur der Ausdrucksgestalten des Fremden geduldig und ohne abkürzendes Vorwissen erschlossen werden muß, also etwas getan werden muß, was beim Verstehen des Eigenen angesichts der immer schon gegebenen praktischen Bekanntheit des Gegenstandes den meisten Anhängern konkurrierender sinnverstehender Methoden in der Sozialforschung überflüssig zu sein scheint" (Oevermann 2008: 147).

Die Differenzierung zwischen Wissenschaft und Alltag wird von Oevermann grundsätzlicher vollzogen als im Rahmen der Schützschen Phänomenologie, für die – wie bereits dargestellt wurde – „bei aller Beachtung der situativen Differenz von Relevanzkonturen (interessierter Alltagsmensch hier – desinteressierter Be-

obachter dort) – die Annahme einer strukturellen Analogie der Verstehensprozesse von Alltag und Wissenschaft leitend [ist]" (Endreß 2006: 41). So schreibt
Schütz etwa, dass „[d]ie fremden Bewusstseinserlebnisse (…) bei der naiven Erfassung im täglichen Leben [zwar] anders gedeutet [werden] als bei ihrer Bearbeitung durch die Sozialwissenschaften. (…) Hier überschneiden sich jedoch die
Kreise. Denn auch im täglichen Leben bin ich in gewissem Sinne ‚Sozialwissenschaftler', nämlich dann, wenn ich meinen Mitmenschen und ihrem Verhalten
nicht erlebend, sondern reflektierend zugewendet bin" (Schütz 2004: 285 f.). Dass
es einer Distanzierung der Forschenden vom beforschten Phänomen bedarf, soll
nicht in Abrede gestellt werden. Doch diese Art der Distanzierung wird auch vom
„desinteressierten Beobachter" vollzogen, der sich vom interessierten Alltagsmenschen gerade dadurch unterscheidet, dass er eben nicht „naiv in seiner Lebensumwelt dahinlebt und an ihr ein eminentes praktisches Interesse hat" (Schütz
2010: 190). Inwieweit jedoch vollkommene Unkenntnis, die ja Oevermann zufolge geradezu erstrebenswert wäre (Oevermann 200: 80 f.), mit einer Distanzierung gleichzusetzen ist, bleibt fraglich. Viel evidenter erscheint es, Distanzierung
als einen Prozess des bewussten kritischen Distanzierens von, wenn schon nicht
Vertrautem so doch zumindest Bekanntem zu verstehen und insofern wäre auch
die künstliche Naivität im Rahmen eines Interpretationsprozesses nicht gleichzusetzen mit einem ‚natürlichen Nichtwissen'. Noch einen weiteren Aspekt gilt
es in diesem Zusammenhang zu hinterfragen: Oevermann zufolge ist die Erforschung von Phänomenen unter der Bedingung natürlicher Naivität deshalb möglich, weil er die Existenz „kultureller Universalien", das heißt ein Vorhandensein
alle Kulturen umspannender Bedeutungsstrukturen als quasi kleinsten gemeinsamen Nenner unterstellt. Als Beispiel nennt er hier das Inzesttabu, die Sprache
bzw. das menschliche Sprachvermögen sowie Mythen, das heißt gesellschaftliche
Narrative, die Antworten auf die fundamentalen Fragen des Lebens geben. Ganz
abgesehen davon, ob man nun wirklich von solchen Universalien ausgehen kann
oder nicht, drängt sich hier, Reichertz folgend, die Frage auf, wie es denn angesichts dieser generalisierenden Annahme noch möglich sein soll, etwas Spezifisches über einen Fall auszusagen (Reichertz 2007: 19). Im Bezug auf das Fremdverstehen erscheint die Argumentation von Schütz insgesamt überzeugender als
die Annahmen von Oevermann. Aus diesem Grund wurde die Problematik des
(interkulturellen) Fremdverstehens im vorliegenden Forschungskontext nicht als
„Scheinproblem" ignoriert, sondern einer kontinuierlichen Reflexion unterzogen.

## 4.3   Umgang mit dem Übersetzungsproblem

Eine überzeugende methodische Verfahrensweise interkultureller Analysen wurde von Norbert Schröer im Rahmen eines Forschungsprojektes über interkulturelle Kommunikation in polizeilichen Vernehmungen entwickelt (Schröer 2002; Reichertz/Schröer 2003; Schröer 2007). Den Kern dieses Verfahrens bildet der konsequente Einbezug von kulturvertrauten Co-Interpretierenden, die als „(re) konstruierende Dolmetscher" fungieren und „die Deutungsmuster der einen Kultur an die der anderen analogisierend [anverwandeln]" (Schröer 2007: 222). Daraus ergeben sich verschiedene und notwendigerweise hohe Anforderungen an solche Co-Interpretierenden (Schröer 2007: 222 f.; Schröer 2002: 136 f.). Neben grundlegenden Kenntnissen des Forschungskontextes und der rekonstruktiven Forschungsmethode sollten sie über die folgenden Kompetenzen verfügen:

> „[a] Einem ‚Kulturdolmetscher' müssen die kulturspezifischen Deutungsrahmen, die er übersetzend miteinander in Beziehung setzt, vertraut sein. Diese Vertrautheit darf sich für keine der beiden Seiten bloß theoretisch herstellen. Sie ist im Idealfall vielmehr jeweils Ausdruck eines Involviertseins in den praktischen Lebensvollzug der beiden Bezugsgemeinschaften. Erst ein lebenspraktisch verwurzeltes Wissen um die relevanten Deutungs- und Orientierungsrahmen ist die Voraussetzung für eine nuancierte Lesartenbildung und Lesartenanverwandlung.
>
> [b] Ein Co-Interpret muss fähig sein, die für die Untersuchung relevanten kulturspezifischen Deutungsrahmen in eine angemessene Beziehung zu setzen. D. h.: Er muss in der Lage sein, in der Interpretation am Einzelfall angemessene Analogien von der Quellenkultur hin zur Rezeptorkultur zu konstruieren und zu explizieren" (Schröer 2007: 222).

Die Interpretationsarbeit der Co-Interpretierenden bliebe dennoch von kaum hintergehbaren Problemen geprägt. So seien sie typischerweise „naturwüchsig" nur in ihre Herkunftskultur sozialisiert und verfügten daher eben nur über ein „praktisches Bewusstsein" (Giddens 1992) dieser Kultur, was sich im Hinblick auf die analogisierende Übersetzung als Schwierigkeit erweise. Des Weiteren sei ihre Übersetzung „zwangsläufig indexikal", was dazu führe, dass die Bildung von Lesarten nicht erschöpfend erfolgt und möglicherweise zu „Unverständlichkeiten, Inkonsistenzen und Erklärungslücken führt" (Schröer 2002: 138). Schließlich gelte es auch zu beachten, dass „die Unterweisung von wissenschaftlich nicht einsozialisierten Co-Interpreten in das wissenschaftliche Relevanzsystem (…) nur rudimentär erfolgen [kann], so daß sich sowohl in bezug auf die thematische Ausrichtung der Lesartenbildung als auch im bezug auf die Umsetzung geeigneter Verfahren (…), Schwierigkeiten ergeben können" (Schröer 2002: 138). Diesen Problemen versucht Schröer zu begegnen, indem er die Co-Interpretierenden derart in den Interpretationsprozess einbindet, dass sie zur permanenten Reflexion ihrer Analogisierungen gezwungen werden, was der Erweiterung und Präzisierung der Lesarten dienen soll. Das bedeutet letztlich, dass der oder die Co-Interpretierende den „Anverwandlungsprozess" lediglich vorbereiten kann. In einem zweiten Schritt gehe es dann um einen „Anverwandlungsdialog" zwischen den Co-Interpretierenden und dem wissenschaftlichen Personal (Schröer 2002: 138 ff.; Schröer 2007: 224 ff.). Schröers Ansatz wurde im Rahmen des vorliegenden Projektes nicht vollständig gefolgt, da sich das Interkulturalitätsproblem hier anders stellte. Er diente jedoch als Vorlage für eine, sich an den spezifischen Forschungskontext anschmiegende Herangehensweise.

Aufgrund meines bosnischen Hintergrunds bin ich als Forscherin mit der Sprache und der Kultur in einem größeren Ausmaß vertraut, als man es bei einer interkulturell angelegten Forschung typischerweise annimmt. Insofern konnten auch die Interviews in bosnischer/kroatischer/serbischer Sprache erhoben werden und deren (nicht übersetze) Transkripte die Grundlage der Interpretation bilden. Es wurde bereits darauf hingewiesen, dass sich dadurch die Problematik nicht gänzlich beheben ließ. Sie zeigte sich einerseits in der Phase der Verschriftlichung der Interpretationsergebnisse, denn auch dieser Vorgang muss als eine Übersetzung bzw. eine „Anverwandlung" betrachtet werden. Andererseits mussten einzelne Sequenzen für die Interpretation in Gruppen, auf die ich keinesfalls verzichten wollte, ins Deutsche übersetzt werden. Im Rahmen dieser Gruppeninterpretationen konnte ich selbst die Rolle einer Co-Interpretin im Sinne Schröers übernehmen, da ich über die wesentlichen Kompetenzen verfüge. Während Schröer nun aber von einer sich typischerweise einstellenden Schieflage in Richtung „Herkunftskultur" ausgeht – in meinem Fall wäre dies die bosnische –, stellte sich im Verlauf der Forschungsarbeit heraus, dass im vorliegenden Fall eher von einer Schieflage in Richtung „Rezeptorkultur" auszugehen ist. Und genau dieser Schieflage galt es mit Kontrollmechanismen entgegenzuwirken. Folgende Strategien entpuppten sich im Verlauf der Analyse als forschungspragmatisch umsetzbar und dennoch effektiv:

- Die den Interpretationsgruppen als Datengrundlage dienenden Übersetzungen waren zumeist das Ergebnis einer ‚Gruppenarbeit', d. h. die Texte wurden von mehreren Personen mit bosnischer/kroatischer/serbischer und/oder deutscher Muttersprache gleichzeitig übersetzt. War eine solche Teamarbeit aus organisatorischen Gründen nicht möglich, galt es die Übersetzungen zumindest mit einem weiteren *native speaker* abzusprechen. So wurde versucht der Gefahr, dass mit der Übersetzung schon eine spezifische Interpretation mitläuft, entgegenzuwirken.

- Die im Verlauf einer Gruppeninterpretation ermittelten Lesarten oder Fallstrukturhypothesen wurden stets einer Plausibilitätsprüfung am Originalmaterial unterzogen, denn sie mussten sich in jedem Fall auch vor dem Hintergrund dieser Ausdrucksgestalten als sinnvoll erweisen.
- Tauchten bei der Interpretation des Originalmaterials außerhalb der Gruppe Irritationen auf, die ich selbst nicht aufzulösen vermochte, wurden zur Interpretation bzw. als erste Stufe des Anverwandlungsprozesses Co-Interpretierende herangezogen und im weiteren Verlauf der von Schröer entwickelten Herangehensweise gefolgt.

## 5    Resümee

Die Frage, ob es möglich ist, außerhalb des ‚eigenen‘ Sprach- und/oder Kulturraumes qualitative Sozialforschung zu betreiben, kann m. E. weder prinzipiell bejaht noch verneint werden. Eine Beantwortung dieser Frage ist von verschiedenen Faktoren abhängig. Besonders wichtig erscheinen dabei der ‚kulturelle Background‘ und die Sprachkenntnisse der Forscherin oder des Forschers. So zeigte sich im Verlauf meiner eigenen Forschung, dass ich wesentlich von meinem persönlichen ‚Migrationshintergrund‘ profitieren konnte. Zweifellos sind auch interkulturell zusammengesetzte ForscherInnenteams oder zumindest die Möglichkeit zeitweise auf ‚humane Ressourcen‘ – Übersetzerinnen, muttersprachliche Mitinterpretierende usw. – zurückgreifen zu können, grundsätzlich förderlich. Neben dieser interkulturellen Einbettung der Forschenden, ist vor allem ein zweiter Faktor entscheidend: das forschungsleitende Erkenntnisinteresse. Eine inhaltsanalytische Auswertung von ExpertInneninterviews zum Thema „Soziale Lage in Bosnien und Herzegowina" wird weniger oder zumindest andere Probleme aufwerfen als die Frage nach den zentralen Deutungsmustern „des Mannes [der Frau] auf der Straße". Eine Analyse des Integrationswillens österreichischer ‚Expats‘ in Argentinien stellt die Forschenden vor andere Herausforderungen, als die Untersuchung bosnischer MigrantInnen in Wien. Insofern ist es m. E. auch kaum möglich, generelle Leitlinien interkulturellen Forschens zu formulieren. Man sollte sich aber in jedem Fall darüber im Klaren sein, dass eine solche Forschung mit einem erheblichen Arbeitsaufwand verbunden sein kann und dass sie den Forschenden ein besonders hohes Maß an Reflexion abverlangt.

## Literatur

Dersch, Dorothee/Oevermann, Ulrich (1994): Methodisches Verstehen fremder Kulturräume. Peripherie. Zeitschrift für Politik und Ökonomie in der Dritten Welt. Nr. 53. 26–53

Eberle, Thomas S. (2007): Unter Aborigines – Reflexionen über eine exotische Fremdheitserfahrung. In: Dreher, Jochen/Stegmaier, Peter (Hrsg.): Zur Unüberwindbarkeit kultureller Differenz: Grundlagentheoretische Reflexionen. Bielefeld: transcript. 235–268

Endreß, Martin (2006): Varianten verstehender Soziologie. In: Lichtblau, Klaus (Hrsg.): Max Webers „Grundbegriffe": Kategorien der kultur- und sozialwissenschaftlichen Forschung. Wiesbaden: VS Verlag für Sozialwissenschaften. 21–46

Froschauer, Ulrike/Lueger, Manfred (2009): Interpretative Sozialforschung: Der Prozess. Stuttgart: UTB

Gadamer, H.-G. (1989): Lesen ist wie Übersetzen. In: Eckel, Walter/Kollhofer, Jakob K. (Hrsg.): Michael Hamburger: Dichter und Übersetzer. Frankfurt am Main: Peter Lang Pub Inc. 117–124

Giddens, Anthony (1992): Die Konstitution der Gesellschaft: Grundzüge einer Theorie der Strukturierung. Frankfurt am Main: Campus

Mannheim, Karl (1931): Wissenssoziologie. In: Vierkandt, Alfred (Hrsg.): Handwörterbuch der Soziologie. Stuttgart: Ferdinand Enke Verlag. 659–680

Oevermann, Ulrich (2001): Das Verstehen des Fremden als Scheideweg hermeneutischer Methoden in den Erfahrungswissenschaften. In: Zeitschrift für qualitative Bildungs-, Beratungs- und Sozialforschung 1 .67–92

Oevermann, Ulrich (2002): Klinische Soziologie auf der Basis der Methodologie der objektiven Hermeneutik: Manifest der objektiv hermeneutischen Sozialforschung. Available at: http://publikationen.ub.uni-frankfurt.de/volltexte/2005/540/pdf/ManifestWord.pdf [Zugegriffen Dezember 30, 2010]

Oevermann, Ulrich (2008): Zur Differenz von praktischem und methodischem Verstehen. In: Cappai, Gabriele (Hrsg.): Forschen unter Bedingungen kultureller Fremdheit. Wiesbaden: VS Verlag für Sozialwissenschaften. 145–233

Reichertz, Jo (2007): Qualitative Sozialforschung – Ansprüche, Prämissen, Probleme. Available at: http://www.uni-due.de/imperia/md/content/kowi/qualsozproblem.pdf [Zugegriffen Februar 10, 2011]

Reichertz, Jo/Schröer, Norbert (2003): Hermeneutische Polizeiforschung, Wiesbaden: VS Verlag für Sozialwissenschaften

Schröer, Norbert (2002): Verfehlte Verständigung? Kommunikationssoziologische Fallstudie zur interkulturellen Kommunikation. Konstanz: UVK

Schröer, Norbert (2007): Die dialogische Anverwandlung – Zur Ausdeutung fremdkultureller Daten mit Hilfe von „kulturvertrauten Co-Interpreten". In: J. Dreher, Jochen/

Stegmaier, Peter (Hrsg.): Zur Unüberwindbarkeit kultureller Differenz: Grundlagentheoretische Reflexionen. Bielefeld: transcript. 211–234

Schütz, Alfred (1972): Der Fremde. In: Gesammelte Aufsätze, Band 2: Studien zur soziologischen Theorie. Den Haag: Nijhoff. 53–69

Schütz, Alfred (2004): Der sinnhafte Aufbau der sozialen Welt. Konstanz: UVK

Schütz, Alfred (2010): Wissenschaftliche Interpretation und Alltagsverständnis menschlichen Handelns. In: Zur Methodologie der Sozialwissenschaften. Konstanz: UVK

Schütz, Alfred/Luckmann, Thomas (2003): Strukturen der Lebenswelt. Konstanz: UVK

Shimada, Shingo (2007): Kulturelle Differenz und Probleme der Übersetzung. In: Dreher, Jochen/Stegmaier, Peter (Hrsg.): Zur Unüberwindbarkeit kultureller Differenz: Grundlagentheoretische Reflexionen. Bielefeld: transcript. 113–127

Simmel, Georg (1992): Exkurs über den Fremden. In: Rammstedt, Ottheim (Hrsg.): Soziologie: Untersuchungen über die Formen der Vergesellschaftung, Frankfurt am Main: Suhrkamp. 764–771

Srubar, Ilja (2009): Kultur und Semantik. Wiesbaden: VS Verlag für Sozialwissenschaften

Srubar, Ilja (2007): Transzendenz, Kulturhermeneutik und alltägliches Übersetzen: Die soziologische Perspektive. In: Dreher, Jochen/Stegmaier, Peter (Hrsg.): Zur Unüberwindbarkeit kultureller Differenz: Grundlagentheoretische Reflexionen. Bielefeld: transcript

Ullrich, Carsten G. (1999): Deutungsmusteranalyse und diskursives Interview. Leitfadenkonstruktion, Interviewführung und Typenbildung. Mannheim: Mannheimer Zentrum für europäische Sozialforschung

# Die Annäherung an das Feld

# Feldforschungszugang als Herausforderung der interkulturellen Fallstudien am Beispiel deutsch-ukrainischer Wirtschaftskommunikation

*Halyna Leontiy*

## Einleitung

Der Zugang zum interkulturellen Forschungsfeld als ein schwieriges Unterfangen wird in jeder empirischen Arbeit zwar methodisch mit-reflektiert, eine gesonderte Aufmerksamkeit hat dieser „methodische Unterpunkt" bisher jedoch nicht genossen. In dem vorliegenden Beitrag möchte ich am Beispiel meiner zwischen 2000 und 2002 durgeführten Forschung zur deutsch-ukrainischen Wirtschaftskommunikation die Komplexität des interkulturellen Feldforschungszugangs erläutern. Das Ziel dieses Forschungsprojektes lag in der Rekonstruktion von kommunikativen Zugehörigkeitskonstruktionen seitens der deutschen sowie der ukrainischen Manager, der Konstruktion von Fremdheit und – in dessen Spiegelung – von Eigenheit, der Deutungs- und Handlungsmuster im interkulturellen Geschäftsprozess und nicht zuletzt in der Rekonstruktion von tatsächlichen Geschehnissen und Problemen hinter diesen subjektiven Wahrnehmungen und Kulturalisierungen. Obwohl der Beitrag eine zehn Jahre zurück liegende Forschung reflektiert, bleibt der Blick auf den Gegenstand nach wie vor aktuell: weder in der Ukraine noch in den deutsch-ukrainischen Wirtschaftsbeziehungen konnten seitdem gravierende Veränderungen verzeichnet werden, noch ist eine neue empirische Studie zu dieser Thematik erschienen.

Nach einem kurzen Überblick über die methodische Vorgehensweise erfolgt eine ausführliche methodologische Reflexion des Feldzugangs und der Durchführung der beiden Forschungsphasen. Vorab einige Bemerkungen zum Begriff der Kultur und der Interkulturellen Kommunikation: Obgleich (wie Schröer 2009 feststellt) 90 % der interkulturellen Studien nach wie vor kontrastiv angelegt sind, folgt diese Studie der interaktionistischen Tradition und betrachtet Kultur als einen dynamischen Prozess: als in der Interaktion von allen Beteiligten hergestellt, korrigiert, bestätigt, variiert und modifiziert, – alles in Einem nicht als Entität und Ansammlung von Regeln, sondern als ein gesellschaftlich konstruiertes und veränderbares Wissenssystem. Die Aufgabe der ForscherInnen ist dabei, die Selbst- und Fremdwahrnehmungen, Deutungs- und Handlungsmuster, Wissensbestände und Interpretationsregeln der Akteure (im Sinne von Max Weber) deutend zu verstehen und verstehend zu erklären. Wenn ich von UkrainerInnen und Deutschen spreche, so sind damit keine Nationalkulturen verbunden, sondern lediglich geographische Orientierungen.

## 1    Methodische Vorgehensweise im interkulturellen und mehrsprachigen Kontext

Es wurde eine Methodentriangulation angewendet, bestehend sowohl aus strukturell ausgerichteten Interpretationsmethoden wie der Konversationsanalyse, als auch aus den thematisch-inhaltlich ausgerichteten Methoden wie der Sequenzanalyse im Sinne der sozialwissenschaftlichen Hermeneutik[1], der Deutungsmusteranalyse[2] sowie dem Kodierverfahren innerhalb der Grounded Theory von Anselm Strauss[3]. Die Datenerhebung erfolgte in zwei Phasen.

In der *ersten Forschungsphase* (Mai – Juli 2000) wurden vorwiegend in Kiew (Ukraine) 15 halbgesteuerte explorative „verstehenden Interviews" (nach Kaufmann 1999) erhoben, um die Selbst- und Fremdwahrnehmung der Akteure sowie ihr Bewusstsein bezüglich der interkulturellen Vorgänge im deutsch-ukrainischen Arbeitsalltag zu eruieren. Die Interviews ermöglichen lediglich einen ersten Zugriff auf das Problembewusstsein der Akteure und werfen Fragen auf, denen sich mit erweiterten – ethnographischen – methodischen Zugängen nachzugehen lohnt. Die Ergebnisse dieser Forschungsphase spiegeln nicht die tatsächlichen Gründe der möglichen Konflikte wider, sondern sind Rekonstruktionen der wechselseitigen kommunikativen Konstruktionen der gegenseitigen Wahrnehmungen der Akteure. Um die Ergebnisse[4] kurz zusammenzufassen: Im Rahmen des Kodierverfahrens haben sich verschiedene Ebenen der Deutungsmustern herauskristallisiert. Auf der Ebene der „Arbeitsmoral" finden sich Zuschreibungen der ukrainischen „Geduld" vs. „Passivität" sowie der Arbeitsverdrossenheit

---

1    Soeffner/Hitzler 1994, Soeffner/Raab 2003.
2    Ullrich 1999; Honer 1993; Soeffner 2004.
3    Die Grounded Theory wurde in den sechziger Jahren von den Soziologen Barney Glaser und Anselm Strauss entwickelt (Strauss/Corbin 1996; Strauss 1994).
4    Ergebnisse der explorativen Forschung im deutsch-ukrainischen Wirtschaftskontext sind zu finden in Leontij und 2003 und 2005.

(„versaute" Arbeitsmoral), der die deutsche „Ordentlichkeit" gegenüber steht. Auf der Ebene der „Hierarchien und Arbeitsmethoden" zeigten die Interviews den Zusammenprall der unterschiedlichen Autoritätsstrukturen auf, die Unterschiede in den jeweiligen Rechtssystemen und das Aufeinanderprallen von unterschiedlichen Managementmethoden. Der Faktor „Gender" erwies sich in der Ukraine als besonders gravierend: dem positiven Bild der fleißigen ukrainischen Frau steht das negative Bild des faulen, trinkenden Mannes gegenüber, wobei die generationenspezifischen Ausprägungen differieren. Aus der ukrainischen Perspektive wurden die Geschlechterverhältnisse in Deutschland dagegen als vorbildlich dargestellt: dort herrsche keine Konkurrenz, sondern Partnerschaft zwischen Mann und Frau. Die meisten Aussagen gehen jedoch zumeist nicht über die Oberfläche der Stereotypen hinaus.[5]

Mit den Ergebnissen der ersten Forschungsphase wurde eine Vorarbeit für die nächste, *ethnographische Forschung* im Einkaufsbüro eines deutschen Konzerns in Kiew geleistet. Mit den Methoden der Ethnographie wurden die sozialen kommunikativen Situationen erforscht.[6] Bei der Rekonstruktion der Deutungs- und Handlungsmuster im ethnographischen Feld unterscheide ich zwischen zwei Kategorien: den internen kommunikativen Abläufen (im interkulturell besetzten Einkaufsbüro) sowie der Kommunikation nach außen (zu den deutschen Kunden sowie den ukrainischen Produzenten). Die Ethnographie erbrachte viel differenziertere Ergebnisse. Während in den explorativen Interviews Führungsstile „der deutschen" Vorgesetzten zu den „der ukrainischen" kontrastiert wurden, wurde in der Ethnographie viel mehr personenbezogen gedeutet. Das Einkaufsbüro des deutschen Konzerns mit deutscher Führung und ukrainischer Belegschaft fungierte als ein Vermittler zwischen Ländern und Kulturen, Kunden und Produzenten. Die Arbeit darin erweist sich als ein Akt der Hin-und-Her-Gerissenheit zwischen verschiedenen Fronten und als ein höchst komplexes und emotional aufgeladenes Arbeitsfeld, dem die Ungleichheit der Geschäftsparteien, der Wirtschaftssysteme, der Entwicklungsstadien der beiden Ländern und der dahinter stehenden Ideen und Vertrauensstrukturen, also die Ungleichheit der Wissensbestände und der Machtverhältnisse, zugrunde liegt.

---

5    Zum Gender-Faktor in der deutsch-ukrainischen Wirtschaftskommunikation siehe Leontij 2003 und 2005.

6    Mehr zur Ethnographie siehe Leontiy 2009: 209–215.

## 2    Explorative Forschungsphase

### 2.1    Auswahl von Interviewten

Angesichts der Zugangsbegrenzung zu den erwünschten Unternehmen (siehe unten) wurden Akteure ausgesucht, welche einen direkten dauerhaften beruflichen Kontakt zu den ‚fremdkulturellen' Geschäftspartnern hatten. Erreicht werden konnten insgesamt sechs deutsche Unternehmen, das Goethe-Institut in Kiew sowie eine kommerzielle Volkshilfe-Station. In diesen Unternehmen wurden zwei männliche und zwei weibliche deutsche, sieben männliche und vier weibliche ukrainische Akteure interviewt. Die Disproportionierung der Interviews begründet sich durch die relativ geringe Anzahl deutscher Manager in der Ukraine. Bei den großen Unternehmen (z. B. in der Automobilindustrie) konnte lediglich die mittlere Führungsebene erreicht werden. Auch die Gender-Disproportionierung in der Führungsebene kam zum Vorschein: Die zwei deutschen weiblichen Befragten waren in den Führungspositionen; von den vier ukrainischen jedoch keine. Wie bereits in früheren Arbeiten beschrieben (Leontij 2003 und 2005), sind die Aufstiegschancen der Ukrainerinnen (im Vergleich zu ihren männlichen Kollegen) auch in den ausländischen Unternehmen erheblich schwieriger, weil sich ausländische Unternehmen (ganz im Sinne des interkulturellen Managements) an die landesüblichen Gegebenheiten anpassen. Gemäß der ukrainischen postsowjetischen Gender-Konstellation wird Frauen zwar eine Führungsrolle zugesprochen, in den obersten Führungsetagen sind sie allerdings kaum zu finden. Zum Zeitpunkt der Erhebung (Jahr 2000) waren sehr unterschiedliche Alterskategorien vertreten, die ich wie folgt gruppiert habe: 25–34 Jahre (neun Interviews), 35–44 Jahre (vier Interviews) und 45–64 Jahre (zwei Interviews). Die größte Anzahl an Befragten gehört zur jungen Generation, die in der modernen Arbeitswelt aus dem Grund präferiert wird, weil sie die Einstellungsbedingungen wie z. B. Fremdsprach- und Fachkenntnisse, Flexibilität und Lernbereitschaft am besten erfüllen. Die Generation ‚50Plus' zeigte zum Zeitpunkt der Erhebung dagegen deutlichere Schwierigkeiten, sich in die modernen privatwirtschaftlichen Unternehmen einzubringen. Somit spielen die Faktoren wie Geschlecht und Alter ebenfalls eine erhebliche Rolle bei der Interkulturellen Kommunikation.

## 2.2 Zugang zu Interviewten als Faktor der interkulturellen Kommunikation

Der Zugang zum Forschungsfeld – beginnend mit der Aushandlung der Erlaubnis einer Datenerhebung – stellt Erkenntnisquelle mit eigenem Recht dar:

> „Die Vereinbarung eines Interviewtermins ist oft zugleich eine Aushandlung der Forschungserlaubnis, eine Abklärung gegenseitiger Erwartungen, eine Abgrenzung möglicher Themen o. ä. In den Verabredungsgesprächen wird deutlich, wie der zukünftige Gesprächspartner auf diese Art des Eindringens in seinen persönlichen oder beruflichen Bereich reagiert. Hier geäußerte Bedenken und Kommentare erweisen sich in vielen Fällen im Nachhinein als wichtige Informationen für das Verständnis der weiteren Forschungsbeziehung." (Heeg 1998: 49 f.)

Das Wissen über die formalen Zugangsregeln des Feldzuganges sind nicht immer im Vorfeld bekannt und müssen in der Praxis erst ermittelt werden. So habe ich nach den dreiwöchigen vergeblichen Bemühungen um Interviews festgestellt, dass der Zugang zu Informationen jeglicher Art in der postsowjetischen ukrainischen Gesellschaft doppelt so schwierig ist wie z. B. in Deutschland. Dies kann als ein Merkmal der postsowjetischen Kultur fungieren und ist Teil des Forschungsgegenstands. Um es kurz darzustellen: In der Geschäftswelt werden keine Geschäfte mit Fremden gemacht. Dafür ist eine Vertrauensbasis notwendig, die im privaten Bereich hergestellt werden muss[7], z. B. bei den Geschäftsessen, Trinkfesten, durch vermittelte Bekanntschaften oder einfach durch eine gemeinsam erlebte Studienzeit. Ein ähnliches Prinzip lässt sich in anderen gesellschaftlichen Bereichen finden wie den Behörden, dem Arbeitsmarkt, den Bildungseinrichtungen, Krankenhäusern oder beim Erwerb von Gütern des täglichen Bedarfs. Das im Sozialismus entstandene Mangel an Gütern aller Art hat das Vitamin B-Phänomen[8] produziert. Für nicht limitierte Güter garantieren soziale Beziehungen deren Qualität: Es ist empfehlenswert, sich beim Warenkauf von erfahrenen Bekannten beraten zu lassen; es wird keine Arbeitskraft eingestellt, die nicht empfohlen wurde. Einem bzw. einer Fremden werden keinerlei hilfreiche Informationen bei einer Behörde oder einem Unternehmen gegeben, seien es auch im Prinzip zugängliche Informationen, die in Deutschland zum Service oder zur Werbung gehören. Die postsozialistische Gesellschaft zeichnet sich durch eine Präferenz für

---

7    Siehe auch Kappel/Rathmayr/Diehl-Želonkina 1994: 28.
8    Auf Russisch „blat": ein umgangssprachliches Wort für ökonomisch nützliche Beziehungen; oder „znakomstva" = Bekanntschaften.

soziales Kapital im Bourdieu'schen Sinne aus: die Nutzung eines dauerhaften Netzes von mehr oder weniger institutionalisierten Beziehungen gegenseitigen Kennens und Anerkennens (Bourdieu 1997: 63). Ein Defizit an ökonomischem Kapital führte in der Sowjetunion offensichtlich zur verstärkten Investition in soziales Kapital. Einundzwanzig Jahre nach der Unabhängigkeit der Ukraine (1991–2012) und dem Wechsel von insg. vier regierenden Chefs und Parteien lassen sich lediglich Modifikationen, aber keine radikalen Veränderungen feststellen.

Im Nachhinein ist es somit nicht überraschend, dass ich mit eigenen Bemühungen keinen Zugang zu den relevanten Unternehmen erhielt. Meine Anrufe bei den kleineren Joint-Ventures wurden von den ukrainischen Sekretärinnen meist unhöflich abgewimmelt[9]. Bei den größeren deutschen Unternehmen wurden meine telefonischen Anfragen mit hinhaltenden Aussagen abgewehrt wie den Folgenden: „unsere Manager sind sehr beschäftigt", „schreiben Sie uns genau, was Sie fragen wollen", „der Chef ist die nächsten zwei Wochen weg, und ansonsten hat er 50 Termine in der Woche", „wir haben auch deutsche Manager hier, aber diese werden mit Ihnen nicht reden"[10]. Auch die erforderlichen schriftlichen Anfragen per Fax und Email blieben erfolglos. Zurecht spricht Fuchs (1995) vom „Misstrauen als Vorposten der Angst" und davon, dass er als Soziologiedozent bei den Praktikumsbesuchen in Ostdeutschland „wie eine Art Spion oder Finanzprüfer empfangen wurde, jedenfalls als jemand, von dem eine Gefährdung ausging, wo es sich doch nur darum drehte, seine Studierenden in ihren Praxiszusammenhängen zu beobachten" (Fuchs 1995: 73). Dass ich wie eine Finanzprüferin ge-

---

9   In der Ukraine dominiert Höflichkeit eher im privaten Bereich. Außer der Anrede auf der Straße lässt sich im öffentlichen Bereich ein Mangel an Höflichkeit beobachten. Gründe dafür muss man im System der Planwirtschaft, in den niedrigen Löhnen, der fehlenden Konkurrenz und allgemein in der Unzufriedenheit der Menschen mit ihrem Leben suchen. Nach 10 (zum Zeitpunkt der Erhebung) Jahren marktwirtschaftlicher Transformationsprozesse in der Ukraine ließen sich bei meinen telefonischen Kontaktaufnahmen Unterschiede im verbalen Stil zwischen den kleinen „Joint-Ventures" (sog. „SP") und großen westlichen Repräsentanzen feststellen. Die ersten, die hauptsächlich ukrainisches Personal beschäftigen und als Joint-Venture oft nur auf dem Papier bestehen, haben diesen unhöflichen Stil beibehalten. Hinzu kommt die Angst vor der Steuerpolizei (es ist auch kein Geheimnis, dass viele Unternehmen Wege suchen, unbezahlbare Steuern zu hinterziehen), die eine gewisse Vorsicht gegenüber fremden AnruferInnen verlangt und im Verwehren jeglicher Auskunft besteht.

10  Das ukrainische Service-Personal westlicher Repräsentanzen zeigt in seinem Kommunikationsstil ein hohes Kompetenzniveau, Sachlichkeit und distanzfördernde Höflichkeit (in der Sprache von Goffman ‚negative politeness'). Guter Service gehört hier zum „Gesicht" der Firma. Noch zu sowjetischen Zeiten begegnete man oft in der Öffentlichkeit, zu der auch Behörden und Unternehmen zählen, der ‚ungeschmückten' Unhöflichkeit: die anrufende Person wurde prinzipiell ‚abgewimmelt'. Heutzutage begegnet man oft dem aufmerksamen Zuhören des Anliegens und geduldigem Erklären.

fürchtet wurde, war bei der wirtschaftlichen und rechtlichen Lage in der Ukraine jedoch kaum verwunderlich.

Dreizehn von insgesamt fünfzehn durchgeführten Interviews sind durch den Einsatz des sozialen Kapitals zustande gekommen. Offizielle Schreiben der Hochschule nützten nichts, denn die in der ukrainischen Gesellschaft seit Jahrzehnten etablierten gesellschaftlichen Zugangsregeln mittels sozialen Kapitals dominierten. Auch für westliche Unternehmen erweist sich der Aufbau von Geschäftskontakten zu ukrainischen Betrieben als schwierig. So erklärt es Evelyn, eine deutsche Managerin: „Sie [die ukrainischen Betriebsleiter] meinen, sie können alles, sie haben schon alles, und sie waren überall". Der deutsche Geschäftspartner wird empfangen, „als ob er nichts wäre". Die Kontaktaufnahme erweist sich hier als ein langer Prozess, der nach bestimmten ungeschriebenen Regeln abläuft: die Ungleichheit des deutschen und des ukrainischen Wirtschaftssystems bewirkt die Ungleichheit der Geschäftsparteien sowohl auf der finanziellen als auch auf der Vertragsebene. Zudem fehlen den ukrainischen Produzenten oft Verhandlungs-, Sprach- und Managementkompetenzen. Die internen (seitens der Steuerpolizei z. B.) sowie die externen (Export betreffend) Zwänge, denen Ukrainer und Ukrainerinnen ausgesetzt sind, erklären diese Unerreichbarkeit und Verschlossenheit, von der sowohl Unternehmer als auch Forscher berichten.[11]

Der Zugang zum Forschungsfeld erweist sich generell als ein schwieriges Unterfangen. Dies betrifft vor allem Institutionen, Unternehmen oder (selbst-)marginalisierte soziale Gruppen (z. B. Rechtsradikale, konservative religiöse Organisationen, Peer-Groups, Aussiedler u. a.). Um ethnographische Forschung in diesen Feldern durchführen zu können, müssen viele Hindernisse sowie Vorurteile gegenüber den Forschern überwunden werden. Ich möchte nur einige von ihnen nennen:

## 2.3    Negatives Bild der Sozialwissenschaften

Es herrscht ein negatives Bild der Sozialwissenschaftler, das nicht nur auf persönlich erlebte negative Erfahrungen zurückzuführen ist (etwa nicht freigegebene Veröffentlichung von Interviews, einseitig negative Darstellung des Forschungsobjekts), sondern auch aufgrund der gängigen Stereotypen und Vorurteile, welche zu durchbrechen ein zeitaufwändiges Unterfangen ist. Dazu gehört, Vertrauen und Beziehungen aufzubauen, sich zu bewähren und Akteure „gute Erfahrungen"

---

11   Mehr dazu in Leontiy 2009, Kap. 3 und 8.

machen zu lassen. So erreichte Schröer (2002) in seiner Untersuchung von interkulturellen Kommunikationsproblemen am Beispiel von polizeilichen Beschuldigtenvernehmungen mit deutschsprachigen türkischen Migranten ein schwer zugängliches Forschungsfeld wie das der Polizeiarbeit durch Kontakte, die er im Rahmen seiner seit Mitte der 80er Jahre durchgeführten Projekte auf unterschiedlichsten Ebenen des polizeilichen Feldes aufbaute sowie durch die Unterstützung des Innenministeriums NRW. Sein Bekanntheitsgrad und mit „guten Erfahrungen" verbundenes Vertrauensverhältnis erleichterten den Feldzugang zum nächsten Projekt: „Drei Monate hatte ich Gelegenheit, am normalen kriminalpolizeilichen Alltag als Quasi-Mitglied der Gruppe beobachtend teilzunehmen" (ebd.: 17), – eine Chance, die bisher keinem Polizeiforscher gegeben wurde. Die Bereitschaft, freiwillig ad honorem für das untersuchte Forschungsfeld (ein Unternehmen oder eine Organisation) zu arbeiten, öffnet in der Regel geschlossene Türen, so wie es im Falle meiner ethnographischen Studie (siehe weiter unten) möglich war.

## 2.4   Das unangenehme Gefühl der Akteure, beobachtet und analysiert zu werden

Auch dieses Problem lässt sich durch Interesse, aktive Mitarbeit und Engagement lösen. Nicht selten ist der Feldzugang ein Geben und Nehmen. Im interkulturellen oder Migrationsfeld wäre es z. B. das Anbieten von Sprachkursen, der Übersetzungshilfe, der Kinderbetreuung u. a. Im Falle meiner Forschung im deutschen Einkaufsbüro in der Ukraine habe ich am täglichen Geschäft teilgenommen und ukrainisch-deutsche Übersetzungen im Bereich des ukrainischen Arbeitsrechts geleistet. Zudem erhielt ich einen eigenen Auftrag: Kontakte zu potentiellen Textilproduzenten in der Ukraine aufzubauen sowie ein Info- und Produktkatalog für deutsche Kunden zu erstellen. Gerade diese Tätigkeit eröffnete mir den Zugang zu den – meist verschlossenen – ukrainischen Produzenten. Diese Beschäftigung ermöglichte mir zudem eine unauffällige teilnehmende Beobachtung sowie einen Mitgliedschaftsstatus, der mir die Offenheit vor allem auf der leitenden Managementebene verschaffte.

## 2.5 Die Verdoppelung der Feldzugangskomplexität bei den interkulturellen Forschungen

Die Zugangshindernisse zum interkulturellen Forschungsfeld werden erschwert durch länderspezifische Gesetze, wirtschaftliche Faktoren, politische Regimes, den Entwicklungsstand (z. B. während der Transformation von der Plan- zur Marktwirtschaft in Osteuropa), durch spezifische etablierte Denk- und Handlungsmuster, länder- und kulturspezifische Stereotypen und Vorurteile gegenüber der anderen Kultur oder der Mehrheitsgesellschaft seitens der Migrantengruppen. Diese Faktoren fungieren jedoch nicht als stetige Determinanten, sondern wirken – im Sinne des dynamischen prozessorientierten Kulturbegriffs – situativ und interaktiv, so dass sich in jeder interkulturellen Situation ein anderes Bild ergibt. Um ein Beispiel zu nennen: Deutschland (und damit alles was mit dem „Deutschsein" verbunden ist: Produkte, Management, Personen) genießt in der Ukraine ein hohes Prestige, so dass der Zugang zu den „deutschen" Gütern und Personen erstrebenswert ist und Ukrainer mit Offenheit reagieren. Jedoch ändert sich diese Offenheit in konkreten Situationen und Bereichen, wie in einem Unternehmen, radikal: Deutsche werden von Ukrainers nicht nur als Überbringer der Transformationshilfe, sondern als ‚Kolonisatoren' und ‚Ausbeuter' erlebt, so dass sich die ukrainischen Geschäftspartner gegenüber Deutschen verschließen.

Nicht nur bei der Auslandsforschung, sondern auch bei der Erforschung von Migrantenmilieus im Inland wird vielfach die Rolle von Kontakt- und Vertrauenspersonen als „Türöffnern" hervorgehoben, wie z. B. in der Langzeitstudie von Vogelgesang (2008) zur Herkunftskultur, spezifischen Lebenslagen und (Des-)Integrationserfahrungen junger (Spät-)Aussiedler in Deutschland: „Ohne ihre (Kontaktpersonen, H. L.) engagierte Mithilfe wäre es nicht möglich gewesen, Zugang zu den unterschiedlichsten ‚russischen Milieus' – und zwar von den Übergangswohnheimen und segregierten Wohnvierteln über eigenethnische Nischenökonomien und Kultur- und Sportvereinen bis zu den jugendlichen ‚Russencliquen' und freikirchlichen Aussiedlergemeinden – zu finden" (Vogelgesang 2008: 28).

Zorzi (1999) untersuchte die Arbeit der Schweizer Expatriates in Japan mit ihren japanischen Kooperationspartnern, wofür ihm ein Stipendium des Schweizer Nationalfonds zur Verfügung stand und mit dessen Hilfe er während des 10-monatigen Japan-Aufenthalts den Zugang zu den Unternehmen erreichen konnte. Doch bei der Erhebung der ethnographischen Interviews war vor allem seine Teilnahme an den monatlich stattfindenden *luncheons* der Schweizerischen Handelskammer (SCCIJ) in Tokyo behilflich (ebd.: 291, Hervorhebung original). Seine schweizerische Nationalität sieht der Autor weder für sein Thema noch für die

Durchführung der Forschung als entscheidend, denn nicht alle Expatriates waren Schweizer Nationalität; einige Schweizer hielten sich seit über 20 Jahren in Japan oder im Ausland auf (ebd.). Die geteilte oder nicht geteilte Nationalität der Forscherin/des Forschers ist – wie in vielen Studien gezeigt, z. B. Boldt (2012), – durchaus ernst zu nehmen, bringe sie für die Forschungsdurchführung sowohl Vor- als auch Nachteile mit sich, wie ich in 4.2.5 zeigen werde.

Für Dreher (2005) stellt der Zugang zu interkulturellen Arbeitswelten innerhalb des Unternehmens DaimlerChrysler überhaupt kein Problem dar, ganz im Gegenteil: Als unabhängiger, nicht vom Unternehmen beauftragter, Wissenschaftler der Universität Konstanz erschloss er den Zugang eigenständig: „Diese Unabhängigkeit vom Unternehmen brachte den entscheidenden Vorteil mit sich, daß ich – weil ich nicht als Repräsentant des Unternehmens auftrat – die Offenheit und das Vertrauen der Interviewpartner viel leichter gewinnen konnte, egal auf welcher Ebene der Arbeitshierarchie die Interviews durchgeführt bzw. quasinatürliche Gespräche aufgezeichnet wurden" (ebd.: 191).

Die institutionelle Protektion erscheint als ein doppelschneidiger Schwert: zum einen wird dadurch der Zugang zum Forschungsfeld und zur Datenerhebung erleichtert; zum anderen könnte sie den Zugang zu den Akteuren (v. a. auf der unteren Hierarchieebene) verschließen. Der Weg der „unabhängigen Forschung" ist zwar langwieriger, jedoch für die Vertrauensherstellung im Forschungsfeld um einiges leichter.

## 3   Zur Methode des verstehenden Interviews und seiner Rolle bei der Datenerhebung

In der Geschichte des Interviews lassen sich zwei wichtige Tendenzen beobachten: erstens die Tendenz, den Informanten immer mehr Bedeutung zuzubilligen. An die Stelle des Interviews, das wie ein Fragebogen ‚abgerollt' wird, tritt schrittweise ein immer aufmerksameres Zuhören. Das verstehende Interview reiht sich in diese Entwicklung ein, wie z. B. im gleichnamigen Buch von Jean-Claude Kaufmann gezeigt worden ist (1999: 21 f.). Demnach wird von Interviewenden eine gewisse Empathie verlangt, das Bemühen um das Verstehen der Meinung des Befragten, auch wenn Forscher diese nicht teilen. Es wird versucht, sich in Denkmuster des Gegenübers hineinzuversetzen, Anhaltspunkte zu geben, statt sich herauszuhalten und sich aktiv auf die Fragen einzulassen, um umgekehrt auch ein Sich-Einlassen der Befragten zu bewirken (ebd.: 22, 25). Es ist die Kunst, auf die Äußerungen der Informanten in vielerlei Weise zu reagieren, denn „auf die

Nicht-Personalisierung der Fragen folgt das Echo der Nicht-Personalisierung der Antworten" (ebd.: 25). Für Girtler (2002) ist „der Forschungsakt ein ‚kommunikativer' Akt, an dem die zu Erforschenden mitwirken und nicht bloß zu ‚Beantwortern' irgendwelcher Fragen degradiert werden" (ebd.: 154).

Der zweite Aspekt betrifft die Vielfalt der Methoden des verstehenden Interviews. Jede Untersuchung bringt eine spezifische Konstruktion des wissenschaftlichen Gegenstands und eine entsprechende Verwendung der Instrumente mit sich: Das Interview kommt nie auf genau dieselbe Weise zur Anwendung (ebd.). Auch in meiner Studie ist jedes von den 15 explorativen Interviews auf eine andere Weise zustande gekommen. Zu den kausalen Faktoren zählen die jeweilige Wirtschaftsbranche, in der die Gesprächspartner tätig waren, ihre Kompetenzen, ihre Kommunikationsbereitschaft, der lokale und zeitliche Interview-Rahmen und nicht zuletzt meine Rolle als Interviewerin und deren Auffassung durch die Interviewten. Als geeigneter Einstieg ins Interviewgespräch hat sich der Biographieleitfaden erwiesen. Inhaltlich umfasst die von mir gewählte Interviewmethode Fragen nach Transformationsprozessen, Veränderungen des gewohnten Arbeitsablaufs in den Augen der UkrainerInnen und der deutschsprachigen Westeuropäerinnen und allgemein nach interkulturellen Erfahrungen.

### 3.1 Involviertheit und Interviewsituation

Die Äußerungen der Selbst- und Fremdwahrnehmungen der Interviewten zeichnen sich durch ein unterschiedliches Reflexionsniveau aus, welches an ihrem Engagement bzw. am Ausmaß der *Involvierung* ins Gespräch erkennbar ist (Tannen 1989). Laut Tannen zeigt sich hohe Involviertheit in dichtem Informationsfluss, schnellen Reaktionen im ‚turn-taking', vielen Hörersignalen und anderen Arten aktiver Interessensbekundung wie Wiederholungen. Zu dieser Kategorie gehören generell alle deutschen und nur einzelne ukrainischen Interviews. Weil alle Befragten über eine langjährige interkulturelle Praxis verfügten, kann generell von einem hohen Reflexionsniveau der Befragten ausgegangen werden. Dennoch zeigten die Daten, dass die Involvierung unter bestimmten Einflussfaktoren abnimmt. Dazu gehören: 1) der offizielle Rahmen der Interviewsituation, 2) die Irrelevanz der Fragen, 3) die Motivation, 4) die soziale Bewertung und schließlich 5) die Problematik der Imagewahrung und „Erwartungs-Erwartung", auf die ich im Folgenden eingehen möchte.

1) *Die Rolle der Interviewsituation als sozialer Situation:* Niedrige Involviertheit kann verschiedene Ursachen haben: generell kann sie indizieren, dass eine

Frage als unangenehm wahrgenommen wurde. Sie kann aber auch ein Indiz dafür sein, dass es im jeweiligen Unternehmen Konflikte gibt, die vor der fremden Person verheimlicht werden sollen. Gerade ich als Forscherin mit ukrainischer Nationalität, die in Deutschland studierte und nur in der Ukraine forscht, bin ein nicht unwesentlicher Faktor in der Interviewsituation. Die Befragten hatten nicht selten Schwierigkeiten, mich bezüglich meiner nationalen Identität und damit verbundenen sozialen Rolle in der Interviewsituation einzuordnen, was einen gewissen Einfluss auf die Offenheit der Informanten hatte. Die Antworten der Befragten sind Reaktionen auf die allgemeine soziale und auf die spezifische Situation im Interview.

2) Niedrige Involviertheit kann auch mit der *Irrelevanz der Fragen* für Befragte erklärt werden. Die Beantwortung einer Frage basiert auf einem Prozess, der nach Laatz (1993: 155) folgende Momente beinhaltet: die Frage richtig verstehen; Information verarbeiten und die möglichen Antworten sozial zu bewerten. Das Verstehen kann in meinen Interviews aufgrund meiner Mehrsprachigkeit (Interviews wurden auf Deutsch, Ukrainisch und Russisch geführt) und somit der Möglichkeit der verständnisbezogenen Nachfrage als unproblematisch bezeichnet werden. Ebenfalls kann die Fähigkeit der Informationsverarbeitung bei den Befragten (leitende Angestellte) vorausgesetzt werden, weswegen ich

3) auf die *Motivation* und soziale Bewertung eingehe. Die Motivation kann allein durch die direkte Zusage zum Interview als gegeben eingestuft werden, so wie es in den deutschen Interviews mit Evelyn sowie mit Ralf, dem Berater eines Agrar-Joint-Ventures der Fall war. Nicht selten waren es allerdings Verpflichtungszusagen oder sogenannte „Gefälligkeitsinterviews" gegenüber den bittenden Vermittlern, z. B. bei dem Interview mit Andrej: „Überhaupt, ich will Sie nicht in Anspruch nehmen, ich versuche einfach ihnen zu helfen (…) Dima hat mich darum gebeten, ich versuche meine Gedanken darzulegen, (es ist) selbstverständlich, dass ich keinen Wahrheitsanspruch habe".

4) Die *soziale Bewertung* wirkt sich auf die Selektion der Informationen aus. Antworten, von denen eine negative Sanktion erwartet wird, werden vermieden (ebd.), wie ich am Folgenden Beispiel erläutern möchte: Taras ist Direktor einer kommerziellen Sozialstation in einer westukrainischen Stadt. Diese Sozialstation wird von einer ähnlichen sozialen Einrichtung in Österreich betreut und finanziert. Es ist aus der Praxis der sozialen und humanitären Hilfe durchaus bekannt, dass Hilfsorganisationen, in die hohe Geldsummen fließen, einen fruchtbaren Boden für Korruption bieten. Hohe Prozentzahlen der Hilfsgelder fließen in dubiose Projekte. Aus diesem Grund werden die Hilfsorganisationen kontrolliert und es herrscht Misstrauen Fremden gegenüber. Man spricht nicht gerne über Geld und

über Probleme der West-Ost-Zusammenarbeit auf dem Gebiet der humanitären Hilfe. Das Interview mit Taras gestaltete sich wie ein Rechenschaftsbericht: er zählte alle Projekte und Leistungen der Sozialstation auf und machte detaillierte Angaben zur Quelle und Höhe der Finanzierung von Projekten. Mögliche Probleme interkultureller Art, die ich zur Sprache brachte, da sie von Taras – im Gegensatz zu den deutschen Interviewten – nicht angesprochen wurden, verneinte er. Es sind „die Anderen", die Probleme hätten, z.B. mit den italienischen Geschäftspartnern, jedoch nicht er selbst. Die zum Schluss des Interviews ganz am Rande erwähnten Unstimmigkeiten (wie Verspätungen und Nichterfüllung von Aufgaben) stuft er nicht auf der inter-, sondern auf der intrakulturellen Ebene ein: als Normabweichung oder Abweichung von Geschäftsregeln, die er selbst auch nicht toleriert. Der Informant umgeht vermutlich das heikle Thema der interkulturellen Konflikte. Im Vergleich zu ihm ließ sich diese Taktik in keinem deutschen Interview finden. Der Wahrheitsgehalt seiner Aussagen ist hier nicht auszumachen. Erstens zeigt sich hier deutlich die Grenze der Interviewmethode (Taras ließ sich auf keine Narration ein) und zweitens die Unangemessenheit von direkten Fragen nach Problemen und Konflikten, auf die nur wenige Informanten eingingen. Im gesamten Interview wich Taras dem eigentlichen Thema aus, wie er beinahe jedem mich interessierenden Thema ausgewichen ist. Der Gesprächspartner, der sich eine Stunde Zeit für das Interview nahm, verhielt sich letztlich unkooperativ: seine Beiträge erfolgten unter permanentem Starren aus dem Fenster. Es wurde jeglicher Augenkontakt vermieden. Dies ist allerdings das einzige Beispiel für solch eine geringe Involvierung und Desinteresse an einem zugesagten Interview. Der größte Teil der Interviews war trotz dieser Involviertheitsproblematik sehr ertragreich.

5) Die Interviewsituation mit ihrer *Problematik der Imagewahrung und „Erwartungs-Erwartung"* (Laatz 1993: 156) hatte insbesondere Einfluss auf die Involvierung der ukrainischen Interviewten, was zunächst verwundert, weil ich selbst Ukrainerin bin und sowohl Ukrainisch als auch Russisch fließend spreche. So ist z.B. das Gespräch mit Jurij, dem Direktor eines ukrainischen Import-Export-Unternehmens, im Rahmen des Interviews viel formaler verlaufen als die unverbindlichen Gespräche davor (z.B. während der Autofahrt), die mehr sensible Informationen beinhalteten. Als Interviewerin mit einem Forschungsauftrag repräsentierte ich für ihn eine westliche Institution, während er, als ein an der Zusammenarbeit mit den westlichen Unternehmern Interessierter, ein „gutes Gesicht machen" wollte. Am eigenen Beispiel konstruiert Jurij den Typus eines erfolgreichen Unternehmers, der nicht auf die Ratschläge und Anweisungen ‚von oben' wartet, sondern seinen eigenen Weg zum beruflichen Erfolg sucht und an-

scheinend auch findet, und versucht, professionell zu arbeiten. Auf meine Frage, ob es für ihn nicht schwer war, den ersten Schritt zur Selbständigkeit zu tun, verneinte Jurij kategorisch. Mehr als das: er sehe heutzutage überhaupt keine Hindernisse, ein eigenes Geschäft zu eröffnen, denn in der Ukraine seien momentan „einmalige Möglichkeiten" für das Unternehmertum gegeben. Weil der Markt noch frei sei, gebe es viel Freiraum für die Realisierung eigener Ideen: „was man anfasst, überall gibt es Arbeit". Dass es in Jurijs Geschäftsleben „im Prinzip" (wie er später abschwächt) überhaupt keine Probleme gibt, ist eine idealisierende Behauptung, der alle seine MitarbeiterInnen widersprechen würden. Aber das Interview als eine besondere soziale Situation erlaubt ihm eine Übertreibung. Dies verweist auf die Notwendigkeit, in Zukunft andere Methoden wie die teilnehmende Beobachtung im Rahmen der Ethnographie und des Schreiben von „Memos", auch der Aufzeichnung von Gesprächen im natürlichen Kontext anzuwenden. Erst zu einem späteren Zeitpunkt im Interview spricht Jurij von „verschiedenen Vorfällen". Diese konkretisiert er zwar nicht (die Rede ist von gewissensloser Konkurrenz und „irgendwelchen verbotenen Methoden"), relativiert jedoch ihre Wirkung: Wenn man gut vorbereitet ist und die Business-Strukturen kennt, kann man mit dieser „Erscheinung" kämpfen. Dabei komme es nicht auf diese „Vorfälle" an, sondern darauf, dass „dein Name sauber bleibt", also auf die positive Image-Wahrung. Dass nach der Erzählung des Informanten keine schlüssige Geschichte entstanden ist, ist ein weiteres Merkmal der mangelhaften Involvierung im Gespräch.

Insgesamt zeigt die Analyse der Involvierung, dass vor allem die ukrainischen Interviews als offizielle Befragung erlebt wurden. Das Erleben des Kontrastes zwischen inoffiziellem Erzählen und dem offiziellen Antwort-Geben macht deutlich, dass informelle Erhebungsarten in Zukunft stärker einbezogen werden müssen.

## 4 Ethnographische Forschungsphase

In der Ethnographie sollten Ergebnisse der explorativen Forschungsphase anhand der ethnographischen Erforschung der deutsch-ukrainischen Geschäftsarbeit in einem deutschen Unternehmen in der Ukraine überprüft werden. Die Analyse der Erstinterviews ergab, dass in der interkulturellen (Wirtschafts-) Kommunikation Vorurteile und Stereotype vorhanden sind, die aus Problemen der alltäglichen Geschäftspraxis resultieren, wie z. B. die „versaute" ukrainische Arbeitsmoral, der die deutsche Ordentlichkeit gegenübergestellt wurde. Diese sind insbesondere während der gesellschaftlichen, politischen und wirtschaftlichen Umbruchsphase einer Gesellschaft, Institution oder eines Betriebes verstärkt präsent. Die nationalen Stereotype und Klischees werden als „Hilfsmittel" oder Schutzmechanismen für die Erklärung dieser Probleme aufgegriffen oder neu konstruiert. Die tatsächlichen Probleme sind jedoch auf der Ebene nationalkulturellen Vergleichs, der wiederum auf diesen Stereotypen basiert, nicht fassbar. Erst die Ethnographie eines konkreten Falls ermöglicht es, konkreten Problemen in der Praxis der deutsch-ukrainischen Zusammenarbeit nachzugehen und Konfliktursachen herauszufinden, die jenseits des von den Beteiligten Benannten liegen.

## 4.1   Ethnographischer Forschungsort

Die ethnographische Feldforschung erfolgte im Rahmen einer viermonatigen (August – November 2001), als ein Praktikum deklarierten, Mitarbeit in der Kiewer Repräsentanz eines deutschen Textilkonzerns, den ich als *GrößtTex International* anonymisiert habe. Die Zielrichtung des Einkaufsbüros besteht darin, ukrainische Textilbetriebe zum Vollexport für Deutschland zu beauftragen, die fertige Ware auf Qualität zu prüfen, diese einzukaufen und nach Deutschland liefern zu lassen. Das Einkaufsbüro steuert (und vollzieht zugleich) die Geschäftsabläufe zwischen den deutschen Einkäufern und ukrainischen Lieferanten und eignet sich somit hervorragend für die Erforschung der interkulturellen Kommunikation. Mit seinen drei Abteilungen (Administration, Einkaufs- und Qualitätskontrollabteilung) und acht MitarbeiterInnen im Jahre 2001 (einschließlich des General Managers (deutsch, männlich) sowie der lokalen Managerin (ukrainisch, weiblich) ist das Büro als Forschungsfeld relativ überschaubar. In diesem Unternehmen habe ich bereits in der ersten Forschungsphase drei Interviews mit zwei ukrainischen Managerinnen und der damaligen deutschen General Managerin geführt, in welchen Aussagen zu gravierenden Problemen kommunikativer, organisatorischer und struktureller Art getroffen wurden. Um diesen Konfliktthemen weiter nachzugehen, sollte das gesamte Forschungsumfeld, und nicht nur die konfliktreichen Kommunikationen, beobachtet werden. Um dieses Ziel zu erreichen, habe ich den Berufsalltag des Einkaufsbüros als Aushilfe (Urlaubsvertretung) in den oben genannten Abteilungen „miterlebt". Damit entstand eine Fallstudie zur Kulturbegegnung am Arbeitsplatz.

Die ethnographische Forschung zeigte den deutsch-ukrainischen Geschäftsprozess in der Tat aus einer gänzlich anderen, als in den Interviews geschilderten, Perspektive. Doch zunächst möchte ich auf die Reflexion der ethnographischen Forschung eingehen.

## 4.2 Forschungsreflexion

Das Problem der Reflexivität gehört nach Geertz (1987) zu einem der vier Grundprobleme des ethnographischen Arbeitens. Die Forschende sollte in ihrer Eigen-
schaft als Forschungsinstrument betrachtet werden. Auf die Unmöglichkeit, den
Anforderungen der Tatsächlichkeit und der Reflexivität zu genügen und sie zugleich auseinanderzuhalten, geht Geertz weder methodologisch noch erkenntnistheoretisch, sondern primär von der Darstellung her ein (Wolff 1992: 341f.). Es gelingt Geertz, zugleich außerhalb und innerhalb der Situation, die er beschreibt, zu
stehen, quasi eine Position zwischen Korrespondenz und Konstitution einzunehmen (ebd.). Die nachfolgenden Abschnitte dieses Kapitels stellen den Versuch dar,
meinen ethnographischen Forschungsaufenthalt reflexiv zu beschreiben.

### 4.2.1 Bezug der Forscherin zum Forschungsgegenstand: das vertraute Fremde vs. das fremd gewordene Vertraute

Der Forschungsgegenstand steht im direkten Zusammenhang zu meiner eigenen
Lebensgeschichte, so dass ich darin die Notwendigkeit sehe, meine Rolle als Forscherin sowie meine Perspektive auf die beiden Länder Deutschland und Ukraine
zu klären. Neunzehn Jahre meines Lebens habe ich in der Ukraine gelebt und mir
während des zehnjährigen Besuchs einer Schule mit erweitertem Deutschunterricht, und später während des zweijährigen Germanistikstudiums an der Cher-
nowitzer Staatlichen Universität ein gewisses Wissen sowie Vorstellungen über
Deutschland erworben. Allerdings beschränkte sich der Deutschunterricht in der
Schule, abgesehen von der Grammatik, meist auf das Auswendiglernen von Texten über die Sehenswürdigkeiten der damaligen DDR. Die nachfolgenden (zu Beginn der Forschung) elf Jahre in Deutschland veränderten diese Vorstellungen
vollkommen und verschafften mir eine neue, realistische Perspektive über dieses Land, so dass das Fremde in Deutschland allmählich zum Vertrauten wurde.
Als Neuankömmling lernte ich das Leben in Deutschland mit einer alles hinter-
fragenden Haltung kennen. Ich erkannte z.B. bald, dass sich die Konventionen
der deutschen Gastfreundschaft von denen der ukrainischen unterscheiden. In
der Ukraine war ein nicht telefonisch angekündigter Besuch nicht störend: Gäste
wurden herzlich empfangen, der Tisch wurde spontan gedeckt. Auch wenn der
Besuch den Gastgebern unpassend erschien, hätten sie die Gäste es nicht spüren
lassen; das ‚Abwimmeln' wäre – je nach Beziehungsstatus – grob unhöflich gewesen. In Deutschland ist dagegen die vorherige Absprache des Besuchs obliga-

torisch und ein unerwarteter Besuch unhöflich. Hier kollidieren zwei Höflich-
keitskonzepte: das der positiven und negativen Höflichkeit im Sinne von Brown
und Levinson (1978, 1987). Mit der ersten wird eine Strategie der Annäherung
verfolgt, indem das ‚positive face‘ einer Person gewahrt wird: sie erhält von den
anderen Personen Bestätigung, Verständnis, Sympathie und Liebesbekundun-
gen. Mit der negativen Höflichkeit wird eine Strategie der Distanzierung verfolgt, indem das ‚negative face‘ einer Person, d. h. ihre Wünsche nach möglichst
großen Handlungsspielräumen sowie nach Nichtbehinderung durch andere gewahrt werden[12]. Im deutsch-ukrainischen Kontrast konnte man bisher behaupten, dass die Deutschen mehr ‚negative face‘-Arbeit leisten, die Ukrainer – mehr
‚positive face‘-Arbeit. Jedoch betrifft dies nur den privaten Bereich; in der Öffentlichkeit dominierte die Unhöflichkeit, die jedoch im Zuge der Transformation zur
Marktwirtschaft allmählich schwindet. Während des Aufenthalts in Deutschland
konnte ich die Geschehnisse in der Ukraine nur aus der Ferne verfolgen, was zur
Folge hatte, dass ich sie zwangsläufig mit denen der frühen 1990er Jahren ver-
glich. Dabei wurde mir deutlich, dass mein ansozialisiertes Wissen über die Ukraine nicht mehr ausreichte. Nach dem Zusammenbruch der Sowjetunion wurde
die Ukraine erheblichen Veränderungen unterworfen, so dass ich das Wissen über
mein Herkunftsland permanent revidieren und aktualisieren musste. Aber auch
in Deutschland bin ich nur mit bestimmten Sinnwelten vertraut, wie z. B. mit der
Hochschulwelt, nicht aber mit der Geschäftswelt, so dass ich das Wissen über die
letztere erst im Laufe meiner Forschungstätigkeit erwerben musste. Die Bi-Kulturalität, die für die Erforschung der Interkulturalität notwendig ist, muss demnach
durch die nie aufhörende ethnographische Arbeit, also prozessual, erworben werden, denn kulturelles Wissen einer Gesellschaft lässt sich nicht durch eine vierwö-
chige Reise in ein fremdes Land aneignen. Das Leben in der Fremde verhalf mir
zu einem anderen Blick auf die gesellschaftlichen Prozesse in meinem Herkunftsland, so dass ich an das vorher Vertraute, das ich unreflektiert aufgenommen und
gelebt hatte, mit einer neuen, bewusst reflektierten Betrachtungsweise heranging.

So wurde das Zusammenspiel zwischen dem Eigenen und dem Fremden, der
interkulturelle Zusammenhang zwischen dem einst vertrauten und nun verfrem-
deten Ukrainischen und dem einst fremden und nun vertrauten Deutschen zu
einem der wichtigsten Themen meines Lebens und meiner Forschung. Dabei besteht im Laufe der Jahre die Gefahr, die Reflexionsprozesse einzustellen und das
alltägliche Leben als fraglos und gegeben hinzunehmen. Dies kann dazu führen,
dass das (einst reflektierte) altvertraute Ukrainische in den Hintergrund, und das

---

12  Siehe dazu auch Held (1995) und Schulze (1984).

Neuvertraute (mit stagnierender Reflexion) in den Vordergrund gerät. Es besteht
die Gefahr der Verfestigung und Stereotypisierung der soziokulturellen Vorstellungen. Meine beiden mehrmonatigen Forschungsreisen in die Ukraine im Rahmen des Dissertationsprojektes verhalfen mir dazu, die festgefahrenen Sichtweisen zu überdenken und neu zu definieren. Meine Dissertation ist das Ergebnis
dieses Prozesses der immer wiederkehrenden Reflexionen und Umdefinierungen,
sei es im Alltag, im Geschäftsleben oder in Bezug auf die historische Vergangenheit, die Transformationsprozesse im Osten und die Globalisierungsprozesse im
Westen Europas.

Doch zurück zur Frage nach Bestimmung der „zwischenkulturellen" Position
der forschenden Person. Bei der Frage nach der Konstruktion des Fremden beschrieb Shingo Shimada (1994) seine Position als fremder nicht-westlicher Eth-
nologe in der westlichen Gesellschaft und kam zum Ergebnis, dass er damit selbst
die „künstliche Dichotomie" übernehmen würde, die in der westlichen Welt vor-
herrscht (ebd.: 32 f.). Die Thematisierung „des Fremden" in diesem Kontext geschieht im doppelten Sinne: Menschen, die lange Zeit in einer zunächst ‚fremden‘
Kultur leben, entfremden sich von der ‚eigenen‘ Kultur. Dies kann sowohl negativ (als eine doppelte Entfremdung) als auch positiv (Entwicklung einer eigenen
Perspektive) konnotiert sein (ebd.). In diesem Prozess entsteht eine Art *Bi-Kulturalität*, die für interkulturelle Forschung notwendig ist, so dass keine einseitige
Sicht der Dinge, kein Parteiergreifen für die eine oder für die andere Kultur mehr
möglich ist. Es ist ersichtlich, dass es sich dabei vielmehr um ein dialektisches
Zusammenspiel der Perspektiven und Reflexionen handelt, als um eine Dichotomie zwischen dem „Fremden" und dem Wissenschaftler, der dieses Fremde beschreiben soll. Auch die Forderung Malinowskis, bei der Feldforschung den „native point of view" zu übernehmen, erweist sich – so Shimada – nicht nur als naiv,
sondern als dieser Dichotomie in höchstem Maße verhaftet.[13] Diese Dichotomie
verhindert einen Dialog zwischen dem ‚Fremden‘ und der forschenden Person,
denn die beiden verharren „im Gefängnis der Sprache"; es scheint, als gäbe es damit für das Fremde „keine Möglichkeit einer strategischen Operation" (ebd.: 36).
Im Anschluss an Foucault, der versucht, sich „außerhalb der Kultur, der wir angehören, zu stellen, um ihre formalen Bedingungen zu analysieren, um gewissermaßen ihre *Kritik* zu bewerkstelligen"[14] sieht Shimada diese Bi-Kulturalität in der
Strategie „der *Grenzüberschreitung,* durch die das Selbstverständnis des wissen-

---

13  Shimada 1994: 35 im Anschluss an Malinowski 1922: 25.
14  Foucault (1978: 13). Mit ‚Kritik' an der eigenen Kultur beabsichtigt er nicht die Herabsetzung ih-
    rer Werte, sondern „zu sehen, wie sie tatsächlich entstanden sind" (ebd.).

schaftlichen ‚Wir‘ reflektiert und die Konstruiertheit der Grenzen zwischen dem ‚Uns‘ und dem ‚Fremden‘ deutlich wird" (ebd.: 37; Hervorhebungen im Original). Als schreibende und forschende Subjekte müssen Wissenschaftler ihre Erlebnisweisen ständig in Frage stellen. Der Dialog findet in der eigenen Person statt. Mit diesen *Grenzgängen* hofft Shimada eine Verschiebung der Grenzen zu bewirken, durch die die Grenze des ‚Wir‘ neu konstituiert wird (ebd.). Weil ich keine (National-)Kultur, sondern die Kommunikation *zwischen* den Kulturen untersuche, lässt sich diese Grenzüberschreitung nicht vermeiden. Ich kann mich weder einem der beiden Kulturkonstrukten entziehen noch eine der Perspektiven annehmen, denn schließlich lebe ich in und mit beiden. Ich entwickelte meine eigene Perspektive, aus der heraus ich wechselseitige Zuschreibungen der ukrainischen und der deutschen Akteure in meinem Forschungsfeld rekonstruieren konnte, wobei ich meine Perspektive ständig hinterfragte.

### 4.2.2 Die Wahrnehmung der Forscherin durch die Informanten

Während meiner Forschungsaufenthalte präsentierte ich mich als eine in Deutschland lebende Forscherin ukrainischer Herkunft, die beide Kulturen kennt. Jedoch hatten viele meiner Gesprächspartner Mühe damit, mich mit dieser doppelten Perspektivierung einzuordnen und anzuerkennen. Ein typisches Beispiel hierfür stellt die Interviewsituation mit Matthias, einem Manager bei einem deutschen Automobilunternehmen in Kiew, dar. Als ich in sein Büro eintrat, mich vorstellte und erklärte, dass ich die Zusammenarbeit der deutschen und ukrainischen Unternehmer untersuche, fragte er mich irritiert, ob ich eine Deutsche oder eine Ukrainerin sei. Hier wird deutlich, dass die Grenzen und Regeln des Gesprächsrahmens festgelegt werden müssen, damit sich die Gesprächspartner auf das Gespräch einstellen und einlassen können. Meine nationale Zugehörigkeit sollte definiert werden, weil es in den deutsch-ukrainischen Unternehmen – seien es die deutschen Repräsentanzen in der Ukraine, in denen die deutsche Geschäftsordnung herrscht, oder deutsch-ukrainische Joint-Ventures, in denen Geschäftsordnungen ausgehandelt werden – stets auch um länderspezifische Geschäftsinteressen geht. Aus diesem Grunde verhielten sich Interviewte äußerst vorsichtig. Matthias sind vermutlich folgende Fragen durch den Kopf gegangen: Interessen welcher Staaten vertritt diese Forscherin? Für welches Land, welches Institut oder Unternehmen und mit welchem Ziel arbeitet sie? Wofür wird sie die erhaltenen Informationen verwenden? Die forschende Person spielt keinesfalls eine neutrale Rolle, sondern wird aus der Perspektive der Unternehmer, die international tätig sind, betrachtet und in die jeweilige Unternehmens- und Nationalpolitik einbezogen.

### 4.2.3  Der Zugang zum Forschungsfeld der Fallstudie

Die Vorsicht der Unternehmer erstreckte sich so weit, dass absolut alle explorativen Interviews mit Hilfe meines sozialen Kapitals zustande kamen. Während sich der erste Forschungsschritt mühevoll gestaltete, war der zweite umso unproblematischer. Während meiner ersten Forschungsphase habe ich mithilfe eines dort beschäftigten Freundes Kontakte zum GrößtTex International Einkaufsbüro in Kiew geknüpft, so dass ich auf meine Anfrage, dort einen viermonatigen Forschungsaufenthalt in Form eines unbezahlten Praktikums zu absolvieren, eine Zusage erhielt.

### 4.2.4  Aushandeln der Erlaubnis zur Audioaufnahme der Gesprächsdaten

Weitere Probleme betrafen das Aushandeln meiner Forschungsbedingungen. Zwar wurde mir die Möglichkeit gegeben, durch die „Mitgliedschaft von innen" an Kommunikationsprozessen des Einkaufsbüros teilzunehmen, jedoch waren Audio-Aufnahmen von natürlichen Gesprächen mehr als problematisch. Gewöhnlich wird bei der Einstellung von Praktikanten ein Vertrag abgeschlossen, in dem sich diese Person zur Geheimhaltung vertraulicher Informationen verpflichtet. Die Gewährleistung eines solchen Vertrages hätte mir als Forscherin den Zugang zu Informationen erlaubt, die ich ausschließlich für meine Studie hätte verwenden können. Als ich mein Praktikum antrat, war die lokale Managerin (Irina) im Urlaub und der General Manager (Kerner) sollte erst in drei Wochen nach Kiew kommen, so dass mein Status als forschende Praktikantin zunächst ungeklärt blieb. Zurück aus dem Urlaub reagierte lokale Managerin mit Unverständnis: „Was für einen Vertrag brauchst du?" Nachdem ich ihr erklärt hatte, dass es in Deutschland so üblich ist, da es um den Schutz der Firmengeheimnisse gehe, erwiderte sie sarkastisch, dass es überhaupt kein Problem sei, da ich zu geheimen Informationen keinen Zugang haben werde. Während eines Gesprächs eine Woche später fragte ich nach der Möglichkeit, Telefongespräche mit Geschäftspartnern des Konzerns (Lieferanten oder Einkäufern) aufzunehmen, was sie verneinte. Ich müsste vor jedem Telefongespräch die Gesprächspartner um Aufnahmeerlaubnis bitten, die sie nicht geben würden. Die Aufnahmeerlaubnis der internen Gespräche im Einkaufsbüro müsse ich mit dem General Manager aushandeln. Irina stieß bei ihrer Entscheidungsbefugnis offensichtlich an ihre Grenzen. Die Aufnahmen seien deswegen problematisch, weil im Büro oft über Preise diskutiert wird, was zum Geschäftsgeheimnis gehört. Dabei ergab sich für mich ein Widerspruch: Offiziell hatte ich keinen Zugang zu geheimen Informationen, zugleich diskutierten die Mitarbeiter offen über ‚geheime' Themen. Noch am ersten Tag unserer Begegnung hatte ich mit Irina ein zweites kurzes Gespräch, in dem ich meine Forschungsinteressen und die Notwendigkeit deren Tonaufnahmen von live-Gesprächen erneut zu erklären versuchte. Sie äußerte zwar Interesse an meiner Arbeit, hatte jedoch nach wie vor kein Verständnis für Gesprächsaufnahmen, da sie diese für sinnlos und wenig ergiebig hielt. Ihrer Meinung nach müsse man die Vorgeschichte kennen, um eine Problemsituation richtig verstehen zu können, um zu verstehen, warum die Leute so reagieren, wie sie reagieren. Ich sah in ihrer Reaktion eine Chance, einen Konsens zu finden, und erwiderte, dass gerade darin der Zweck meines viermonatigen Aufenthaltes bestehe: mittels der teilnehmenden Beobachtung und des Sammelns von Informationen ein Hintergrundwissen über die aufzunehmenden Gespräche zu erhalten. Aber auch dieses Argument ließ Irina nicht gelten: Um alle Geschehnisse zu verstehen, würde „auch ein Jahr nicht ausreichen". Das Verhältnis zu Irina gestaltete sich von Beginn an als angespannt. Der Ursprung dieser Spannungen lag in Irinas fünfjährigen (oft negativen) Erfahrungen mit ihren Geschäftspartnern aus Deutschland. Ein Jahr zuvor war sie zur lokalen Managerin befördert worden und hatte nun die Möglichkeit, in regelmäßigen Zeitabständen nach Deutschland zu reisen und ihre deutschen Gesprächspartner persönlich kennen zu lernen. Dabei sah sie sich in ihren Urteilen über „die Deutschen" bestätigt, was zur Verfestigung ihrer Vorurteile führte. Es ist somit nicht verwunderlich, dass sie diese Vorurteile auf mich, in Deutschland lebende Forscherin, projizierte. Während unserer ersten gemeinsamen Mittagspause führten wir ein schwieriges Gespräch, in dem Irina eine offensive und ich – durch die unerwartete Situation etwas aus der Fassung geraten – defensive Position einnahm. In diesem Gespräch äußerte sie ihr Unverständnis darüber, wie ich als Ukrainerin in Deutschland leben *kann* und vor allem warum ich dort leben *will*. Dabei konstruierte sie spontan konträre Fremd- und Selbstbilder: In Deutschland laufe alles „nach Regeln" und es gebe „nur eine Meinung, eine Entscheidung". Ihrer Bilanz nach wären 70 % ihrer Erfahrungen mit Deutschen negativ mit der Tendenz zur Verschlimmerung. Im Gegensatz zu Deutschland wäre das Leben in der Ukraine viel interessanter, die Jugend gebildeter und politisch aktiver. Während dieser gesamten Diskussion sind wir zu keinem Konsens gekommen: Irina beendete die Konfrontation mit einer rigorosen Äußerung:

„Und trotzdem ist meine Meinung die bessere, und ich weiß es". Es verging einige Zeit, bis sich ein Vertrauensverhältnis zwischen uns aufgebaut hat (was ich vor allem durch meine Mitarbeit und durch mein Respektieren ihrer Vorgesetztenrolle erreichen konnte), und sie mich – sogar aus eigener Initiative heraus – in viele Informationen und Geschehnisse einweihte.

Der Rückblick auf die ersten drei Wochen meines Aufenthalts in diesem Unternehmen ließ mich den weiteren Forschungsverlauf überdenken. Ich stand vor einigen Problemen, weil die Frage der Aufnahmeerlaubnis noch nicht geklärt war. Das Büro bestand aus drei Abteilungen, d. h. aus drei Räumen, in denen über unterschiedliche Themen diskutiert und entschieden wurde. Für meine Praktikumsaufgabe bekam ich einen Platz in der Administrationsabteilung, so dass ich die Geschehnisse in den zwei anderen Abteilungen nicht verfolgen konnte. Zwar war der Raum der Einkaufsabteilung offen (ohne Tür), viele Gespräche daher hörbar, und bei bestimmten Ereignissen oder Entscheidungen kamen die Mitarbeiter dort zusammen, jedoch bekam ich nur Bruchstücke der Gespräche mit. Manche Besprechungen waren sehr spontan und kurz, so dass ich sie verpasste. Bei den Telefonaten war es am schwierigsten: Ich konnte zwar die Aufregung und die Argumentation der Manager verfolgen, wusste aber nicht, wie die Gesprächspartner an der anderen Seite der Leitung agierten und reagierten. Auch wenn mir die Aufnahme dieser Gespräche gestattet worden wäre, wären sie für die Analyse unbrauchbar gewesen. Außerdem fehlten mir tatsächlich die Vorgeschichten der dort diskutierten Fälle, so dass ich nach jedem Telefonat vorsichtig nachfragen musste.

Insgesamt waren drei Wochen vergangen, bis sich das entscheidende Gespräch mit dem General Manager ereignete, welcher mir jedoch nicht viel mehr Klarheit brachte als das Gespräch mit seiner Vertreterin. Seiner Meinung nach solle ich zwischen zwei Arten von Informationen unterscheiden: allgemeiner und fachinterner. Informationen der ersten Kategorie dürfen aufgenommen werden, die der zweiten jedoch nicht. Die Erlaubnis der Aufnahme ist nicht notwendig. Nach der Typisierung der Information soll ich selbst entscheiden, was erlaubt werden könnte und was nicht, und erst im nach hinein die Aufnahme melden. Eine Notwendigkeit für einen Vertrag würde, so Kerner, nicht vorliegen, denn er äußerte mir gegenüber sein Vertrauen offiziell aus. Wenn jemand die Absicht hat, bestimmte Informationen weiterzugeben, so würde er/sie dies auch mit einer Unterschrift tun, so sein Standpunkt. Er müsse seinen Mitarbeitern auch vertrauen, schließlich sei er drei Wochen im Monat nicht in Kiew. Drei Tage lang versuchte ich, die empfohlene Aufnahmemethode zu praktizieren und bin zu dem Schluss gekommen, dass es oft nicht möglich war, Gespräche oder Informationen nach den Kategorien allgemein vs. fachintern zu trennen, denn beinahe jedes Gespräch beinhaltete fachspezifische Informationen. Meine erste Aufnahme war eine Mitarbeiterbesprechung, zu der Kerner mich persönlich spontan einlud. Erst ab diesem Zeitpunkt begann ich mit der regelmäßigen Aufnahme von Gesprächen, die ich mithören und daran teilnehmen konnte, und die nicht offensichtlich als geheim zu erkennen waren.

### 4.2.5 Zwischen den Fronten

Durch die Involvierung in die Kommunikationsprozesse des Unternehmens geriet ich als forschende Person zwangsläufig zwischen verschiedene Fronten. Dabei versuchten die Akteure, mich zur Perspektivenübernahme und zum Verständnis ihrer Position zu bewegen. Oft fühlten sie sich von deutschen oder französischen Geschäftspartnern oder von ihren direkten Vorgesetzten als ungerecht behandelt oder unverstanden. Trotz der anfänglichen Vorsicht der MitarbeiterInnen entstand mit einigen von ihnen bereits in den ersten Wochen ein Vertrauensverhältnis, so dass sie mich auch in die internen Diskussionen und Konflikte des Büros einweihten. Als unbeteiligte Dritte – eine unparteiische Praktikantin, die keine Konkurrenz für sie darstellte, – genoss ich ihr wachsendes Vertrauen. Gleichzeitig stellten diese Vertrauens- und Freundschaftsverhältnisse für mich ein Hindernis dar, mich in die Lage der kontrahierenden Akteure zu versetzen, um diese zu verstehen. Erst die Rückkehr nach Deutschland und der monatelange Abstand zum erhobenen Datenmaterial ermöglichten eine neutrale Haltung gegenüber den Akteuren und den internen Vorgängen im Büro, die ich in meinen Feldnotizen und Tonbandaufnahmen festgehalten habe.

### 4.2.6 Die Rolle von Klatsch beim Zugang zu internen Informationen

Im Folgenden möchte ich auf die Rolle von Klatsch in meiner Forschung eingehen sowie zeigen, wie dieses Phänomen bei meinem Zugang zum internen Geschehen des Forschungsfeldes behilflich war. Zu Recht bemerkt Jörg Bergmann, dass Klatsch in vielen sozialwissenschaftlichen Arbeiten als „ein typisches Marginalphänomen" und nicht als „ein eigenständiges, für sich relevantes Forschungsobjekt" behandelt wird (Bergmann 1987: 8). Jedoch gerade im Rahmen der ethnographischen Feldforschung, nämlich beim Zugang zum und beim Etablieren und Handeln im Forschungsfeld wird in der Literatur auf das Phänomen ‚Klatsch' hingewiesen (ebd.). Malinowski, der in seinen methodologischen Erörterungen die Notwendigkeit für den Ethnographen unterstreicht, nicht nur sporadisch in die Welt der Eingeborenen einzutauchen, sondern in möglichst engem Kontakt mit ihnen zu leben, verweist in seinen Forschungsarbeiten über Trobriander auf seine eigene Vorgehensweise:

> „Bald schon, nachdem ich mich in Omarakana niedergelassen hatte, begann ich, in gewisser Weise am Dorfleben teilzunehmen, den wichtigen und festlichen Ereignissen entgegenzusehen, persönlichen Anteil am Klatsch und an der Entwicklung der kleinen Dorfbegebenheiten zu nehmen und jeden Morgen zu einem Tag zu erwachen, der sich mehr oder weniger so darstellte wie den Eingeborenen" (Malinowski 1979: 29).

Neben einem Integrationseffekt hat Klatsch zudem eine informationsgewinnende Funktion: er ermöglicht den Forschern, auf natürlichem Weg Informationen zu erhalten, ohne sich dazu der herkömmlichen Frage-Antwort-Methode bedienen zu müssen (Bergmann 1987: 9). In meiner Studie können folgende Klatsch-Typen unterschieden werden:

*a) Klatsch in Bezug auf zwei konfliktierende Abteilungen der Qualitätskontrolleure und der Produktmanager*
Bereits zum Zeitpunkt meines Aufenthalts im Einkaufsbüro war das Verhältnis zwischen der Qualitäts- und der Marchandising-Abteilung sehr angespannt und es haben sich zwei Fronten gebildet.[15] Dabei gewann ich bei der „Unterdrückten-Partei" der Qualitätskontrolleurinnen Vertrauen und wurde in ihre Klatsch-Geschichten stets eingeweiht. Die lokalen Managerin Irina sowie ein Mitarbeiter von ihr, welche die Partei der „Unterdrücker" bildeten, schilderten mit ihre Position und versuchten sie zu rechtfertigen, klatschten mit mir jedoch nicht. Insbesondere hatte Irina, die eine Entscheidungsbefugnis vom Chef erhielt, keinen Gefallen an und kein Bedürfnis nach Klatsch: Sie konnte interne Geschehnisse im Einkaufsbüro beeinflussen, was sie auch tat. So wurde die als Anstifterin des Konflikts verantwortlich gemachte Qualitätsmanagerin einige Wochen später entlassen, womit die Konflikte beendet werden sollten.

*b) Klatsch in Bezug auf das Verhältnis der Mitarbeiter zu ihren Vorgesetzten*
Klatsch stellte für die Mitarbeiter eine Methode dar, mit Problemen und Konflikten umzugehen, die sie nicht direkt beeinflussen konnten. Obwohl die relativ

---

15   Ausführlich zum Konflikt der Abteilungen siehe Leontiy 2009: 317 ff.

kleine Besetzung des Büros mit (damals) insgesamt acht Mitarbeitern (einschließlich dem Chef) und drei Abteilungen direkte Kommunikation untereinander sowie eine gute Übersicht über die internen Vorgänge gewährleistete, haben sich seit
Jahren im Büro sowohl intern als auch extern bestimmte Machtverhältnisse und
Umgangsformen herausgebildet, welche eine direkte Konfliktaushandlung nicht
ermöglichten. Und was nicht direkt im Gespräch ausgehandelt werden konnte,
wurde von den „Verbündeten" im Klatsch verarbeitet: direkt nach der Durchführung von Telefonaten mit den deutschen Einkäufern wurden Klatschgespräche
geführt. In diesem Fall fungiert Klatsch für das Kollektiv des Einkaufsbüros grup-
penstabilisierend. In einem anderen Fall empört sich eine Mitarbeiterin während
der Mittagspause darüber, dass der Chef die Meinung seiner Vertreterin Irina
vorzieht; diese wiederum soll die Berichte über Geschehnisse im Büro zu ihren
Gunsten verdrehen. Ähnlich stellt sich ein weiterer Fall dar. Eine der Qualitätskontrolleurinnen ist aufgebracht, weil die Produktmanager ihre Arbeit nicht respektieren würden, und ein Gespräch mit dem Chef hätte keinen Sinn, weil er
erstens sowieso nur auf seine Vertreterin höre und zweitens als „Merchandiser"
die Perspektive der Produkt- und Einkaufsmanager präferieren würde. In den
letzten zwei Beispielen wird Klatsch als Mittel sozialer Kontrolle eingesetzt und
wirkt gruppendestabilisierend. Die Klatsch-Dynamik hing stark vom Verhältnis
der (klatschenden) MitarbeiterInnen zu ihren Vorgesetzten ab. Es wurde viel und
gerne über den General Manager geklatscht, doch waren dabei hauptsächlich die
mit ihren Arbeitsverhältnissen unzufriedenen oder mit ihm konfligierenden MitarbeiterInnen beteiligt.

Sobald eine Person vom Chef begünstigt oder befördert wurde, verließ sie die
Klatsch-Gemeinschaft und mied jegliche Klatsch-Gelegenheiten. Irina, die gerne
über die deutschen Einkäufer klatschte, hätte sich dies in Bezug auf ihren Chef
niemals erlaubt. Oksana, ihre Assistentin, hoffte auf die Beförderung (welche sie
eine kurze Zeit später erhielt) und klatschte nicht. Sascha, dem die ehemalige
Chefin eine Beförderung versprach, welche er beim jetzigen Chef jedoch nicht erhielt, ließ sich keine Klatsch-Gelegenheit entgehen. Sobald sich sein Verhältnis zu
den beiden Vorgesetzten besserte (der Grund dieser Wendung blieb verborgen),
mied er Kaffeepausen mit mir und anderen KlatschteilnehmerInnen.

Alina und Lena waren die beiden Qualitätskontrolleurinnen, die stets einen
Grund hatten, sich über die ungerechte Personalpolitik im Büro zu beschweren.
Lena, die erst seit einem Jahr dort arbeitete und noch nicht gut Deutsch sprach,
war eher schüchtern und wagte es nicht, sich direkt zu beschweren, zudem konnte
sie wegen Sprachschwierigkeiten mit ihrem Chef nicht direkt kommunizieren. Sie
erledigte ihre Aufgaben fleißig, diskutierte sachlich über die auftretenden Pro-

bleme, ohne dabei Emotionen ins Spiel zu bringen. Ihre Meinung äußerte sie halblaut im Kreise der ‚Verbündeten'. Alina, die die Gründung des Büros miterlebte, gehörte zum Kern des Personals, war sehr engagiert und äußerte oft und gerne ihre Meinung. Sie wagte es, ihren Vorgesetzten zu widersprechen, weswegen sie große Schwierigkeiten hatte. Im Büro gingen Gerüchte um, dass Irina sie ‚rausmobben' und deswegen den Chef gegen sie aufbringen wolle. Bei den Auseinandersetzungen mit dem Chef[16] hatte Alina keine große Chance, da sie zwar über einen ausreichenden Wortschatz verfügte, jedoch nicht fließend genug Deutsch sprach. Sie hatte vor allem beim Argumentieren Schwierigkeiten (sie stritt mehr als dass sie argumentierte), machte Pausen, redete entweder aufgeregt, schnell und laut oder langsam und unsicher. Gerade sie klatschte viel und gerne, was allen bekannt war. Es ging sogar so weit, dass Kerner und Irina (mit Unterstützung ihrer Assistenten) in ihr den Grund für alle internen Konflikte sahen.

Die beiden Mitarbeiter der Administrationsabteilung Vitja und Ivan Wasiljevich, die keine Aufstiegsperspektive hatten und mit ihrer Arbeit einmal über- und einmal unterfordert waren, klatschten gerne über die Vorgesetzten. In Bezug auf die beiden kontrahierenden Parteien behielten sie eine neutrale Position, schimpften und klatschten über beide in gleichem Maße. Klatsch spielte in der Feldstudie somit eine zweifache Rolle: Zum einen fungierte er als konstituierender Faktor des Interaktionsgeschehens und zum anderen diente er mir als Zugang zu Interaktionen und Informationen.

Somit eignet sich Klatsch als ein praktischer methodischer Zugang zu informellen Aushandlungen und Verarbeitungen von Geschehnissen am interkulturellen Arbeitsplatz.


## 5    Fazit und Ausblick

Wie ich in meinem Beitrag zu zeigen versuchte, erscheint der Zugang zum interkulturellen Forschungsfeld als ein komplexer forschungsimmanenter Prozess. Das bedeutet, dass er 1.) methodisch mitreflektiert werden und 2.) ergebniskonstitutiv fungieren soll. Es existiert eine Reihe von Problemen, die nicht nur der interkulturellen, sondern jeder Art der Sozialforschung immanent sind, wie z. B. das negative Bild der Sozialwissenschaftler, die Störung des Forschungsfeldes durch die Beobachtungen und Datenerhebung oder die Rolle von institutioneller Protektion beim Zugang zum Forschungsfeld. Während es für diese generellen Problemati-

---

16   Zu den Konflikten zwischen Alina und ihrem Chef siehe Leontiy 2009: 326 ff.

ken in der gegenwärtigen Methoden-Literatur bereits Lösungen und Vorschläge vorliegen, erscheint die interkulturelle Feldzugangskomplexität als ein unlösbares Dilemma. Dabei bringen die Bi-Kulturalität und die Mehrsprachigkeit der forschenden Person sowohl Vor- als auch Nachteile mit sich. Dass Akteure auf die Bi-Kulturalität nicht selten mit Irritation und gesteigerten Vorsicht reagieren, gehört zu Nachteilen. Vorteile bieten sich bei der Multiperspektivität und breiterem Wissenshorizont der forschenden Person als auch in der Möglichkeit der „Grenzüberschreitung" im Sinne von Shimada (1994): der interkulturelle Dialog findet in der Person der Forscherin statt. Dabei erweist es sich weder als möglich noch als sinnvoll, sich einem der beiden Kulturkonstrukte zu entziehen.

## Literaturverzeichnis

Bergmann, Jörg (1987): Klatsch. Zur Sozialform der diskreten Indiskretion. Berlin: de Gruyter

Birkner, Karin (2002): Ost- und Westdeutsche im Bewerbungsgespräch: Ein Fall von Interkultureller Kommunikation? In: Kotthoff, Helga (Hrsg.): Kultur(en) im Gespräch. Tübingen: Narr. 301–331

Boldt, Thea D. (2012): Die stille Integration. Identitätskonstruktionen von polnischen Migranten in Deutschland. Frankfurt am Main/New York: Campus

Bourdieu, Pierre (1997): Die verborgenen Mechanismen der Macht. Schriften zu Politik&Kultur 1. Hamburg: VSA-Verlag

Brown, Penelope/Levinson, Stephen (1978): Universals in language usage: Politeness phenomena. In: Goody, Esther N. (ed.): Questions and politeness. Cambridge u. a.: Cambridge Uni- Press. 56–289

Brown, Penelope/Levinson, Stephen (1987): Politeness: Some Universals in Language Usage. Cambridge: CUP

Dreher, Jochen (2005): Interkulturelle Arbeitswelten. Produktion und Management bei DaimlerChrysler. Frankfurt am Main/New York: Campus

Foucault, Michel (1978): Von der Subversion des Wissens. Frankfurt am Main/Berlin/Wien: Ullstein

Fuchs, Peter (1995): Westöstlicher Divan. Zweischneidige Beobachtungen. Frankfurt am Main: Suhrkamp

Geertz, Clifford (1987): Dichte Beschreibung: Beiträge zum Verstehen kultureller Systeme. Frankfurt am Main: Suhrkamp

Girtler, Ronald (2001): Methoden der Feldforschung. Wien/Köln/Weimar: Böhlau Verlag

Girtler, Ronald (2002): Feldforschung. In: Endruweit, Günter/Trommsdorf, Gisela (Hrsg.): Wörterbuch der Soziologie. Stuttgart: UTB. 152–155

Heeg, Paul (1998): Informative Forschungsaktionen. In: Breuer, Franz (1998): Qualitative Psychologie. Grundlagen, Methoden und Anwendungen eines Forschungsstils. Wiesbaden: VS Verlag für Sozialwissenschaften. 41–60

Held, Gudrun (1995): Verbale Höflichkeit. Studien zur linguistischen Theoriebildung und
    empirische Untersuchung zum Sprachverhalten französischer und italienischer Ju-
    gendlicher in Bitt- und Dankessituationen. Tübingen: Narr
Honer, Anne (1993): Lebensweltliche Ethnographie. Wiesbaden: Deutscher Universitäts-
    Verlag
Kappel, Guido/Rathmayr, Renate/Diehl-Zelonkina, Nina (1994): Verhandeln mit Russen
    (Gesprächs- und Verhaltensstrategien für die interkulturelle Geschäftspraxis) Wien:
    Service Fachverlag
Kaufmann, Jean-Claude (1999): Das verstehende Interview. Theorie und Praxis. Konstanz:
    UVK
Kelle, Udo/Kluge, Susanne (1999): Vom Einzelfall zum Typus. Fallvergleich und Fallkon-
    trastierung in der qualitativen Sozialforschung. Opladen: Leske + Budrich
Kotthoff, Helga (2002): Kultur(en) im Gespräch. Einleitung zu: Kotthoff (Hg.) (2002). 7–23
Laatz, Wilfried (1993): Empirische Methoden. Ein Lehrbuch für Sozialwissenschaftler.
    Thun/Frankfurt am Main: Verlag Harri Deutsch
Leontiy, Halyna (2010): Das würde ein normaler Deutscher niemals verstehen und auch
    nicht akzeptieren". Zur Konstruktion von Normen in interkulturellen Geschäftspro-
    zessen am Beispiel eines Interviews mit einer deutschen Managerin in der Ukraine.
    In: Drews-Sylla, Gesine/Dütschke, Elisabeth/Leontiy, Halyna/Polledri, Elena
    (Hrsg.): „Konstruierte Norm[alität][en] – normale Abweichung[en]". Wiesbaden:
    VS Verlag für Sozialwissenschaften
Leontiy, Halyna (2009): Deutsch-ukrainische Wirtschaftskommunikation. Ethnogra-
    phisch-gesprächsanalytische Fallstudien. Wiesbaden: VS Verlag für Sozialwissen-
    schaften
Leontij, Galina (2005): Gender im (inter)kulturellen beruflichen Handlungsraum. Wech-
    selseitige Wahrnehmungen und kommunikative Konstruktion des sozialen Ge-
    schlechts im deutsch-ukrainischen Arbeitskontext. Eine Interviewanalyse. In:
    Vurgun, Sibel (Hrsg.): Gender und Raum. Ein transdisziplinärer Sammelband, ein-
    schließlich der Tagungsdokumentation der 11. Wissenschaftlerinnen-Werkstatt der
    Hans-Böckler-Stiftung. Düsseldorf: Edition der Hans-Böckler-Stiftung. 93–137
Leontij, Galina (2003): Gender als Faktor in der interkulturellen Wirtschaftskommunika-
    tion am Beispiel deutsch-ukrainischen Joint-Ventures in Kiew. In: Pechriggl, Alice/
    Bidwell-Steiner, Marlen (Hg.): Brüche. Geschlecht. Gesellschaft. Gender Studies
    zwischen Ost und West. Materialien zur Förderung von Frauen in der Wissenschaft.
    Bildungsministerium für Bildung, Wissenschaft und Kultur Österreich. 241–311
Lüders, Christian/Meuser, Michael (1997): Deutungsmusteranalyse. In: Hitzler, Ronald/
    Honer, Anne (Hrsg.): Sozialwissenschaftliche Hermeneutik. Opladen: Leske + Bud-
    rich. 57–79
Malinowski, Bronislaw Kaspar (1922): Argonauts of the Western Pacific. An Account of
    Native Enterprise and Adventure in the Archipelagos of Melanesian Guinea. Lon-
    don: Routledge
Malinowski, Bronislaw Kaspar (1979): Argonauten des westlichen Pazifik. Frankfurt am
    Main: Syndikat
Schröer, Norbert (2002): Verfehlte Verständigung? Kommunikationssoziologische Fallstu-
    die zur interkulturellen Kommunikation. Konstanz: UVK

Schulze, Rainer (1984): Höflichkeit im Englischen. Zur linguistischen Beschreibung und Analyse von Alltagsgesprächen. Tübingen: Narr

Shimada, Shingo (1994): Grenzgänge – Fremdgänge. Japan und Europa im Kulturvergleich. Frankfurt am Main/New York: Campus

Soeffner, Hans-Georg/Hitzler, Ronald (1994): Hermeneutik als Haltung und Handlung. Über methodisch kontrolliertes Verstehen. In: Schröer, Norbert (Hg.): Interpretative Sozialforschung. Auf dem Wege zu einer hermeneutischen Wissenssoziologie. Opladen. 28–55

Soeffner, Hans-Georg/Raab, Jürgen (2003): Kultur und Auslegung der Kultur. Kultursoziologie als sozialwissenschaftliche Hermeneutik. In: Jaeger, Friedrich et. al. (Hrsg.): Handbuch der Kulturwissenschaft, Bd. 2: Paradigmen und Disziplinen. Stuttgart/Weimar: Metzler. 546–576

Soeffner, Hans-Georg (2003): Die Perspektive der Kultursoziologie. In: Müller, Klaus E. (Hg.): Phänomen Kultur. Perspektive und Aufgaben der Kulturwissenschaften. Bielefeld: transcript. 171–194

Soeffner, Hans-Georg (2004): Auslegung des Alltags – Der Alltag der Auslegung. Konstanz: UVK

Soeffner, Hans-Georg (2004a): Alltagsverstand und Wissenschaft. Anmerkungen zu einem alltäglichen Mißverständnis von Wissenschaft. In: Ders.: Auslegung des Alltags – Der Alltag der Auslegung. 15–60

Soeffner, Hans-Georg (2004b): Prämissen einer sozialwissenschaftlichen Hermeneutik. In: Ders.: Auslegung des Alltags – Der Alltag der Auslegung. 78–113

Strauss, Anselm (1994): Grundlagen qualitativer Sozialforschung. München: Fink

Strauss, Anselm/Corbin, Juliet (1996): Grounded Theory: Grundlagen Qualitativer Sozialforschung. Weinheim: Beltz Psychologie Verlags Union

Tannen, Deborah (1989): Talking voices. Repetition, dialogue, and imagery in conversational discourse. Cambridge: CUP

Ullrich, Carsten G. (1999): Deutungsmusteranalyse und diskursives Interview. In: Zeitschrift für Soziologie 28. 6. 429–447

Vogelgesang, Waldemar (2008): Jugendliche Aussiedler. Zwischen Entwurzelung, Ausgrenzung und Integration. Weinheim/München: Juventa

Wolff, Stephan (1992): Die Anatomie der Dichten Beschreibung. Clifford Geertz als Autor. In: Matthes, Joachim (Hrsg.): Zwischen den Kulturen? Soziale Welt, Sonderband 8. Göttingen: Otto Schwartz&Co. 339–361

Zorzi, Olaf (1999): Gaijin, Manager, Schattenspieler. Eine Ethnographie Schweizer Expatriates in Japan (Dissertation). Bamberg. Difo-Druck OHG

# Ich habe meinen Anwalt bei mir …
## Der Zugang zum Feld im Kontext interkultureller Forschung

*Ingo Haltermann*

Leitfadeninterviews im Slum? Fragebögen unter Analphabeten? Teilnehmende Beobachtung im Taxi nach Accra? Was tun, wenn wissenschaftliche Methodik auf die Realitäten eines ungewöhnlichen Forschungsfeldes trifft? Vermutlich hat jeder Forscher irgendwann schon einmal die Erfahrung gemacht, dass zwischen den theoretischen Vorüberlegungen zur Datengenerierung im Feld und den tatsächlichen Gegebenheiten vor Ort große Unterschiede klaffen. Je fremder das zu untersuchende „Feld", desto theoretischer die Annahmen zu seiner Manifestation. Doch was heißt das? Lässt sich nur das adäquat beforschen, was man eh schon kennt? Lassen sich halbwegs gesicherte Erkenntnisse nur im jeweils eigenen Kulturkreis generieren? Das wären wahrlich traurige Statements und doch haben sie einen Kern Wahrheit. Grundlage jeder sozialwissenschaftlichen Datenakquise ist die Kommunikation, und tendenziell wächst die Anzahl der kommunikativen Fallstricke mit zunehmender kultureller Distanz. Die hohe Kunst ist es hierbei, diese so zu handhaben, dass sie nicht den Forschungsprozess als Ganzes zu Fall bringen. Dies kann nur gelingen, wenn bereits im Forschungsdesign aber auch im Feld die Funktion der Kommunikation laufend reflektiert wird. In meinem Aufsatz will ich einige Einblicke in gelungene wie auch misslungene Strategien der interkulturellen Kommunikation geben, die ich im Laufe zweier Forschungsaufenthalte in Accra/Ghana angewandt habe und werde versuchen, diese wissenschaftstheoretisch einzuordnen. Schwerpunkt wird hierbei die Erschließung des Feldes und der Zugang dazu unter Mithilfe einer lokalen Kontaktperson sein.

Beginnen will ich zunächst mit einer kurzen Übersicht über das Forschungsprojekt, welches mich letztlich nach Ghana führte, sowie die Gegebenheiten vor Ort. So zu sagen die Bühne, auf der sich das Theater meiner Feldforschung abspielte. Anschließend möchte ich mich der Frage der Felderschließung widmen, also dem Prozess der Konstitution eines gemeinsamen Forschungskontextes zwischen mir und den späteren Befragten. Was wurde letztlich zu meinem Forschungsfeld und wie kam es dazu? Dem eigentlichen Zugang zum Feld, also dem

Gewinnen von Interviewpartnern, der Aushandlung der Teilnehmerrollen im Feld, sowie der Frage der unterschiedlichen Motivationen aller Beteiligten möchte ich mich im dritten Teil meiner Arbeit widmen, bevor ich abschließend ein kritisches Resümee meiner Herangehensweise wagen werde. Ich hoffe auf den nächsten 19 Seiten nicht nur als Machete im Dickicht der interdisziplinären Forschung zu dienen, sondern auch die Vorzüge des Dickichts gegenüber der Monokultur herauszustellen und schließlich mit meinem Forschungsbericht auch dem einen oder anderen Leser eine spannende Lektüre zu bereiten.

## Forschungskontext

Anlass meiner beiden Forschungsaufenthalte in Accra, der Hauptstadt von Ghana, zwischen Oktober 2009 und März 2010 war meine derzeit noch unvollendete Dissertation mit dem Arbeitstitel „Umweltwahrnehmung unter prekären Bedingungen – Die Besiedlung urbaner Hochrisikoräume am Beispiel saisonaler Überschwemmungsflächen in Accra/Ghana". Die Arbeit ist Teil des am Kulturwissenschaftlichen Instituts in Essen (KWI) etablierten Forschungsprojekts „Katastrophenerinnerung", welches danach fragt, wie sich Betroffene extremer Naturereignisse an diese erinnern. Ziel ist es zu verstehen, welche Bedeutung solche Ereignisse für die Wahrnehmung und den Umgang mit nachfolgenden Ereignissen haben. Grundsätzlich ist es möglich das Erlebte konstruktiv für die Bearbeitung späterer Geschehnisse zu nutzen, doch auch das Vergessen/Verdrängen der Erfahrungen oder das sich Gewöhnen an wiederkehrende Erfahrungen spielt eine wichtige Rolle im persönlichen sowie im kollektiven Umgang mit Katastrophen. Relevant sind diese Erkenntnisse hinsichtlich ihrer Rückwirkungen auf soziale Vulnerabilitäten gegenüber Naturgefahren. Auch für die Klimawandelproblematik ist es von Bedeutung, welche Verbindungen Katastrophenbetroffene zwischen den Naturereignissen und der globalen Erwärmung ziehen.

Hierzu sah das Forschungsdesign die Befragung von je 40 Personen aus unterschiedlichen Kulturkreisen vor, die nach eigener Einschätzung schon mal Opfer einer Naturkatastrophe waren. Während es meine drei Kolleginnen nach Chile, an die Oder und in die USA zog, fiel meine Wahl auf Ghana, genauer, die urbanen Überschwemmungsgebiete in dessen Hauptstadt Accra.[1]

Accra ist in deprimierender Regelmäßigkeit betroffen von Blitzfluten, die ihre Ursache in einer Kombination von häufigen Starkregenereignissen, topogra-

---

1    Für einen ausführlicheren Überblick vgl. http://www.kwi-nrw.de/home/projekt-49.html

phischen Ungunstfaktoren, einem unterdimensionierten Entwässerungssystem und der rapide zunehmenden Urbanisierung haben. Katastrophale Züge erhalten diese saisonalen Überschwemmungen jedoch vor allem aufgrund menschlichen Zutuns. Der stetig anschwellende Bevölkerungsdruck durch Landflucht und natürlichen Bevölkerungszuwachs führt verstärkt zur Besiedlung potenzieller Überschwemmungsflächen. Hinzu kommt die steigende Versiegelung des Bodens durch die immer dichtere Bebauung Accras und ein zunehmendes Abfallaufkommen, welches die inadäquate Entsorgungsstruktur der Stadt überfordert und zur Verstopfung der Kanäle durch Müll und Unrat führt. Die Folge ist, dass die Fluten an Intensität und geografischer Ausdehnung zunehmen. Zusammenfassend leben also immer mehr Menschen in einer immer gefährlicher werdenden Umwelt.[2]

Die schlimmsten Überschwemmungen ereigneten sich während der Regenzeiten in den Jahren 1991 und 1995. Mehrere Hunderttausend Menschen waren betroffen, über 150 starben. Weitere schwere Überschwemmungen in den Jahren 2001, 2009, 2010 und 2011 folgten (EMDAT, IFRC 2010).

Zwar ist Accra die Hauptstadt sowie das administrative und wirtschaftliche Zentrum Ghanas, doch die Bevölkerung lebt zu weiten Teilen unterhalb der Armutsgrenze in Quartieren, die sich kaum als etwas anderes als Slums bezeichnen lassen. Die hygienischen Bedingungen, die Ver- und Entsorgungsstruktur sowie die Umweltbedingungen sind zum Teil katastrophal. Ein Großteil der städtischen Infrastruktur stammt noch aus den Zeiten der Kolonialverwaltung oder aus den 1960er-Jahren, als Ghana gerade seine Unabhängigkeit erlangt hatte und nur etwa 400 000 Einwohner zählte – was konservativ geschätzt weniger als einem Viertel seiner heutigen Einwohnerzahl entspricht. Mit diesem enormen Bevölkerungszuwachs hielt der Ausbau der Infrastruktur nicht Schritt. Trotz dieser Unzulänglichkeiten zieht Accra weiter Menschen aus allen Teilen Ghanas und auch aus seinen Nachbarstaaten an, die sich von der Nähe zu den ökonomischen und administrativen Ressourcen eine Erhöhung ihres Lebensstandards erhoffen. Tatsächlich liegt das Pro-Kopf-Einkommen der Bewohner Accras etwa 50 % über dem Landesdurchschnitt (Mc Granahan et al. 2001: 73), sodass die Zuzügler auch miserabelste Lebensbedingungen in Kauf nehmen und riskieren an ihren neuen Wohnorten durch ihre unmittelbare Umwelt zu Schaden zu kommen.

Dies waren die Gegebenheiten, wie ich sie bei meinem ersten Besuch in Accra vorfand und wie sie mir weitestgehend aus der Literatur bekannt waren.

---

2 Ausführlicher: Haltermann 2011: 353 ff.

## Die Erschließung des Feldes

Die ersten Tage in Accra verbrachte ich damit, meine Kontakte abzuarbeiten, die ich von Deutschland aus habe knüpfen können sowie mit dem Versuch diejenigen Personen und Institutionen zu erreichen, bei denen meine Kontaktversuche per Mail, Fax oder Telefon bis dato erfolglos geblieben waren. Bereits in dieser frühen Phase und auch schon im Vorfeld meines Aufenthaltes musste ich die Erfahrung machen, dass das Knüpfen von Kontakten vor Ort anderen kulturellen Regeln unterliegt, als dies in meinem normalen Alltagsleben oder auch meinem Forschungsalltag vom Büro aus der Fall ist. Zunächst machte sich das Phänomen bemerkbar, welches in der Literatur als „digital gap" bezeichnet wird. Die nur marginale Ausstattung von Haushalten mit Festnetzanschlüssen sowie die geringe Zuverlässigkeit und Qualität von Internetverbindungen und Servern hat zur Folge, dass das Internet als Kommunikations- und Informationsmedium nur eine untergeordnete Rolle spielt. Für die Kontaktaufnahme ergeben sich daraus zwei Probleme:

Erstens sind Kontaktdaten von Institutionen und erst recht von Personen aufgrund fehlender Internetpräsenzen nur schwer zu ermitteln. Während man es hier gewohnt ist durch einfaches Eingeben in eine Suchmaschine oder das Nachschlagen auf der jeweiligen Homepage relativ problemlos an E-Mail Adressen, Telefonnummern oder wenigstens Kontaktformulare zu gelangen, führt dieser Weg in vielen Teilen der Welt – so eben auch in Ghana – oft ins Leere.

Zweitens: Selbst wenn man elektronische Kontaktdaten recherchieren konnte, bedeutet dies noch lange nicht, dass diese auch tatsächlich genutzt werden. So bekam ich auf circa 100 Kontaktanfragen per Mail ganze zwei Rückmeldungen. Ich kann mich des Eindrucks nicht erwehren, dass Internetpräsenzen, Accounts in sozialen Netzwerken oder E-Mail-Adressen eher die Fortschrittsorientierung der betreffenden Person/Institution symbolisieren sollen, als dass sie tatsächlich als Kommunikations- oder Informationskanal angesehen oder gar genutzt werden. So ist etwa Ghanas National Disaster Management Organisation (NADMO) zwei Mal bei Facebook vertreten. Der eine Account enthält folgenden Inhalt: „Neueste Aktivität – National Disaster Management Organisation (NADMO) ist Facebook beigetreten." Die Nachricht stammt vom 13.06.2010.[3] Sehr eindrücklich ist auch ein Beispiel welches ich dem anderen Account entnommen habe. Hier fleht eine

---

3    http://www.facebook.com/#!/pages/NATIONAL-DISASTER-MANAGEMENT-ORGANIZATI-
     ON-NADMO/131411160218694

Userin am 26.10.2011 um 4:24 Uhr: „please their is a flood at sowutuom around Pentecost University College. plez be there". Die Antwort kommt fünfeinhalb Tage später und lautet: „we hear".[4]

Das Internet als Kontaktmedium fiel somit weitestgehend aus. Ähnlich sah es bei den Versuchen per Fax aus, was bei dem geringen Ausbau des Festnetzes zu erwarten war. Auch herkömmliche Briefe haben nur wenig Aussicht auf eine erfolgreiche Ankunft am Zielort. Häufig haben Straßen gar keine offiziellen Namen oder Gebäude keine offizielle Hausnummer. So wird meistens postlagernd zugestellt – häufig wenig zuverlässig und mit nur unregelmäßigen Abholungen, gerade bei unerwarteter Post. Was bleibt ist das Mobiltelefon sowie der persönliche Kontakt. Doch wie gelange ich an die Telefonnummer des regionalen Einsatzleiters der Katastrophenschutzbehörde oder des nationalen Roten Kreuzes bzw. Halbmonds? Letztlich nur über Beziehungen. Und diese musste ich größtenteils vor Ort erst selber knüpfen.

Mein Alltag bestand also zunächst darin kreuz und quer durch Accra zu ziehen und Leute zu treffen, während ich versuchte mich an die Gegebenheiten der tropischen Metropole zu gewöhnen. Es galt sich vertraut zu machen mit dem lokalen Transportsystem, welches größtenteils auf privaten Kleinbussen, den sogenannten „TroTros" basiert, die entlang fester Routen jeden Winkel der Stadt anfahren. Ein offizieller Fahrplan existiert hingegen nicht, bzw. nicht in der uns bekannten Form. Stattdessen wissen die Bewohner Accras einfach welche Endhaltestelle für welche Route steht, wo es Umsteigemöglichkeiten gibt und welche man nutzen muss um an sein Ziel zu kommen. Bis ich die Ansagen der Fahrtbegleiter, die sich aus kreisenden Handbewegungen und zugerufenen Endhaltestellen zusammensetzen, richtig zu deuten verstand, ging gut und gerne eine Woche ins Land. Die Fahrten werden zudem an jeder Haltestelle erst dann fortgesetzt, wenn das Gefährt bis auf den letzten Platz voll ist. Aufgrund des enormen Verkehrsaufkommens und der völlig unzureichenden Verkehrsinfrastruktur dauert so eine Fahrt von fünf Kilometern schon mal gerne eine Stunde und mehr. Laufen stellt bei 35 Grad im Schatten – den es eigentlich kaum gibt – und 80 % Luftfeuchte auch nicht wirklich eine Alternative dar.[5]

Zu weiteren Wartezeiten kam es aufgrund dessen, dass feste Terminabsprachen eher unüblich sind. Dies hat viele Gründe. Rein praktische, wie die Unbe-

---

4    http://www.facebook.com/#!/pages/NADMO-Ghana/128239077245473
5    Dann schon eher die Taxis, die allerdings auch nicht wesentlich schneller vorankommen und für deren Fahrer ein einsamer Weißer anscheinend so etwas wie Geburtstag und Weihnachten zusammen darstellt. Ausgiebiges Feilschen und ein ständiges Belagert- und Angehuptwerden gehörten folglich zu meinem Alltag.

rechenbarkeit des Verkehrs aber auch kulturelle, wie etwa die Praxis jedem Bekannten, den man trifft auch die gebührende Höflichkeit und Aufmerksamkeit zukommen zu lassen. Dies betrifft unter anderem auch gegenseitige Nachfragen bezüglich der Gesundheit und des Wohlbefindens von Familie, Freunden und Bekannten. Eine Unterbrechung durch „keine Zeit, ich habe einen Termin", wäre hier eine Unhöflichkeit sondergleichen. Nicht selten hört man in diesem Zusammenhang den Ausspruch „Wir [Afrikaner] haben die Zeit, ihr [Europäer] habt die Uhren."

So ergibt sich alles in allem ein völlig anderer Rhythmus im Tagesablauf, als wir ihn in unserem Kulturkreis gewohnt sind. Unserem Rhythmus, der sich als Abfolge von Terminen innerhalb eines bestimmten Zeitrahmens darstellt und der durch ständiges Planen strukturiert ist steht also ein Leben im Moment, eine Orientierung weniger an der Uhr als viel mehr an situativen Gegebenheiten, Möglichkeiten und Hemmnissen gegenüber. Meinen Zeitplan konnte ich also bereits nach wenigen Tagen getrost ad acta legen.

Meine Hoffnung über die von Deutschland aus vorbereitete institutionelle Anbindung das Feld erschließen zu können erfüllte sich ebenfalls nicht. Weder über die lokale Universität noch über die verschiedenen Institutionen der Katastrophenhilfe oder des Katastrophenmanagements ließ sich eine erste Begehung des Feldes organisieren. Was mir zunächst angesichts des knappen Zeitplans einiges an Kopfzerbrechen bereitete, erwies sich im Nachhinein jedoch eher als glückliche Fügung. Erst im Laufe meiner Annäherung an das Feld bemerkte ich erste Antipathien von Katastrophenbetroffenen gegenüber einigen Institutionen, die ich ursprünglich als „Türöffner" für die Feldforschung vorgesehen hatte. Dies betraf vor allem Regierungsorganisationen, denen häufig vorgeworfen wird klientelistisch zu handeln und die Sorgen und Nöte der „einfachen Leute" nicht wahr, geschweige denn ernst zu nehmen. Dies hätte schnell dazu führen können, dass ich mit diesen Institutionen „in einen Topf geschmissen" worden wäre. Verschlossenheit, Argwohn, Ignoranz oder gar offene Opposition wären womöglich die Folgen gewesen. Dies war mir anfangs jedoch noch nicht wirklich klar. Vielleicht hätte eine längere Recherche von der Heimat aus mir diesen Fallstrick aufzeigen können, da dieser Zusammenhang auch in Interviewpassagen mit Betroffenen in einigen Presseberichten zu vergangenen Überschwemmungen auftauchte. Dass ich es nicht tat, ist wohl vor allem mit dem altbekannten und wohl in jedem Forschungsprojekt auftretenden Konflikt zwischen methodischer Gründlichkeit und begrenzten zeitlichen Ressourcen zu erklären. Letztlich beschäftigte ich mich bereits damit, nach einer alternativen Möglichkeit des Feldzugangs zu suchen, als schließlich doch noch einer meiner Kontakte Früchte trug.

Doch gehen wir hier nochmal einen Schritt zurück und betrachten das bisher Geschehene eher aus der soziologischen, denn aus der forschungspragmatischen Perspektive. Auch wenn ich bis hierher noch mit keinem Katastrophenbetroffenen gesprochen hatte[6] lässt sich das bisherige Tun doch durchaus bereits der Felderschließungsphase oder zumindest deren Vorbereitung zurechnen. Aus der Literaturrecherche ergaben sich beispielsweise erste Hinweise auf die geographische Verortung der Überschwemmungsflächen. Vorgespräche mit Ghanaern und regelmäßigen Besuchern Accras in Deutschland und Accra selbst ließen durchblicken, dass es kaum einen kollektiven Katastrophendiskurs hinsichtlich selbst der schlimmsten Überschwemmungen in der Hauptstadt gibt und eher auf die schweren Überschwemmungen im Norden des Landes[7] oder aber medial stärker transportierte Katastrophen wie den Tsunami im Indischen Ozean 2004 oder das Beben in Chile 2010 verwiesen wird. Beides sind Hinweise auf „Grenzen" des Forschungsfeldes. Einmal geographisch, einmal diskursiv, aber beide Male von außen betrachtet. Auch meine bisher gesammelten Erfahrungen mit der Alltagspraxis der Bewohner Accras, mit ihrem Alltagsrhythmus, ihrer Sprache und den oben geschilderten Kommunikationsstrukturen, sowie dem Umgang mit Fremden verdichteten sich zunehmend zu einem kommunikativen Repertoire, welches für eine weitere Konkretisierung des Forschungsfeldes sowie den Zugang dazu prägend war. Denn bereits das Konstruieren dessen, was eigentlich „das Feld" ist, ist ja ein kommunikativer Prozess. Seine Definition – oder besser – seine Identifizierung, hängt sowohl von der Fragestellung des Forschers und dessen Fähigkeit zur Vermittlung dieser Frage, als auch von der Ansicht potenziell Befragter ab, von eben dieser Frage betroffen zu sein.

Der ghanaische Freund eines Arbeitskollegen eines Freundes war es schließlich, der mir entscheidend weiterhelfen konnte. Er empfahl mir einen seiner ehemaligen Mitarbeiter namens Umar. Umar ist diplomierter Journalist und lebte während seiner Ausbildung zeitweise in Kiel und Budapest. Bereits kurz darauf traf ich mich mit ihm zum Essen. Wie sich herausstellte hatte Umar in seiner journalistischen Karriere bereits einige Male zu Überschwemmungen in Accra gearbeitet und war zudem aufgrund seiner politischen Arbeit in jüngeren Jah-

---

6   Ausnahme: Ein ehemaliges Mitglied des Ausschusses für Katastrophenschutz in der Accra Metropolitan Assembly (AMA), welches ich als Experten interviewte, stellte sich selber als von der 1995er Flut schwer betroffen heraus und konnte mir später auch Interviews mit weiteren Betroffenen vermitteln.

7   In der Northern Region ereigneten sich in den Jahren 1999 und 2007 schwere Überschwemmungen mit jeweils mehr als 50 Toten und über 300 000 Betroffenen. 2009 starben bei einer weiteren Flut 24 Menschen, knapp 140 000 waren Betroffen (EMDAT 2012).

ren sehr gut vernetzt. UGM, so sein Akronym – den vollen Namen verschweige ich hier aus Gründen der Diskretion – erwies sich zudem als sehr engagierter, nahezu rastloser Motivator. Sprachbegabt, interessiert und mit den Abläufen wissenschaftlicher Arbeit vertraut, entsprach er quasi perfekt meinen Anforderungen. Es folgen zwei weitere Sitzungen, in denen ich Umar mit dem Forschungsprojekt vertraut machte. Ich versuchte einerseits die inhaltliche Ebene zu vermitteln, also die Forschungsfragen, das theoretische Grundgerüst und die Einbettung in den größeren Forschungskontext. Andererseits galt es auch Umar von den formalen Aspekten und den organisatorischen Anforderungen in Kenntnis zu setzen. Ich erklärte die Struktur der Interviews, die Funktion der Kontakt- sowie der Eingangsfrage, den zeitlichen Rahmen, der uns zur Verfügung stand sowie den Stand meiner Recherchen und Vorüberlegungen. Nicht zuletzt gab es auch noch die Organisation unserer Zusammenarbeit, Fragen der Bezahlung, der zeitlichen Verfügbarkeit und Ähnlichem zu klären. Auch hierauf werde ich später eingehen, wenn es um Umars Motivation gehen wird, sich meinem Projekt anzuschließen.

Mein Assistent hatte keine Probleme damit, mich an die relevanten geographischen Orte zu führen. Dies waren zunächst zwei Communities in den Stadtteilen Alajo und Accra New Town. Die benachbarten und nur vom Onyasia River getrennten tief liegenden Gebiete befinden sich unterhalb eines Hangs nordöstlich des Zentrums und waren vor allem von den Flutkatastrophen 1991 und 1995 schwer betroffen. Beide lassen sich als Wohnquartiere der lower middleclass bis working poor beschreiben. Besonders abseits der Hauptstraßen, die von Handel, Kleinhandwerk und einfachen Dienstleistungen geprägt sind, führte die Anwesenheit eines Weißen häufig zu Staunen und neugierigen Blicken. Allgegenwärtig, besonders aus dem Mund der vielen Kinder, war das Wort „Obruni", welches – nicht unfreundlich – für die Begrüßung einer weißen Person in der lokalen Sprache Twi Verwendung findet. Umar zeigte mir einige der hydrologischen und sanitären Brennpunkte der Gegend, wobei sich bereits erste Gespräche mit Anwohnern ergaben. Mir präsentierten sich die Menschen dort mit einer Haltung, die ich am ehesten als offene Neugier interpretieren würde. Dies verweist meiner Einschätzung nach auf zwei wichtige Charakteristika der untersuchten Gesellschaft. Erstens ist das Verhalten Fremden gegenüber weit mehr als in unserer Gesellschaft von Offenheit geprägt. Man stelle sich vor, auf der Straße vor unserem Haus begutachte ein Inuit begleitet von einem Einheimischen den Rinnstein. Unsere Reaktion wäre in den meisten Fällen trotz sicherlich großer Neugier vermutlich eher von Skepsis und vorsichtiger Distanz geprägt. Man sähe bestimmt einige Anwohner mehr oder weniger heimlich aus den Fenstern schauen, doch würde sich innerhalb kürzester Zeit eine Traube von Neugierigen um den Inuit sammeln? Sicher nicht. Ich deute dieses Verhalten der mehr oder weniger höflichen Zurückhaltung als Folge unserer zunehmend individualisierten Gesellschaft, in der man „seine Nase nicht in Sachen steckt, die einen nichts angehen". Auch wenn im konkreten Fall absolut nichts dagegen spräche seine Neugier durch eine offene Frage zu befriedigen, wird diese tendenziell doch eher unterdrückt.

Zweitens spielt sich das Leben im untersuchten Gebiet größtenteils auf der Straße ab. Ob die Menschen nun kochen, essen, arbeiten, beten oder Oware spielen, sie tun es vor ihren Häusern, nicht darin. Soziale Interaktion im öffentlichen Raum ist somit weit häufiger und üblicher als in unserem Kulturkreis. Was für uns das Wohnzimmer oder die „gute Stube" ist, ist für viele Ghanaer der „Palaver Tree", welcher vielleicht noch ein wenig an unsere alte Tradition der „Dorfeiche" erinnert.

Für die Erschließung des Feldes sind dies nun relativ dankbare Bedingungen. Recht schnell erschließt sich dem Forscher, wer von der Forschungsfrage betroffen ist. Erfahrungen werden spontan geschildert, von weiteren Anwesenden aufgegriffen und öffentlich diskutiert. Informationen zu Ereignissen, deren Einordnung und Relevanz, Informationen zu Betroffenen und Nicht-Betroffenen, zu Referenzen, Handlungen und Reaktionen sind ebenso leicht zugänglich wie Auskünfte zu Konflikten, Kooperationen und Erwartungen. Sehr hilfreich erwies sich hier erneut die Anwesenheit meines kulturvertrauten Assistenten, der nicht nur sprachliche Barrieren überwinden half, sondern es auch schaffte die Vielfalt an Informationen durch die Vermittlung meines Erkenntnisinteresses an die Bewohner zu kanalisieren. Auch das Identifizieren von Hierarchien, wäre ohne Umar kaum möglich gewesen. Diese benötigte ich nicht nur um die Formen der Höflichkeit zu wahren, sondern auch um mir das Wohlwollen der lokalen Autoritäten hinsichtlich meiner Forschung zu sichern. Auf dieses Konzept des Kulturdolmetschens werde ich an späterer Stelle in diesem Beitrag noch eingehen. So hatte ich schon nach wenigen Begehungen eine recht genaue Vorstellung davon, wen ich gerne interviewen würde und auf welchen geographischen Rahmen sich meine Feldforschung grob beziehen würde. In meinen Fokus rückten vor allem Bewohner einer Kommune entlang eines unausgebauten Kanals, welcher auf der New Town Seite in den Onyasia River mündete. Nicht nur verursacht der Kanal hier regelmäßig große Probleme, auch hatten die Bewohner bereits mehrfach versucht Maßnahmen zu ergreifen, die vom Bau eines Schutzwalls über die Anfertigung architektonischer Zeichnungen für den Ausbau des Kanals bis hin zu politischen Aktivitäten und dem Kontaktieren verschiedener NGOs reichte. Die Größe dieser Kommune schien mir ausreichend um auch kontrastierende Meinungen innerhalb dieses Feldes einholen zu können. Ein zweiter Kontakt entwickelte sich auf der Alajo Seite des Onyashia Rivers, wo ein Priester in seinen Gemeinderäumen unter anderem Menschen Unterkunft bot, die aufgrund von Überschwemmungen obdachlos geworden waren.

## Der Zugang zum Feld

Welche Antworten ich auf meine Fragen erhalte, hängt neben dem Inhalt der Frage auch davon ab, welche Erwartungen Forscher und Beforschte an den naturgemäß begrenzten persönlichen Kontakt haben. Beide Beteiligten haben eine bestimmte Motivation für die Zusammenkunft. Deren Vermittlung einerseits und Wahrnehmung andererseits beeinflusst nicht unerheblich die Qualität der generierten Daten. Doch wie vermittele ich meine Motivation in einem Umfeld, dem sowohl mein Alltagsvollzug als Forscher als auch meine primäre Bezugsgemeinschaft weitestgehend fremd ist, und deren argumentelle Anknüpfungspunkte für ein solches Treffen ich zunächst nur erahnen kann?

Zunächst gilt es nach meiner eigenen Motivation zu fragen, denn sie wirkt sich auch darauf aus, welche Erwartungen ich an das Feld habe. Nicht selten findet man – gerade im Kontext einer „von der Entwicklungspolitik hergeleiteten anwendungsorientierten Forschung" (Macamo 2008: 236) – Forscher, denen es „an einem unvoreingenommenen Blick und eine notwendige Distanzierung von einer solchen Wertbindung" fehlt. Doch dies strukturiert bereits vor, was ich erwarte zu finden. Begebe ich mich in die Forschung um zu helfen, erwarte ich womöglich, dass es seitens meiner Forschungssubjekte einen Leidensdruck gibt. Dies muss aber keineswegs der Fall sein, wie etwa die erste Reaktion vieler Bewohner Accras auf meine Auskunft, dass ich nach Katastrophenopfern suche zeigt. Diese Art der Annäherung an das Feld steht besonders dem Paradigma der „verstehenden Soziologie" im Wege. Dies heißt aber wiederum keinesfalls, dass ich mich meiner Forschung nicht aus altruistischen Motiven heraus nähern darf. Meine Motivation sollte nur stets innerhalb der Forschungsarbeit, von der Entwicklung der Idee bis hin zur Interpretation des Datenmaterials, hinsichtlich seiner Auswirkungen auf mein Denken und Handeln hin reflektiert werden. Dies gilt für alle anderen persönlichen Motivationen natürlich auch. Etwa wenn der Anspruch eine tolle Dissertation abzuliefern dazu führt möglichst spektakuläre Interviews einfahren zu wollen oder kontrastierendes Material in seiner differenzierenden Tendenz überzubewerten. Schlichte Neugier mag das Neue gegenüber dem Bekannten reizvoller erscheinen lassen und so zu Verzerrungen führen. Nicht zuletzt mögen Forschungsaufenthalte in fremden Kulturen auch von dem Wunsch motiviert sein, eigene Grenzen auszutesten und durch die Verschiebung dieser Grenzen die Entwicklung der eigenen Fähigkeiten voranzutreiben. Irgendeine Motivation für seine Forschung hat jeder.[8] Wichtig ist diese für sich zu klären und auf seine Auswirkungen im Forschungsprozess hin abzuklopfen.

Selbiges gilt so weit möglich auch für die Motivation der Befragten. In der Literatur ist häufig zu lesen, der Forscher „könne dem Feld nichts bieten" (Wolff 2010: 348).

> „Unter dem Strich beschränkt sich der tatsächliche Nutzen für das Feld in den meisten Fällen auf eine kurzfristige Unterbrechung der täglichen Langeweile, auf die Möglichkeit, seine Sorgen und Beschwerden an den Mann zu bringen, sowie auf die Gelegenheit, ein gutes Werk zu tun." (ebd.)

Hier würde ich widersprechen und darauf verweisen, dass es für viele der Befragten nicht „nichts" ist, ihre Sorgen und Beschwerden mit jemandem teilen zu können, der ein offenes Ohr für sie hat. Besonders für gesellschaftlich marginalisierte Gruppen wie Slumbewohner und Bewohner illegaler Siedlungen kann dies ein beträchtlicher Anreiz sein, sich auf eine Interviewsituation einzulassen. So antwortete einer meiner Befragten auf die Frage, ob er manchmal über seine Fluterlebnisse rede:

> „Nein. Wenn die Flut ins Haus gekommen ist, machst du dein Haus sauber und fertig. Und dann geht es weiter. Wir haben kein Komitee oder so und wenn wir mit der Regierung darüber reden, wird sie uns auch nicht helfen. Da wo wir leben, werden sie uns nicht helfen."

Ein weiterer Befragter sagt es ganz direkt:

> „Ich freue mich, dass wir uns hier mit diesem Problem beschäftigen."

Hierbei muss es nicht mal eine Rolle spielen, ob die Befragten sich davon die Lösung ihrer Probleme erwarten. Bereits das Gefühl endlich einmal ernst genommen zu werden, ist ein nicht zu unterschätzender Faktor.

Hinzu kommt, dass einige meiner Interviewpartner durchaus altruistische Motive an den Tag legten, sei es um Ihre Erfahrungen und/oder Lehren an an-

---

8 Die Vermutung, die von mir genannten Beispiele seien hinsichtlich meiner eigenen Motivation nicht ganz zufällig gewählt, ist wahrscheinlich nicht von der Hand zu weisen.

dere Betroffene weiterzugeben oder aber um mir weiterzuhelfen. Hierzu eine Passage aus einem Interview mit dem bereits erwähnten Mitglied der Regionalversammlung:

> Wenn ich also solche Sachen höre, bringt das Erinnerungen zurück aus diesen schlimmen Tagen. Es ist wie ein Trauma. Es bringt diese Gedanken zurück. Ich versuche ja immer mich nicht an diese Dinge zu erinnern, weil diese alten Dinge vergangen sein sollten. Sie sollten gehen.

Ich frage vorsichtig, ob ich trotzdem fragen dürfe, worauf er antwortet:

> Oh, frag! Du darfst fragen! Du bist ja extra zu jemandem gekommen der es erfahren hat. Das musst du jetzt auch zu Ende machen.

Nicht zuletzt kann das Gewähren eines Interviews auch eine Art Honorar sein für das Interesse, das man den Befragten und ihrer Bezugsgemeinschaft entgegenbringt, wie eine Passage aus einem Interview mit einer älteren Dame aus Accra Kokomlemle verdeutlicht:

> Als ich kürzlich in Amerika war, haben mich einige Leute nach Ghana gefragt. Nach Überschwemmungen, nach der Geschichte Ghanas. Also erzählte ich ihnen auch davon. Die Leute haben uns bemitleidet. Die Leute dachten wir würden nicht in Häusern sondern in primitiven Gebäuden schlafen und keine Zimmer haben. Die sind noch nie in Ghana gewesen. Die kannten noch nicht mal den Namen. Sie sagten „Ghana, Ghana. Leute reden von Ghana" also erzählte ich ihnen vieles von Ghana.

Natürlich sind zum Teil auch andere Motivationen deutlich geworden, wie etwa die Hoffnung durch mich an Hilfe zu gelangen, sei es direkt in Form von Geld oder sachlichen Anreizen oder stellvertretend durch meine zum Teil vermuteten, zum Teil bekannten Kontakte zu NGOs, zu NADMO, der Regierung und so weiter. Hier kann ich exemplarisch ein paar Probleme schildern die sich mit Pastor A. ergaben, der Obdachlosen in seinen Gemeinderäumen Unterschlupf bot. Das Vorgespräch führte in dem Fall UGM auf eigene Initiative. So kann ich nicht genau rekonstruieren, wie es zu einigen folgenschweren Missverständnissen kam. Pastor A. lud uns zu seiner Sonntagsmesse ein.[9] Hier nun hieß er mich öffent-

---

9   Auch hier haben der praktizierende Muslim Umar und ich als nicht regelmäßig praktizierender Katholik möglicherweise Signale ausgesandt, deren Bedeutung etwa auf religiöse Anspielungen

lich als „Professor Ingo" willkommen, den Gott gesandt habe, um der Gemeinde zu helfen. Meinen fragenden Blick beantwortete UGM in ähnlicher Weise. Da ich dann auch gleich aufgefordert wurde eine Rede zu halten, hatte ich zumindest die Möglichkeit im direkten Anschluss einige Sachen richtig zu stellen, etwa dass sich meine Hilfe darauf beschränken müsse, eine wissenschaftlichen Arbeit zu den Erfahrungen der Befragten zu verfassen. Da jedoch nicht alle Gemeindemitglieder meinem in englischer Sprache gehaltenen Vortrag folgen konnten, sprang ein Synchronübersetzer ein, der zuvor in keiner Art und Weise von mir oder UGM instruiert worden war, so dass ich erneut nicht nachvollziehen konnte, was den potenziellen Interviewpartnern denn tatsächlich übermittelt wurde. Gerade bei den Personen, die des Englischen nicht so mächtig waren, hatte ich in der Folge das Gefühl, dass weder meine Anforderungen an die Befragten (Interviews mit Katastrophenbetroffenen), noch die Form meiner „Hilfe" tatsächlich angekommen waren. Zwar freute ich mich zunächst über die große Anzahl an Rückmeldungen hinsichtlich meiner Interviewanfrage, musste aber feststellen, dass die Qualität der Interviews durch die Vermittlung meines Forschungsinteresses durch diese Art der „stillen Post" in vielen Fällen arg litt, da die Befragten entweder gar keine Katastrophen erlebt hatten, überhaupt kein Englisch sprachen oder mit der sozialen Praxis eines Interviews nicht im geringsten etwas anfangen konnten. Teilweise erschienen Interviewteilnehmer dann auch gleich mit der ganzen Familie, denen nun natürlich auch nicht das „Refreshment" vorenthalten werden konnte, welches ich anderen Befragten gewährt hatte. Die Verselbständigung der Fehlinformation hinsichtlich des Grundes meines Aufenthaltes sowie meine Ablehnung von Pastor A.s Vorschlag doch bei Ihm einzuziehen um die Einsparungen für Unterkunft und Verpflegung „unserem gemeinsamen Projekt" zukommen zu lassen, führte schließlich zum Abbruch der Forschungsarbeit in dieser Gemeinde.

Auch in anderen Fällen war es nicht immer einfach dem Feld meine tatsächliche Motivation und vor allem meine Funktion als Forscher zu erklären. Oft wurde ich beim ersten Kontakt gefragt, wer mich denn geschickt hätte. Meine Antwort auf eigenes Betreiben in Accra zu sein um zu forschen, schien selten zu befriedigen. Auch der Hinweis auf das KWI als Forschungsinstitut konnte hier nur selten Abhilfe schaffen. Stattdessen betrachtete man mich häufig als Mitarbei-

---

in den späteren Interviews wir kaum abschätzen können. So etwa bei unserem erfolglosen Versuch in der Bibel das Buch Jona, Kapitel 3, Vers 4 zu finden. Dass es notwendig sein könnte, angemessenes Verhalten während eines Gottesdienstes in einer Pentecostal Church zu studieren, damit hatte ich bei der Vorbereitung meiner Feldforschung nun wirklich nicht gerechnet.

ter von „so etwas wie einer NGO", was ich zunächst gelten ließ. Da NGO in Ghanas einfacher Bevölkerung aber zumeist als Synonym für Hilfsorganisation gedacht wird, erwies sich diese Andeutung ebenfalls als wenig nützlich. Der Verweis auf meinen Studentenstatus stieß hier schon eher auf Verständnis und Akzeptanz und verringerte zudem – wenn auch nicht völlig – die Erwartungen an Hilfsleistungen meinerseits. Komplett umgehen lässt sich diese Spannungsverhältnis zwischen dem reichen Weißen und dem armen Schwarzen tatsächlich nur sehr selten. Die Ansicht „jeder Weiße ist reich" und „wir [Schwarzen] sind arm, weil ihr [Weißen] reich seid" ist kulturell nach wie vor stark verwurzelt, sicherlich auch nicht ganz zu unrecht. Im Feld bedeutet dies, dass einem nur eine sehr begrenzte Anzahl an Teilnehmerrollen überhaupt zur Verfügung steht. Die Rolle eines „Unbeteiligten" oder eines „neutralen Beobachters", ist unter den eben genannten Bedingungen enorm schwer einzunehmen, wenn nicht gar unmöglich. Um nicht mehr als „weiß" oder „reich" angesehen zu werden und mit den entsprechenden Erwartungen konfrontiert zu werden, wäre ein Prozess des „going nativ" von Nöten, der innerhalb eines Projekts mit einem Zeitrahmen von drei Jahren nicht zu leisten ist. Selbst in Bezug auf die Zusammenarbeit mit UGM, mit dem ich mich auf persönlicher Ebene sehr gut verstand und über drei Monate fast täglich mehrere Stunden zusammen war, kann ich nicht sicher sagen, ob die Kategorien „weiß" und „reich" noch eine Rolle spielten oder nicht. Sicherlich ist dies ein Dilemma, wenn es darum geht methodisch korrekt zu arbeiten. Zu Recht verweist Flick darauf, dass einem Forscher, der lediglich ein Fremder bleibt, gewisse Einblicke verwehrt bleiben. Schlimmstenfalls wird dem Forscher lediglich die Außendarstellung der sozialen Gruppe präsentiert, während die Innenperspektive den Blicken des Forschers verschlossen bleibt (Flick 2009: 150). Dennoch: Die Person des Forschers ist im Feld mittels seiner kommunikativen Fähigkeiten das zentrale Instrument der Datenerhebung (Flick 2009: 143). Die Forschungsarbeit, das Aushandeln von Teilnehmerrollen, die Konstituierung des Forschungsfeldes, all dies lässt sich von der Person des Forschers nicht trennen, erhält also per Definition eine subjektive Note. Kurt (2011: 71) meint hierzu:

> „Die Subjektivität des Forschers ist im traditionellen Wissenschaftsverständnis ja im Grunde nur ein Störfaktor, den es zu Gunsten der Objektivität einer Studie möglichst auf null zu bringen gilt. In der qualitativen Sozialforschung dürfte der improvisierende Sozialforscher aber gerechtfertigt sein. Schließlich gehört es ja zu den Prämissen der qualitativen Sozialforschung, dass der Forscher im Prozess des rekonstruktiven Verstehens von sozialem Sinn seine eigene Subjektivität methodisch kontrolliert ins Spiel bringen soll."

Jegliche Bemühungen des Forschers im Feld neutral zu bleiben, kann also nur zum Scheitern verurteilt sein. Schon das Bemühen um eine neutrale Perspektive ist ja ein subjektiver Vorgang. Auch die Vorstellung davon, was denn als neutrale Perspektive gelten kann ist subjektiv. Der Wissenschaftler als „weiße Wand", als „unbeschriebenes Blatt" wird zudem im Feld ob seines unnatürlichen Verhaltens und der erschwerten sozialen Verortung seiner Person nicht selten Probleme haben einen Gesprächspartner zu finden.

## Der Feldzugang mit Hilfe des „kulturvertrauten Co-Interpreten"

Generell stellt sich also die Frage, wie ich es schaffe, mich in einem fremdkulturellen Kontext hinsichtlich des Spannungsfeldes zwischen Fremdheit und Vertrautheit so zu positionieren, dass mir als Forscher sowohl implizite Routinen und Selbstverständlichkeiten explizit gemacht, als auch Einblicke gewährt werden, die über eine reine Außendarstellung der untersuchten Gemeinschaft hinaus gehen. Dieses Positionieren, welches durch die Aushandlung von Teilnehmerrollen in der sozialen Interaktion von Forscher und Beforschten geschieht, setzt einen Rückgriff auf intersubjektiv geteilte Vorstellungen eben dieser sozialen Interaktion voraus. Im intrakulturellen Kontext wird das Problem des Fremdverstehens – also einfach gesagt die Frage, ob zwei kommunizierende Subjekte auch das gleiche meinen, wenn sie beide davon ausgehen das gleiche zu meinen – durch den Rückgriff auf „kommunikative Ähnlichkeitsbereiche", zumindest deutlich eingeschränkt, wodurch die in der Alltagskonversation selbstverständlich angenommene „Reziprozität der Perspektiven" eine Unterhaltung überhaupt erst möglich macht (Schröer 2007: 213). Diese Strategie führt im interkulturellen Kontext ob des Rückgriffs auf dem Gegenüber fremde Relevanz- und Deutungsrahmen jedoch häufig zu Situationen des Falsch- oder Nicht-Verstehens. Angewandt auf den Feldzugang heißt dies sich positionieren zu müssen, ohne zu verstehen, wie das Feld meine Positionierung auffasst, deutet und bewertet. Anders herum fehlt auch mir das „kulturelle Rüstzeug" Hinweise und Signale zu verstehen, die die Teilnehmer im Feld hinsichtlich ihrer eigenen Position aussenden. „Mitspielen-Müssen ohne die Spielregeln zu kennen", wie Ronald Kurt es treffend beschreibt (Kurt 2011: 72).

Tatsächlich kann hier Norbert Schröers Konzept des „kulturvertrauten Co-Interpreten" (Schröer 1998, 2006 und 2007) weiterhelfen, speziell wenn es im konkreten Forschungsprojekt nicht möglich ist dem Forscher eine „ethnographische Nachsozialisation" (Schröer 2007: 221) angedeihen zu lassen – was meistens der

Fall sein dürfte. Wie eine Art „Kulturdolmetscher" versucht der kulturvertraute Co-Interpret die Relevanz- und Deutungsmuster der einen Kultur so der anderen zu vermitteln, dass analog zur intrakulturellen Interaktion kommunikative Ähnlichkeitsbereiche entstehen. Schröer spricht in diesem Zusammenhang von „dialogischer Anverwandlung" (Schröer 2006 und 2007: 221). Schröer möge mir verzeihen, wenn ich sein deutlich weitreichenderes Konzept in diesem Aufsatz lediglich auf die Frage des Feldzugangs reduziere, doch auch hier bedarf es hinsichtlich der Aushandlung von Teilnehmerrollen der „dialogischen Anverwandlung".

Der Feldzugang mit Hilfe des kulturvertrauten Co-Interpreten bietet zudem die Möglichkeit das Spannungsfeld von Nähe und Distanz zum Forschungsfeld neu zu bewerten, da nun zwei Rollen eingenommen werden können, also sowohl die des Vertrauten, dem auch Insiderwissen vermittelt wird, als auch die des Fremden, dem gegenüber auch das Implizite explizit gemacht wird. Zu reflektieren ist hierbei jedoch, dass beide Rollen einander beeinflussen. So wird dem Vertrauten in Anwesenheit des Fremden womöglich weniger offen berichtet, während dem Fremden in Anwesenheit des Vertrauten nicht alles erklärt werden muss. Der Fremde wird also quasi weniger fremd und der Vertraute weniger vertraut. Dennoch hat sich dieses Modell in der Praxis zumeist gut bewährt, wie die beschriebenen Beispiele hoffentlich verdeutlichen.

Dankenswerterweise kommt der Übernahme von Schröers Konzept auf die Frage des Feldzugangs bereits der Begriff des „Interpreten" entgegen. Eine Interpretation kann zum einen eine *Auslegung* (Deutung) sein zum anderen aber auch eine *Ausführung* (Darstellung). Ein Co-Interpret kann folglich jemand sein, der mich bei der Ausdeutung qualitativer Daten unterstützt oder jemand der mir bei der Darstellung meiner Rolle im Feld zur Seite steht.[10] Entscheidend ist, dass der Co-Interpret mit beiden Relevanz- und Deutungsmustern mehr als nur theoretisch vertraut und optimaler Weise in den praktischen Lebensvollzug beider Bezugsgemeinschaften involviert ist (Schröer 2007: 222).

Umar erwies sich hier für mich tatsächlich als Glücksfall. Zum einen sind ihm sowohl die ghanaische als auch die deutsche/europäische Kultur aus eigener Anschauung bekannt, da er während seiner Ausbildung ein Jahr in Kiel und Budapest verbrachte. Darüber hinaus macht ihn die langjährige journalistische Beschäftigung mit dem Phänomen der Blitzfluten in Accra zu einem Experten auf diesem Gebiet und auch der Vollzug des Forschungsalltags ist ihm als diplomiertem Journalisten nicht fremd.

---

10   Wobei nicht ausgeschlossen ist, dass Letzterer seine Rolle ebenfalls einer eigenen Auslegung entsprechend ausführt.

Doch auch hier lohnt es nochmal einen Schritt zurück zu gehen und „meinen Assistenten" wie er sich selber zu nennen pflegte aus der kritischen Distanz der methodologischen Perspektive zu betrachten. Zentral scheint mir auch hier die Frage der Motivation. Tatsächlich kann ich diese trotz der intensiven Zusammenarbeit nicht abschließend beantworten. Da wäre zunächst der finanzielle Aspekt. Für meinen Assistenten mag dies ein Job gewesen sein wie jeder andere, eine Arbeit die dazu dient den Lebensunterhalt zu bestreiten. Doch Umar lehnte es stets ab von einer Bezahlung seiner Arbeit zu reden und bestand darauf, dass es lediglich darum ging, seine Aufwendungen und seinen Zeitaufwand zu kompensieren. Möglicherweise hatte er aufgrund der Berührungspunkte zu seiner eigenen Biographie, also der journalistischen Beschäftigung mit den Fluten in Accra und seinem Aufenthalt in Deutschland eine gewisse Affinität zu meinem Projekt, wie mir schien. Auch die im Kontext des Feldzugangs bereits angesprochene „Honorierung" des Interesses an der Heimatstadt mag zu Umars Bereitschaft mir zu helfen beigetragen haben, ebenso die bereits beschriebene generelle Neugier sowie altruistische, vielleicht sogar religiöse Motive. Hin und wieder hatte ich den Eindruck, UGM sähe in mir auch die Hoffnung auf einen gewinnbringenden Kontakt, doch dies bewahrheitete sich offensichtlich nicht. Entgegen meiner Erwartungen brach der Kontakt nach meiner Abreise recht bald ab, obwohl für die Zukunft weitere Kooperationen geplant waren. Sah UGM unsere Zusammenarbeit letztlich doch nur unter der Lesart des naiven Ausländers und des cleveren Einheimischen? Vielleicht hätte hier die hermeneutische Dialoganalyse Aufschlüsse geben können. Oder eine Psychoanalyse nach Sigmund Freud. Aber nein, mal im Ernst. Irgendwann kommt jeder Forscher an den Punkt, an dem er sich entscheiden muss: Pragmatismus oder Methode? Methodisch gäbe es tatsächlich gute Gründe dafür, Umars Motivation zu hinterfragen. Nehmen wir einmal rein hypothetisch an, seine einzige Motivation sei es gewesen schnell zu Geld zu kommen. Nehmen wir weiter an, dass er in den Vorgesprächen mit den späteren Interviewpartnern diesen gesagt hätte: „Der weiße Mann sucht nach Leuten, die er zu Katastrophen interviewen kann. Denk Dir was aus und rede mit ihm." Derart generierte Daten wären offensichtlich völlig anders zu interpretieren, als wie es nun tatsächlich mit meinem Datenmaterial geschieht. Rechtfertigt dies aber Schritte, die darauf zielen eine solche Ungewissheit zu eliminieren? Ich denke nicht. Für mich war hier die Grenze der Methode und der Beginn des Pragmatismus erreicht. Ein Punkt an dem eine gute Menschenkenntnis, ein grundsätzlicher Optimismus und gesunder Menschenverstand die wissenschaftliche Überprüfbarkeit ersetzen müssen.

## Fremdkulturelle Forschung als Hybrid aus Improvisation und Methode

Und so hat schließlich jede Methode auch ihre Grenzen, jedes Forschungsprojekt einen Punkt, an dem die Methode hinter forschungspragmatischen Überlegungen zurücktreten muss. Egal wie akribisch man als Forscher auch arbeitet, die Möglichkeit noch akribischer zu sein besteht immer. Sicherlich wäre es hilfreich gewesen für meine Forschung ein/zwei Jahre mehr in Accra zu verbringen. Bestimmt hätte auch die Beherrschung des lokalen Twi auf Muttersprachlerniveau weitergeholfen. Aber hätte ich dann nicht auch Ga lernen müssen um auch die Zuwanderer aus den östlichen Landesteilen auf Muttersprachlerniveau interviewen zu können? Und Haussa, um auch Leute aus dem Norden Ghanas nicht zu vernachlässigen? Ich denke es ist klar worauf ich hinaus will. Jegliche Feldforschung kann immer nur eine Annäherung an die reine Methode sein. Die Arbeit im Feld ist eben dadurch gekennzeichnet, dass sie nicht unter Laborbedingungen abläuft. Sie ist geprägt von Kompromissen, Abstrichen und Improvisationen, mit denen man den Unwägbarkeiten begegnet. Was macht man etwa, wenn mitten in einem Einzelinterview der Nachbar des Befragten sich einschaltet und von seinen Überschwemmungserfahrungen berichtet? Methodisch korrekt wäre es, das Interview an dieser Stelle abzubrechen, da nicht mehr sichergestellt werden kann, ob die Teilnehmerrollen neu ausgehandelt werden, Schwerpunktsetzungen der interviewten Person durch die Stichworte des Nachbarn verschoben werden und, und, und. Beispiele wie diese gibt es en masse. Der Versuch die Befragten nach dem qualitativen Interview einen Fragebogen ausfüllen zu lassen scheiterte etwa vielfach daran, dass sowohl multiple choice als auch skalierte Fragen in ganzen Sätzen beantwortet wurden. Auch die erzählgenerierende Eingangsfrage führte nicht immer zum gewünschten Ergebnis, wie folgendes Beispiel exemplarisch darstellt (A ist der Interviewer, B der Befragte):

A:  Erzähl mir doch bitte zunächst einmal ein wenig von deinem Leben hier an diesem Ort, die Geschichte deines Lebens hier an diesem Ort.

B:  Über den Regen?

A:  Nein, nein. Abgesehen von Regen und Fluten, einfach die Geschichte deines Lebens an diesem Ort.

B:  Ich verstehe nicht. Was meinst du?

A:  Nun, wie dieser Ort hier ist. Wie es ist, hier zu leben.

B:  Okay, okay, okay. Soll ich anfangen?

A:  Ja. Ja, bitte.

B: Mein Leben, wir leiden hier. Wir leiden. Wir leiden wegen den Jobs und dem Wasser, dem Regen. Ich weiß nicht, was ich sagen soll. Frag mich

A: Konkretere Fragen?

B: Ja. Stell mir Fragen. Frag mich was, und dann antworte ich.

A: Okay. Seit wann lebst du hier?

Der Versuch durch die offene Eingangsfrage Hinweise darauf zu bekommen, welchen Stellenwert die erlebte Katastrophe in der Biographie der Befragten einnimmt, ist in diesem Fall leider gescheitert und es gilt hinsichtlich des weiteren Interviewverlaufs zu improvisieren. Früher oder später kommt jeder Forscher einmal an den Punkt, an dem er improvisieren muss. Zwar kann (und sollte) man als Forscher versuchen die Zukunft gedanklich ein Stück weit vorwegzunehmen, sein Forschungsdesign also vorausschauend anzulegen, doch ein Charakteristikum der Zukunft ist nun mal das Auftreten von Unwägbarkeiten. Ronald Kurt betont in diesem Zusammenhang die Nützlichkeit improvisatorischer Fähigkeiten und erhebt die Improvisation gar zur „Methode der empirischen Sozialforschung" (Kurt 2011: 71 ff.). Er argumentiert, dass wer „sein Zelt in fremden Lebenswelten aufschlägt" nun mal mit Unwägbarkeiten zu rechnen habe (ebd.). Ist ein solches Handeln nun unwissenschaftlich oder unseriös? Im technisch-naturwissenschaftlichen Methodenverständnis vielleicht. In der empirischen qualitativen Sozialforschung ist es hingegen unausweichlich. Zwar lassen sich zwischen den beiden Polen „vollkommene Planbarkeit" und „völlige Unvorhersehbarkeit" unterschiedliche Positionen einnehmen – welche unter anderem auch von den Rahmenbedingungen des konkreten Forschungsprojekts beeinflusst werden. Doch sämtliche Positionen vereinen in sich in unterschiedlichen Gewichtungen sowohl einen Teil Improvisation als auch einen Teil Methode. Auf beides sollte man folglich vorbereitet sein.

## Literatur

Flick, Uwe (2009): Qualitative Sozialforschung. Eine Einführung. Reinbek bei Hamburg: Rowohlt-Taschenbuch-Verl.

Haltermann, Ingo (2011): Vom Alltagsrisiko zur Katastrophe. Die Veränderung von Naturrisiken und deren Wahrnehmung am Beispiel Accra/Ghana. In: SWS-Rundschau. Jg. 51. Heft 3. 349–366

IFRC (International Federation of Red Cross and Red Crescent Societies) (2010): Ghana: Floods. verfügbar unter: http://www.ifrc.org/docs/appeals/10/MDRGH002fr.pdf, 31.01.2012.

Kroner, Wolfgang/Wolff, Stephan (1986): Der praktische Umgang mit Wissenschaft. Reflexion zu einem mißglückten Einstieg in das Forschungsfeld. In: Lüdtke, Hartmut/
Agricola, Sigurd/Karst, Uwe Volker (Hrsg.): Methoden der Freizeitforschung. Opladen: Leske und Budrich
Kurt, Ronald (2011): Improvisation als Methode der empirischen Sozialforschung. In:
Schröer, Norbert/Bidlo, Oliver (Hrsg.): Die Entdeckung des Neuen. Qualitative Sozialforschung als Hermeneutische Wissenssoziologie. Wiesbaden: VS Verlag für Sozialwissenschaften. 69–83
Macamo, Elisio (2008): Wenn nichts verborgen bleibt – Ein Kommentar zur objektivher-
meneutischen Auslegung meiner Gruppendiskussionen. Eine Stellungnahme zum
Beitrag von Ulrich Oevermann. In: Cappai, Gabriele (Hrsg.): Forschen unter Bedingungen kultureller Fremdheit. Wiesbaden: VS Verlag für Sozialwissenschaften.
235–239
McGranahan, Gordon/Jacobi, Pedro/Songsore, Jacob/Surjadi, Charles/Kjellén, Marianne
(2001): The citizens at risk. From urban sanitation to sustainable cities. London:
Earthscan
Przyborski, Aglaja/Wohlrab-Sahr, Monika (2010): Qualitative Sozialforschung. Ein Arbeitsbuch. München: Oldenbourg
Schröer, Norbert (1998): Kommunikationskonflikte zwischen deutschen Vernehmungsbeamten und türkischen Migranten. In: Soziale Probleme. Jg. 9. Heft 2. 154–181
Schröer, Norbert (2006): Die dialogische Anverwandlung. Zur Ausdeutung fremdkultureller Daten mit Hilfe von ‚kulturvertrauten Co-Interpreten‘. In: Rehberg, Karl-Sieg-
bert (Hrsg.): Soziale Ungleichheit, Kulturelle Unterschiede. Verhandlungen des
32. Kongresses der Deutschen Gesellschaft für Soziologie in München 2004. Frankfurt am Main/New York: Campus. 4230–4235
Schröer, Norbert (2007): Die dialogische Anverwandlung. Zur Ausdeutung fremdkultureller Daten mit Hilfe von ‚kulturvertrauten Co-Interpreten‘. In: Dreher, Jochen/
Stegmaier, Peter (Hrsg.): Zur Unüberwindbarkeit kultureller Differenz. Grundlagentheoretische Reflexionen. Bielefeld: transcript. 211–234
Stelly, Wolfgang (2004): Wege in die Unauffälligkeit – Methodisches Vorgehen bei Feld-
zugang und Erhebung. Tübingen: Arbeitsberichte aus dem Institut für Kriminolo-
gie. 5 (2004)
Wolff, Stephan (2010): Wege ins Feld und ihre Varianten. In: Flick, Uwe/von Kardorff,
Ernst/Steinke, Ines (Hrsg.): Qualitative Forschung. Ein Handbuch. Reinbek bei
Hamburg: Rowohlt-Taschenbuch-Verl. 334–349

**Internetadressen**

Emergency Database EM-DAT des Centre of Research on Epidemiology of Disasters
(CRED), verfügbar unter: http://www.emdat.be , 31.01.2012.

# Bildungsinländer und Bildungsausländer für Interviewgespräche gewinnen

## Die Rekrutierung von Interviewees als Beziehungsarbeit

*Lois Chidalu Nwokey, Adiam Zerisenai und Norbert Schröer*

## I.

Eine qualitativ ausgerichtete Sozialforschung hebt im Kern auf die Bildung brauchbarer und erkenntniserweiternder Theoriehypothesen ab (Blumer 1979; Kelle 1994; Schröer/Bidlo 2011). Gewonnen werden solche Hypothesen im Dialog mit dem zu beforschenden Feld: Der Sozialforscher nimmt – ausgestattet mit seinem ihm eigenen alltagsweltlichen wie theoretischen Vorwissen – in einer ihm geeignet erscheinenden Weise Kontakt zum Feld auf, er setzt sein Vorwissen so – durchaus gewünscht – Irritationen aus, die er in der Modifikation und Ausdifferenzierung seines Vorwissens im Auswertungsprozess, in der Bildung erkenntniserweiternder Hypothesen, behebt (Reichertz 2003). Der Sozialforscher gelangt zu den neuen theoretischen Einsichten über die soziale Wirklichkeit also in irgendeiner Form stets über Feldforschung (Schatzmann/Strauss 1973; Dammann 1991; Lüders 2000). Als „das erste und unangenehmste Stadium der Feldforschung" (Wax 1979) gilt die Gestaltung des Zugangs zum Feld. Naturgemäß ist der Feldzugang unabdingbare Voraussetzung für die Durchführung des Forschungsprozesses: „no Entrée, no research" (Johnson 1975: 53). Was macht den Einstieg aber so unangenehm, und wie kann der Einstieg trotzdem gelingen?

Zunächst einmal: Der Feldzugang ist nicht methodisierbar. Jeder Feldzugang ist einzigartig, und es gibt keine verbindlichen Verfahren, deren Umsetzung den Feldzugang garantieren. Gefragt ist eine hohe situative Kompetenz des Sozialforschers, mit der Gelegenheiten ad hoc wahrgenommen, aber auch in den Situationen geschaffen werden können. Bei seinen Bemühungen um einen Feldeinstieg muss der Sozialforscher allerdings mit Widerstand rechnen. Der rührt zum einen aus der Objektstellung, in die die zu Untersuchenden unweigerlich gelangen, und aus den Gefahren, denen sich die zu Untersuchenden über die Einwilligung von Feldforschung aussetzen. Sie können nicht sicher sein, dass keine sensiblen, sie eventuell sogar belastenden Daten an die Öffentlichkeit gelangen? Stephan Wolff stellt dann auch fest: „Der Forscher kann dem Feld nichts bieten." (2000: 348). Die Position des Feldforschers ist schwach, und ihm stellt sich gerade zu Beginn seiner Untersuchung stets die Frage, auf welche Weise er die ‚Feldbewohner' dennoch dafür gewinnen kann, ihn zu unterstützen und ihm Einlass zu gewähren.

Einige Praktiken und Haltungen haben sich bewährt: So scheint es ratsam, den Feldbewohnern das Untersuchungsanliegen zunächst in einer nachvollziehbaren Form zu präsentieren. Das Feld muss über das Anliegen des Sozialforschers orientiert sein. Mitentscheidend ist eigentlich immer, dass die Untersuchung vom Feld als wichtig und sinnvoll nachvollzogen wird (Schatzmann/Strauss 1979). Dann sollte von vornherein deutlich werden, dass der Sozialforscher sich selbst als Lernender begreift (Lofland 1979). Die Kompetenzen liegen bei den Bewohnern des Feldes. Diese Kompetenzen gilt es aus der beobachtenden Teilnahme in Erfahrung zu bringen. Der Sozialforscher zeigt an, sich als Lernender ein- und unterordnen zu wollen (Froschauer/Lueger 2003: 59). Insgesamt muss den zu Beforschenden bereits während der anbahnenden Gespräche klar werden, dass von dem Feldforscher keine allzu große Zusatzbelastung ausgeht, dass er sich ihnen gegenüber als loyal erweisen wird, dass es angenehm sein wird, mit ihm während der Feldarbeit umzugehen, und dass keinerlei Gefahren aus den späteren Veröffentlichungen der Forschungsberichte zu erwarten sind.

Im Feld angekommen etabliert sich der Sozialforscher am ehesten dann, wenn er eine im Feld bereits eingerichtete Rolle (beispielsweise die des Praktikanten), für die dann bereits Interaktionsroutinen zur Verfügung stehen, einnimmt (Lofland 1979). Vielleicht nimmt der Sozialforscher ja auch die Hilfe von Schlüsselinformanten und Türöffnern in Anspruch (Wolff 2000: 337). Wenn er sich während seiner ersten Zeit im Feld in seinem ganzen Auftreten tatsächlich als loyal erweist, dann kann es ihm gelingen, eine vertrauensvolle Beziehung zu den Feldbewohnern (Johnson 1975: 82 ff.) und somit eine „periphere Mitgliedschaft" im Feld zu erlangen (Lueger 2000: 62 ff).

Es deutet sich so an, dass die Anbahnung von Feldforschung als vertrauensstiftende Beziehungsarbeit zu gestalten ist. Nur über eine solche Beziehungsarbeit des Forschers wird gerade in Bezug auf sensible Felder der Zugang zum Feld gewährt, nur auf einer solchen Basis ist dann die Erhebung brauchbarer Daten und der einer die spätere Auswertung der Daten tragenden Mitspielkompetenz möglich. Erstaunlich ist nun aber, dass dieser Aspekt für die Qualitative (insbesondere auch für die narrative) Interviewforschung als einer bedeutenden Variante der Feldforschung in der einschlägigen Literatur nur am Rande aufgegriffen wird.

Fuchs-Heinritz beschreibt zwar als ein zentrales Problem der Vorbereitung einer interviewbasierten Sozialforschung die Verquickung der Auswahl geeigneter Interviewees und ihrer Rekrutierbarkeit und kommt dabei auf die Beziehungsarbeit zu sprechen: „Zuerst Bestimmung der für die biographische Befragung geeigneten Personen, danach der Versuch, zu ihnen eine Beziehung zu gewinnen, dass sie sich für die Befragung zur Verfügung stellen." (2005: 236) Und auch Froschauer/ Lueger reklamieren: „In der ersten Kontaktnahme wird die Basis für die soziale Beziehung im Gespräch aufgebaut und es sollten auch die groben Richtlinien für den Gesprächsverlauf abgestimmt werden. (…) In dieser Phase ist es wichtig, eine Vertrauensbeziehung zur kontaktierten Person aufzubauen." (Froschauer/Lueger 2002: 66) Auf die Charakteristik dieser Beziehungsarbeit in der Anbahnungsphase wird dann aber nicht genauer eingegangen. Fuchs-Heinritz konzentriert sich auf die Darlegung unterschiedlicher Ausgangsbedingungen (2005: 236 ff.), Froschauer/Lueger deuten thematische Aspekte an, über die der Interviewee vorab in Kenntnis gesetzt werden sollte (2003: 67; vgl auch Riemann 2003: 24 und Küsters 2006: 54 f.). Przyborski/Wohlrab-Sahr verweisen immerhin auf einzunehmende „kommunikative Haltungen" (2008: 70). Die Dynamik des kommunikativen Geschehens als Beziehungsarbeit wird dabei aber nicht recht klar. (2008: 69 ff.). Andere Einführungen in das Narrative Interview, greifen den Aspekt der Beziehungsarbeit in der Vorphase des Interviews gar nicht erst auf (Glinka 2003; Rosenthal 2005: 125 ff.; Kleemann/Krähnke/Matuschek 2009).

Um die Bedeutung der Beziehungsarbeit bei der Vorbereitung von interviewbasierten Forschungsprojekten näher zu beschreiben, möchten wir nun exemplarisch von der Durchführung eines kürzlich an der Hochschule Fulda durchgeführten Lehrforschungsprojekts berichten. In einem ersten Schritt soll die von uns im Rahmen dieses Projekts geleistete Beziehungsarbeit gegenüber potentiellen Interviewees beschrieben werden (II). V. d. H. möchten wir dann die Bedeutung herausstellen, die dieser Beziehungsarbeit für das Gelingen von Interviewforschung zukommt (III). Insgesamt möchten wir plausibilisieren, dass das Gelingen eines Qualitativen Interviews eine entsprechende Beziehungsarbeit zur Rekrutierung von Interviewees erforderlich macht.

## II.

Lehrforschungsprojekte dienen dazu, Studierende über die Gestaltung von Seminaren als relevante Forschungsunternehmen in die Praxis von Forschung einzuüben. Die Prinzipien und Verfahren wissenschaftlichen Forschens sollen so aus der Erfahrung heraus erlernt und verinnerlicht werden. Erwartet werden so nachhaltigere und tiefergreifende Lerneffekte.

Im Studienjahr 2010/11 wurden die Studierenden im Fachbereich Sozial- und Kulturwissenschaften der Hochschule Fulda in einem solchen Lehrforschungsprojekt in die Verfahren der Qualitativen Sozialforschung eingeführt. Thematisch hatten wir uns zum Ziel gesetzt, die ålltägliche Lebenswelt der ausländischen Studierenden an der Hochschule Fulda zu erkunden. Ihre Lebensbedingungen, ihre alltäglich zu bewältigenden Probleme und die von ihnen umgesetzten ‚Lösungen‘ standen thematisch im Mittelpunkt des Projekts. Wir hatten uns vorgenommen Mindmap gestützte Qualitative Interviews mit sogenannten Bildungsinländern und Bildungsausländern durchzuführen. Da die Lebens- und Studienumstände sich für diese beiden Gruppen signifikant unterscheiden, sollten in zwei Seminargroßgruppen separate Auswertungen vorgenommen und die Ergebnisse dann verglichen werden.

Die Teilnehmer des Seminars hatten keinerlei Erfahrungen in der Durchführung qualitativer Forschungsprojekte. Sie befanden sich in ihrem ersten Studienjahr im Bachelorstudiengang „Sozialwissenschaften mit dem Schwerpunkt interkulturelle Beziehungen". Es sollten die methodischen Grundlagen wissenschaftlichen Forschens für das weitere Studium gelegt werden. Da die Studierenden selbst noch in der Orientierungsphase steckten und davon auszugehen war, dass insbesondere die Rekrutierung von Bildungsausländern – es mussten jeweils 20 Interviewees gewonnen werden – nicht ohne eine gewisse Sensibilität für das Feld möglich sein dürfte, schien es ratsam, hier erfahrene Studentinnen aus einem höheren Semester zu engagieren, die überdies eine ‚natürliche‘ Affinität zum Feld besitzen sollten: So erklärten sich die beiden Mitautorinnen dieses Beitrags, Adiam Zerisenai, Eritreerin, die seit Ihrer Kindheit in Deutschland lebt und das deutsche Bildungssystem durchlaufen hat – somit eine Bildungsinländerin – und Lois Chidalu Nwokey, Nigerianerin, die Ihre Hochschulzugangsberechtigung in ihrem Heimatland erworben hat und erst seit ein paar Jahren an einer deutschen Hochschule studiert – somit eine Bildungsausländerin – bereit, die Rekrutierungsarbeit zu übernehmen.

Im Folgenden berichten Sie davon, über welche Formen der Kontaktaufnahme die Rekrutierung der Interviewees gelungen ist und welche Probleme dabei zu lösen waren.

*Feldzugang Bildungsinländer: Bericht von Adiam Zerisenai*

Nach einer Erstbesprechung zur Gestaltung der Intervieweerekrutierung nahm ich mir vor, zuerst die verschieden für mich in Frage kommenden Gruppen an der Hochschule zu beoachten. Ich schaute mich auf dem Campus um, beobachtete die Personen in der Bibliothek, in der Mensa, in den Computerräumen, in den Fachbereichsgebäuden, im Studentencafe und vor den Bushaltestellen. In der Zeit sprach ich auch mit meinen eigenen Kommilitonen über meine Aufgabe, um von ihnen Rekrutierungsanregungen zu erhalten. Im nahen Bekanntenkreis ging ich auf potenzielle Interviewees zu. Ich stellte ihnen das Lehrforschungsprojekt vor und erläuterte die geplanten Ziele der Untersuchung. Ich stellte die Frage, ob sie teilnähmen, sehr offen. Eine Ablehnung hielt ich für unwahrscheinlich. Diese Gruppe von StudentenInnen bestanden aus acht Personen. Ich traf die Bekannten im Campusbereich. Fünf von acht Personen gaben mir sofort eine Zusage und die weiteren drei waren sich unsicher, jedoch waren sie an der Thematik interessiert.

Nach diesem gelungenen Einstieg stellte sich mir nun die Frage, wie für unser Projekt interessante, mir aber persönlich noch nicht bekannte Studierende auf meine Anfrage reagieren würden. Ich ging zunächst nur wenig vorbereitet auf die mir unbekannten StudentenInnen zu. Die Reaktionen waren sehr unterschiedlich. Zur Veranschaulichung drei Anwerbesituationen.

Zur Mittagzeit ging ich begleitet von einer Kommilitonin in die Mensa. Ihr erzählte ich den aktuellen Stand unserer Rekurutierungsbemühungen, daraufhin schlug sie mir ihren Mitbewohner und eine weitere Person aus ihrem Freundeskreis vor. Ich kannte ihren Mitbewohner flüchtig, sah ihn in der Mensa und sprach ihn auf das Projekt an. Er interessierte sich für das Lehrforschungsprojekt und meinte, ich sollte mich einfach bei ihm melden. In dieser Zeit hatte ich mir ein Notizheft angelegt, um die Kontaktdaten der StudentenInnen zu dokumentieren und weitere wichtige Notizen schrieb ich zusätzlich auf. In der letzten Oktoberwoche ging ich erneut in die Mensa, denn von meinen Beobachtungen her gewann ich den Eindruck, als seien die Studierenden am ehesten hier ansprechbar. Vor der Warteschlage stehend, beobachtete ich drei Studentinnen. Sie unterhielten sich über ein Referat, um bei ihnen nicht in das Gespräch zu platzen, wartete ich geduldig. Nach einigen Minuten stellte ich mich mit Namen, Fachbereich und Studiengang vor. Die Studentinnen schauten mich fragend an, daraufhin trug ich mein Anliegen vor. Ich erläuterte ihnen das Projekt und das Ziel. Anschließend fragte ich die Studentinnen, ob sie als Interviewees an dem Lehrforschungsprojekt teilnehmen würde. Daraufhin erhielt ich ihre Kontaktdaten. Im Anschluss des Gesprächs wurde ich mutiger und ich ging auf eine weitere Gruppe zu. Ich habe die angesprochene Gruppe über einen längeren Zeitraum beobachtet. Ich wusste dennoch nicht, wie ich die Gruppe ansprechen sollte. Ich ging ohne eine wirkliche Vorstellung auf die StudentenInnen zu. Ich stellte zunächst mich und dann mein Anliegen vor. Ich fragte mehrere Personen in der Gruppe, ob ein Interesse bestehen würde, an einem Lehrforschungsprojekt teilzunehmen. Die StudentenInnen hinterfragten darauf hin, was denn die Gründe und das Ziel seien, warum ich bei diesem Projekt mitmachen würde? Es kamen weitere Fragen auf: Was bringt dieses Lehrforschungsprojekt für die StudentenInnen, und wird es veröffentlicht. Sofort wurde mir klar, dass ich für die Gruppe eine fremde Studentin war, daher musste ich erst ihr Vertrauen gewinnen. Ein weiterer Student meinte, dass es für ihn reine Zeitverschwendung sei, weil er andere Aufgaben zu bewältigen habe. Zusätzlich deutet er mit einem sarkastischen Unterton an, dass er als Student mit Migrationshintergrund viel mehr Zeit für die Vor- und Nachbereitungen benötige. Ich argumentierte mit den KommilitonInnen, und dabei ging ich auf ihre Fragen und Sorgen ein. Ich unterstrich erneut die Wichtigkeit der Forschung. Ein Teil der Gruppe blieb skeptisch, und der andere Teil hörte mir interessiert zu, Sie verstanden meine Lage, da sie auch in eigenen Projekten auf die Mitarbeit von anderen StudentenInnen angewiesen waren. Das Zusammengehörigkeitsgefühl spielte bei dieser Gruppe eine bedeutende Rolle. Ich war mit der Thematik und Problematik vertraut und setzte in meinen Erklärungen meine eigene Erfahrung ein. Diese Strategie ermöglichte mir, in der Gruppe anerkannt zu werden. Ich stellte den StudentenInnen Gegenfragen, um ihnen den Wert der Forschung in diesem Bereich plausibel zu machen. In der Diskussion mit der Gruppe war ich ehrlich, da ich einen vertrauensvollen Umgang für wichtig hielt. Nach dem ich zwei Kontaktdaten erhalten hatte, gaben die anderen StudentenInnen mir auch ihre Kontaktdaten. Die meisten gaben mir ihre Emailadresse oder ihren Accountnamen bei facebook. Die Gruppe bestand aus zehn Personen. Sieben Personen gaben mir ihre Kontaktdaten. Ich hatte aber den Eindruck, dass der eine oder andere mir seine Kontaktdaten aus einem gewissen Gruppenzwang heraus gegeben hat. Nach diesem Gespräch wurde mir vollends deutlich, vor welcher Problemen ich stehe: ich hatte die Argumentationen und die Sichtweisen der StudentenInnen verstanden. Ich konnte heraushören, dass sie nicht als Forschungsobjekte behandelt werden wollten. Ich kam in einen Gewissenskonflikt, da ich auch nicht wollte, dass sie so einen Eindruck von unserer Arbeit gewinnen.

Als ich dann schon etliche Zusagen gewonnen und die entsprechenden Kontaktdaten erhalten hatte, entschied ich mich, über persönliche E-Mails den Kontakt zu stabilisieren. Zunächst wollte ich eine Rundemail verfassen, dann entschied ich mich dagegen – ich ertappte mich selbst oft dabei, solche Rundmails zu ignorieren. Die E-Mails sollten den StudentenInnen klar machen, wie wichtig mir das Lehrforschungsprojekt und in dem Zusammenhang ihre Bereitschaft, sich interviewen zu lassen, ist. Ich wollte somit noch einmal ganz persönlich mein Interesse ausdrücken.

Zu meiner Enttäuschung erhielt ich nur eine Rückantwort. Daraufhin änderte ich meine Strategie. Ich passte mich meiner Umgebung an. In der Pause und zwischen den Vorlesungen ging ich zu der Mensa oder lief im Campus umher mit dem Ziel, den Studierenden, die mir bereits ihre Kontaktdaten gegeben hatten zu begegnen, um sie direkt ansprechen zu können. Aber viele der StudentenInnen gingen mir aus dem Weg. Sie begrüßten mich und gingen schneller weiter. Ich hatte den Eindruck, dass sie mir nicht direkt absagen wollten.

In dieser Phase wurde mir noch einmal klar, dass ich den Kontaktaufbau jeweils sehr spezifisch angehen muss. (a) Die erste Gruppe bestand aus acht StudentenInnen, die aus meinem direkten Bekanntenkreis waren. Fünf der StudentenInnen gaben mir sofort eine Zusage und die weiteren drei Personen benötigten eine Bedenkzeit. Ich unterhielt mich mit den Bekannten gleich am Anfang des Wintersemesters. Ich konnte ihnen vertrauen und sie waren auch die Personen, die viele Rückfragen und Anmerkungen zu dem Projekt hatten. Die Zusammenarbeit gestaltete sich einfach, weil bereits eine vertraute Beziehung bestand. Die Unterstützung bei der Suche nach weiteren Interviewees stärkte das Gemeinsamkeitsgefühl. (b) Eine zweite Gruppierung bestand aus sechs StudentenInnen. Die habe ich ohne Vermittlung direkt angesprochen, und der Kontaktaufbau verlief schwierig. Zuerst erhielt ich von einigen Absagen, und sie gingen mir dann aus dem Weg. Zwei Personen kannten mich flüchtig. Sie gaben mir eine Zusage, die Zusagen wirkten aber nicht zuverlässig. Drei StudentenInnen sprach ich in der Mensa vor der Bibliothek an. Ein Bekannter hat mir geholfen, sie zu überreden. Zwei weitere Kommilitonen waren sehr offen und sie stimmten im Verlauf eines regelrechten Verhandlungsgesprächs dem Projekt zu. Die Gespräche verliefen freundlich, und sie zeigten Interesse. Die Kontaktarbeit gestaltete sich hier sehr einfach. Eine andere Person nahm am Anfang eine ablehnende Haltung ein, und ich benötigte viel Zeit, um sie für das Projekt zu gewinnen. Es waren mehrere Unterhaltungen in der Mensa, im Chatroom erforderlich, um einen vertrauensvollen Kontakt herzustellen. (c) Die dritte und letzte Gruppe bestand aus vier Personen. Sie wurden durch Kommilitoninnen und Bekannte aus dem Fachbereich Sozialwesen vermittelt. Zwei der Personen wollten eine genaue Information über das Lehrforschungsprojekt haben. Deshalb führte ich längere telefonische Gespräche mit den Studentinnen, in denen ich ihnen den Nutzen des Forschungsprojekts herausstellte

Die Andeutungen zeigen, dass ich recht unterschiedliche Rekrutierungstechniken und Strategien anwenden musste. Ich sprach die StudentInnen direkt an und erhielt ihre Kontaktdaten z. B. Telefonnummer, Emailadresse, facebook oder studiVz-Namen. Bei einigen Teilnehmern erhielt ich die Kontaktdaten vermittelt. Um den Kontakt über eine längere Zeitspanne zu halten, ging ich immer wieder auf die zukünftigen Interviewees ein. Ich fragte nach ihrem Wohlergehen, nach den Klausuren, so kam es immer wieder zu einem Smaltalk. Dabei zeigte ich Interesse für die Teilnehmer. Ich ging dann auch auf das Lehrforschungsprojekt ein, um ihnen erneut die Bedeutung meiner Arbeit deutlich zu machen. Ab Mitte November fragte ich dann nach den persönlichen Kontaktdaten der StudentInnen, wie z. B. Name, Geburtsort, Herkunftsland, Studiengang und Semester. Die Abgabe der persönlichen Kontaktdaten war auch wichtig, damit die Interviewzusage für sie verpflichtend wirkte. Ich erhielt alle persönlichen Kontaktdaten bis zum Ende des Jahres, und in der Zeit wechselte ich zu einer neuen Strategie. Ich war vor dem Lehrforschungsprojekt selten in dem Online-Netzwerk, jedoch konnte ich feststellen, dass viele der StudentInnen im Sozialnetzwerk z. B. facebook oder studiVZ aktiv waren. Da sich herausgestellt hatte, dass email ein schwaches Kontaktmedium ist, entschloss ich mich, mit den Interessierten über facebook zu kommunizieren. Ich bekam den Eindruck, dass es für alle Teilnehmer am einfachsten war, und es stabilisierte den Kontakterhalt. So unterhielt ich mich jeweils über längere Zeit mit den StudentInnen über den Chatroom. Mir wurde bewusst, dass es vom Preis her günstiger war, dennoch war es auch anstrengend, da ein hoher Maß an Gespür und Aufmerksamkeit erforderlich war. Mit einigen Teilnehmern unterhielt ich mich an manchen Tagen über dreißig Minuten und bei anderen Teilnehmern verfasste ich schnell eine Nachricht, wenn sie online waren. Ich konnte somit sehen, wie oft sie online waren und wann sie online waren. Auch hier griff ich spezifisch unterschiedliche Themen auf, um so eine Stereotypisierung des Kontakts zu vermeiden. Die potentiellen Interviewees sollten nicht das Gefühl bekommen, nur ein Objekt für unsere Forschung zu sein. Andere StudentInnen traf ich in der Mensa. Wir unterhielten uns über alltägliche Angelegenheiten. Mir ging es dabei darum, einen normalen, freundlichen und stabilen Kontakt herzustellen, der sich nicht auf mein Rekrutierungsinteresse reduzierte. Manche der StudentInnen fragen dann von sich aus, ob ich noch weitere StudentInnen für das Projekt benötige und stellten mir dann ihre Freunde vor.

Zum Schluss hatte ich über zwanzig Bildungsinländer als Interviewees gewinnen können. Entscheidend waren meine Bemühungen um einen stabilen Kontakt, um eine Beziehung zu den Studierenden. Die Kontaktanbahnung und -stabilisierung verlief recht unterschiedlich – das sollte angedeutet sein. Entscheidend bei allen meinen Bemühungen war aber, dass ich einen persönlichen Kontakt zu den Studierenden aufgebaut habe. Wichtig war es, den Eindruck vermieden zu haben, als wolle ich sie lediglich als Interviewees abgreifen. Sie haben sich nicht als bloße Forschungsobjekte erlebt. Von daher war es grundlegend, dass ich mich ihnen als mit dem Forschungsprojekt identifiziert gezeigt und zugleich ein ganz direktes und spezifisches Interesse an der Person zum Ausdruck gebracht habe und von daher den Kontakt pflegte. Diejenigen, die dann mitgemacht haben, waren StudentenInnen, die in den Gesprächen mit mir ein zum Teil wirkliches Interesse für das Thema aufgebaut hatten. Andere haben mein Engagement für das Forschungsprojekt respektiert und sich dann aus dem auch für sie angenehmen Kontakt zu mir dazu verleiten lassen mitzumachen. Wir war es gelungen, so etwas wie Loyalität mir gegenüber aufzubauen. Das dürfte alles in allem entscheidend gewesen sein.

### *Feldzugang Bildungsausländer. Bericht von Lois Chidalu Nwokey*

Meine Aufgabe als studentische Hilfskraft bestand darin, an der Hochschule Fulda studierende Bildungsausländer als Interviewees für unserer Forschungsprojekt zu gewinnen Als ich diese Aufgabe übernommen hatte, hatte ich keine Ahnung wie ich die Studenten/innen ansprechen sollte. Da wir schon im vergangenen Semester Interviews mit ausländischen Studenten/innen durchgeführt hatten, war mir die Aufgabe nicht ganz fremd. Trotzdem war die Situation neu, weil ich dieses Mal zu etwa 20 Bildungsausländern einen Kontakt aufbauen und so die Interviews für eine Hälfte der Lehrforschungsgruppe vorbereiten sollte.

Da ich mich auf die Rekrutierung der Bildungsausländer konzentriert habe, musste ich mir zunächst klar darüber werden, wie ich Bildungsausländer überhaupt erkennen kann. Darüber habe ich lange nachdenken müssen. Kann man schon anhand spezifischer körperlicher Merkmale die Deutschen von den Nichtdeutschen unterscheiden? Sollte ich die StudentInnen einfach ansprechen und fragen ob sie Ausländer sind oder nicht? Das hätte komisch und aufdringlich wirken können. Ich musste eine Strategie entwickeln. Die Entdeckung von Bildungsausländern schien mir im ersten Schritt am ehesten durch Beobachtung möglich zu sein. Ich habe viele StudentInnen an verschiedenen Orten und Ecken rund um die Hochschule beobachtet. Das war in Wintersemester 2010. Deswegen war ich während der Einschreibung im International Office. Ich habe mir das Treiben in der Mensa, in den Computerräumen und in der Bibliothek angeschaut, da man die internationalen Studierenden an diesen Orten schnell treffen und auch näher betrachten kann. Wichtig waren auch Beobachtungen in öffentlichen Bussen zur Hochschule hin. Diese Beobachtungen waren hilfreich, besonders wenn die Studierenden im Gespräch miteinander waren. Ich habe ihnen genau zugehört, oft erkennen können, aus welchem Land sie kamen, und mir dann entsprechende Notizen gemacht.

Ich habe die infrage kommenden Personen meistens im Bus und in der Mensa angesprochen. Im Bus konnten wir uns nicht in Ruhe unterhalten. Ich konnte nur ein paar Fragen stellen. So fragte ich, ob sie Studenten seien, woher sie kämen und was sie hier studierten. Und wenn ich mir sicher war, dass sie Bildungsausländer waren, habe ich mit ihnen ein Treffen vereinbart. Dann gingen wir in die Mensa, denn in der Mensa kann man ungestört miteinander reden. In der Mensa hatte ich auch weitere ausländische Studenten ausgemacht und angesprochen. Ich erklärte den Studenten genau, worum es in dem Lehrforschungsprojekt geht und dass ich Sie dafür gewinnen möchte, sich für ein Interview zur Verfügung zu stellen. Einige sahen den Sinn des Projekts sofort ein, während andere erst einmal zweifelten. Ich versuchte, Kontakt zu den Mitgliedern beider Gruppen herzustellen. Um diese Kontakte zu sichern, erzählte ich etwas über mich. Ich habe ihnen genau erzählt, wer ich bin, woher ich komme, in welchem Fachbereich ich studiere usw. Ich habe ihnen auch von meinen Schwierigkeiten in Deutschland erzählt. Was ich nicht vergessen darf zu erwähnen ist, dass mein eigener Status als Ausländerin eine große Rolle spielte. Als ausländische Studentin hatte ich dieselben Probleme mit der deutschen Sprache, bei den Vorlesungen, bei der Arbeit und beim Kontakt zu den Deutschen wie sie. Die Studenten sahen, dass wir uns auf der gleichen Ebene bewegen, und sie konnten in meinen Schilderungen ihre eigenen Probleme erkennen. Ich habe das bewusst gemacht, damit sie frei mit mir reden konnten.

Nachdem ich genügend Kontakte hergestellt hatte, begann die zweite Phase: ich musste im Kontakt mit den Studenten bleiben. Dafür habe ich meistens mit ihnen über Facebook gechattet. Ich hatte ihnen auf diesem Wege einen Brief geschrieben, in dem ich den Verlauf und das Ziel des Interviews noch einmal beschrieben habe. In dem Brief habe ich mich auch noch einmal umfassend persönlich vorgestellt. Dieser Brief war an die gerichtet, zu denen ich schon Kontakt bekommen hatte. Den Brief habe ich über Facebook im Oktober 2010 koordiniert. Das Kontaktieren und ständige Gespräche mit den Studenten haben ca. sechs Wochen gedauert. Hier hatten mir einige von ihnen noch ein paar Fragen gestellt, z.B. ob ihre Namen und Aussagen in die Öffentlichkeit gehen werden. Diese Sorge war für mich gut nachvollziehbar. Um sie zu beruhigen, habe ich ihnen Beispiele aus meinen eigenen Interviews aus dem Vorsemester präsentiert. So konnten sie sehen, dass und wie die persönliche Angaben anonymisiert werden. Das überzeugte sie.

Wie schon oben andeutete, gab es einige Studenten die sofort zustimmten, während es bei anderen nicht so leicht war. Einige Studierende willigten ein, weil sie mir helfen wollten, und auch, weil sie die Untersuchung sehr wichtig fanden. Andere Studenten, die etwas skeptisch waren, willigten trotzdem ein, weil es von Professoren geleitet wurde, mit denen ich zusammenarbeite. Das Wissen um meine Zusammenarbeit mit den Professoren war in zweifacher Hinsicht wichtig für einige. Erstens konnten sie die Interviews so ernst nehmen, weil sie Respekt vor einen Professor haben. Die Untersuchung galt damit als seriös. Sie mussten so nicht die Weitergabe ihrer Daten befürchten. Zweitens brachten sie auch mir große Wertschätzung entgegen, weil ich es geschafft hatte, mit Professoren zusammenzuarbeiten. Für sie hieß dass, dass ich es geschafft habe, mit den deutschen Verhältnissen klar zu kommen und dass sie sich auf mich verlassen können. Ich galt so auch als Vorbild: Mein Beispiel zeigte ihnen, dass es möglich ist, hierzulande ohne Angst zu leben, zu studieren und anerkannt zu werden. Die Zusammenarbeit mit den deutschen Professoren war für mich also ein Schlüssel für die Herstellung von Kontakt zu den Bildungsausländern und für die Rekrutierung der Interviewees.

Nachdem ich nach einigen Wochen eine Gruppe interessierter Interviewees zusammen hatte, ging es darum, eine gewisse Zuverlässigkeit in die Zusagen zu bekommen. Dazu musste ich das aufgekommene Vertrauen in meine Person stabilisieren und vertiefen. Ich habe nach den potentiellen Interviewees auf dem Campus gezielt Ausschau gehalten, ich habe ihnen vorgeschlagen, gemeinsam in der Mensa essen zu gehen. Dabei ist es dann zu sehr anregenden und sehr persönlichen Gesprächen gekommen, die dann meist mit dem Forschungsprojekt nichts mehr zu tun hatten. Kontaktpersonen, die in der Nähe von mir wohnten, habe ich besucht. Ich habe mit allen oft in Facebook gechattet. Das alles hat dazu geführt, dass die Kontakte mehr und mehr vertraulich und freundschaftlich wurden. Ich lernte die Studierenden so recht genau kennen, es entstanden regelrechte Beziehungen. Ich konnte mir zum Schluss sicher sein, dass sie sich für die Interviews zur Verfügung stellen. Sie waren mittlerweile von der Untersuchung überzeugt, weil das Thema spannend für sie war. Es bot ihnen die Möglichkeit, über ihre Probleme zu sprechen. Und dann brachten sie mit ihrer Bereitschaft zur Teilnahme vor allem auch ihre Beziehung zu mir zum Ausdruck.

## III.

Die beiden Berichte über die Gewinnung von Interviewees für eine interview-basierte qualitative Untersuchung zur Studienwelt von Bildungsinländern und -ausländern plausibilisieren, dass ein Feldzugang kontextsensitiv angelegt sein muss. In erster Linie sollte aber deutlich werden, dass die Rekrutierung von Interviewees als Beziehungsarbeit anzulegen ist. Ohne das „existentielle Engagement" (Honer 1993: 39–46) der beiden studentischen Mitarbeiterinnen, ohne ihre Bereitschaft, sich auf die potentiellen Interviewees personal einzulassen und so Vertrauen und Loyalität aufzubauen, wäre das Lehrforschungsprojekt gar nicht erst zustande gekommen.

Was wir im Rahmen dieses Aufsatzes leider nur andeuten können ist, dass das in der Rekrutierungsphase aufgebaute Vertrauen auch eine Voraussetzung dafür war, dass die Interviewees sich dann in weiten Teilen in den Interviewgesprächen mit den Studierenden als aufgeschlossen und erzählbereit darstellten. Das von den Mitarbeiterinnen aufgebaute Vertrauen konnte bei der Übergabe an die studentischen InterviewerInnen weiter gegeben werden. Die Interviews lieferten uns insgesamt eine brauchbare Datenbasis für eine aussagekräftige Beschreibung der studentischen Lebenswelt von Bildungsinländern und -ausländern.[1]

Wir möchten mit diesem Beitrag dafür plädieren, die Phase der Gewinnung von Interviewees stärker als in der Literatur bislang beschrieben nicht als Interviewvorphase, sondern als einen integralen Teil des qualitativen Interviews zu verstehen. Substantiell ist diese erste Interviewphase als Beziehungsarbeit zu gestalten. Erst über eine gelingende Beziehungsarbeit werden in der Regel die Voraussetzungen dafür geschaffen, Interviewees für eine qualitative Untersuchung zu gewinnen – auch wenn sich das nicht für jede Untersuchung so deutlich und aufwendig darstellt. Überdies dürfte von dem Vertrauen, das in der Rekrutierungsphase dann aufgebaut wurde, (nicht selten) abhängen, ob ein aussagekräftiges Interview überhaupt zustande kommt. So gesehen beginnt das qualitative Interview eben nicht erst mit der stets so in den Vordergrund gestellten Einstiegsfrage. Deren Bedeutung müsste von dieser Überlegung her dann auch neu diskutiert werden.

---

1   Zum thematischen Ertrag des Lehrforschungsprojekts siehe Zwengel 2012.

## Literatur

Blumer, Herbert (1979): Methodologische Prinzipien empirischer Wissenschaft. In: Geerdes, Klaus (Hrsg.): Explorative Sozialforschung. Einführende Beiträge aus „Natural Sociology" und Feldforchung in den USA. Stuttgart: Enke. 41–62

Dammann, Rüdiger (1991): Die dialogische Praxis der Feldforschung. Der ethnographische Blick als Paradigma der Erkenntnisgewinnung. Frankfurt am Main: Campus

Froschauer, Ulrike/Lueger, Manfred (2002): ExpertInnengespräche in der interpretativen Organisationsforschung. In: Bogner, Alexander/Littig, Beate/Menz, Wolfgang (Hrsg.): Das Experteninterview. Theorie, Methode, Anwendung. Opladen: Leske + Budrich. 209–222

Froschauer, Ulrike/Lueger, Manfred (2005): Das qualitative Interview. Wien: WUV

Fuchs-Heinritz, Werner (2005): Biographische Forschung. Eine Einführung in die Praxis und Methoden. Wiesbaden: VS Verlag für Sozialwissenschaften

Glinka, Hans-Jürgen (2003): Das narrative Interview. Eine Einführung für Sozialpädagogen. Weinheim/München: Juventa

Honer, Anne (1993): Lebensweltliche Ethnographie. Wiesbaden: DUV

Johnson, John M. (1975): Doing Field Research. New York: Free Press

Kelle, Udo (1994): Empirisch begründete Theoriebildung. Weinheim: Deutscher Studien Verlag

Kleemann, Frank/Krähnke, Uwe/Matuschek, Ingo (2009): Interpretative Sozialforschung. Eine praxisorientierte Einführung. Wiesbaden: VS Verlag für Sozialwissenschaften

Küsters, Ivonne (2006): Narrative Interviews. Grundlagen und Anwendungen. Wiesbaden: VS Verlag für Sozialwissenschaften

Lofland, J. (1973): Der Beobachter: inkompetent aber akzeptabel. In: Geerdes, Klaus (Hrsg.): Explorative Sozialforschung. Einführende Beiträge aus „Natural Sociology" und Feldforschung in den USA. Stuttgart: Enke. 75–76

Lüders, Christian (2000): Beobachten im Feld und Ethnographie. In: Flick, Uwe/von Kardorff, Ernst/Steinke, Ines (Hrsg.): Qualitative Sozialforschung. Ein Handbuch. Reinbek bei Hamburg: Rowohlt. 384–401

Lueger, Manfred (2000): Grundlagen qualitativer Feldforschung. Wien: WUV

Przyborski, Aglaja/Wohlrab-Sahr, Monika (2008): Qualitative Sozialforschung. Ein Arbeitsbuch. München: Oldenbourg

Reichertz, Jo (2003): Die Abduktion in der qualitativen Sozialforschung. Opladen: Leske + Budrich

Riemann, Gerhard (2003): A Joint Project against the Backdrop of a Research Tradition: Intoduction to „Doing Biographical Research". Forum Qualitative Sozialforschung/Forum: Qualitative Social Research, 4(3), Art. 18. http://nbn-resolving.de/urn:nbn:de.0114-fqs0303176

Rosenthal, Gabriele (2005): Interpretative Sozialforschung. Eine Einführung. Weinheim/München: Juventa

Schatzmann, L./Strauss, Anselm L. (1973): Strategien des Eintritts. In: Geerdes, Klaus (Hrsg.): Explorative Sozialforschung. Einführende Beiträge aus „Natural Sociology" und Feldforschung in den USA. Stuttgart: Enke. 77–93

Schröer, Norbert/Bidlo, Oliver (Hrsg.): Die Entdeckung des Neuen. Qualitative Sozialforschung als Hermeneutische Wissenssoziologie. Wiesbaden: VS Verlag für Sozialwissenschaften

Wax, Ruth (1973): Das erste und unangenehmste Stadium der Feldforschung. In: Geerdes, Klaus (Hrsg.): Explorative Sozialforschung. Einführende Beiträge aus „Natural Sociology" und Feldforchung in den USA. Stuttgart: Enke. 68–74

Wolff, Stephan (2000): Wege ins Feld und ihre Varianten. In: Flick, Uwe/von Kardorff, Ernst/Steinke, Ines (Hrsg.): Qualitative Sozialforschung. Ein Handbuch. Reinbek bei Hamburg: Rowohlt. 334–348

Zwengel, Almut (2012): Studium international. Bildungsinländer und Bildungsausländer im Vergleich, in: Hochschule H.1. (im Erscheinen)

**Das Problem der Zwei- und Dreisprachigkeit,
das Problem der doppelten Differenz
in der Moderne und die Auswertung
der erhobenen Daten**

# Verstehensprozesse in interkulturellen Forschungsgruppen – Übersetzung als eine Herausforderung qualitativer Forschung[1]

*Martin Bittner und Marga Günther*

## Das Projekt

In einem vom Deutsch-Französischen Jugendwerk geförderten interkulturellen Forschungsprojekt mit dem Titel „Lebensentwürfe und Lebensgeschichten Jugendlicher mit Migrationshintergrund in Deutschland und in Frankreich: Bildungsprozesse und Sozialisation"[2] wurden im Zeitraum von Juni bis Dezember 2007 von den TeilnehmerInnen Interviews mit Jugendlichen geführt, die einen Migrationshintergrund aufweisen. Die Jugendlichen lebten entweder in Deutschland oder in Frankreich und wurden in der jeweiligen Landessprache von ForscherInnen, die universitär in diesem Land angesiedelt waren, interviewt. Daraus ergab sich ein Datenkorpus von je zehn deutschsprachigen und zehn französischsprachigen Interviews. Alle Interviews wurden transkribiert und in die jeweils andere Sprache übersetzt. Der Datenkorpus verdoppelte sich somit und es lag eine deutsch- und eine französischsprachige Fassung jedes Interviews vor. Die Interviews wurden von allen ForscherInnen während dreier Arbeitstreffen in Paris und Berlin in Interpretationszirkeln analysiert und interpretiert. Den unterschiedlichen Fremdsprachenkenntnissen der ForscherInnen wurde insofern Rechnung getragen, als zwei Dolmetscherinnen den gesamten Interpretationsprozess begleiteten[3]. In den Interpretationszirkeln galt es, einen gemeinsamen Zugang zu

---

1   Wir danken Brigitte Keßeler für wichtige Anmerkungen bei der Entstehung des Beitrages.
2   Die Leitung hatten Prof. Dr. Lucette Colin, Prof. Dr. Anna Terzian, Prof. Dr. Vera King, Prof. Dr. Burkhard Müller. Die Autoren dieses Beitrags waren zwei von insgesamt 20 TeilnehmerInnen. Siehe dazu King/Müller 2012.
3   Burkhard Müller stellt heraus, dass die Beteiligung von Übersetzerinnen, die zwar keine ausgebildeten Übersetzerinnen sind, jedoch von der Qualifikation durch ein einschlägiges Sprachenstudium bzw. ein thematisch-inhaltlich bezogenes (sozialwissenschaftliches) Studium und einen längeren Aufenthalt im anderen Land als geeigneter für Übersetzungsaufgaben in interkulturel-

dem Material zu finden, um die Fragestellung des Projekts zu bearbeiten. Die ForscherInnen brachten ihre jeweils unterschiedlichen theoretischen und methodologischen Standpunkte ein und erarbeiteten sich im Laufe des Interpretationsprozesses ein gemeinsames Repertoire, auch hinsichtlich des methodischen Vorgehens. In diesem Prozess der Auseinandersetzung über Begriffe und Ansätze wurde deutlich, in welcher Weise die Vorgänge des Übersetzens und des Verstehens miteinander verwoben sind.

Die Leitfrage des Artikels lautet: Welche Rolle spielen die Übersetzungen für die Verstehensprozesse in interkulturellen und transkulturellen Forschungszusammenhängen?

## 1  Verstehen als Prozess von Übersetzungen

Verstehen im Allgemeinen bezieht sich auf das Aneignen und Nachvollziehen von Sachverhalten und Handlungsabläufen durch die deutende Erfassung des ihnen zugrunde liegenden Sinngehaltes. Der Prozess des Verstehens findet eingebettet in einen konkreten Kontext statt. Das heißt, zur Erschließung des immanenten Sinngehalts von Handlungen und Sachverhalten muss ein bestimmter durch Erfahrungen und Erlebnisse ausgefüllter Deutungsrahmen herangezogen werden. Jede Situation kann zunächst lediglich entsprechend der angeeigneten Wissensbestände und Erfahrungsschemata in den jeweiligen (individuellen) Rahmen eingeordnet und verstanden werden (Goffmann 1977). Verstehen ist insofern immer nur im Rahmen des jeweils Verstehbaren möglich, wie auch Gadamer (1960) gezeigt hat. Essentiell für Versehensprozesse ist die sprachliche Verständigung, weil sich im Gespräch ein Hineinversetzen in den anderen und die Erfassung seines oder ihres Standpunktes vollzieht, der wiederum mit dem eigenen Standpunkt abgeglichen wird. Bedeutsam an diesem Prozess ist, dass es nicht darum geht, das Erleben des Anderen nachzuvollziehen, sondern darum, dass sich im Prozess des Verstehens die eigenen Vorannahmen durch den Dialog mit dem anderen oder mit dem Text verändern (Gadamer 1960). Auch der wissenschaftliche Verstehens-

---

len Forschungskontexten zu erachten sind als das übliche Ausweichen auf eine dritte Sprache (Englisch als „lingua franca") bzw. das naturwüchsige Vertrauen in die ungleichen Sprach- und Übersetzungskompetenzen weniger Beteiligter. Auch die in manchen Modellen gewählte Bewältigung der kommunikativen Herausforderung durch eine simultane Übersetzung durch professionelle, jedoch themen- und fachfremde DolmetscherInnen erweise sich nicht als brauchbare Alternative (Müller 2008, siehe auch Müller 2010).

prozess kann nicht losgelöst von der Rolle des Verstehenden gesehen werden. Verstehen schließt auch im Prozess des Interpretierens immer ein Sich-Verstehen als Interpret ein. Die Herausforderung des wissenschaftlichen Verstehens besteht in besonderer Weise darin, die eigenen Wissensbestände zu überwinden und das Verstehen theoretisch-reflexiv auszuweiten.

Verstehensprozesse in interkulturellen Zusammenhängen gestalten sich sowohl hinsichtlich des Verständnisses spezifischer Deutungsmuster wie auch der Kommunikation häufig komplexer und bedürfen einer besonderen Sorgfalt bei der Entschlüsselung des latenten Sinns von Texten. Wie kann es gelingen, unterschiedliche kulturelle Deutungsmuster bzw. soziale Sinngehalte zu erkennen, wenn die Verständigung der Vermittlung durch Übersetzung bedarf?

Beim Übersetzen von Texten in eine andere Sprache geht es um mehr als das Verstehen einer fremden Sprache. In der Auseinandersetzung mit Übersetzung wird theoretisch auf den Vorgang des praktischen Verstehens zwischen den Kulturen geblickt. Übersetzungsprozesse können als spezifische sowohl kulturelle als auch wissenschaftliche Praxis verstanden werden (Renn 2002). Im Folgenden wird Übersetzung aus einer theoretischen Perspektive betrachtet, indem wir differenzieren zwischen dem, was als Übersetzung, und dem, was durch Übersetzung verstanden wird. Die Herausforderung liegt darin, das Verstehen von Sinngehalten und Deutungsmustern im Übersetzungsprozess aus hermeneutischer *und* diskursanalytischer Perspektive in den Blick zu nehmen und den Gewinn der daraus jeweils resultierenden Erkenntnis zu diskutieren. Dabei wird sich zeigen, in welcher Weise die beiden – häufig als unvereinbar geltenden – Analyseperspektiven Verstehensprozesse in interkulturellen Kontexten bereichern können. Im nächsten Schritt wird Übersetzung als ein methodisch kontrolliertes Vorgehen vorgestellt, das es ermöglicht, Verstehensprozesse in interkulturellen Forschungszusammenhängen einer kritischen Reflexion zu unterziehen.

## 1.1 Übersetzung als Herausforderung für den Verstehensprozess

Wenn Übersetzung nicht einfach als ein selbstverständlich vorzunehmender Schritt innerhalb der Interpretation fremdsprachiger Texte angesehen wird, gilt es, die unterschiedlichen Konzepte von Übersetzung zu beleuchten sowie die damit verbundenen Verstehensprozesse und die Strukturen zu reflektieren, die der Erzeugung eines sozialen und objektiven Sinnverstehens zugrunde liegen. Dazu werden im Folgenden Konzepte der Übersetzungswissenschaft und im nächsten Abschnitt kulturwissenschaftliche Konzepte herangezogen.

Wir übersetzen eine Sprache, eine Idee, ein Konzept, indem wir sie vergleichen, mit einer anderen Sprache, einer anderen Idee oder einem anderen Konzept, das heißt, wir suchen nach der Entsprechung in einem vorhandenen Bezugssystem. Diese Suche nach einem Äquivalent ist ein Übersetzungsvorgang und Bestandteil eines jeden Verstehensprozesses. Übersetzungstheorien liefern eine Fülle von Ansätzen (u. a. relativistische, universalistische, äquivalenzbezogene, texttypologische, funktionalistische, feldtheoretische, hermeneutische, kognitive etc.), die sich nach Interesse und Gegenstand unterscheiden (Stolze 1994). Dabei müssen sich alle Ansätze in der einen oder anderen Weise mit der Frage der Äquivalenz zwischen dem ursprünglichen und dem übertragenen Text auseinandersetzen, weshalb Äquivalenz als zentraler Begriff der Übersetzungswissenschaft verstanden werden kann (Koller 1992). Da eine identische Übertragung des Wortgehalts und der grammatischen Struktur aus einer Sprache in eine andere Sprache als ausgeschlossen gelten kann, geht jede Übersetzung von einer Ähnlichkeitsbeziehung aus. Diese Ähnlichkeit kann auf inhaltlicher oder formaler Ebene angestrebt werden. Sie kann sich entweder am Ausgangs- oder am Zieltext orientieren. Entsprechend dem Anliegen wird versucht, eine Gleichwertigkeit durch unterschiedliche Strategien herzustellen. Die Übersetzung kann am Inhalt des Ausgangstexts ansetzen, sie kann sich an einer lexikalischen Entsprechung orientieren oder soweit wie möglich an der sprachlichen Struktur. Wenn sich die Übersetzung an der Zielsprache und deren formaler Struktur orientiert, kann es erforderlich sein, dass Inhalte und Begriffe umschrieben und nachgebildet werden, sodass sich die Übersetzung selbst wie ein Original liest (Enzenhofer/Resch 2011: 56). Insofern sich die Übersetzung wie ein Original der Zielsprache liest, muss sie den Regeln der gültigen Diskurse folgen (Foucault 1991). Das heißt auch, dass die kulturellen Deutungsmuster der Zielsprache ihre Anwendung finden müssen.

Diese kommunikativen Aspekte eines Textes nehmen neuere Ansätze der Übersetzungswissenschaft in den Blick. Weil der Sinn einer sprachlichen Handlung sich ohne die Kenntnis seiner Situierung, also des außersprachlichen Zusammenhangs, häufig nicht ohne Weiteres erschließen lässt, wird der „kommunikative Kontext ein integrativer Bestandteil des Übersetzungshandelns" (Enzenhofer/Resch 2011: 57). Enzenhofer und Resch sehen in diesen Konzepten einen Gewinn für qualitative Forschung, weil sie eine Transparenz der Strukturen ermöglichen, die der Erzeugung eines sozialen Sinnverstehens zugrunde liegen.

Damit wird der Blick bei der Analyse und Interpretation eines (übersetzten) Textes erweitert auf die Übersetzungshandlung, die kulturellen Praktiken, den Übersetzer und die Diskurse, durch die ein Text ausgerichtet ist. Insbesondere wenn man an die Übertragung von Metaphern, die kulturabhängigen Konnota-

tionen der Begriffe, die Verwendung von Akzent oder ungewöhnliche Ausdrucksweisen etc. denkt, werden die diskursiven bzw. kulturellen Besonderheiten sichtbar. Eine Analyse von Übersetzungen muss die Strategien beleuchten, mit denen
auf diese Phänomene reagiert wird. Insofern geraten Sprache und Kultur gleichermaßen in den Fokus der Interpretation.

Werner Koller (1992) stellt bzgl. des gemeinsam zu denkenden Verhältnisses
von Sprache und Kultur zwei theoretische Extreme heraus. Wenn es einen kommunikativen Zusammenhang, ein kulturell geteiltes Wissen gibt zwischen der
Ausgangssprache und der Zielsprache, so sind beide Sprachen ineinander absolut übersetzbar. Wenn der kommunikative Zusammenhang zwischen Ausgangssprache und Zielsprache keine Gemeinsamkeit aufweist, dann sind die Sprachen absolut nicht übersetzbar. Von dieser letztgenannten Inkommensurabilität
der Kulturen gehen etwa ältere ethnologische Beschreibungen aus. Das Fremde
bzw. Andere kann beschrieben, jedoch nicht verstanden werden. Wenn nicht von
einem absoluten Verstehen (auch nicht durch Übersetzung) auszugehen ist, besteht dennoch ein kommunikativer Zusammenhang zwischen den Sprechenden
(wie er im Forschungsprojekt durch die Forschungsfrage nach Migration und Jugend hergestellt wird), sodass Sprachen und deren Sinngehalte als teilweise übersetzbar gelten müssen (Koller 1992: 165).

Weil eine Übersetzung durch die Deutungsmacht der Übersetzer immer auch
etwas Neues hervorbringt, richtet sich der Blick des Interpreten auch auf diese per-
formative Hervorbringung von Wissen und Verstehen (vgl. dazu Bohnsack 2007:
202 f.). In der Reflexion von Übersetzungsprozessen können erkenntnistheoretische Fragestellungen eröffnet werden, sie sind nicht lediglich den Kommuni-
kations- oder Handlungstheorien als Gegenstand vorbehalten (Stolze 1994: 184).
Es gilt deshalb darzulegen, inwiefern Übersetzungsprozesse als ein hermeneutisches Verfahren gesehen werden können und wie es gelingt, im Sinne einer reflexiven (Ricoeur) oder doppelten Hermeneutik (Giddens) bzw. einer interpretativen Methode (Foucault), den beschriebenen Anforderungen an Übersetzungen
zu entsprechen.[4] Die Reflexion der Verfahrensweise sowie der Rolle des Forschers
in der Forschungssituation bis hin zu einer Reflexion der strukturellen und insti-

---

4   Durch die Berücksichtigung diskursiver Mechanismen in einem hermeneutischen Vorgehen
    wird das Verstehen zu einem methodisch kontrollierten Verstehensprozess. Der diskursanalyti-
    sche Ansatz berücksichtigt das Begehren des Diskurses und die Macht-Wissens-Komplexe, die
    sich aus einer Disziplin oder Theorietradition sowie aus den gegenwärtigen diskursiven Prakti-
    ken ergeben (Foucault 1991 sowie Dreyfus/Rabinow 1987). Während eine Übersetzung, um ein
    Verstehen zu ermöglichen, an den Diskursen der Zielsprache anknüpft, wird durch die Reflexion
    bzw. Rekonstruktion der diskursiven Praktiken der Übersetzungsprozess und dass sich dabei ge-

tutionellen Bedingungen wird als Standard qualitativ-rekonstruktiver Verfahren eingefordert, dem auch bei der Interpretation von Übersetzungen Rechnung getragen werden sollte (Bohnsack 2005; Bourdieu 1996; King 2004).

Fritz Paepcke, einer der Begründer der hermeneutischen Theorietradition innerhalb der Übersetzungswissenschaft, nimmt die Subjektivität des Übersetzers und seinen deutenden Umgang mit dem Text deutlicher in den Blick (Paepcke 1979). Er stellt die Subjektrelativität von Übersetzungsvorgängen heraus, indem er die Freiheit der Kreativität des Übersetzers anerkennt, zugleich aber auch die Anerkennung der Grenzen dieser Freiheit einfordert (Cercel 2009). Wird der Übersetzungsakt als immer zugleich auch deutender Vorgang verstanden, bei dem die Deutungen des Übersetzers in den Text mit einfließen, enthält jede Übersetzung implizit eine Kritik an anderen Übersetzungen. Die Übersetzung als Ganzes ist in ihrer Multiperspektivität als ein komplexes Gebilde anzusehen, das individuelle, geschichtliche und situationsbezogene Aspekte umfasst. Die hermeneutische Übersetzung ermöglicht ein „Hindurchblicken durch den Text in die Welt" (Cercel 2009: 342).

## 1.2    Übersetzung als Praxis des Kulturvergleichs

Angesichts der Anforderungen, die an Übersetzungen gestellt werden, müssen hermeneutische und diskursive Dimensionen einbezogen werden, um sozialwissenschaftliche Erkenntnis über Kulturen zu erlangen[5]. Die Übersetzung kann den Blick auf die fremde Kultur freimachen, indem sie unterschiedliche Wissensbestände einbezieht. In der Kulturanthropologie wird das Übersetzen zwischen Kulturen seit den 1950er Jahren als eine Hauptaufgabe begriffen (Streck 2004). Zur Klärung der Frage, wie ein Kulturvergleich bzw. ein Kulturverstehen durch Übersetzung gelingen kann, ist es geboten, den Begriff Kulturvergleich zu differenzie-

---

nerierende Wissen selbst im Verstehensprozess kenntlich gemacht. Damit wird das hermeneutische Vorgehen durch die historische bzw. genealogische Dimension von Wissen erweitert.

5    Damit wenden wir uns gegen einen methodischen Universalitätsanspruch, der dem Postulat der Unvereinbarkeit der hermeneutischen und diskursanalytischen Verstehenszugänge zugrunde liegt. Dem gegenüber gehen wir von einem Verständnis aus, welches kulturelle Ausdrucksformen nicht als allgemeingültig und statisch ansieht, sondern als eine aktuelle Verfasstheit, die in Relation der konkreten Bedingungskonstellationen sozialer Gemeinschaften zu verstehen sind. Entsprechend gilt es, einen methodischen Zugang zu finden, der die Veränderbarkeit und Heterogenität kultureller Deutungsmuster miteinbezieht (Vasilache 2003).

ren. Denn wird der Vergleich als eine dichotome Gegenüberstellung verstanden, berücksichtigt er lediglich die Common Sense Typiken.

Die postmoderne Kulturdebatte kritisiert den Kulturvergleich, weil sich darin die Überlegenheit einer Kultur gegenüber einer anderen Kultur ausdrücke. Die Idee des Vergleichs birgt außerdem die Gefahr, eine homogene Sinnwelt anzunehmen und zu scheitern. Damit ließe sich auch für Kultur, wie schon für die Sprache, von einer Inkommensurabilität (Lyotard) ausgehen, die ein Verstehen oder Übersetzen ausschließen würde. Beispielsweise stellt eine textualistische Kulturtheorie die kulturelle Differenz als Differenz zwischen den Sprachsystemen dar, sie verweist auf verschiedene Wirklichkeitskonstruktionen, die sich in nicht übersetzbaren Sprachspielen ausdrücken (vgl. zu dieser Kritik auch Reckwitz 2005). Übersetzung begegnet der Inkommensurabilität der Kultur relational, insofern sie auf ein praktisches Verstehen von Kulturen – z.B. durch Strategien der Kommentierungen – ausgerichtet ist.[6] Im Sinne eines cultural turns gilt es deshalb, einen bedeutungsorientierten Kulturbegriff anzuwenden, weil er ein vergleichendes Kulturverstehen eher ermöglicht (Reckwitz 2005 sowie Matthes 1992). Der Übersetzungsprozess kann im Rückschluss auf diesen postmodernen Kulturbegriff erweitert werden. Eine kulturelle Differenz wird dann nicht nur am Text sichtbar, sondern auch im praktischen Austausch erfahrbar. Der sich daraus ergebende konjunktive Erfahrungsraum (Mannheim 1980) der TeilnehmerInnen trägt so zu einem Verstehen bei, das sich in einem geteilten Textverständnis ausdrückt.

Die Bewegung zwischen Ausgangs- und Zielsprache wird zu einer „Praxis des Übergangs zwischen verschiedenen Sprachen und Kulturkontexten, bei denen ‚beide Seiten' in Bewegung geraten" (Renn/Straub/Shimada 2002: 8). Im Prozess des Übersetzens gilt es zu berücksichtigen, wie die Ordnung der Texte hergestellt ist und aus welcher Situation bzw. welchen Kontexten heraus sie sich konstituieren. Damit werden durch die Übersetzung auch Macht und Begehren eines Diskurses sichtbar, die es als ein kulturelles, veränderbares, historisches Ausschließungssystem zu reflektieren gilt (Foucault 1991).

Der Prozess des Übersetzens ist ein Schritt innerhalb einer Interpretation, die kulturvergleichend vorgeht. „Die Übersetzung ist dann keine möglichst neutrale Darstellung fremden und fremdsprachlichen Sinns, sondern aufgrund ihrer praktischen Verankerung in realen sozialen Austauschbeziehungen eine mehr oder weniger berechtigte Form der Intervention, womöglich der Verständigung und gegenseitigen Bereicherung, aber auch, mit Rücksicht auf Machtgefälle und Gewaltverhältnisse, das Werkzeug einer einseitigen Assimilation" (Renn/Straub/

---

6    Siehe dazu auch Bittner 2012.

Shimada 2002: 9). In der Übersetzung wird eine Distinktion vorgenommen, die sozialen Sinn erzeugt (Reichertz 2007: 201ff.). Es gilt also in der Interpretation auf dieses Moment der Übersetzung zu schauen, um die ritualisierten Anteile dieses Übergangs zu reflektieren. Durch die Betrachtung des Verstehensprozess als Übersetzung können neue Erkenntnisse generiert werden. Insofern muss der Verstehensprozess in interkulturellen Zusammenhängen hermeneutisches und diskursives Wissen berücksichtigen, um der Heterogenität, Flexibilität und Interaktivität von kulturellen Formationen gerecht werden zu können (Vasilache 2003). So stellt die Analyse der Macht-Wissens-Dimension im Übersetzungsprozess eine bedeutsame Ergänzung im hermeneutischen Verstehensprozess dar, womit der Gefahr eines normativen Geltungsanspruches entgegengewirkt werden kann.

## 2    Die verschiedenen Ebenen des Verstehens im Forschungsprojekt

### 2.1    Die Repräsentation des Gegenstands Migration in der Übersetzung

In interkulturellen Forschungszusammenhängen muss das Verhältnis zwischen Übersetzung und Verstehen bzw. Übersetzung und Interpretation bestimmt und abgegrenzt werden. Übersetzung wird hier als ein Teil des Verstehensprozesses angesehen, der von den Interpretationsvorgängen zu unterscheiden ist. Aus einer hermeneutischen Perspektive kann der Akt des Übersetzens als Abgleichung verschiedener Horizonte und als eine spezifische Auslegung des Textes angesehen werden. Die Übersetzung muss sich – aus einer diskursiven Perspektive – wiederum den diskursiven Strategien der anderen Welt anpassen. Diese spezifische Auslegung des Textes durch die Subjektivität der übersetzenden Person bedarf einer methodischen Prüfung, um Verstehensprozesse transparent zu gestalten.

Besonders in der Migrationsforschung sind Übersetzungsfragen bedeutsam, da bereits die Erzählung der Migrationssituation eine Übersetzung notwendig macht (Bachmann-Medick 2002). Insofern präsentieren sich im Text unterschiedliche Wissensbestände, die in die Übersetzung mit einbezogen werden, ohne sie in der Regel zu reflektieren. Indem wir die Übersetzung im Interpretationsprozess berücksichtigen, markieren wir verschiedene Sichtweisen auf die Welt, die in die Übersetzung einfließen. Die Interpretation im Übersetzungsprozess schafft quasi einen dritten Raum, der für das Verstehen komplexer Sachverhalte hilfreich ist (Bachmann-Medick 1998 unter Bezug auf Bhabha 1994). Davon ausgehend, dass die Übersetzung auch immer eine soziale Praxis von MigrantInnen darstellt, erscheint es geboten, die Übersetzung auch in die wissenschaftliche Praxis zu integrieren, um ein praxeologisches Verstehen des Gegenstandes zu gewährleisten (Bohnsack 2007: 187 ff.).

Eine der Herausforderungen des im Folgenden beschriebenen deutsch-französischen Forschungsprojektes war es, ein Verfahren zu entwickeln, das es ermöglicht, die Übersetzungen methodisch kontrolliert zu reflektieren. In welcher Weise das hermeneutische Sinnverstehen sowie die diskursive Deutung eine Rolle spielten, soll im Folgenden gezeigt werden

## 2.2   Interpretationsverfahren – methodische Konzeption

Dem Forschungsteam gehörten neben dem Leitungsteam und den ForschungsteilnehmerInnen zwei nicht-professionelle Übersetzerinnen an, denen eine besondere Rolle zukam. Die deutsche und die französische Muttersprachlerin zeichneten sich durch folgende Kompetenzen aus: Sie befanden sich im fortgeschrittenen Stadium ihres Fremdsprachenstudiums, hatten längere Aufenthalte im jeweils anderen Land absolviert, so dass sie sich die Sprache wie eine zweite Muttersprache angeeignet hatten. Außerdem brachten sie großes wissenschaftliches Interesse an dem Forschungsprojekt und seinen Inhalten mit. Die Übersetzerinnen übernahmen einerseits die sprachliche Übertragung der Transkripte aus der anderen Sprache in ihre Muttersprache. Zudem waren sie bei den Arbeitstreffen präsent und als Dolmetscherinnen tätig.

Um der Notwendigkeit der Übersetzung Rechnung zu tragen, entwickelte das Forschungsteam einen spezifischen Umgang mit dem Material: Jedes der biografischen Interviews wurde gleichzeitig in mindestens zwei verschiedenen Interpretationsgruppen analysiert. In zwei getrennten Gruppen kamen ForscherInnen aus dem französischen oder dem deutschen Sprachraum zusammen und bearbeiteten jeweils ein in ihre Muttersprache übersetztes Interview. Eine weitere Gruppe bestand aus ForscherInnen aus beiden Sprachräumen, die das gleiche Interview im Original und in der Übersetzung betrachteten – ein Teil der Gruppe arbeitete mit dem übersetzten Material und ein anderer Teil mit dem Original. Im Anschluss daran wurden die Ergebnisse im Plenum diskutiert. Die Dolmetscherinnen begleiteten jeweils den Interpretationsprozess der bilingualen Gruppe.[7]

---

7   Die Interpretationszirkel variierten von Treffen zu Treffen. So wurde ursprünglich ein Interview von vier Interpretationsgruppen betrachtet, eine Gruppe, die sich des Interviews im Original annahm, eine Gruppe, die sich des Interviews in der Übersetzung annahm, und zwei bilinguale Gruppen. Für den hier dargestellten Fall Kadia wurde das methodische Vorgehen optimiert. Der

Mit dieser Differenzierung in deutschsprachige, französischsprachige und bilinguale Interpretationsgruppen wurde eine zusätzliche Reflexionsebene etabliert, auf der Fragen der Religion, Staatsangehörigkeit, Integration, Segregation, Diskriminierung usw. thematisiert wurden, die in Deutschland und Frankreich in jeweils spezifischen Diskursen verhandelt werden. Durch die unterschiedlichen Konstellierungen von Material und Interpreten wird ein befremdender Blick auf die biografischen Erzählungen der Jugendlichen mit Migrationshintergrund erzeugt, Begriffsbedeutungen wurden stets im Kontext reflektiert und konnten somit nicht einfach aus dem subjektiven Verständnis auf das Interview angewendet werden. In der durch die Übersetzung erzeugten Differenz kann der Übersetzungsprozess als eine Interpretation reflektiert werden. Im Folgenden werden Auszüge aus der Interpretationspraxis vorgestellt.[8]

## 3    Zusammenfassung der Interpretation eines exemplarischen Falles – Kadia

Kadia ist eine 18-jährige Gymnasiastin mit deutscher Staatsangehörigkeit, die in einem Ballungszentrum in Deutschland geboren und aufgewachsen ist. Sie lebt als jüngste von insgesamt fünf Geschwistern allein mit ihren Eltern in einer Eigentumswohnung. Ihre Geschwister leben bereits in eigenen Haushalten und üben überwiegend anerkannte Berufe aus. Kadia beschreibt die Migrationsgeschichte ihrer Familie als einen erfolgreichen Werdegang: Ihr Vater kam als Arbeitsmigrant im Jahr 1970 von Marokko nach Deutschland und arbeitete als Bauarbeiter. Im Jahr 1988 folgte die Mutter mit den mittlerweile vier Kindern. Ein Jahr später wurde Kadia geboren. Sie selbst möchte den sozialen Aufstieg der Familie fortsetzen und strebt den Beruf der Lehrerin an. In ihrer biografischen Selbstpräsentation wird deutlich, dass das Erreichen dieses Ziels einige Anstrengung von Kadia verlangt. Sie erzählt von Schwierigkeiten in der Schule, die sich einerseits auf ihre Leistungen beziehen, besonders aber ihre Anerkennung als Mitglied einer Migrantenfamilie betreffen. Diese Schwierigkeiten seien erst durch einen Schulwechsel, den sie selbst nicht gewollt habe, entstanden. In der neuen Schule – die für den offensiven Umgang mit Schülern mit Migrationshintergrund zertifiziert ist und die auch die Geschwister schon besuchten – habe sie sich von Anfang an

---

Fall wurde sowohl von einer bilingualen Gruppe interpretiert als auch von einer zweiten Gruppe, die das Transkript als Übersetzung bearbeitete.
8    Ergebnisse der Interpretation finden sich auch bei Tressat 2011 und Günther 2012.

alleine gefühlt, weil ihre Freunde alle auf eine andere Schule gegangen seien. Kadia beschreibt beispielsweise Diskussionen in der Schule im Rahmen des Politikunterrichts, in denen sie sich angegriffen fühlt, weil MitschülerInnen bestimmte kulturelle Praktiken von Muslimen kritisieren, aber auch erwarten. Kadia fühlt sich herausgefordert zu betonen, dass es in ihrer Familie weder Zwangsverheiratungen noch Kopftuchzwang gibt. Sie erzählt von ihrem Freundeskreis, der sich überwiegend aus jungen Frauen mit unterschiedlichen Migrationskontexten zusammensetze und in dem mit den kulturellen Besonderheiten der Einzelnen offen umgegangen werde, z. B. indem abwechselnd die in der jeweiligen Kultur üblichen Gerichte gemeinsam gegessen werden.

### 3.1    Interpretation aus deutsch-französischsprachiger Perspektive

Als zentrales Element in Kadias Lebensentwurf wurde in dieser Gruppe die „Rechtfertigung" angesehen, die sich aus Kadias Verständnis der eigenen Position und den Zuschreibungen durch die anderen für sie ergibt. Diese Rechtfertigung der eigenen Position verweist auf ein Identitätskonzept, das sich deutlich an Subjektivierungsprozessen und Selbstentwürfen ausrichtet. Die deutsch-französische Interpretationsgruppe versteht Kadias Präsentation als Konstruktion einer Identität, die in ihrer Freiheit von außen deutlich beschnitten ist. Aus diesen Beschränkungen erwächst für Kadia die Herausforderung, den sozialen Aufstieg der Familie fortzuführen, mit dem die Migration begründet wird. Die Orientierung an einem Konzept von Integration durch materiellen Aufstieg und Bildungsaufstieg wird von der gesamten Familie getragen. Die fortwährende Rechtfertigung der eigenen Person vor ihren MitschülerInnen, den LehrerInnen und auch der Forscherin verweist auf den Anspruch einer Identität, die ihr nach ihrer Aussage nicht zuerkannt wird, und andererseits auf eine Zuschreibung, der sie nicht entsprechen will. Als wesentliches Interpretationsergebnis hebt diese Gruppe die Diskrepanz hervor, die zwischen Kadia und der Aufnahmegesellschaft besteht und die sich gleichfalls in der Forschungssituation in der Beziehung zwischen Kadia und der Forscherin, als Repräsentantin dieser Aufnahmegesellschaft, herstellt. Diese Diskrepanz besteht in der von ihr erlebten Nichtanerkennung ihrer Identität, der Kadia mit der Präsentation ihrer Erfolgsgeschichte begegnet.

### 3.2    Interpretation aus französischsprachiger Perspektive

Als auffällig wird in dieser Interpretationsgruppe die Differenz zwischen den Schulklassen angesehen. Kadias Äußerung: „Und in der alten . also da waren nur Deutsche in der Klasse …‟ irritiert die Gruppe, weil darin deutlich wird, dass Kadia sich in ihrem Selbstverständnis nicht als Deutsche sieht, obwohl die französischsprachigen Interpreten aus anderen Teilen des Interviews auf eine ‚deutsche Identität‛ Kadias schließen. Die Aussage: „War ich die einzigste Ausländerin‟[9] verstärkt die Irritation und verweist auf eine Diskrepanz in Kadias Selbstentwurf. Für die Interpreten besteht eine Diskrepanz zwischen der Präsentation Kadias und der von ihr verwendeten Begrifflichkeit. Die Interpretationsgruppe fragt danach, worin die ‚deutsche Identität‛ bestehe, von der sich Kadia ausgeschlossen fühlt. Die Beschreibung der Erfahrungen Kadias in der alten Schule wird von der Interpretationsgruppe als ein anerkennendes Miteinander von Schülern mit unterschiedlichen kulturellen Bezügen verstanden, in dem Kadia sich aufgehoben und selbst als Deutsche fühlt. Die französischsprachige Gruppe fragt sich, ob sie hier eine spezifisch französische Perspektive einnimmt und ob sie Kadia mit ihrer Lesart, sie als „Deutsche mit Migrationshintergrund‟ zu verstehen, gerecht wird. Im Anschluss daran interpretiert die Gruppe gezielt einige Passagen des Interviews, um herauszufinden, in welcher Weise Kadia als Person Anerkennung ihres sozialen Umfeldes erfährt. Damit soll die Lesart, dass Kadia sich als Deutsche mit Migrationshintergrund entwirft, überprüft werden. Wesentliches Interpretationsergebnis dieser Gruppe ist die Differenz, die im Interview zwischen dem impliziten Selbstentwurf Kadias und den von ihr verwendeten Begriffen besteht. Klärungsbedürftig erscheinen der Gruppe die spezifischen sozialen Konstruktionen, aus denen heraus Kadia ihre Identität entwirft bzw. an welche Diskurse sie mit der Selbstbezeichnung der Ausländerin anknüpft.

### 3.3    Diskussion im Plenum

Die Irritationen der französischsprachigen Interpretationsgruppe führen im Plenum zu einer Diskussion über die in Deutschland und Frankreich unterschiedlichen Diskurse und Begriffsverwendungen im Migrationskontext. Gemeinsam mit den Dolmetscherinnen wird herausgearbeitet, dass in Frankreich aufgrund der Kolonialgeschichte und des Staatsbürgerschaftsrecht bei den Einwanderern

---

9    Übersetzung im französischen Transkript: J'étais la seule d'origine étrangère.

und ihren Nachkommen selbstverständlich von ‚Franzosen' gesprochen wird. In Deutschland hingegen wurden bis vor Kurzem (und werden in vielen Diskursen noch immer) Einwanderer als ‚Gäste' behandelt und behielten ihren Status als ‚Ausländer' bei, unabhängig davon, wann die Migration nach Deutschland erfolgte. Entsprechend werden in beiden Ländern unterschiedliche Begriffe für den gleichen Sachverhalt – die Einwanderung – verwendet. An den unterschiedlichen Begriffen haften wiederum kulturell unterschiedliche Bedeutungen, die mit spezifischen Bewertungen der MigrantInnen als einer gesellschaftlichen Gruppe verbunden sind. Nachdem in Deutschland im Jahr 2005 das neue Einwanderungsgesetz in Kraft getreten ist, wird in öffentlichen Diskursen mehrheitlich von ‚Menschen mit Migrationshintergrund' gesprochen. Damit soll – im Gegensatz zum Begriff des ‚Ausländers' – die Anerkennung der Person als Mitglied der Gesellschaft zur Geltung kommen. Gleichzeitig wird mit dieser Bezeichnung eine besondere Lebenslage – die der Einwanderung – festgeschrieben und damit als Besonderheit betont. Menschen mit Migrationshintergrund werden in Deutschland weiterhin als kulturell Andere wahrgenommen, denen ein Defizit anhaftet. Sie werden daher nicht als vollwertige Mitglieder der Gesellschaft angesehen und gelten grundsätzlich als unterstützungsbedürftig. Diese Zuschreibungsprozesse führen zu vielfältigen, häufig subtilen Ausschließungsmechanismen in öffentlichen Institutionen, auf dem Arbeitsmarkt usw. Anerkennung erfolgt durch Integration, die als Assimilation an die Kultur der Mehrheitsgesellschaft gefordert wird. In Frankreich hingegen gelten die Einwanderer mehrheitlich als Franzosen, hier wird unter Absehung von ethnischen, kulturellen und religiös definierten Differenzen in allen öffentlichen Institutionen eine Gleichheit angestrebt. Dennoch erfolgt eine Differenzierung, indem zwischen ‚echten' bzw. ‚reinen' Franzosen (Français de souche) und Franzosen ‚zweiter Klasse' unterschieden wird. Aus dieser Differenzierung resultieren ebenfalls soziale Ausgrenzungsprozesse. Die Betonung von kulturellen (z. B. religiösen) Differenzen wird als Angriff auf die französische Verfassung verstanden und die Behauptung jeglicher kultureller Besonderheiten bekämpft. In der Plenumsdiskussion wurde versucht, diese beiden Konzepte – des Migrationshintergrundes und der Staatsangehörigkeit – begrifflich zu bestimmen. Als treffendste Formulierung wurde für Kadia der Begriff ‚Deutsche mit fremden Wurzeln' herausgestellt. In der französischen Debatte wird der Begriff des Franzosen mit fremden Wurzeln in dieser Verallgemeinerung nicht verwendet. Es wird im konkreten Fall höchsten von Français de langue étrangère[10]

---

10 Deutsche Übersetzung: Franzose mit fremder Muttersprache.

oder von Français d'origine algérienne[11] gesprochen. Im Forschungsprojekt wurde
der Begriff des Franzosen mit fremden Wurzeln als Übersetzung entwickelt, um
die Differenz zu den Diskursen in Deutschland zu markieren. Während mit dem
Begriff Menschen mit Migrationshintergrund in der deutschen Debatte der defizi-
täre Andere mit einer kulturellen Andersartigkeit benannt wird, deutet der Begriff
Franzose mit fremden Wurzeln eine institutionell gelungene Gleichheit an, die jedoch durch die Betonung kultureller Differenz bedroht ist.

Damit zeigt sich, dass an die Übersetzung der Begriffe unterschiedliche Deutungsmuster geknüpft sind, die – wie die Reflexion der Übersetzung zeigt – zu unterschiedlichen Interpretationsergebnissen führen können. In der Diskussion der
Interpretationsergebnisse im Plenum konnten beide Perspektiven der Interpretationsgruppen zusammengefügt und ein differenzierteres Bild von Kadias Lebensentwurf entwickelt werden. Die Lesart der französischsprachigen Interpretationsgruppe, die Kadias Selbstentwurf als Präsentation einer ‚Deutschen mit fremden
Wurzeln' ansah, betont den Aspekt der institutionellen Integration in die deutsche
Gesellschaft, die sie als ein gleichwertiges Mitglied der Gesellschaft ansieht. Dass
Kadia sich so auffällig mit der Präsentation ihrer Erfolgsgeschichte für ihren Mi-
grationsstatus rechtfertigt, wird im Plenum als eine von außen an sie herangetra-
gene Notwendigkeit interpretiert. Die Herausarbeitung des Musters der Rechtfertigung kann nun verstanden werden als Weigerung, sich durch Konzepte einer
religiösen oder kulturellen Identität vereinnahmen zu lassen, wie sie in deutschen
Diskursen üblich sind.

Weiterführend wäre zu fragen – so die Interpretation der Autoren dieses Beitrags – ob sich Kadia hier gegen einen Rassismus wehrt, den sie durch die Nichtanerkennung ihrer Person erlebt, der zumindest formal durch die institutionelle
Integration und Staatsbürgerschaft überwunden scheint. Eine solche Lesart legt
das französische Verständnis nahe. Dass der Kampf um Anerkennung von Kadia
nicht auf der Ebene der Diskriminierung geführt wird – wie dies die jugendlichen
Bewohner der französischen Banlieue tun – verweist auf einen deutschen Diskurs, innerhalb dessen sich die Interviewte entwirft. Interpretierte man die Rechtfertigung Kadias auf der Folie des französischen Diskurses, wäre sie nicht als Reaktion auf Rassismus zu lesen, sondern als Reaktion auf Diskriminierung, wenn
nicht alle die gleichen Rechte besitzen, obgleich sie ihnen formal zuerkannt sind.

---

11  Deutsche Übersetzung: Franzose mit algerischen Wurzeln oder Franzose mit algerischer Her-
    kunft.

## 3.4    Reflexion

Auf welchen Ebenen ist die Interpretation des übersetzten Materials anzusiedeln? Die Interpretationsgruppen orientieren sich bei der Reflexion des übersetzten Interviews an dem Sinngehalt, der vom Sinngehalt der Zielsprache bestimmt ist. Da der Interpretation des Falles Kadia durch die französische Gruppe nicht das Original des Interviews zugrunde liegt, wird durch die Übersetzung in die französische Sprache eine andere Semantik der Begriffe und der damit vermittelten Diskurse hervorgebracht. Die Auseinandersetzung mit Fragen der nationalen Identität ergibt sich nicht aus der Ursprungssprache, sondern wird erst in der Reflexion der Übersetzung geführt. Die Frage nach der Identität ist im deutschen Sprachverständnis eine andere als die innerhalb des französischen Sprachverständnisses. Beide Lesarten des Falles Kadia waren jedoch durch die Reflexion der Übersetzung durch die je andere Seite nachvollziehbar.

Indem die Interpreten der französischsprachigen Forschergruppe ihre eigene „Seinsgebundenheit" (Mannheim) reflektieren, wird ihnen deutlich, dass auch mit dem Begriff der Identität je nach Herkunftsland unterschiedliche Konzepte bezeichnet werden: ein institutionelles Selbstverständnis (Anerkennung von Rechten vs. Diskriminierung) in Frankreich oder eine gesellschaftliche Zuschreibung (Anerkennung der Person vs. Rassismus) in Deutschland.

Der „Personalausweis" beispielsweise, der Auskunft über eine Person gibt, die einer Gruppe zugehörig ist, wird im Französischen als „carte d'identité" bezeichnet. Die Zugehörigkeit zu einer Gruppe wird hier also an die Identität gebunden. Damit verweist das Identitätskonzept in Frankreich auf eine institutionelle Integration, während in Deutschland eine kulturell-gesellschaftliche Integration eingefordert wird.

## 4    Fazit

In dem vorgestellten Projekt wurden Lebensentwürfe von Jugendlichen aus Frankreich und Deutschland betrachtet. Es zeigte sich im Verstehens- und Interpretationsprozess, dass die gemeinsame Reflexion der Reichweite der jeweiligen Verstehenshorizonte hinsichtlich der Begrifflichkeiten wie auch der hermeneutischen und diskursiven Zugänge sich als fruchtbar erweist. Dieser Verstehensprozess ist wesentlich durch die explizite Berücksichtigung der Übersetzung unterstützt worden.

Migrationsprozesse befördern gesellschaftliche Transformationsprozesse und wirken auf Deutungsmuster verändernd ein. Anhand der Interpretation einer biografischen Erzählung einer in Deutschland lebenden Jugendlichen mit Migrationshintergrund werden Bedingungen und Bewältigungsformen dieser Veränderungsprozesse aus deutschsprachiger und französischsprachiger Perspektive unterschiedlich gedeutet. Durch die Berücksichtigung der Übersetzungsprozesse und die gemeinsame Diskussion der Ergebnisse aus einer bilingualen Perspektive wird eine Reflexion über Migration, Adoleszenz und Bildung angeregt, die einen erweiterten Erkenntnisgewinn im Verstehen von Lebensläufen und Identitätskonstruktionen bringen kann. Die Interpreten treten durch die Übersetzung in Abstand zu ihren eigenen Common-Sense-Typisierungen und reflektieren vorherrschende Deutungsmuster. In der Forschungspraxis des Projekts hat sich gezeigt, dass durch die Interpretation in verschiedensprachig zusammengesetzten Gruppen die Bedeutungen von Begriffen, die Diskurse über den Anderen, den Fremden und ein vorschneller Kulturrelativismus reflektiert werden können.

## Literatur

Bachmann-Medick, Doris (1998): Dritter Raum. Annäherungen an ein Medium kultureller Übersetzung und Kartierung. In: Breger, Claudia/Döring, Tobias (Hrsg.): Figuren der/des Dritten. Erkundungen kultureller Zwischenräume. Amsterdam/Atlanta: Rodopi. 219–36

Bachmann-Medick, Doris (2002): Übersetzung im Spannungsfeld von Dialog und Erschüttern. Ein Modell der Auseinandersetzung zwischen Kulturen und Disziplin. In: Renn, Joachim/Straub, Jürgen/Shimada, Shingo (Hrsg.): Übersetzung als Medium des Kulturverstehens und sozialer Integration. Frankfurt am Main: Campus Verlag. 275–291

Bhabha, Homi K. (1994): The Location of Culture. London: Routledge

Bittner, Martin (2012): Die Sprache des Anderen als produktive Irritation. Eine methodologische Betrachtung von Übersetzungen. Erscheint in: King, Vera/Müller, Burkhard (Hrsg.): Bildungsprozesse und Sozialisation bei Jugendlichen mit Migrationshintergrund in Deutschland und Frankreich. Unter der Mitarbeit von Colin, Lucette/Terzian, Anna. Münster/New York/München/Berlin: Waxmann. (in Vorbereitung)

Bohnsack, Ralf (2005): Standards nicht-standardisierter Forschung in den Erziehungs- und Sozialwissenschaften. In: Zeitschrift für Erziehungswissenschaft, 8. Jahrg. Beiheft Nr. 4. 63–81

Bohnsack, Ralf (2007): Rekonstruktive Sozialforschung. Einführung in qualitative Methoden. Opladen & Farmington Hills: Budrich

Bourdieu, Pierre (1996): Die Praxis der reflexiven Anthropologie. In: Bourdieu, Pierre/ Wacquant, Loic J. D.: Reflexive Anthropologie. Frankfurt am Main: Suhrkamp. 251–294

Cercel, Larisa (2009): Übersetzen als hermeneutischer Prozess. Fritz Paepcke und die Grundlagen der Übersetzungswissenschaft. In: Larisa Cercel (Hrsg.): Übersetzung und Hermeneutik – Traduction et herméneutique, Bukarest. 331–357

Dreyfus, Hubert L./Rabinow Paul (1987): Michel Foucault. Jenseits von Strukturalismus und Hermeneutik. Frankfurt am Main: Athenäum

Enzenhofer, Edith/Resch, Katharina (2011): Übersetzungsprozesse und deren Qualitätssicherung in der qualitativen Sozialforschung. Forum Qualitative Sozialforschung/Forum: Qualitative Social Research. 12(2), Art. 10. http://nbn-resolving.de/ urn:nbn:de:0114-fqs1102106

Foucault, Michel (1991): Die Ordnung des Diskurses. Inauguralvorlesung am Collège de France (2. Dezember 1970). Frankfurt am Main: Fischer

Gadamer, Hans Georg (1960): Wahrheit und Methode. Tübingen: Mohr Siebeck

Goffmann, Erving (1977): Rahmenanalyse. Frankfurt am Main: Suhrkamp

Günther, Marga (2012): Unsichere Zeiten. Zugehörigkeitsdiskurse und Selbstpositionierung Jugendlicher mit Migrationshintergrund. Erscheint in: King, Vera/Müller, Burkhard (Hrsg.): Bildungsprozesse und Sozialisation bei Jugendlichen mit Migrationshintergrund in Deutschland und Frankreich. Unter der Mitarbeit von Colin, Lucette/Terzian, Anna. Münster/New York/München/Berlin: Waxmann. (in Vorbereitung).

King, Vera (2004): Das Denkbare und das Ausgeschlossene. Potenziale und Grenzen von Bourdieus Konzeptionen der ‚Reflexivität' und des ‚Verstehens' aus der Perspektive hermeneutischer Sozialforschung. In: sozialer sinn, 1/2004. 49–69

King, Vera/Müller, Burkhard (Hrsg.) (2012): Bildungsprozesse und Sozialisation bei Jugendlichen mit Migrationshintergrund in Deutschland und Frankreich. Unter der Mitarbeit von Colin, Lucette/Terzian, Anna. Münster/New York/München/Berlin: Waxmann. (in Vorbereitung)

Koller, Werner (1992): Einführung in die Übersetzungswissenschaft. Heidelberg, Wiesbaden: UTB

Mannheim, Karl (1980): Strukturen des Denkens. Hrsg. von David Kettler, Volker Meja, Nico Stehr. Frankfurt am Main: Suhrkamp

Matthes, Joachim (1992): The Operation Called „Vergleichen". In: Matthes, Jochen (Hrsg.) Zwischen den Kulturen? Die Sozialwissenschaften vor dem Problem des Kulturvergleichs. Göttingen: Schwartz. 75–99

Müller, Burkhard (2008): Lebensentwürfe und Lebensgeschichten Jugendlicher mit Migrationshintergrund in Deutschland und Frankreich: Bildungsprozesse und Sozialisation: Forschungsbericht zum Treffen vom 27.11.–20.11.2008 im FIAP Paris, unveröffentlichtes Papier

Müller, Burkhard (2010): Lebensentwurf und Migration. Ein Projektbericht. In: Zeitschrift für Sozialpädagogik, Jg. 8. H. 4. 396–415

Paepcke, Fritz (1979): Übersetzen als Hermeneutik. In: Paepcke, Fritz (1986): Im Übersetzen leben – Übersetzen und Textvergleich. Hrsg. von Klaus Berger und Hans-Michael Speier. Tübingen: Gunter Narr Verlag. 102–120

Reckwitz, Andreas (2005): Kulturelle Differenzen aus praxeologischer Perspektive. Kulturelle Globalisierung jenseits von Modernisierungstheorie und Kulturessentialismus. In: Srubar, Ilja/Renn, Joachim/Wenzel, Ulrich (Hrsg.): Kulturen Vergleichen. Wiesbaden: VS Verlag für Sozialwissenschaften. 92–111

Reichertz, Jo (2007): Qualitative Sozialforschung – Ansprüche, Prämissen, Probleme. In: Erwägen – Wissen – Ethik. 2007. 18. 195–208

Renn, Joachim (2002): Einleitung: Übersetzen, Verstehen, Erklären. Soziales und sozialwissenschaftliches Übersetzen zwischen Erkennen und Anerkennen. In: Renn, Joachim/Straub, Jürgen/Shimada, Shingo (Hrsg.): Übersetzung als Medium des Kulturverstehens und sozialer Integration. Frankfurt am Main: Campus. 13–38

Renn, Joachim/Straub, Jürgen/Shimada, Shingo (2002): Vorwort der Herausgeber. In: Renn, Joachim/Straub, Jürgen/Shimada, Shingo (Hrsg.): Übersetzung als Medium des Kulturverstehens und sozialer Integration. Frankfurt am Main: Campus. 7–12

Stolze, Radegundis (1994): Übersetzungstheorien. Eine Einführung. Tübingen: Gunter Narr Verlag

Streck, Bernhard (2004): Vom Grund der Ethnologie als Übersetzungswissenschaft. Frobenius-Vorlesung 2003. In: Paideuma 50, 39–58

Tressat, Michael (2011): Muslimische Adoleszenz? Zur Bedeutung muslimischer Religiosität bei jungen Migranten. Biografieanalytische Fallstudien. Frankfurt am Main: Peter Lang Verlag

Vasilache, Andreas (2003): Interkulturelles Verstehen nach Gadamer und Foucault. Frankfurt am Main: Campus Verlag

# Unsichtbare Übersetzung?
## Die Bedeutung der Übersetzungsqualität für das Fremdverstehen in der qualitativen Sozialforschung

*Edith Enzenhofer und Katharina Resch*

## 1    Einleitung

Generell brauchen Menschen, die nicht die selbe Sprache sprechen, Kommunikationshilfen, um in eine Kommunikationsbeziehung treten und Informationen austauschen zu können. Die Überbrückung von Verständnisbarrieren kann auf mehreren Wegen geschehen: entweder durch Zwei- oder Mehrsprachigkeit der KommunikationspartnerInnen bzw. den Gebrauch einer *Lingua Franca* oder einer Welthilfssprache, oder – wenn dies nicht möglich ist – durch den Einsatz von ÜbersetzerInnen und DolmetscherInnen bzw. maschinellen Übersetzungen (Sukuguchi 1993). Angesichts der Komplexität von Migrationsgesellschaften in natio-ethnokultureller Hinsicht (Mecheril 2003) steht auch die qualitative Sozialforschung zunehmend vor der Herausforderung, mit sprachlicher Vielfalt umzugehen. Wesentliche Ziele sind dabei die Überwindung von Kommunikationsbarrieren (soziales Ziel), sowie die Übertragung von Erkenntnissen und das Ermöglichen des Sinnverstehens über Sprachgrenzen hinweg (wissenschaftliche Ziele).

Ungeachtet der zunehmenden Relevanz von Übersetzungsprozessen in der qualitativen Sozialforschung werden sprachwissenschaftliche und translationswissenschaftliche Aspekte in der qualitativ orientierten Methodenliteratur bislang nur sporadisch aufgegriffen (Enzenhofer/Resch 2011). Ansätze zur Bewältigung von Verständigungsbarrieren – beispielweise die Strategie der „muttersprachlichen Interviewführung"[1] – werden in der sozialwissenschaftlichen Praxis durchaus angewandt, in der Regel jedoch ohne dabei vertiefende theoretische Über-

---

1    „Muttersprachliche Interviewführung" ist im sprachwissenschaftlichen Sinne eine durchaus unscharfe Bezeichnung. Sie wird im Rahmen dieses Beitrags als Sammelbegriff für qualitative Befragungsmethoden verwendet, welche in einer anderen Sprache als der Forschungssprache realisiert werden, sei es in der Erstsprache des/der InterviewpartnerIn, in einer Zweitsprache, oder in einer gemeinsamen Lingua Franca.

legungen anzuschließen. Es wird mit Sprache und Übersetzung gearbeitet; Übersetzungsprozesse bleiben jedoch unsichtbar.

Der vorliegende Artikel möchte zum einen die vielfältigen Kompetenz- und Rollenanforderungen, die mit Übersetzungsprozessen im Rahmen der muttersprachlichen Interviewführung verbunden sind, beleuchten. Zum anderen soll auch die Vielfalt von Sprache an sich – sowohl zwischen als auch innerhalb von Sprachgemeinschaften – sichtbar gemacht werden. Damit soll ein Beitrag geleistet werden, um eine Integration von translationswissenschaftlichen und sozialwissenschaftlichen Ansätzen zu fördern, das interdisziplinäre Lernen anzuregen und SozialwissenschafterInnen, InterviewerInnen und (Laien-)ÜbersetzerInnen in der Weiterentwicklung ihrer Arbeit zu unterstützen.

## 2    Die Einbettung von Übersetzungsprozessen sichtbar machen

Sozialwissenschaft hat sich seit jeher mit der Vielfalt von Gesellschaften befasst – und diese Vielfalt umfasst Unterscheidungsmerkmale wie Gender, Alter, Bildung, aber auch ethnische, kulturelle und sprachliche Aspekte sowie deren Intersektionen. Zunehmend entsteht in der wissenschaftlichen Community im Bereich der Sozialwissenschaften der Bedarf, Forschungsstrategien zu entwickeln, die dazu geeignet sind, mit Kommunikations- und Verständnisbarrieren in sprachlicher und ethno-kultureller Hinsicht umzugehen. Hierzu erforderlich ist Wissen an der Schnittstelle von Kultur, Sprache und Übersetzung.

Es lohnt sich nun, einen Blick darauf zu werfen, wie dieses Wissen und die damit verbundenen Tätigkeiten und Prozesse – etwa Befragungs- und Übersetzungsprozesse – in den gesamten Forschungsprozess eingebettet sind und wie sich dies auf die im Titel postulierte These – dass Übersetzung im Rahmen der qualitativen Sozialforschung „unsichtbar" sei – auswirkt.

Hier ist zuerst ein Prozess der sozialen Schließung anzusprechen: Jene MitarbeiterInnen, die sprach- und kulturbezogenes Wissen am ehesten in die qualitative Sozialforschung einbringen könnten – nämlich wissenschaftlich qualifizierte Personen mit Migrationshintergrund – sind in aller Regel im festangestellten wissenschaftlichen Personal von Forschungsinstituten unterrepräsentiert.[2] Somit wird bereits durch strukturelle Faktoren die wünschenswertere Konstellation verhindert, dass mehrsprachige ForscherInnen die Forschung intensiv mitgestalten.

---

2    Diese Aussage basiert auf dem Erfahrungswissen der AutorInnen und bezieht sich konkret auf
     die außeruniversitäre Sozialforschung im österreichischen Kontext.

Vor dem Hintergrund dieser Konstellation ist der Einsatz von InterviewerInnen mit den jeweils gewünschten Sprachkenntnissen und die anschließende Übersetzung der Transkripte eine naheliegende Praxis, um die Herausforderung der sprachlichen Heterogenität in der Forschungsrealität meistern zu können, denn schließlich muss das gewonnene Material in eine für das gesamte Forschungsteam verständliche Sprache transferiert werden: Diese Expertise der muttersprachlichen Interviewführung wird extern „zugekauft". Dies wiederum erfolgt in der Regel im Rahmen prekärer Arbeitsverhältnisse auf Honorarnotenbasis, obwohl davon großer Teil der Qualität des Forschungsoutputs abhängt.

Die im Rahmen der muttersprachlichen Interviewführung anfallenden Tätigkeiten erfordern nicht nur ein überaus komplexes Kompetenzbündel aus sprachlich-kulturellen, empirischen, und im Zuge mancher Fragestellungen auch psychologischen Fähigkeiten; die MitarbeiterInnen befinden sich in sehr vielen Fällen auch in einer Mehrfachrolle als InterviewerIn, Transkribierende und ÜbersetzerIn. Dieser Umstand und seine Implikationen werden weiter unten vertieft.

Die „Unsichtbarkeit" von Übersetzungsprozessen hängt sehr eng mit der oben erwähnten Auslagerung an externe MitarbeiterInnen zusammen. Externe MitarbeiterInnen sind, anders als das fixe Kernteam des Forschungsprojekts, nicht systematisch in den ganzen Forschungsprozess involviert, sodass der Transfer von Erkenntnissen aus den Übersetzungsprozessen in den gesamten Forschungsprozess an mehreren Punkten scheitern kann. Um dieses Argument näher zu beleuchten, bedarf es einer kurzen Illustration des Forschungsablaufs.[3]

Teilt man den Forschungsprozess grob in vier Phasen ein (Lueger 2000), dann entscheidet sich in der *Planungsphase* eines Forschungsvorhabens, mit welchen Methoden an das Untersuchungsthema herangegangen werden soll. Auf Basis einer theoretischen Auseinandersetzung mit dem Thema erfolgt die Formulierung von Forschungsfragen und die Entwicklung eines gegenstandsangemessenen Untersuchungsdesigns (Schnell et al. 2005). In der Planungsphase werden geeignete Erhebungsinstrumente erstellt bzw. selektiert und übersetzt. Das Forschungsteam entscheidet, inwiefern die eigene Mehrsprachigkeit für Übersetzungsprozesse genutzt werden kann, z. B. welche Interviews das Team selbst abdecken kann (meist in Sprachen wie Englisch oder Französisch möglich[4]), und

---

3   Die nachfolgenden Überlegungen beziehen sich auf qualitative Forschungsprozesse mit Schwerpunkt auf interviewbasierten Methoden.

4   Zu kritischen Einwänden zum Gebrauch von Verkehrssprachen wie Englisch für die Interviewdurchführung siehe Enzenhofer/Resch 2010; Schicho et. al 2009.

inwiefern und wann andere MitarbeiterInnen dafür herangezogen werden sollten bzw. müssen (Przyborski/Wohlrab-Sahr 2010: 308).

In der *Orientierungsphase* erfolgen die Auswahl der UntersuchungsteilnehmerInnen und die Klärung des Feldzugangs. Oftmals fungieren muttersprachliche InterviewerInnen als gatekeeper zum Feld. Auf Basis der Planungsphase werden InterviewerInnen gesucht und erhalten eine entsprechende Anleitung. Besonders herausfordernd ist dabei, dass sowohl die Interviewanforderungen als auch die Übersetzungskompetenz im Briefing thematisiert werden müssen, um die Qualität des Prozesses zu sichern. Mangels einschlägiger methodischer Literatur werden Fragen der Sprachwahl, der Transkriptqualität oder des Umgangs mit der Mehrfachrolle als InterviewführerIn, TranskribiererIn und ÜbersetzerIn des Interviews im Briefing oft nicht adäquat angesprochen.

In der *Hauptforschungsphase* werden die Interviews durchgeführt, transkribiert und übersetzt. Danach erfolgt die Analyse der übersetzten Transkripte. Die Transkriptqualität ist umso wichtiger, je feinanalytischer die Auswertung angelegt ist. Auf Basis der Hauptforschungsphase wird in der *Berichtlegungsphase* eine Publikation erstellt.

Wir möchten uns hier auf die mehrfachen Rollenanforderungen im Rahmen des qualitativen Forschungsprozesses konzentrieren, da uns scheint, dass in ihnen der Grundstein für eine qualitätsvolle Datenerhebung gelegt wird.

## 3    Die Vielfalt von Rollenanforderungen sichtbar machen – Die Mehrfachrollen InterviewerIn, Transkribierende, ÜbersetzerIn

Die Mehrfachanforderungen des Interviewführens, Transkribierens und Übersetzens bringen komplexe Herausforderung mit sich. Oft werden im Rahmen von Forschungsprojekten Studierende der Sozialwissenschaften der zweiten MigrantInnengeneration als InterviewerInnen, TranskribiererInnen und ÜbersetzerInnen einbezogen. Sozialwissenschaftlich ausgebildete MitarbeiterInnen mit spezifischen Sprachkompetenzen – wie etwa kaukasische Sprachen im deutschsprachigen Raum – sind jedoch mitunter schwer zu finden. Daher müssen sich Forschende mitunter aus pragmatischen Gründen für eine/n InterviewerIn entscheiden, dem/der es an einer dieser Kompetenzen – etwa an umfassender Erfahrung in der Interviewführung oder an umfassender Erfahrung im Übersetzen – mangeln kann. Hier kommt der beauftragenden Forschungsinstitution eine zentrale Verantwortung zu. Wichtig ist, den InterviewerInnen und LaienübersetzerInnen im Briefing ihre mehrfache Rolle klarzumachen und das Briefing auf beide Säulen aufzubauen: Denn oftmals stehen Anleitungen für die Interviewführung im Vordergrund, da hier in der wissenschaftliche Community umfassende Expertise und Erfahrung vorliegt – die Anforderungen an die Übersetzung des Interviews bleiben hingegen „unsichtbar", geraten in den Hintergrund, geschehen „nebenbei".

Worin bestehen die Schwierigkeiten in der Erfüllung von Mehrfachrollen im Übersetzungsprozess und was macht die jeweilige Rolle aus?

Der Begriff der sozialen Rolle beinhaltet Aufgaben und Pflichten, die mit der Rolle verknüpft sind. Diese werden in der Soziologie als Rollenerwartungen bezeichnet (Heuring/Petzold 2005; Wiswede 1977). Der soziologische Rollenbegriff hat zwei Dimensionen: einerseits die *Rollenerwartungen,* die an RolleninhaberInnen gestellt werden, und andererseits das an die Rollenerwartungen geknüpfte *Rollenverhalten.* Mit gewissen Rollenerwartungen sind gewisse Verhaltensmuster verbunden (beispielsweise das Zuhören, Nachfragen und Mitschreiben als Verhaltensmuster bei der sozialen Rolle der „InterviewerIn"). Rollenerwartungen werden mit der Zeit internalisiert, d. h. sie sind nicht mehr bewusst. Die erfolgreiche Einnahme einer sozialen Rolle erfordert Rollendistanz (die Fähigkeit, Rollenerwartungen wahrzunehmen und zu interpretieren), Role-Making (aktive Interpretation der Rolle), Role-Taking (die Fähigkeit, sich in andere Rollen hineinzuversetzen und dies im eigenen Rollenverhalten zu berücksichtigen) sowie die Fähigkeit, Rollenkonflikte zu erkennen und auszuhalten.

Mögliche Rollenkonflikte ergeben sich entweder dadurch, dass eine Person mehrere Rollen einnimmt (Inter-Rollenkonflikt) – so beispielsweise wenn ein/e InterviewerIn gleichzeitig auch Verwandte/r der/s Befragten ist – oder wenn eine Person einen Konflikt mit einer sozialen Rolle hat (Intra-Rollenkonflikt), z. B. sich der/die InterviewerIn so sehr in die Rolle der befragten Person hineinversetzen kann, dass er/sie eine Frage aus dem Leitfaden nicht mehr zu stellen wagt, weil er/sie die Reaktion darauf schon zu kennen glaubt. Rollenkonflikte entstehen auch dann, wenn Rollenerwartungen mangels Klärung falsch verstanden werden, etwa wenn ein/e TranskribiererIn glaubt, er/sie befinde sich in der Rolle einer RedakteurIn und müsse einen geglätteten, „fehlerfreien" Text vorlegen.

Nachfolgend werden mögliche Rollenkonflikte bzw. mögliche Schwierigkeiten mit Rollenerwartungen im Forschungsprozess exemplarisch skizziert. Da zum Thema Interviewführung bereits ausführlich Literatur vorhanden ist (siehe exemplarisch Lamnek 2005; für praxisbezogene Anleitungen siehe Helfferich 2005), konzentrieren wir uns in den nachfolgenden Abschnitten auf Rollenanforderungen im Bereich des Transkribierens und Übersetzens. Im Kapitel 5 erfolgen dann Empfehlungen dazu, wie Rollenerwartungen geklärt werden können, um sich positiv auf das gewünschte Rollenverhalten auszuwirken und eine hohe Qualität des Materials zu gewährleisten.

## Aspekt 1: Rollenanforderungen im Zusammenhang mit dem Transkribieren und Übersetzen

Eine Schwierigkeit dieser Konstellation kann dann bestehen, wenn Personen mit der Interviewführung betraut werden, die hohe Sprachenkompetenz aufweisen, jedoch keine sozialwissenschaftliche Ausbildung haben und daher wenig Erfahrungen mit dem Transkribieren und Übersetzen nach wissenschaftlichen Standards mitbringen. An dieser Stelle wird die Bedeutung eines ausführlichen Briefings besonders deutlich. Im Sinne der Nachvollziehbarkeit sollte ein Transkript in der Originalsprache erstellt werden. Es kann vorkommen, dass InterviewerInnen jedoch keine Originalabschrift anfertigen, sondern diesen Schritt überspringen und direkt von der Audio-Datei zu übersetzen beginnen (oft im Glauben daran, dass ein fremdsprachiges Transkript vom Forschungsteam nicht verwendet werden kann). Dies kann an mangelnden schriftlichen Kenntnissen der Ausgangssprache liegen (meist bei Sprachen mit nicht-lateinischem Schriftsystem der Fall), eine solche Vorgehensweise kann jedoch auch durch hohen Zeitdruck oder aber eine unangemessene Bezahlung (z. B. pauschal oder zu niedrig dotiert) provoziert werden – beides klare Fehler des Projektmanagements. Das Hören und gleichzeitige Übersetzen von Information in eine Zielsprache durch nichtprofessionelle ÜbersetzerInnen ist jedoch höchst fehleranfällig. Der Schritt des Transkribierens in der Originalsprache sollte daher auf keinen Fall ausgelassen werden und dies muss in einem InterviewerInnenbriefing klar kommuniziert werden (Przyborski/Wohlrab-Sahr 2010: 309). Im Sinne der Rollenanforderungen sollte zudem vermittelt werden, dass die Nachvollziehbarkeit des Forschungsprozesses ein wesentliches Kriterium für wissenschaftliche Qualität darstellt, weshalb die Anfertigung einer Abschrift in der Ausgangssprache nicht unterbleiben kann.

Ein weiteres Missverständnis im Zusammenhang mit Rollenerwartungen wäre Folgendes: Ein/e InterviewerIn möchte ein detailliertes Transkript im Original und in Übersetzung vorlegen. Die gesprochene Sprache der Interviewpartnerin ist jedoch holprig, sodass die Lesbarkeit des Transkripts erschwert ist. Der/die MitarbeiterIn mag daher versucht sein, eine unausgesprochene Rollenerwartung vorwegzunehmen, und das Transkript oder die Übersetzung (oder beides) sprachlich zu glätten, etwa indem Passagen gekürzt werden (z. B. durch Auslassungen von abgebrochenen Sätze, Streichungen von Wortwiederholungen etc.). Hier muss klar vermittelt werden, dass die Aufgabe der Transkription darin besteht, mündliche Sprache inklusive parasprachlicher Merkmale in Schriftsprache zu übertragen, sie besteht jedoch *nicht* darin, einen „perfekten" und einfach lesbaren Text herzustellen. Dieses Wissen kann den/die MitarbeiterIn entlasten.

Grundsätzlich empfiehlt es sich bei jedem Projekt, vorab sehr klare Regeln für die Transkription zu vermitteln, damit das Transkript in jenem Genauigkeitsgrad vorliegt, der für die Auswertung gewünscht wird. Sind mehrere Personen mit Transkriptionen betraut, ist es wichtig, dass alle nach denselben Regeln transkribieren. Als Anleitung für die Erarbeitung von Transkriptionsregeln eignet sich das kürzlich erschienene Praxisbuch Transkription (Drehsing/Pehl 2011).

Sowohl beim Transkribieren als auch beim Übersetzen ist eine Abklärung der für das Projekt notwendigen Anforderungen an die Transkripte in Hinblick auf die oft „unsichtbaren" Aspekte der Sprache sinnvoll. Diese betrifft zwei Dimensionen:

- Information über das Transkribieren und Übersetzen des sprachlichen Stils im Interview (d. h. genaues Transkribieren und Übersetzen von Umgangssprache, gehobener Sprache, Dialekt, Jugendslang etc.) und das verwendete Sprachregister. Ist eine Übertragung des sprachlichen Stils im Rahmen der Übersetzung nicht umsetzbar, so sollte alternativ mit Memos gearbeitet werden, in denen der Stil und die Eigenheiten des Ausgangstexts festgehalten werden.
- Information, wie mit Sprachwechseln (Code-Switching) im Interview umgegangen werden soll (z. B. wenn ein Interview mit einer türkischen Migrantin auf Türkisch geführt wird, im Interview selbst aber immer wieder einzelne Sätze oder Begriffe auf Deutsch genannt werden; diese Besonderheit geht bei einer Übersetzung des Transkripts ins Deutsche verloren, kann aber von den ÜbersetzerInnen gekennzeichnet werden). Dieser Aspekt wird weiter unten vertieft.

### Aspekt 2: Rollenanforderungen im Zusammenhang mit dem Übersetzen des Interviewtranskripts

Nachdem das Transkript in der Interviewsprache erstellt wurde, legen die InterviewerInnen bzw. Transkribierenden diese Rollen ab und werden zu ÜbersetzerInnen. Ziel dieses Schritts ist die Übertragung des Transkripts von einer Ausgangssprache (Interviewsprache) in eine Zielsprache (Projektsprache oder Sprache des Forschungsteams). Auf die Person, die die Interviews geführt hat, kommen nun ganz andere Herausforderungen zu als während des Interviewführens und Transkribierens. Die Aufgabe des Übersetzens ist umfassend; die Rollenerwartungen an ÜbersetzerInnen sind hoch. Erwartet werden translatorische Kompetenzen in fünf Ausprägungen:

- *Sprachenkompetenz* in der Interviewsprache sowie in der Zielsprache (Kenntnisse der Lexik, Grammatik, Syntax, Morphologie, Semantik, Pragmatik, uvm.);
- *Kulturkompetenz* im Sinne einer interkulturellen Vermittlungskompetenz (kulturelle und milieuspezifische Konventionen etc.);
- *Fachkompetenz* (Fachterminologie der zu übersetzenden Materie, z. B. Kenntnisse über Asylverfahren) sowie *Recherchekompetenz* (z. B. Erarbeitung textrelevanter Hintergründe, Terminologien, Paralleltexte),;
- *Textkompetenz* (z. B. das Wissen um Texttypen und Genres – z. B. den Aufbau eines Interviewtranskripts, Textverwendungskompetenz, sprachliche Konventionen des Ausgangs- und Zielkontextes), sowie
- *Transferkompetenz:* Diese umfasst das fachspezifische Wissen um Übersetzungsstrategien und Übersetzungstechniken und bündelt zudem die oben genannten Kompetenzen. Die Transferkompetenz macht aus dem Übersetzen eine umfassende Dienstleistung, die über das Übertragen von Worten von einer in die andere Sprache hinausführt.

Im letzten Punkt ist ein Kernelement des Übersetzens angesprochen: die Entscheidung um die richtige Übersetzungsstrategie. Als fundamentales Ziel von Übersetzungstätigkeiten galt bis in die 1980er Jahre das Herstellen von Äquivalenz (d. h. die Suche nach einer Entsprechung) in der Übertragung von einer Sprache in die andere (Gallagher 1998). Äquivalenz herzustellen stellt jedoch eine nicht zu unterschätzende Herausforderung dar. Angenommen, eine Person würde in einem deutsch geführten Interview darüber sprechen, dass sie nicht weiß, ob sie mit ihrem Beruf ihre Berufung getroffen hat, dann müsste der/die ÜbersetzerIn eine entsprechende Äquivalenz in der Zielsprache finden, die das Wortspiel „Beruf/ Berufung" wiedergibt. In der Zielsprache ist eine solche Äquivalenz jedoch möglicherweise nicht gegeben, wie beispielsweise im Englischen „vocation/calling". Solche und andere Übersetzungsprobleme entstehen durch semantische Lücken, d. h. das Fehlen eines Begriffs in der Ausgangs- oder Zielsprache, oder durch kultur- oder milieuspezifische Ausdrucksweisen und Konnotationen. Bei LaienübersetzerInnen ohne translationswissenschaftliche Ausbildung kann eine mangelnde Kenntnis darüber bestehen, dass eine Äquivalenz oftmals gar nicht hergestellt werden kann bzw. dass die Dokumentation dieses Übersetzungsproblems – etwa in Form eines Memos – bedeutsam wäre (Ammann 1989).

Da eine äquivalente Übersetzung oftmals nicht möglich ist, arbeitet die Translationswissenschaft seit den 1980er Jahren mit dem Skoposansatz. Skopos bedeutet Ziel, Zweck. Die Skopostheorie stellt die Funktion der Übersetzung im Rahmen einer konkreten Kommunikationshandlung in den Vordergrund. Wesentliches Ziel ist nun nicht mehr die Herstellung einer äquivalenten, sondern einer adäquaten – d. h. dem Kommunikationszweck dienenden – Übersetzung. Um ein skoposbedingtes Translat zu erstellen, d. h. beispielsweise ein Interviewtranskript adäquat in eine Zielsprache zu übertragen, muss der *Sinn* und *Zweck* der Übersetzung reflektiert und begründbar sein und deutlich vermittelt werden (Reiß/Vermeer 1984). Für die qualitative Forschungspraxis heißt das, dass mit Hilfe des Originaltranskripts des Interviews im zweiten Schritt eine dem Skopos entsprechende Übersetzung durchgeführt wird. Der Skopos, also der Zweck der Übersetzung, hängt eng mit dem Auswertungsplan oder der anzuwendenden Auswertungsmethode zusammen. Daher ist der Skopos unbedingt vorab mit den ÜbersetzerInnen zu klären. Konkret bedeutet dies, dass der/die ProjektleiterIn den mitwirkenden ÜbersetzerInnen klar vermitteln müssen, wozu das Translat gebraucht und in welcher Art und Weise es verwendet wird, damit beim Übersetzen auf diesen Zweck geachtet werden kann. Das Translat soll in sich kohärent (schlüssig, stimmig) sein und vom EmpfängerInnenkreis als kohärent, d. h. verstehbar, interpretiert werden können, jedoch muss es nicht vollkommen äquivalent sein, wenn dies nicht der Zweck der Übersetzung ist.

Während des Prozesses ist es hilfreich, wenn das Forschungsteam eine Vorlage für Memos zur Verfügung stellt, in welches ÜbersetzerInnen hilfreiche Bemerkungen oder Kommentare im Prozess des Transkribierens und Übersetzens festhalten können. Diese Memos sollten dann vor der Berichtlegungsphase gemeinsam im Team besprochen werden, da einzelne Aspekte für die Analyse und die Berichtlegung ausschlaggebend sein könnten. Tietel empfiehlt, ein Postskriptum mit Irritationen, Wahrnehmungen, Interpretationen und mit einer Reflexion von Schwierigkeiten im Übersetzungsprozess anzulegen (z. B. Metaphern oder Begriffe, die es in der Zielsprache nicht gibt oder die in der Ausgangssprache andere/ mehrere Bedeutungen haben) (Tietel 2000). Ebenso sollte die Übersetzungsstrategie reflektiert werden: Inwiefern wurde wörtlich vorgegangen? Inwiefern wurden Aussagen geglättet und warum?

Teile von Transkripten können – je nach Forschungsdesign, vor allem aber wenn die Auswertungsmethode grobanalytisch oder inhaltsanalytisch erfolgt und der jeweilige Teil für die Forschungsfragen keine Relevanz hat – unübersetzt blei-

ben. Die Selektion der Passagen, die übersetzt werden, sollte jedoch klar definierten Regeln folgen und nicht allein den nicht am Auswertungsprozess beteiligten ÜbersetzerInnen überlassen, sondern im Team besprochen werden. Gründe
für das Auslassen von Passagen im Transkript sollte transparent gemacht werden.

### Fazit aus den Herausforderungen im Umgang mit der Doppelrolle

Die skizzierten Beispiele machen deutlich, dass es von großer Wichtigkeit ist, die
an Übersetzungsprozessen beteiligten Personen mit ihren Rollen vertraut zu machen und mit ihnen die jeweiligen Rollenerwartungen zu reflektieren, bevor die
Feldarbeit beginnt. Rollenverhalten braucht klare Handlungsanweisungen. Diese
können im Rahmen eines Briefing vermittelt werden (siehe dazu Kapitel 5). Eine
differenzierte Erklärung dessen, was in der Rolle der InterviewerIn und Transkribierenden sowie in der Rolle der ÜbersetzerIn erwartet wird, gilt als Voraussetzung für einen qualitätsvollen Forschungsprozess (Tietel 2000). Durch die hier
postulierte Trennung von Interviewtätigkeit, Transkriptionstätigkeit und Übersetzungstätigkeit werden auch verschiedene Rollen geklärt und Handlungen getrennt. Die einzelnen Aspekte dieser Mehrfachrolle sollten unserer Ansicht nach
auch getrennt vergütet werden, da es sich um verschiedene Dienstleistungen mit
verschiedenen Anforderungen handelt.

## 4     Die Pluralität von Sprache anerkennen und sichtbar machen

Um die Komplexität der Rollenanforderungen im Bereich des Interviewens, Transkribierens und Übersetzens im Rahmen der qualitativen Sozialforschung noch
weiter zu verdeutlichen, werden im nächsten Abschnitt Fragen an der Schnittstelle von Sprache und Gesellschaft und deren Konsequenzen für Übersetzungsprozesse vertieft.

Angesicht aktueller gesellschaftlicher Entwicklungen wie Migration und Globalisierung treten Fragen der möglichen Bi- und Multilingualität von InterviewerInnen und InterviewpartnerInnen und die Auswirkungen dieser Konstellation
auf die Interviewpraxis zunehmend in den Fokus des Interesses. Bevor jedoch auf
das Thema Zwei- oder Mehrsprachigkeit im engen Sinn eingegangen wird, lohnt
es sich, diese Thematik gedanklich auszuweiten und grundlegende Überlegungen
zur Pluralität von Sprache anzuregen.

## 4.1    Vielfalt innerhalb von Sprachen

Der Terminus „Zweisprachigkeit" mag Vorstellungen zweier voneinander getrennter Sprachen erwecken, die sich in unterschiedlicher Weise berühren oder
nicht berühren, jedoch in sich homogen und abgeschlossen sind. Was in dieser di-
chotomen Denkfigur jedoch verdeckt wird, ist der Umstand, dass die in das Konstrukt „Zweisprachigkeit" involvierten Sprachen bereits in sich heterogen sind
und sich auf vielfältige Weise berühren, vermischen und entwickeln können, sodass sich jede Spielart der Bilingualität bei näherer Betrachtung in ein komplexes Feld individueller und gesellschaftlicher Vielsprachigkeit auffächert (Dirim/
Auer 2004).

Der Gedanke, Parallelen zwischen intra- und interlingualen Übersetzungsprozessen herauszuarbeiten (Ricoer 2006), soll hier insofern aufgegriffen werden, als der Blick auf sprachliche Eigenart und Vielfalt in monolingual erschei-
nendem Material gerichtet werden soll. AutorInnen, die den Übersetzungsbegriff
im Sinne einer „kultureller Übersetzung" radikal ausweiten (Kruse 2009; Renn
2002a; Renn 2002b), weisen zu Recht darauf hin, dass in ausdifferenzierten Gesellschaften nicht notwendigerweise alle „dieselbe Sprache sprechen". Die Heterogenität sprachlicher Ausdrucksweisen innerhalb einer „Sprachgemeinschaft"
kann sich entlang von verschiedenen gesellschaftlichen Differenzfeldern und deren Wechselwirkung entwickeln: entlang von Generationen (z. B. Ausdrucksweise
von älteren Personen vs. Jugendsprachen), entlang sozialer Schichten (spezifische schicht- oder milieuspezifische Ausdrucksweisen), entlang der regionalen
Herkunft (z. B. sprachliche Varietäten wie Dialekte oder regionalspezifische Ak-
zente), entlang von Berufsgruppen (z. B. Fachsprachen) und vieles mehr. Sieht
man diese Vielfalt als Reichtum an sprachlichen Ausdrucksweisen an, so lohnt es
sich, sie sowohl als Analysethema als auch als Metainformation in die qualitative
Forschungspraxis einzubeziehen. Folgerichtig sollte daher die „Unsichtbarkeit der
Übersetzung" auch im Umgang mit vermeintlich einsprachigem Material eingehend problematisiert werden.

Übersetzung birgt das Risiko in sich, sprachlich Unterschiedliches auf eine
Art anzugleichen, in der Nuancen verloren gehen. Die postkoloniale Theoretike-
rin Gayatri C. Spivak (1997: 69) beklagt in Bezug auf interlinguale Übersetzungen,
dass die spezifische Eigenart einer Sprache verloren ginge, „… sobald alle Texte
der Dritten Welt in einer Art gängigen Einheitsübersetzung übertragen werden,
sodass die Prosa einer Frau aus Palästina in ihrer sprachlichen Form der eines
Mannes aus Taiwan zu ähneln beginnt." Dieses Risiko besteht jedoch keinesfalls
nur bei der Übertragung von Texten in die universale *Lingua Franca* Englisch:

Eine ähnliche Homogenisierung der sprachlichen Vielfalt kann auch bei der Arbeit mit einsprachigem Textmaterial im Rahmen der qualitativen Sozialforschung geschehen. Der Übersetzungsschritt, bei dem hier die eigensprachliche Besonderheit des Gesagten verloren gehen kann, ist die Transkription, welche als Übertragung von gesprochener Sprache in Schriftsprache verstanden werden kann.

Gesprochene Sprache weist Besonderheiten auf, die sie von der Schrift(hoch)sprache abhebt. Bisweilen wird – oft in Ermangelung klarer Rollendefinitionen und expliziter Transkriptionsregeln – in der Abschrift Dialekt als Hochsprache wiedergegeben. Dadurch wird ein nicht-intendierter und vor allem intransparenter Interpretationsschritt eingeführt. Mitunter geschieht eine solche Angleichung an die hochsprachliche Norm selbst dann, wenn eine vollständige wörtliche Abschrift vereinbart war. Dies mag als Hinweis darauf gewertet werden, dass (dialektgefärbte) Umgangssprache oder gesprochene Sprache nicht als eigenständige sprachliche Ausdrucksform wahrgenommen werden, die es transparent zu machen gilt, sondern als „fehlerhafte", „störende" und daher zu korrigierende Sprache. Nun sind manche Dialektvarianten mitunter schwer zu verschriftlichen. Die Autorinnen vertreten jedoch den Standpunkt, dass die Anerkennung und Wiedergabe von „Mehrsprachigkeit" innerhalb einer Sprache nicht nur den InterviewpartnerInnen und ihrer subjektiven Lebenswelt Respekt erweist und die gesellschaftliche Diversität angemessen(er) abbildet, sondern zudem als wertvolle Information in die Analyse einbezogen werden kann. Hierzu ein Beispiel aus einem derzeit laufenden Projekt:

> Im Rahmen einer Studie über Zugehörigkeit zu Österreich[5] werden junge StaatsbürgerInnen qualitativ befragt. Ein junger Mann spricht über seine Erfahrungen beim Bundesheer. Das Interview wird auf Deutsch geführt. Beim Lesen des Transkripts fällt auf, dass der Interviewpartner jene Passagen, in denen er über formale Prozeduren, Regeln und Praktiken des Bundesheeres spricht, in Hochsprache hält und an einigen Stellen den spezifischen Bundesheerjargon aufgreift, also über das Bundesheer „in den Worten des Bundesheeres" spricht. Im Gegensatz dazu drückt er Aussagen, in denen er als Individuum zum Bundesheer Stellung bezieht und insbesondere jene, in denen er sein persönliches Erleben schildert, bevorzugterweise in dialektgefärbter Umgangssprache aus.

Solche Metainformationen, die sich über die Verwendung spezifischer Sprachvarietäten erschließen, können nun je nach Erkenntnisinteresse der jeweiligen Stu-

---

5    Entnommen aus der Studie IDEMÖ (Enzenhofer/Jawhari 2012).

die als Bereicherung oder als essenzieller Bestandteil der Analyse genutzt werden. In manchen Forschungskontexten kann bereits die simple Wahrnehmung der Tatsache, dass von 20 auf Deutsch geführten Interviews 15 eine Dialektfärbung aufweisen, einen Erkenntnisprozess bewirken und beispielsweise den Blick auf das Phänomen der Binnenmigration oder auf mögliche Schichtunterschiede richten.

Da weder innerhalb noch zwischen Sprachen von sprachlicher Homogenität ausgegangen werden kann, lässt sich an dieser Stelle zu Phänomenen überleiten, die auch im Rahmen der Bi- und Multilingualitätsforschung thematisiert werden: *Disglossie* und *Code-Switching*.

## 4.2    Disglossie

Der Terminus Disglossie bezeichnet eine Konstellation, in der auf gesamtgesellschaftlicher Ebene eine funktionale Zuordnung von Sprachen zu unterschiedlichen gesellschaftlichen Bereichen vorliegt. Dies kann verschiedene Sprachen im interlingualen Sinne (Amtssprache/Minderheitensprachen) oder auch sprachliche Varietäten innerhalb einer Sprache betreffen (beispielsweise Hochsprache/Dialekt) (Romaine 1994; 2000: 47ff).

Hinsichtlich des Disglossiebegriffs kritisiert List (2003: 34), dass dieser verschleiert, dass zwischen Sprachen und Sprachvarietäten in aller Regel kein ausgewogenes Nebeneinander gegeben ist, sondern zumeist eine strukturelle Ungleichheit besteht. Bereits Kinder erlernen die mit verschiedenen Sprachen und Sprachvarianten (z.B. Dialekt) verbundenen Bewertungen, etwa durch Reaktionen von Familienangehörigen, RepräsentantInnen des Erziehungswesens, Mitgliedern der Peer-Group oder Personen im öffentlichen Raum (Reich 2009). Dies hat Konsequenzen für das Erlernen und den Gebrauch von Sprachen.

Gesellschaftliche Disglossie spiegelt sich insofern in individueller Mehrsprachigkeit wieder, wenn für unterschiedliche Lebensbereiche unterschiedliche Sprachen bevorzugt werden: Konkret kann das für die qualitative Forschungspraxis etwa bedeuten, dass im Gespräch mit ein und derselben Person zum Thema Familie das Türkische die am ehesten angemessene Sprache ist, zum Thema Bildung mag es das Deutsche sein, für das Thema Beruf das Englische etc. Die Komplexität der Sprachverwendung – und im Übrigen auch die Brüchigkeit des Konstrukts „Familiensprache" – lässt sich nicht besser verdeutlichen als mit den Worten eines Interviewpartners[6]:

---

6    Zitat entnommen aus IDEMÖ (Enzenhofer/Jawhari 2012).

Wir *[Anm: die Geschwister]* sprechen untereinander schon Türkisch, aber wenn ich mit ihm *[Anm.: älterer Bruder]* mich unterhalte, dann meistens auf Deutsch. Wenn ich mich mit der Schwester unterhalte, dann mehr Türkisch, Deutsch, so Misch-Masch, so mal je nach dem, was das Thema ist. Und beim jüngsten Bruder, also älterer Bruder sicher, aber der jüngste von denen, mit dem spreche ich immer Türkisch. Das fällt mir jetzt so spontan auf. Mit den Eltern spreche ich immer Türkisch. […] Ja, es ist auch so, dass je nach Themengebiet, man spricht eine andere Sprache. Weil die Sprache, die beeinflusst ja auch die Assoziationsketten. Weil man denkt auch in der Sprache und man kommt zu anderen Ergebnissen, wenn man Gedankengänge hat. Weil wenn ich z. B. über Technologie spreche, mit meinem ältesten Bruder, der ist auch Informatiker, dann spreche ich nur Deutsch, natürlich. Weil ich habe die Informatik nur hier, Deutsch, gelernt und wahrgenommen. Und ja, auf Türkisch über Informatik reden ist nicht so. Wenn wir über Religion sprechen, sprechen wir mehr Türkisch, die haben wir türkisch beigebracht bekommen, hier in den Moscheen und das ist halt quer durch. Jedes Thema könnte ich jetzt spontan sagen: Deutsch, Türkisch, Deutsch, Türkisch. Was mir als erstes einfällt. Wenn ich über etwas spreche und das erste, das mir einfällt, in der Sprache spreche ich.

Dies wirft vielfältige praktische Implikationen für die Gestaltung der Interviewsituation auf. Es kann für die Erkenntnisgewinnung durchaus wertvoll sein, im Prozess des Interviewens eine Sprachauswahl ermöglichen zu können.

Nicht zuletzt können über die spezifische Art der Sprachverwendung soziale Positionierungen ausgedrückt werden, mitunter durchaus auch in Abgrenzung zu herkömmlichen Bildern und Stereotypen über MigrantInnen. Beispielsweise bestanden in einer Studie über UnternehmerInnen mit Migrationshintergrund (Enzenhofer et al. 2009) mehrere InterviewpartnerInnen darauf, das Interview auf Deutsch zu führen – und machten in diesem Zusammenhang sehr deutlich, dass sie als kompetent und der deutschen Sprache mächtig wahrgenommen werden wollten. Umgekehrt kann auch über Sprachgestaltungsformen wie Code-Switching und Code-Mixing eine Aussage über die eigenen sozialen Positionierungen transportiert werden. Nach Auer (2009) liegt in der Kombination von Sprachen eine wesentliche Bedeutung „auf der Ebene der interaktiven Konstruktion von Identitäten. […] Für viel Bilinguale […] ist es in der gruppeninternen Kommunikation aus identitätsbezogenen Gründen weder sinnvoll noch notwendig, sich so zu verhalten, als ob sie Monolinguale wären. Im Gegenteil: gerade das Handeln in einem bilingualen Modus ist für sie der angemessene Ausdruck ihrer Identität als Angehörige einer Minderheit, als Migranten, etc." (Auer 2009: 95).

## 4.3    Code-Switching

Gemäß dem Verständnis von Esser (2006) wird erfolgreiche, also kompetente Bilingualität im Sinne einer zweifachen Monolingualität konzipiert. Kompetente Bilingualität ist dann gegeben, wenn die SprecherInnen imstande sind, sich in ihren beiden Sprachen ebenso gut auszudrücken wie monolinguale Personen. Nach Auer (2009: 92) hingegen, welcher sich von dieser Sichtweise abgrenzt, weist Bilingualität jedoch eine eigenständige Qualität der Übersummativität auf und ist somit mehr als eine Addition von Monolingualität(en). Auer argumentiert in einem Artikel, den er „Competence in performance" betitelt, dass bilinguale Personen Formen der sprachlichen Gestaltung einsetzen können, in denen die zur Verfügung stehenden Sprachen nicht strikt auseinandergehalten, sondern vielmehr gemeinsam aktiviert und produktiv genutzt werden (Auer 2009: 92). Phänomene wie das „Code-Switching" oder „Code-Mixing", also der Wechsel von einer Sprache in die andere innerhalb eines Satzes, sind nach dieser Auffassung keine Unzulänglichkeiten der sprachlichen Performanz, sondern können sehr wohl als Fähigkeiten im Sinne einer kompetenten Bilingualität gewertet werden, da sie auf die grammatikalischer Bedingungen der kombinierten Sprachen Bezug nehmen. Zudem stellen sie ein eigenständiges sprachliches Repertoire dar.

Will man spezifische Phänomene der Mehrsprachigkeit wie Code-Switching und Code-Mixing verstehen, so ist die Betrachtung des Kommunikationskontexts wesentlich. Folgt man sprachpragmatischen Überlegungen, so erschließt sich der sprachliche Sinn eines Begriffs oder Aussage nur aus der Betrachtung der gesamten Sprachhandlungen (Renn 2005; Cappai 2003; Sukuguchi 1993; Morris 1979). Überlegungen zur Mehrsprachigkeit können sich daher nicht allein auf die Betrachtung der Person und deren Sprachkompetenz beschränken, sondern müssen den konkreten Sprachgebrauch im umgebenden sozialen Kontext (z. B. in einer Interviewsituation) einbeziehen.

Mehrsprachige Personen setzen ihr sprachliches Repertoire abhängig von den InteraktionapartnerInnen, vom Gesprächskontext, Lebensbereich oder Thema ein. Demnach können auch Code-Switching und Code-Mixing höchst unterschiedlichen kommunikativen Funktionen dienen: etwa dem Auffüllen semantischer Lücken, also dem Ersetzen von „unübersetzbaren" Ausdrücken, zur Erzielung dramaturgischer Wirkungen, dem bewussten Ausschluss von Dritten, der Inszenierung von Kompetenz, der Verdeutlichung sozialer Identifikation und vieles mehr (Auer 2009; Romaine 1989/1995). Für die qualitative Sozialforschung ist dabei die Überlegung wesentlich, dass sich die Funktion des Code-Switching erst nach einer umfassenden Analyse des Kommunikationsgefüges erschließt.

Im Rahmen einer Studie über Unsicherheit, Angst und Bedrohung aus der Perspektive von Menschen mit Migrationshintergrund (Enzenhofer et al. 2009) findet ein Interview mit einer Migrantin statt. Sie ist hochqualifiziert und hat aufgrund ihrer Migrations- und Berufsbiografie Englisch als Zweitsprache und Arbeitssprache im professionellen Kontext. Das Interview wird jedoch mittels einer muttersprachlichen Interviewerin in der Erstsprache[7] der Befragten realisiert. Die Interviewatmosphäre ist angespannt. Die Interviewpartnerin berichtet im Zuge des Interviews auf Nachfragen der Interviewerin über das Erlebnis eines sexuellen Missbrauchs. Dabei benutzt sie an jenen Stellen, in denen sie den Vorfall näher schildert, mehrmals das Englische, aber einmal das Deutsche.

I: „…und das ging eben bis zum *sexual abuse* [Pause] *sexueller Missbrauch*. [Pause] deshalb habe ich es bei der Polizei zur Anzeige gebracht und nun ist unser *case* auf dem Weg zu Gericht." [übersetztes Transkript; kursiv gesetzte Begriffe im Original englisch bzw. deutsch]

Der Sprachwechsel bei der Schilderung eines sexuell motivierten Gewalterlebens erscheint besonders deshalb interessant, da in der Studie das subjektive Erleben von Unsicherheit, Angst und Bedrohung sowie die zur Verfügung stehenden Bewältigungsstrategien von Menschen mit Migrationshintergrund im Mittelpunkt standen. Um hier jedoch nicht in vorschnelle Psychologisierung zu verfallen, muss zuerst geklärt werden, ob es für die Begriffe *sexual abuse, case,* u. a. eine ausgangssprachliche Entsprechung gibt, die gleichermaßen prägnant und gebräuchlich ist. So kann geklärt werden, ob der Gebrauch des Englischen die Funktion haben kann, semantische Lücken zu füllen. Weiters kann die Frage gestellt werden, ob auch an anderen Stellen Sprachwechsel stattgefunden haben. Im gegenständlichen Beispiel verwendete die Gesprächspartnerin etwa auch für verschiedene Aspekte der staatlichen und kommunalen Verwaltung, welche sie im Gespräch als positiv bewertete, englische Ausdrücke (z. B. *„public transport"*).

Hat man sprach- und textbezogene Zusammenhänge im Team reflektiert, so kann die spezifische sprachliche Repräsentation von sexuellem Missbrauch im Rahmen der konkreten Interviewsituation gedeutet werden, etwa im Sinne eines „Ausweichens" auf eine Sprache, die die Gesprächspartnerin üblicherweise in ihrem professionellen Kontext nützt. Hier müssen auch Überlegungen zum spezifischen situativen Kontext der Studie und des konkreten Interviews (z. B. angespannte Interviewsituation) einbezogen werden, um die Analyse und Interpretation zu kontextualisieren.

---

7    Aus forschungsethischen Gründen (Anonymisierung) kann die konkrete Erstsprache der Befragten hier nicht angeführt werden.

*Exkurs: Sind muttersprachlich geführte Interviews nun „authentischer"?*

Befasst man sich mit muttersprachlicher Interviewführung, wird man mitunter mit der Frage konfrontiert, ob diese denn „authentischere" Ergebnisse brächten. Die zuvor dargestellten Überlegungen sollten ganz klar verdeutlichen, dass es hier nicht um „Authentizität" gehen kann. Vor dem Hintergrund gesellschaftlicher Disglossie und Wechselwirkung zwischen Sprachen, angesichts der erläuterten Varietäten innerhalb von Sprachen, angesichts der Möglichkeit, Sprachregister aus unterschiedlichen Sprachen produktiv und kreativ zu mischen, scheinen Authentizitätsvorstellungen im Zusammenhang mit einer homogen konstruierten „Ursprungskultur" und „Muttersprache" nicht nur überholt, sondern auch als überaus bedenklich. Und ganz grundsätzlich verfehlt die Annahme einer „objektiven" Befragungssituation im Rahmen eines qualitativen Interviews den Kern des qualitativen Forschungsparadigmas, da es um die Herstellung einer interaktiv konstruierten sozialen Wirklichkeit geht (Flick et al. 2008; Bohnsack 2007).

Der Interviewinhalt eines qualitativen Interviews realisiert sich in einer spezifischen Interviewsituation, wozu das situative und kommunikative Gefüge gehört. Es gibt Konstellationen, in denen muttersprachliche Interviewführung bzw. das grundsätzlichen Angebot, das Gespräch in mehreren Sprachen führen zu können, eine produktive Erweiterung des Kommunikationsrahmens sein kann, in anderen mag dies nicht der Fall sein.

Situationen, in denen muttersprachliche Interviewführung von Vorteil sein kann, sind z. B.: wenn eine geteilte Lebenswelt zwischen InterviewpartnerIn und InterviewerIn und daraus resultierend ein spezifisches Verständnis für Problemlagen vorliegt. Dies kann z. B. Diskriminierung aufgrund des Kopftuchs oder der Hautfarbe oder Armut und Ausbeutung aufgrund der Migrationssituation umfassen. Hier weisen umfassende Projekterfahrungen darauf hin, dass sich InterviewpartnerInnen oft lieber solchen Personen anvertrauen, von denen sie sich in dieser spezifischen Lage verstanden fühlen. Muttersprachliche InterviewerInnen erhalten hier u. U. mehr Vorschussvertrauen. Kritisch anzumerken ist hier jedoch, dass zu viel Nähe und Identifikation mit dem/der InterviewpartnerIn im Sinne eines möglichen Rollenkonflikts eingehend reflektiert und thematisiert werden sollten, sowohl bei der Analyse als auch beim Briefing/Debriefing.

Situationen, in den muttersprachliche Interviewführung problematisch sein kann, sind nach unseren Forschungserfahrungen dann gegeben, wenn InterviewpartnerIn und InterviewerIn zwar die Sprache, nicht jedoch Werthaltungen und die Lebenswelt teilen. Unterschiede in der Lebenswelt können etwa gegeben sein, wenn ein/e GesprächspartnerIn im deutschsprachigen Raum aufgewachsen ist und eine/r erst kürzlich migriert ist; auch Schichtunterschiede und unterschiedliche religiöse Auffassungen können das Kommunikationsklima erschweren. Bisweilen lösen muttersprachliche InterviewerInnen bei den GesprächspartnerInnen Angst vor sozialer Kontrolle durch die Familie oder Community aus. In der Arbeit mit AsylwerberInnen sollte man bedenken, dass spezifische Rollenerwartungen an InterviewerInnen entstehen können, die etwas mit Rollen im Asylverfahren zu tun haben (z. B. InterviewerIn als AslybeamtIn, SozialarbeiterIn, BündnispartnerIn etc. siehe hierzu die Ausführungen von Thielen 2009). Dies zeigt die Bedeutsamkeit einer differenzierten Auseinandersetzung mit Mehrfachrollen und Rollenerwartungen bzw. -konflikten im Forschungsprozess. Wie die Qualität in einem sowohl komplexen als auch sprachlich vielfältigen Forschungsprozess erhalten werden kann, zeigt der nachfolgende Abschnitt.

## 5    Qualitätsschritte in der Planungs- und Orientierungsphase sichtbar machen

### 5.1    Der Qualitätsbegriff

Qualitätsbegriffe und -konzepte existieren in der Forschung in großer Zahl. Je nach Disziplin und Forschungsparadigma ist mit Qualität jedoch Unterschiedliches gemeint. In der quantitativen empirischen Sozialforschung ist der Qualitätsbegriff hauptsächlich mit der Idee, valide, reliable und objektive Daten zu gewinnen, verknüpft (siehe exemplarisch Diekmann 2008). Die qualitative empirische Sozialforschung diskutiert ebenfalls eine Reihe an Qualitätskriterien, wie etwa Nachvollziehbarkeit des Forschungsprozesses, reflektierte Subjektivität der Forschenden, Prozessorientierung, Offenheit, Reflexivität, Explikation, Interpretationen in Gruppen u. v. m. (siehe exemplarisch Lamnek 2005; Helfferich 2005; Steinke 2004; Strübing 2002; Lueger 2000). Diese Qualitätskriterien und deren Sinn gilt es in einem Briefing praxisnah zu vermitteln.

Auch die Translationswissenschaft bietet viele Konstrukte über die Funktion der Qualität im Rahmen ihrer Wissenschaftsdisziplin. Es existieren viele empirische und theoretische Arbeiten, die sich damit befassen, wie Übersetzungsqualität zu bestimmen und messen sei (siehe exemplarisch Schippel 2006; Grbic 2008): Qualität kann u. a. als Erfüllung von Qualitätsstandards, als Resultat eines strategischen Prozesses, als normative Handlung, als ethische Form der Pflichterfüllung oder als ein Ergebnis zur Befriedigung von KundInneninteressen verstanden werden (Grbic 2008). Die Divergenz vorliegender Konzepte könnte nicht größer sein. Dennoch herrscht Konsens darüber, dass Qualität angesichts der vielen Interessen, die im Übersetzungsprozess zusammenlaufen, von enormer Wichtigkeit ist.

Gemäß des Skoposansatzes ist die Aufrechterhaltung der kommunikativen Funktion eines Textes beim Übersetzen und Dolmetschen von höchster Relevanz für die Qualität. Ein Übersetzungsfehler kann in der Regel mit der Nicht-Erfüllung des Übersetzungsauftrags und damit mit einer mangelnden Berücksichtigung des Skopos gleichgesetzt werden. Ein übersetztes Transkript ist dann fehlerhaft, wenn die Textfunktion beeinträchtigt ist (Nord 2006).

> „Fasst man Dolmetschen als Austausch von Textmaterial zweier Sprachen auf, so ist seine Qualität eine Funktion der Fähigkeit zur Herstellung von Äquivalenz hinsichtlich Inhalt, Form und allenfalls Darbietungsart; betrachtet man es hingegen als Sonderform interlingualen kommunikativen Handelns in einem komplexen sozialen Beziehungsnetz, so resultiert seine Qualität vielmehr aus der Optimierung pragmatisch bedingter Sprechhandlungen." (Mack 2002: 114)

Der Schlüssel zur Qualitätsdiskussion dürfte demnach darin liegen, dass die Bewertung der Qualität von der Beobachtungsperspektive anhängig ist. Im Sinne einer konstruktivistischen Herangehensweise sind folgende Fragen berechtigt: Wer bestimmt die Qualität eines Translats? ÜbersetzerInnen selbst, AuftraggeberInnen oder etwa das Zielpublikum?

Eine sinnvolle Unterscheidung ist zwischen Prozess- und Ergebnisqualität getroffen worden (siehe Kapitel 5.3). Die nachfolgenden Ausführungen beziehen diese beiden Ebenen mit ein.

### 5.2    Was bedeutet es, ein qualitätsvolles Interviewbriefing durchzuführen?

Ein qualitätsvolles Interviewbriefing beinhaltet sowohl Aspekte der Prozessqualität als auch der Produktqualität, d. h. erstens sollte über den Ablauf von Interviewführung, Transkription und Übersetzung gesprochen werden, zweitens über die Anforderungen an die jeweiligen Produkte.

Detaillierte Angaben zu qualitätsvollen Interviewbriefings lassen sich in der sozialwissenschaftlichen Literatur in Hinblick auf die Interviewführung und in Hinblick auf die Transkription finden (siehe exemplarisch Dresing/Pehl 2011; Helfferich 2005). Zu spezifischen sprachbezogenen Aspekten des Transkribierens und zu Übersetzungsfragen liegen hingegen wenig bzw. keine Materialien vor.

Der folgende Überblick soll Aufschluss darüber geben, worin ein qualitätsvoller Prozess in der Regel besteht und jene Schritte und Produkte sichtbar machen, die bislang oftmals unsichtbar sind, jedoch für die Qualität des erarbeiten Interviewmaterials von hoher Bedeutung sind.

*Prozessaspekte:*

- Einen strukturellen Rahmen geben: Zeitlicher Rahmen für Interviews, Klärung des Honorars
- Einen klaren Aufgabenüberblick geben: Dies umfasst die Klärung, ob und inwiefern das Finden von InterviewpartnerInnen (Herstellung des Feldzugangs) zum Auftrag gehört. Weiters sollte ein getrennter Überblick über die Mehrfachaufgabe des Interviewführens, Transkribierens und Übersetzens erfolgen.
- Sinnvoll ist eine getrennte Vergütung von Interviewführung, Transkription und Übersetzung, da dadurch eine klarere Trennung der Rollen erfolgt.
- Vorlagen und Materialien zur Verfügung stellen: Transkriptionsregeln, Vorlage für Memos
- Einbezug in den weiteren Forschungsprozess: Termine zur weiteren Reflexion mit dem Forschungsteam vereinbaren (Debriefing). Idealerweise erfolgt eine enge Einbindung der InterviewerInnen/ÜbersetzerInnen in die Analyse- und Berichtlegungsphase.

*Produktaspekte:*

- Interview
  - Skopos des Interviews klären: Erklärung des Interviewleitfadens oder der Einstiegsfrage (je nach Interviewtyp): Detailliertes Durchgehen verschiedener Fragetypen und der zugrundeliegenden Absicht, sodass bei einer allfällig notwendigen Übersetzung die genaue Funktion der Frage klar ist.
  - Anleitungen zur Interviewführung: Freiwilligkeit und Datenschutz, Verhalten während des Interviews (Neutralität, Meinungsäußerungen, Nachfragen, etc.), Umgang mit Sprachwahl und Sprachwechsel
- Transkript
  - Skopos der Transkription klären: Erklärung darüber, wie und wozu das Transkript benutzt wird
  - Klare Vereinbarung über Transkriptionsregeln; genaue Erläuterung der Transkriptionsregeln und deren Sinn, Beispieltranskript mitgeben

- Erwartungen hinsichtlich des Transkripts klären (Erstellung eines Transkripts in der Ausgangssprache, klare Anweisungen zum Vermerk von sprachliche Variationen, Code-Switching usw.)
- Übersetztes Transkript
  - Skopos der Übersetzung klären: Wozu wird das Translat verwendet? Was ist das kommunikative Ziel? Inwiefern hat der Ausgangstext die gleiche Funktion wie der Zieltext? Wer wird den übersetzten Text lesen oder verwenden? Für wen wird er produziert? Wer muss den Text verstehen?
  - Kontextualisierung klären: In welchem (sub-)kulturellen, regionalen, schichtspezifischen Kontext oder Umfeld wurde der Ausgangstext produziert? In welchem (sub-)kulturellen, regionalen, schichtspezifischen Kontext oder Umfeld wird der Zieltext verwendet?
  - Festlegung der Übersetzungsstrategie: Welche Übersetzungsstrategie soll angesichts des Skopos gewählt werden?
  - Dokumentation: Systematische Verwendung des Fußnotenapparats bzw. Erstellung von Memos für Kommentare bezüglich Übersetzungsherausforderungen

## 5.3 Was bedeutet es, ein Interviewtranskript qualitätsvoll zu übersetzen?

In der Übersetzungswissenschaft wird zwischen Prozess- und Produktqualität unterschieden. Der Übersetzungsprozess selbst kann qualitätsvoll gestaltet werden und zuletzt unterliegt auch das Produkt – das Translat – gewissen Qualitätsnormen. Die Prozessnormen (Chesterman 1997) lassen sich in drei Arten untergliedern: erstens in Erwartungsnormen der Auftraggeber, der LeserInnenschaft oder des/der AutorIn des Ausgangstextes, die den Übersetzungsprozess prägen; zweitens in Kommunikationsnormen, welche der Regel folgen, dass Übersetzungen die Kommunikation zwischen allen beteiligten AkteurInnen erleichtern soll; drittens in linguistische Normen, die verlangen, dass sich Ausgangs- und Zieltext je nach Skopos relevant ähneln. All diese prozessorientierten Normen prägen den Übersetzungsprozess und leisten einen Beitrag zur Qualitätssicherung. Die Produktnormen beziehen sich auf die Erwartungsnormen der Zieltextleserschaft auf das Translat.

In der Diskussion um eine qualitätsvolle Übersetzung stößt man unweigerlich auf die Frage, wie die Qualität eines übersetzten Interviewtranskripts zu bewerten ist. Dazu hat die Übersetzungswissenschaft eine Fülle an Arbeiten und Antworten entwickelt (vgl. z. B. Ahrend 2006; Grbic 2008; Bittner 2011). Ahrend (2006) schlägt eine Bewertung von Translaten in vier Dimensionen vor.

- Inwiefern entspricht das Translat den *allgemeinen Qualitätskriterien* der Vollständigkeit und Genauigkeit?

  Ein Beispiel aus der Sozialforschung: Ein Forschungsteam könnte sich das Originaltranskript und das übersetzte Transkript vergleichen. Hat das Original beispielsweise 20 Seiten und das übersetzte Transkript 15 Seiten, dann müssen Nachfragen gestellt werden, um zu klären, worauf dies zurückzuführen ist.

- Inwiefern entspricht das Translat dem *praktischen Kriterium* der Lesbarkeit?

  Ein Beispiel aus der Sozialforschung: Üblicherweise sind Personen, die übersetzen, in ihrer Rolle als ÜbersetzerInnen gewohnt, lesbare Texte zu produzieren. Die Textsorte „Interviewtranskript" ist jedoch eine Spezielle, denn in dieser Textsorte gilt es, genau die Nicht-Lesbarkeit der gesprochenen Sprache aufrechtzuerhalten. Solche Texte sind ein Abbild der gesprochenen Sprache, d. h. enthalten auch unvollständige Sätze, Wortwiederholungen, parasprachliche Äußerungen (Lachen, Räuspern etc.) oder Ähnliches. Dadurch ist die Lesbarkeit dieser Textsorte generell kein Ziel bei der Übersetzung. Bei anderen Textsorten, wie Packungsbeilagen, z. B. ist die Lesbarkeit Teil des Skopos.

- Inwiefern wurde der *Übersetzungszweck* (Skopos) für die Erstellung des Translats berücksichtigt?

  Ein Beispiel aus der Sozialforschung: Werden etwa Interviewtranskripte geglättet und etwa Dialekt in Hochsprache „umgewandelt", dann wird der Skopos verfehlt, gesprochene Sprache zu verschriftlichen, und damit ein Qualitätskriterium nicht eingehalten.

- Inwiefern entspricht das Translat *fachtextspezifischen Kriterien,* wie der adäquaten Verwendung von Fachterminologie?

  Ein Beispiel aus der Sozialforschung: In einem auf Englisch geführten Interview, in dem es um die Zusammenarbeit zwischen EU-Staaten geht, kommt im Transkript mehrmals der Ausdruck „members of the European Parliament" vor. Die Laienübersetzerin überträgt den Ausdruck mit den Worten „Mitglieder des EU-Parlaments" ins Deutsche. Bei der Benennung dieser „Mitglieder" handelt es sich um einen Fachausdruck in dem Sinne, dass er im Deutschen eine gewisse Rechtsform anspricht (Verein mit Mitgliedern), doch ist das EU-Parlament kein Verein. Daher wäre die äquivalente Übersetzung „Abgeordnete oder VertreterInnen des EU-Parlaments", da die Abgeordneten nominiert werden.

Die Qualitätskriterien aus der Translationswissenschaft können demnach produktiv genutzt werden, um die Transkript- und Übersetzungsqualität im Rahmen der qualitativen Sozialforschung zu erhöhen.

## 6     Fazit

ForscherInnen aus der qualitativen empirischen Sozialforschung erkennen zunehmend die Wichtigkeit, Menschen mit Migrationshintergrund die Möglichkeit zu geben, sich in Befragungssituationen in ihrer Muttersprache oder bevorzugten Umgangssprache auszudrücken. Dadurch soll einer Marginalisierung von Menschen mit Migrationshintergrund im Rahmen der qualitativen Sozialforschung vorgebeugt werden. Durch die Strategie der muttersprachlichen Interviewführung wird der Rahmen für eine differenzierte Ausdrucksweise aller an einer Studie Beteiligten gewährleistet. Die praktische Umsetzung im Forschungsprozess setzt jedoch voraus, dass einige grundlegende Qualitätskriterien berücksichtigt werden. Der vorliegende Beitrag legt den Fokus auf ausgewählte Aspekte, die im qualitativen Methodendiskurs bislang „unsichtbar" geblieben sind.

Gerade im Rahmen der qualitativen Sozialforschung ist eine besondere Sorgfalt im Umgang mit dem Thema Sprache ein wesentliches Element des Erkenntnisprozesses. Um der gesellschaftlichen Vielfalt angemessen Rechnung zu tragen, scheint es unumgänglich, die sprachliche Vielfalt der InterviewpartnerInnen und die Differenzierungen sprachlicher Ausdrucksweisen im Rahmen von qualitativen Befragungen (z. B. Varietäten innerhalb einer Sprache, Code-Mixing und Code-Switching) wahrzunehmen und ebenso in der geschriebenen Sprache des Transkripts bzw. des übersetzten Transkripts abzubilden. Ausgehend von der Annahme, dass Handlungen Bedeutung haben und dies auch auf sprachliche, kommunikative Handlungen zutrifft, müssen sprachliche Handlungen, d. h. Kommunikationsmuster, so transferiert werden, dass dabei die sprachlichen Nuancen und Besonderheiten nicht verloren gehen – von der Audio-Datei zum Transkript zum übersetzten Transkript. Nur so können spezifische Bedeutungsinhalte dieser sprachlichen Handlungen und Gestaltungsmöglichkeiten im Rahmen der weiteren Analyse nachvollzogen werden.

Auch die Rollenanforderungen an wissenschaftliches Personal, die im Prozess des muttersprachlichen Interviewführens mitwirken, dürfen im Forschungsprozess nicht „unsichtbar gemacht" werden, sondern müssen Teil eines nachvollziehbaren Prozesses sein, um die Qualität der Forschungsergebnisse zu sichern. Mehrfachrollen der InterviewerInnen, Transkribierenden und ÜbersetzerInnen sollten

im Forschungsprozess getrennt und in einem Briefing geklärt sowie in einem Debriefing nachbesprochen werden. Implizite und damit „unsichtbare" Rollenerwartungen aller Beteiligten können so offengelegt und mögliche Rollenkonflikte
bereits im Vorfeld vermieden werden. Die Dokumentation bzw. das Publizieren
über Mehrfachrollen und die damit verknüpften Anforderungen im Forschungsprozess könnte in Zukunft vermehrt Aufschluss über das Zustandekommen von
Interviewmaterial geben und in der Folge zur Qualitätssicherung beitragen.

Der vorliegende Aufsatz versteht sich als ein Beitrag zum interdisziplinären
Lernen zwischen Translationswissenschaft und Sozialwissenschaften. Der Aufsatz
leistet einen Beitrag dazu, die in den Sozialwissenschaften weitgehend unsichtbare Komplexität von Übersetzungsprozessen sichtbar zu machen und dahingehend zu einer Sichtbarkeit von Übersetzungen in Forschungsprozessen beizutra-
gen. Übersetzen kann nicht lediglich als das Übertragen von Worten von einer
Ausgangssprache in eine Zielsprache betrachtet werden. Vielmehr „versteckt sich"
hinter der Dienstleistung des Übersetzens eine Vielfalt von rollenspezifischen Anforderungen, die auch im Forschungsprozess zur Geltung kommen. Der Einbezug dieser Erkenntnisse in die Methodenliteratur der Sozialwissenschaften wäre
in Zukunft wünschenswert.

Der Beitrag endet mit praktischen Anregungen für SozialwissenschaftlerIn-
nen, die ein qualitätsvolles Interviewbriefing an der Schnittstelle von mehrfachen
Rollenanforderungen im Zuge der muttersprachlichen Interviewführung durchführen möchten und damit einen Beitrag zum Sinnverstehen in der qualitativ
orientierten empirischen Sozialforschung leisten möchten.

## Literaturverzeichnis

Ahrend, Klaus (2006): Kriterien für die Bewertung von Fachübersetzungen. In: Schippel,
    Larisa (Hrsg.): Übersetzungsqualität: Kritik – Kriterien – Bewertungshandeln. Ber-
    lin: Frank & Timme Verlag. 31–42
Ammann, Christine (1989): Die Äquivalenz der Übersetzung. Wien: Unveröffentlichte Di-
    plomarbeit
Auer, Peter (2009): Competence in performance: Code-switching und andere Formen
    bilingualen Sprechens. In: Gogolin, Ingrid/Neumann, Ursula (Hrsg.): Streitfall
    Zweisprachigkeit – The Bilingualism Controversy. Wiesbaden: VS Verlag für So-
    zialwissenschaften. 91–110
Bittner, Hansjörg (2011): The quality of translation in subtitling. In: trans-kom 4(1). 76–87
Bohnsack, Ralf (2007): Rekonstruktive Sozialforschung. Einführung in qualitative Metho-
    den. Stuttgart: UTB Verlag Barbara Budrich

Cappai, Gabriele (2003): Einleitung: Übersetzen zwischen Kulturen als interdisziplinäre Aufgabe. In: Zingerle, Arnold/Cappai, Gabriele (Hrsg.): Sozialwissenschaftliches Übersetzen als interkulturelle Hermeneutik. Il tradurre nelle scienze sociali come ermeneutica interculturale. Milano: Franco Angeli, Berlin: Duncker & Humblot: 11–29

Chestermann, Andrew (1997): Memes of translation. The spread of ideas in translation theory. Amsterdam, Philadelphia: Benjamins Translation Library

Diekmann, Andreas (2008): Empirische Sozialforschung. Grundlagen, Methoden, Anwendungen. Reinbek bei Hamburg: Rowohlt

Dirim, Inci/Auer, Peter (2004): Türkisch sprechen nicht nur Türken: Über die Unschärfebeziehung zwischen Sprache und Ethnie in Deutschland. Linguistik – Impulse und Tendenzen. Berlin: von Gruyter

Dresing, Thorsten/Pehl, Thorsten (2011): Praxisbuch Transkription. Regelsysteme, Software und praktische Anleitungen für qualitative ForscherInnen. Marburg: abgerufen unter: www.audiotranskription.de/praxisbuch [Zugriff: Januar 2012]

Enzenhofer, Edith/Braakmann, Diana/Kien, Christina/Spicker, Ingrid (2009): SALOMON Next Step. Bedrohungswahrnehmung von MigrantInnen. Wien: Forschungsinstitut des Roten Kreuzes

Enzenhofer, Edith/Jawhari, Reinhold (2012): IDEMÖ – Zugehörigkeit zu Österreich bei jungen StaatsbürgerInnen und ihre Bedeutung für den sozialen Zusammenhalt. Wien: Forschungsinstitut des Roten Kreuzes

Enzenhofer, Edith/Resch, Katharina (2011): Übersetzungsprozesse und deren Qualitätssicherung in der qualitativen Sozialforschung. Forum Qualitative Sozialforschung/Forum: Qualitative Social Research. 12(2), Art. 10. http://nbnresolving.de/urn:nbn:de:0114-fqs1102106 [Zugriff: Oktober 2011]

Esser, Hartmut (2006): Bilingualer Unterricht bringt so gut wie nichts. Erziehung und Wissenschaft. In: Zeitschrift der Bildungsgewerkschaft GEW, 37. 2006. 7–8

Flick, Uwe/von Kardorff, Ernst/Steinke, Ines (Hrsg.) (2008): Qualitative Forschung. Reinbek: Rowohlt

Gallagher, John (1998): Möglichkeiten und Grenzen der Übersetzungsäquivalenz. In: Börner, Wolfgang/Vogel, Klaus (Hrsg.): Kontrast und Äquivalenz. Beiträge zu Sprachvergleich und Übersetzung. Tübingen: Gunter Narr Verlag. 1–29

Grbic, Nadja (2008): Constructing interpreting quality. In: Interpreting 10(2). 232–257

Helfferich, Cornelia (2005): Die Qualität qualitativer Daten. Manuel für die Durchführung qualitativer Interviews. Wiesbaden: VS Verlag für Sozialwissenschaften

Heuring, Monika/Petzold, Hilarion (2005): Rollentheorien, Rollenkonflikte, Identität, Attributionen – Integrative und differentielle Perspektiven zur Bedeutung sozialpsychologischer Konzepte für die Praxis der Supervision. Düsseldorf, Amsterdam: Free University Amsterdam.

Kruse, Jan (2009): Qualitative Sozialforschung – interkulturell gelesen: Die Reflexion der Selbstauslegung im Akt des Fremdverstehens: Forum Qualitative Sozialforschung/Forum: Qualitative Social Research, 10(1), Art.16. Abrufbar über http://nbn-resolving.de/urn:nbn:de:0114-fqs0901162 [Zugriff: Oktober 2011]

Lamnek, Siegfried (2005): Qualitative Sozialforschung. Lehrbuch. Weinheim, Basel: Beltz Verlag

List, Günther (2003): „Zweisprachigkeit" als interkulturelles Konstrukt. Zur Geschichte
  einer zwiespältigen Komplexitätsreduktion. In: Gogolin, Ingrid/Helmchen, Jürgen/
  Lutz, Helma/Schmid, Helma (Hrsg.): Pluralismus unausweichlich? Blickwech-
  sel zwischen Vergleichender und Interkultureller Pädagogik. Münster: Waxmann.
  33–57
Lueger, Manfred (2000): Grundlagen qualitativer Feldforschung. Wien: WUV
Mack, Gabriele (2002): Die Beurteilung professioneller Dolmetschleistungen. In: Best,
  Joanna/Kalina, Sylvia (Hrsg.): Übersetzen und Dolmetschen: Eine Orientierungs-
  hilfe. Tübingen: Francke.
Nord, Christiane (2006): Translationsqualität aus funktionaler Sicht. In: Schippel, Larisa
  (Hrsg.): Übersetzungsqualität: Kritik – Kriterien – Bewertungshandeln. Berlin:
  Frank & Timme Verlag. 11–30
Przyborski, Aglaja/Wohlrab-Sahr, Monika (2010): Qualitative Sozialforschung. Ein Ar-
  beitsbuch. München: Oldenbourg
Mecheril, Paul (2003): Prekäre Verhältnisse. Über natio-ethno-kulturelle (Mehrfach-)Zu-
  gehörigkeit. Münster: Waxmann
Morris, Charles (1979): Grundlagen der Zeichentheorie. Ästhetik und Zeichentheorie.
  Frankfurt/Berlin/Wien: Ullstein
Reich, Hans R. (2009): Zweisprachige Kinder. Sprachaneignung und sprachliche Fort-
  schritte im Kindergartenalter. Münster: Waxmann
Renn, Joachim (2002a): Einleitung: Übersetzen, Verstehen, Erklären. Soziales und so-
  zialwissenschaftliches Übersetzen zwischen Erkennen und Anerkennen. In: Renn,
  Joachim/Straub, Jürgen/Shingo, Shimada (Hrsg.): Übersetzung als Medium des
  Kulturverstehens und sozialer Integration. Frankfurt am Main: Campus. 13–35
Renn, Joachim (2002b): Die Übersetzung der modernen Gesellschaft. Das Problem der
  Einheit der Gesellschaft und die Pragmatik des Übersetzens. In: Renn, Joachim/
  Straub, Jürgen/Shingo, Shimada (Hrsg.): Übersetzung als Medium des Kulturver-
  stehens und sozialer Integration. Frankfurt am Main: Campus. 183–114
Renn, Joachim (2005): Die gemeinsame menschliche Handlungsweise. Das doppelte Über-
  setzungsproblem des sozialwissenschaftlichen Kulturvergleichs. In: Srubar, Ilja/
  Renn, Joachim/Wenzel, Ulrich (Hrsg.): Kulturen vergleichen. Sozial- und kultur-
  wissenschaftliche Grundlagen und Kontroversen. Wiesbaden: VS Verlag für So-
  zialwissenschaft. 195–227
Reiß, Katharina/Vermeer, Hans J. (1984): Grundlegung einer allgemeinen Translationstheo-
  rie. Tübingen: Niemeyer.
Ricoeur, Paul (2006): On translation. Oxon: Routledge
Romaine, Suzanne (1994/2000): Language in society: an introduction to sociolinguistics.
  2nd edition. Oxford: Oxford University Press
Romaine, Suzanne (1989/1995): Bilingualism. 2nd edition. Oxford/Malden: Blackwell
Schicho, Walter/Slezak, Gabi/Rienzner, Martina/Schlögl, Lukas (2009): Dolmetschen bei
  Gerichten und Asylbehörden in Wien für Verfahrensbeteiligte aus afrikanischen
  Herkunftsländern. Forschungsbericht. Wien: Institut für Afrikawissenschaften der
  Universität Wien in Kooperation mit dem Projekt Internationale Entwicklung. Ab-
  gerufen unter: http://www.univie.ac.at/ie/sprachmittlung/DolmAfrikaBericht.pdf
  [Zugriff: Juli 2010].

Schippel, Larisa (Hrsg.) (2006): Übersetzungsqualität: Kritik – Kriterien – Bewertungs-
    handeln. Berlin: Frank & Timme Verlag

Schnell, Rainer/Hill, Paul/Esser, Elke (2005): Methoden der empirischen Sozialforschung.
    München: Oldenbourg.

Spivak, Gayatri (1997): Die Politik der Übersetzung. In: Haverkamp, Anselm (Hrsg.): Die
    Sprache der anderen. Übersetzungspolitik zwischen den Kulturen. Frankfurt am
    Main: Fischer. 65–93

Steinke, Ines (2008): Gütekriterien qualitativer Forschung. In: Flick, Uwe/von Kardorff,
    Ernst/Steinke, Ines (Hrsg.): Qualitative Forschung. Ein Handbuch. Reinbek: Ro-
    wohlt Verlag. 319–331

Strübing, Jörg (2002): Just do it? Zum Konzept der Herstellung und Sicherung von Quali-
    tät in grounded theory-basierten Forschungsarbeiten. Kölner Zeitschrift für Sozio-
    logie und Sozialpsychologie 54. 2002. 318–342

Sukuguchi, Aligia (1993): Pragmatische Aspekte der Interlinguistik. In: Stachowiak, Her-
    bert (Hrsg.): Pragmatik. Handbuch pragmatischen Denkens. Band IV. Sprachphilo-
    sophie, Sprachpragmatik und formative Pragmatik. Hamburg: Felix Meiner Verlag.
    188–217

Thielen, Marc (2009): Freies Erzählen im totalen Raum? – Machtprozeduren des Asyl-
    verfahrens in ihrer Bedeutung für biografische Interviews mit Flüchtlingen. Fo-
    rum Qualitative Sozialforschung/Forum: Qualitative Social Research, 10(1), Art. 39.
    http://nbn-resolving.de/urn:nbn:de:0114-fqs0901393 [Zugriff: Januar 2012]

Tietel, Erhard (2000): Das Interview als Beziehungsraum. Forum Qualitative Sozialfor-
    schung/Forum: Qualitative Social Research, 1(2), Art. 26. http://nbnresolving.de/
    urn:nbn:de:0114-fqs0002260 [Zugriff: Januar 2012]

Wiswede, Günter (1977): Rollentheorie. Stuttgart: Kohlhammer-Verlag

Ziegler, Ellen (2008): Die Rollentheorie aus sozialpsychologischer Sicht. Studienarbeit.
    Norderstedt: Grin Verlag

# Die hermeneutische Interpretation multisprachlicher Daten in transnationalen Forschungskontexten

*Peter Stegmaier*

## 1    Kulturelle Differenzen und die Befremdung des eigenen Verstehens

Sozialforschung kann sich der Transnationalisierung ihrer Forschungsgegenstände und Arbeitskontexte nicht entziehen. Man kann der *Befremdung des eigenen Verstehens* schon nicht ausweichen, wenn man sich in Forschungskontexten bewegt, in deren Orientierungsrahmen man bereits einsozialisiert ist, um überhaupt wissenschaftlich relevante Aussagen über alltägliche Plausibilitäten und Selbstverständlichkeiten hinaus machen zu können. Wenn man sprachlich, kulturell oder geografisch „fremdgehen" muss, um ins Forschungsfeld bzw. an die zu Interviewenden heran zu kommen, kann man der Verstehensbefremdung außerdem auf Grund der zu bewältigenden Kulturdifferenzen erst recht nicht entkommen (außer man trüge die von zu Hause gewohnten Deutungsmuster unreflektiert und wie eine Imprägnierung gegen die Andersartigkeiten der fremden Welt mit sich herum).

Das Transnationale ist sogar oft vor Ort zu finden. Man muss nicht einmal in die Fremde reisen, um dem Anderen zu begegnen. Wer wiederum international (vergleichend) forscht, begegnet sowieso verschiedenen Sprachen und geht mit ihnen wissenschafts- und alltagspraktisch um. Dabei muss in beiden Fällen die Fremdheits- oder Alteritätserfahrung des Forschenden nicht notwendigerweise nur auf „fremde Sprachen" im herkömmlichen, nationalsprachlichen Sinne bedeutsam werden. Das kann im Grunde auch bei verschiedenen Fachsprachen[1] der Fall sein oder um Spezialdiskurse gehen, die innerhalb eines größeren Fachs

---

[1]    Etwa wenn Wissenschaftlerinnen in interdisziplinären Projekten aufeinander treffen (zum Beispiel aus Sicht eines Biologen: Ouborg 2009: 422).

ausdifferenziert sind[2]. Im Fall der fremdsprachlichen Kulturdifferenz könnte man
von einer interkulturellen Problemstellung sprechen, im Fall der fachsprachlichen
von einer intra- oder subkulturellen Fremdheitsproblematik – wobei diese Unterscheidung nicht ganz trennscharf zu machen ist in multikulturellen Sozial- und
Lebenswelten und daher im Folgenden allgemeiner von ‚kultureller Differenz' die
Rede ist. Die Frage ist, welche Bedeutung kulturellen Kontexten und Differenzen dabei zukommt und innerhalb welcher Grenzen interkulturelle Verständigung dennoch auf welche Weise gelingt (Schröer 2009: 7 ff.).

Kultur verleiht unserer Lebenswelt umfassend Sinn. Sie erlaubt es uns, Ordnung zu finden gegenüber dem „bloß Zufälligen und Sinnlosen" (Soeffner 2000:
168). Zugleich ist der Mensch prinzipiell in der Lage, von Handlungsvorgaben ab-
zuweichen und alternative Vorgehensweisen zu entwickeln und auszuprobieren
(Dreher/Stegmaier 2007: 11; Stegmaier 2012). In diesem generellen Spannungsverhältnis von Möglichkeiten und Grenzen im Umgang mit kulturellen Prägungen bewegen sich vergleichend-empirisch arbeitende Sozialforschende ebenso
wie Reisende in der Fremde (Eberle 2007) oder auch wer in interkulturellen Arbeitswelten tätig ist (Dreher 2005). Sie begegnen unterschiedlich (sub-)kulturell
geprägten Wissensbeständen, Deutungsmuster und Interpretationskonventionen.

Fremdverstehen erfordert den Versuch nachzuvollziehen, aus welchen Motiven heraus sich jemand anderes so und nicht anders verhalten hat. Wir schließen auf fremdes Handeln von unserem eigenen Standpunkt, Relevanzspektrum
und Wissen aus. Die Handlung eines anderen zu erkennen und zumindest ein
Stück weit zu verstehen, setzt voraus, dass wir sie in Muster einordnen können,
die wir schon kennen. Damit vertauschen wir gewissermaßen die Standorte (im
Sinne von „Ich an Ihrer Stelle würde genauso handeln."). Das kann funktionieren, weil trotz etlicher Abweichungen in Lebenslauf und persönlicher Interessen-
lagen uns als Angehörige einer gemeinsam geteilten Kultur annäherungsweise
ähnliche Dinge wichtig sind in vergleichbaren Situationen. Wir operieren beim
Verstehen von anderen Akteuren unter der Annahme, dass unsere Relevanzsysteme hinreichend kongruent sind. Findet dieses Fremdverstehen in einem fremdsprachlichen, gar fremdkulturellen Kontext statt, so muss man sich noch intensiver jenen Bruchstücken von bereits gewonnener Vertrautheit mit dem Anderen
entlang hangeln und Stück um Stück dazu lernen. Man gewinnt die prekäre Vertrautheit, indem man die in den bisherigen Begegnungen erlebten, erfahrenen

---

2   Wenn sehr verschiedene theoretische Paradigmen gepflegt werden, die zum Teil kein gemeinsa-
    mes Begriffsrepertoire haben oder wo die gleichen Begriffe mit unterschiedlichen Bedeutungen
    gebraucht werden (Ouborg/Vriezen 2006).

und reflektierten Verständnisse und Missverständnisse systematisch oder/und intuitiv einbezieht.

In meinem Beitrag möchte ich Kulturdifferenz als Praxis auffassen: als soziales Handeln in verschiedenen Formen, Situationen und Kontexten, im Zuge dessen Akteure (Sozialforscher) Interviews in multisprachlichen Zusammenhängen deuten. Würde man indes über den Gesamtkomplex Interviewforschung reflektieren wollen, müsste man auch die fremdsprachliche Gestaltung der Interview-Kommunikation selbst mit einbeziehen: wie man Fragen stellt und auf Antworten generell reagiert, wie man (wenn nötig) Leitfäden vorbereitet und sich vorstellt, Gesprächssituationen bei Bedarf rettet, intensiviert und beendet und so fort. Auf das Deuten von Interviewdaten in multisprachlichen Zusammenhängen wird fokussiert, um die Überlegungen auf die ohnehin schon komplexe Angelegenheit des Fremdverstehens im Zuge kulturdifferenten Verstehens konzentrieren zu können.[3]

## 2 Ein transnationaler Forschungskontext

Die Rekonstruktion des Forschens im Kontext fremder Sprachen macht nur Sinn, wenn man die anderen kulturdifferenten Kontextbedingungen mit reflektiert. Sprache spricht und deutet man doch stets in konkreten kulturellen und soziohistorischen Kontexten. Im vorliegenden Fall geht es um eine Reflexion von Forschung, die in dreifachem Sinne Forschung im Kontext fremder Sprachen mit sich brachte:

Zum einen ging ich 2007 als bislang vornehmlich deutsch sprechender Wissenschaftler in die Niederlande und betrieb ein Projekt, das entlang dem Forschungsgegenstand zum Vergleich auch das Vereinigte Königreich empirisch einbezog. Das heißt, ich bewegte mich nunmehr, mit Projektbeginn, in drei Sprachkulturen, verbunden mit der Umstellung der eigenen Arbeit auf die englische Sprache und mit dem Erlernen des Niederländischen für die alltägliche, administrative und innerinstitutionelle Kommunikation.

Zum zweiten habe ich mich dabei als Soziologe und Forscher recht plötzlich auch fachlich mit drei Wissenschaftskulturen und nationalen Forschungskontexten (den beiden neuen und meiner alten) auseinandersetzen müssen, die allesamt

---

3  Das ist ein Thema, das in den meisten Methodentexten noch stiefmütterlich behandelt wird, abgesehen von einigen Hinweisen in Przyborski/Wohlrab-Sahr (2008: 308 f.). Der Beitrag profitiert mehr, als ich es in Referenzen nachweisen kann, von Ideen von Ronald Kurt, von unseren gemeinsamen Hermeneutik-Workshops und von Gesprächen mit Christine Preiser und Richard Bettmann.

auch unterschiedliche Fachsprachen (obendrein in für mich fremden Sprachen) ausgeprägt haben. Dazu zählt der Forschungsgegenstand, der durch die drei mitunter erheblich differenten Wissenschaftskulturen und nationalen Forschungskontexte, in denen ich mich bewegte, gekennzeichnet war. In der Tat habe ich Bezüge zu den Sozialwissenschaften in Deutschland aufrecht erhalten und die hier erworbene Sozialisierung in Methoden und Theorien (und vieles andere) in der Begegnung mit den anderen Wissenschaftskulturen deutlich gemerkt, sowohl dort als auch „zuhause". Ich habe aber auch eine sprachspezifische Sozialisation in die Fachterminologien erlebt: allgemeine Soziologie, Rechts- und Wissenssoziologie, auch Forschungsmethoden als deutschsprachige Sozialisations- und Arbeitskontexte; Wissenschaftssoziologie und Soziologie der Forschungsgovernance (außer einigen Lehrveranstaltungen weit zurück liegend im Studium auf Deutsch dazu) dann jedoch fast ausschließlich auf Englisch und ein klein wenig nebenbei auf Niederländisch. Umgekehrt habe ich jahrelang kaum, und schon gar nicht auf wissenschaftlichen Veranstaltungen, über die letzteren Themen gesprochen: Wissenschaftssoziologie und Soziologie der Forschungsgovernance habe ich weitgehend erst im Zuge der Forschung und in multisprachlichen Kontexten erlernt, und ich kann oft besser auf Englisch darüber sprechen.[4]

Zum dritten bewegte ich mich nunmehr auch in einem Forschungskontext, der nicht mehr allein auf die gewohnte soziologische Grundlagenforschung abhob, sondern einerseits auch viele Elemente „angewandten", intervenierenden und „policy-relevanten" Arbeitens enthielt und andererseits unmittelbaren Kontakt zu natur- und ingenieurswissenschaftlicher Forschung beinhaltete (Inter-, Transdisziplinarität; Mittelstraß 2005), während ich zuvor eher in den Grenzregionen zur Jurisprudenz zu arbeiten pflegte.

Auf diese und weitere biografischen Details gehe ich ein, weil es wichtig ist bei der Lektüre des Beitrags und wenn man die darin angesprochenen Themen für die eigene Forschungspraxis weiterdenkt die spezifische Konstellation, die zu meinen Überlegungen geführt haben, mitzubedenken. Nur dann kann eine Leserin des Beitrags wiederum systematisch und gewinnbringend die eigene Situiertheit in Rechnung stellen und mit meiner vergleichen. Daraus – und durch die Lektüre der anderen in diesem Band befindlichen Accounts – müssten sich dann für die Leser ein Stück weiter verallgemeinerbare Erkenntnisse ableiten lassen.

---

4    Die fachkulturellen, theoretischen und begrifflichen Unterschiede sind hier erheblich, wie man bei näherem Vergleich etwa der Bände Handbuch Wissenschaftspolitik (Simon et al. 2010), Wissenssoziologie und Wissensforschung (Schützeichel 2007), The Theory and Practice of Innovation Policy (Smits et al. 2010) und The Handbook of Science and Technology Studies (Hackett et al. 2008) erkennen kann.

Ich selbst werde davon wohl kaum etwas mitbekommen, weil ich die Rezipienten meines Artikels und unseres Bandes zumeist nicht treffen und anhören können werde; selbst habe ich auch (noch) keine Erforschung der fremdsprachlichen Sozialforschung als soziale Praxis sui generis vorgenommen. Im Sinne von Ronald Kurt (2004: 9) ist es mir lediglich darum zu tun, mich und die Lesenden immer wieder mit den Voraussetzungen meines eigenen Verstehens zu beschäftigen und dazu – soweit möglich und nötig – kurze Hinweise auf meinen eigenen Standpunkt, meine Perspektive und Interessenslage zu geben.

Der Beitrag bezieht sich vornehmlich auf ein Projekt mit dem Namen „Envisioning a Viable Future for ELSA Research", an dem ich von 2007 bis 2009 am damals so genannten Center for Society and Genomics (CSG) in Nijmegen, Niederlande, beteiligt war. Das Projekt geht weiter, denn der Forschungsgegenstand erstreckt sich über einen längeren Zeitraum als die mir zu teil gewordene unmittelbare Projektförderung selbst. Neu in dem Forschungsbereich und dem Land, wurde ich – meines Wissens mit Bedacht – als Außenseiter mit neuem/naivem Blick eingesetzt. Das ursprüngliche Ziel des Projektes war es, für die Rahmenkonzeption sozial- und geisteswissenschaftlicher Begleitforschung unter dem Etikett „Ethical Legal Social Aspects (ELSA)" zur Genomforschung Ansatzpunkte zu finden, wie sich die Konzeption und der generelle Forschungsansatz weiterentwickeln und auf Dauer stellen lassen (in den USA in den 90ern übrigens ‚ELSI', also mit ‚implications' buchstabiert). Zu diesem Zweck wurde ich am CSG – direkt finanziert durch die Netherlands Genomics Initiative (NGI), indirekt gefördert von der Nederlandse Organisatie voor Wetenschappelijk Onderzoek (NWO; die „niederländische DFG") – selbst angestellt. Um überhaupt zu verstehen, was es bedeutet, ELSA-Forschung zu betreiben, machte ich dort eine Ethnografie der Praxisbereiche und Institutionalisierungsprozesse in der eigenen Forschungseinrichtung in der Zeit der Transition von der ersten zur (inklusive der Beobachtung der Evaluation der Arbeit der ersten Jahre des CSG durch das CSG, der Entwicklung eines neuen Businessplans und Forschungsprofils und der Umsetzung der unter „CSG II" firmierenden) zweiten Förderperiode, die dem CSG zuteil wurde.[5] Dieser Fallstudie habe ich bereits ab 2007 um eine weitere Fallstudie ergänzt, in deren Mittelpunkt das vom britischen Economic and Social Research Council (ESRC) geförderte Netzwerk EGN (ESRC Genomics Network) stand. Insgesamt

---

5   Die Publikation der Erträge der ethnografischen Studie am CSG und in deren Umfeld auch in Großbritannien stehen erst noch an, da noch Vergleichsdaten aus der Spätphase der Lebenszeit von CSG und EGN zu erheben und insgesamt umfangreiche, vielseitige ethnografische Daten auszuwerten sind. Erste beschreibende und auch konzeptionelle Erträge sind in Stegmaier (2009b) angedeutet.

sind bislang 42 englischsprachige Interviews zu CSG und EGN entstanden. Daneben wurden seit Januar 2007 zahlreiche kleinere und größere teilnehmende Beobachtungen und beobachtende Teilnahmen (Honer 1993) durchgeführt.

## 3    Multisprachliche Interviewdatenauslegung

Was heißt es, Interviews in multisprachlichen Zusammenhängen zu deuten? Mit ‚multisprachlicher‘ Interviewforschung wird hier auf den Umstand verwiesen, dass sowohl die Daten in verschiedenen Sprachen vorliegen als auch die Forschenden in mehr als nur einer Sprache arbeiten. Obendrein prallen unterschiedliche fachsprachliche Bezüge aufeinander: in dem Fall niederländisch-angelsächsische Ethik und Science and Technology Studies sowie deutschsprachige Soziologie. Des Weiteren wurden im vorliegenden Fall die Interviews in englischer Sprache geführt und analysiert. Dokumente auch in anderen Sprachen (vor allem niederländische, aber auch einige französische und deutsche) wurden einbezogen, sowohl in Vorbereitung der Interviews als auch in der weiterführenden Analyse über die Interviewdaten hinaus, weil sich aus all diesen Bezüge zum Thema der ‚Elsifizierung‘[6] in den USA, Europa und einigen EU-Mitgliedsstaaten rekonstruieren ließen. Zugleich wurden die Interviews von einem Forscher geführt, der außerhalb der Arbeit vornehmlich deutsch spricht, mit der Zeit immer mehr aber in den fremden Sprache denkend, aber letztlich doch auf Deutsch rückbeziehend, weil Deutsch zu der Zeit für ihn noch die alltäglichste Sprache ist. Kurz, die Interviews wurden auf Englisch geführt von einem Interviewer, der deutscher Muttersprachler ist und sich in einem niederländischen-angelsächsischen Arbeitskontext bewegt, mit Interviewpartnern, deren Muttersprache und Organisationskontext sowohl durch Niederländisch oder Englisch oder beides geprägt war.

Diese Sprachvielfalt in der Forschungs- und Lebenspraxis ist nicht trivial. Sie bedeutet sowohl Grenzen als auch Chancen für das Verstehen der (Interview-) Daten. Das zur Interpretation der Daten herangezogene Wissen ist kulturdifferent ebenso gebrochen wie die Kommunikation bei der Interpretation mehrsprachig. Obwohl Vorwissen über Interviewthematik, die relevanten Forschungskontexte und die verwendeten Sprachen vorhanden war, war die Arbeit doch ganz wesentlich dadurch gekennzeichnet, dass die eben genannten drei Dimensionen Gegenstand intensiven Lernens waren. Darin liegen, wie angedeutet, Grenzen

---

6    Yesley (2005), Fisher (2005), Stegmaier (2009b), Zwart/Nelis (2009).

des Verstehens, denn wenn man (wie meist am Anfang) nicht schon stark in den praktischen Lebensvollzug der beiden Bezugsgemeinschaften, also der Interviewten und der die Interviews in Auftrag gegeben habenden Organisation, involviert ist, hat man ein multiples Nichtverstehensproblem: man ist sich sowohl in der Deutung des Forschungsauftrags als auch in der sprachlichen und inhaltlichen Deutung der Aussagen der Interviewten unsicher. Je klarer die Interviewthematik, die Forschungskontexte und die verwendeten Sprachen hingegen werden, desto stärker kann der Fokus auf geteiltes Wissen und geteilte Relevanzen gelegt werden.

Fremdverstehen beginnt „dann, wenn man über die Äußerungen anderer reflektiert, wenn man nachzuvollziehen versucht, aus welchen Motiven heraus sich jemand so und nicht anders verhält" (Kurt 2004: 220). Nur an jemand anderen zu denken, ist noch kein Fremdverstehen im Sinne von Schütz (2004a: 238), der eine Proto-Theorie des Verstehens (eine Theorie der Grundlagen des Verstehens) vorgelegt hat (Eberle 1984). Schon gegenüber Mitgliedern der eigenen Kultur ist Verstehen nur approximativ möglich – wie kann man also überhaupt über Kulturdifferenzen hinweg und wissenschaftlich-systematisch verstehen? Inwieweit man eine andere Personen verstehen kann, ist maßgeblich daran orientiert, wie man selbst Sinn setzt – also mit Handeln sozialen Sinn verbindet, indem das Ich sich seinen dahinströmenden Erfahrungen zuwendet (Eberle 1984: 216):

> „Wenn das Ich auf seine eigenen Erfahrungen hinblickt, genauer: zurückblickt, hebt es sie aus der schlichten Aktualität des ursprünglichen Erfahrungsablaufs heraus und setzt sie in einen über diesen Ablauf hinausgehenden Zusammenhang. Dieser weist notwendig über das schlichte Engagement des Ich in seinen Erfahrungen hinaus. Ein solcher Zusammenhang ist ein Sinnzusammenhang; Sinn ist eine im Bewusstsein gestiftete Bezugsgröße, nicht eine besondere Erfahrung oder eine der Erfahrung selbst zukommende Eigenschaft. Es geht vielmehr um die Beziehung zwischen einer Erfahrung und etwas anderem" (Schütz/Luckmann 2003: 449).

Das Problem des Fremdverstehens und Sinngenerierens in fremdsprachigen und generell fremdkulturellen Forschungskontexten liegt nun darin, dass es nicht leicht fällt, vom eigenen Ich auf ein *sehr* fremdes Ich und dessen Sinnsetzungen zu schließen. Daher beschäftigt uns in fremdsprachlichen Interviewinterpretationen immer die Frage, inwieweit wir das Gesagte eigentlich in jene Muster einordnen können, die wir schon kennen und inwieweit man die fremdkulturellen Deutungsmuster eben noch nicht erfasst. Kann ich wirklich behaupten, dass „ich an seiner Stelle genauso handeln würde" (Annahme der Vertauschbarkeit der Standorte); dass trotz Fremdheit und sonstigen Abweichungen in Lebenslauf und persönlicher Interessenslage uns in etwa die gleichen Dinge wichtig sind in der gleichen Situation (Annahme der Kongruenz der Relevanzsysteme; Kurt 2004: 230; Schütz 2004b)? Für Schütz ist Fremdheit kein Zustand, sondern ein Prozess, im Zuge dessen sich das Verstehen der kulturellen Muster, geschichtlichen Traditionen und erprobten Rezepte im Handeln verändert (Schütz 2011: 65; Göttlich et al. 2011: 22). Man darf also die Hoffnung haben, im Zuge der Auseinandersetzung mit fremden und eigenen Sinnsetzungen nach und nach besser zu verstehen.

Wenn man trotz aller Widrigkeiten von einem Modell der ‚Alterität‘, nicht der ‚Alienität‘, ausgeht, kann man mit aller interpretatorischer und explanativer Vorsicht auch in sprachlich/kulturell vielfältigen und differenten Kontexten forschen. Man kann dann von der zumindest prinzipiellen und der immer wieder erlebten Möglichkeit annäherungsweise gelingenden Verstehens ausgehen statt von der (wie eigentlich zu bemessenden?) Unwahrscheinlichkeit gelingender Kommunikation (Luhmann 1997: 190 ff.). Überdies verhindert das Alteritätsmodell, „das Andere" oder „das Fremde" zu substantialisieren als das, was es vermeintlich „ist", indem man ausschließlich ergründet, wie man die Übergänge, Übersetzungen und Verbindungen bewältigt (Knoblauch 2007: 38; Knoblauch/Schnettler 2004).

Der wache Blick für die Lebenswelten, in denen man sich bewegt, wird erleichtert durch die Befassung mit den von Schütz und Luckmann formulierten formalen Strukturen der Lebenswelt (Schütz/Luckmann 2003). Als eine Art Matrix und Deskriptionssprache helfen sie beim Vergleich historischer und soziologischer Daten ebenso wie bei der Analyse von und dem Umgang mit kultureller Differenz und Andersartigkeit; wie auch angesichts von Ähnlichkeit und Gleichheit (Eberle 2007: 250; Luckmann 1980; Srubar 2005). Obwohl den Symbol- und Zeichensystemen, allen voran der Sprache und der Vielfalt heterogener Semantiken, eine besondere Bedeutung zukommt, genügt es aus dieser Sicht nicht, erst auf der Ebene der Semiosis (oder des „Texts") anzusetzen, sondern auch die tieferliegenden Schichten des leiblichen und handelnden Bewusstseins müssen einbezogen werden (Srubar 2005: 162 ff.; Eberle 2007: 249 ff.). Praktisch bedeutet das, dass man beim Forschen in multisprachlichen Kontexten sich reflexiv den lebensweltlichen Erfahrungen beim mehr oder weniger gelingenden Verstehen zuwenden muss. Man wird also tunlichst zum Beispiel auch bei der Herstellung von Interviewdaten die Gesprächssituation als engeren Kontext beachten, ja: mitbeobachten (Stegmaier 2009a: 128 ff.); genauso den weiteren Kontext: sowohl jenen unmittelbaren des Interviewgesprächs (wie es zustande kam und weiter eingebettet ist in die Forschung) als auch jenen mittelbaren des zum Forschungsthema gehörenden Zusammenhangs, den man sich mit Hilfe der Interviews erschließen will (alles das, was sich auf den Forschungsgegenstand bezieht). Wie im Folgenden mit Blick auf den *Daten*text die Trias ‚den anderen verstehen/sich selbst verstehen/Zeichen verstehen' entwickelt wird, so gehe ich mit dem oben Gesagten davon aus, dass es sinnvoll ist, auch den Kontext des Forschens als Verstehensprozess hinsichtlich der *Kon*texttrias Forschungsakt, Forschungsgegenstand und Verstehensakt zu reflektieren (Stegmaier 2011).

Die Interpretation gerade von fremdsprachlichen Daten (obendrein in mehrsprachigen Kontexten) setzt lebensweltliches Wissen der Bezugskulturen voraus. Es kann, wenn nötig und möglich, durch eigene ethnografische Studien, Literaturstudien und kulturvertraute Informanten erarbeitet werden. Die Forschenden müssen sich gründlich in dem hermeneutischen Geflecht von Perspektivübernahme, Reflexion auf das eigene Vorverständnis und Sinnzusammenhänge zwischen den Teilen und dem Ganzen (Kurt 2009: 12) orientieren und verorten:

*Grafik 1*     Wechselbezüglichkeit der Sinninterpretation (vgl. Kurt 2009: 12)

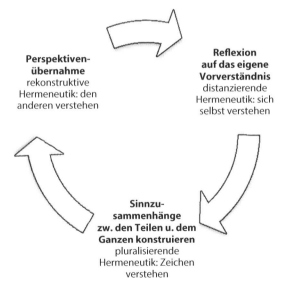

In Anlehnung an Odo Marquarts (1991) Begriffe der ‚rekonstruierenden', ‚distanzierenden' und ‚pluralisierenden' Hermeneutik beschreibt Kurt die hermeneutische Interpretation als den Versuch, diese drei Verstehensbewegungen so zu verquicken, dass die Interpretationsweisen sich sowohl ergänzen als auch widersprechen und dadurch Reflexionen in Gang setzen, „die nicht nur zu einer Bewusstwerdung unterschwellig wirkender Interessen und Ideologien, sondern auch zu einer Erweiterung der Möglichkeiten des Fremdverstehens führen kann" (Kurt 2009: 12). In eine ähnliche Richtung ging Schütz (2011) mit seinem Versuch über den *Fremden,* den er als Handlungstypen mit seinem Relevanzsystem und Wissensvorrat beschrieb im Kontext der sozialen Strukturierung durch die Fremdgruppe und deren Sprache als Auslegungs- und Ausdrucksschema.

Erst wenn wir Interpreten des Fremden prinzipiell unter dem Vorbehalt des *Nichtverstehens* arbeiten, können wir behelfsweise auch über Kulturdifferenzen hinweg mit größter Vorsicht auf die Relevanzen und Intentionen, Sinnsetzungen und lebensweltlichen Erfahrungsschätze des sehr anderen Akteurs „hinlernen" – falls wirklich keine Möglichkeit besteht, mit Beobachtung und Teilnahme, mit Hilfe von kulturvertrauten „Übersetzern" (Dolmetschern, Schlüsselinformanten, Einführung gewährenden Autoren), kulturvertrauten Ko-Interpreten oder eben durch intensives Sprachlernen (was auch erst einmal Zeit benötigt) uns selbst hinreichend an die fremden Lebenswelten „heranzuverwandeln" (Schröer 2009: 102 ff.).

Die Chance für das Verstehen liegt drin, dass man – so paradox es klingen mag – das schnelle Verstehen „so wie üblich" aus der Kulturdifferenzerfahrung heraus besonders gewinnbringend suspendieren kann (Kurt 2009: 10 – 13; Hitzler 1991). Wenn man sich stets fragen muss, wie man einzelne Begriffe oder Zusammenhänge verstehen kann, was mögliche Bedeutungsalternativen sind und auf welcher Grundlage man eigentlich wissen kann, was man in den Daten zu erkennen meint, fällt es leichter zwischen Verstehen und Nichtverstehen (wie kommt es, dass man versteht?) zu unterschieden, bzw. zwischen Wissen und Nichtwissen (auf welche Wissensgrundlagen greift man zurück?). Das Nichtverstehen wird zum Schlüssel für das Verstehen. Naivität wird systematisch, wenn man das (Nicht-)Verstehen und (Nicht-)Wissen mitreflektiert.

In vielen Forschungsprojekten muss man sich darum bemühen zu verstehen, indem man sich in diesen Komplex erst einmal hineinfindet im Zuge einer eine regelrechten Sozialisation mit allen Lernbemühungen, Fehlern und Prüfungen, die der organisationale Arbeitsalltag mit sich bringt. Später kann man dann auf die Thematik, die Kontexte und Sprachen spezieller und detailreicher einsteigen, um auch Feinheiten und sich bei größerem Überblickswissen erst erschließende Zusammenhänge zu verstehen. Daher unterscheide ich zwischen dem *hineinfindenden* Verstehen und dem *vertiefenden* Verstehen. Das gleiche Muster – gewissermaßen die Entwicklung vom Lehrling zum Experten – ist auch mit Blick auf die Auslegungsprozeduren angelegt, auf die ich im nächsten Abschnitt eingehe.

## 3.1    Auslegung allgemein

Die Praxis der Interviewforschung[7] lehrt, dass man bereits im Vollzug des Interviews, also bei der Konstruktion der Daten sowohl mit dem Umstand der Fremdsprachlichkeit als auch mit dem Umstand der allgemeinen Interpretationsbedürftigkeit der Daten konfrontiert ist. Das sieht bei der Aufbereitung der Daten für die eingehende Analyse (audio-/visuelle Fixierung, Transkription, Organisation und Verwaltung der Daten) nicht anders aus. Dennoch soll der Schwerpunkt nur bei der eigentlichen Datenanalyse liegen, die wiederum für das übrige Vorgehen (und für die Deutungsbedürftigkeit und -offenheit vieler Daten) grundlegend sensibilisiert. Dabei skizziere ich zwar allgemeine Verfahrensprinzipien, werde aber gelegentlich auf Unterschiede der Auslegung von zwischen multi-, fremd- und eigensprachlichen hinweisen und ebenso auf solche zwischen der Arbeit als Einzelinterpret/in und im Team.

Wer Hermeneutik in den Sozialwissenschaften praktiziert, empfindet es oft als Vorteil, im Team verschiedene Lesarten zu erarbeiten. Mit sich selbst ist man schneller einig; unter Ko-Interpretierenden kann man den konstruktiven Dissens pflegen und die unterschiedlichen Sichtweisen und Wissensbestände der einzelnen Teilnehmenden zur Öffnung einfacher Deutungen nutzen. Leider sind Mehrpersonenprojekte nicht die Regel und Interpretationsgruppen nicht immer verfügbar, weshalb man den Lesartendialog nicht selten „mit sich selbst" bewerkstelligen muss. Verfahrensregeln, wie sie in den folgenden Tabellen 1 und 2 vorgeschlagen werden, helfen dabei, Deutungsalternativen hin und her zu wenden und (wenn keine Interpretationsgruppe verfügbar ist: zunächst für sich selbst) zu begründen, bevor man sich für eine Deutung entscheidet und sie für andere, die sie lesen werden, ausformuliert. Untrennbar damit verbunden ist die Technik, Lesarten in verschiedenen Hinsichten (Handlungsperspektiven, Situationen, Prozesszusammenhänge inklusive was vorher und nachher kommt, weitere Kontexte, Voraussetzungen, typischerweise mögliche Konsequenzen etc.) gedankenexperimentell zu kontrastieren. Bevor man eine einzige Deutung weiter verfolgt, empfiehlt es sich, plausible und zugleich kontraststarke Alternativen explizit zu notieren und mit zu tragen, damit man sie nicht einfach vergisst oder beiseite schiebt.

---

7    Zu den Möglichkeiten und Grenzen der hermeneutischen Interpretation von Interviewdaten, ist noch immer der diesbezügliche Aufsatz von Reichertz (1996) aufschlussreich, hier aber nicht unmittelbar relevant.

Niemand legt das gesamte Datenmaterial komplett sequenzanalytisch aus, wenn man eine größere Anzahl von Interviews und weitere Datensorten zusätzlich zu bewältigen hat. Genau betrachtet, findet vor und nach der Feinanalyse eine gröbere Auslegung von Daten statt – und sei es als Nebenprodukt beim Organisieren und Aufbereiten der Daten. Diese Nebenproduktion darf nicht implizit oder ganz ohne Aufmerksamkeit bleiben, da die Interpretierenden sonst naiv gegenüber tatsächlich stattfindenden und Konsequenzen für die Sicht auf die Daten auslösenden Sinnschließungen sind. Hat man es überdies mit fremdsprachlichen Daten zu tun, muss oft noch gründlicher auf die Daten gesehen und Entscheidungen über deren Bedeutung schon allein für den weiteren Arbeitsprozess getroffen werden. Somit stellt sich die interviewauslegende Vorgehensweise im Kern in den Dimensionen (nicht unbedingt linear ablaufende Phasen) der sichtenden Auslegung, Feinauslegung und der typisierenden oder konzeptbildende Auslegung (je nachdem, ob man Idealtypen Konzepte im Grounded Theory-Verfahren bilden will) dar. Das gesamte Auslegungstrajekt umfasst, wie angedeutet, zuvor die gesprächsbegleitende, die datensortierende und die aufbereitende Auslegung; nach der eigentlichen Datenanalyse die Auslegungen, die im Zuge der Vorbereitung von verschiedenartigen Präsentation und während deren Durchführung zustande kommen (berichtende Auslegung). Doch bleiben wir bei den drei Kernphasen (die Hinweise auf die Arbeit mit fremd-/multisprachlichen Daten sind kursiv hervorgehoben):

Im Einzelnen geht es bei der sogenannten *sichtenden Auslegung* darum, sowohl den Überblick (welche Themen liegen vor?) als auch den Fokus (was ist so relevant, dass es näher betrachtet werden muss?) zu gewinnen. Dazu sortiert und markiert man die Themen grob und identifiziert dabei erste Analyseeinheiten. Parallel dazu stellen sich erste Interpretationsideen ein, die es in Form von Memos festzuhalten gilt. Die Fragestellung, die ursprünglich zur Erhebung der Daten und Ausrichtung des Relevanzhorizonts führte, wird dabei fortlaufend weiterentwickelt. Unverzichtbar ist es, in dieser Phase wie in weiteren stets mitzubedenken, im welchem Wechsel(wirkungs)verhältnis Forschungsinteresse und Fragestellung einerseits und Datenauswahl und Themenidentifikation andererseits stehen: Im Kern muss man sich stets klar machen, inwieweit die Daten zur Forschungsfragestellung passen – aber auch, inwieweit man nur die gesuchten Themen findet oder sich auch durch andere, davon abweichende reflektiert irritieren lässt, um einer übermäßig selektiven Schnelldeutung vorzubeugen. Im Zuge der *Feinauslegung* durch hermeneutische Sequenzanalyse wird der vorliegende Einzelfall als besondere Lösung eines allgemeinen (kommunikativen Handlungs-)Problems typisiert

*Tabelle 1*         Generelle Interviewauslegung im Kern

| 1. Sichtende Auslegung | Überblick über Daten u. Themen gewinnen; grobe Sortierung u. Markierung der Themen, erste Analyseeinheiten identifizieren; parallel dazu erste Interpretationsideen finden u. festhalten; Differenz/Nähe zwischen Forschungsinteresse u. Fragestellung einerseits sowie Themen in den Daten andererseits reflektieren; Fragestellung weiterentwickeln<br>→ Ziel: Überblick und Fokus gewinnen<br>*Erste Abschätzung, wie „fremd" die Sprache der Daten ist u. was man global zu verstehen meint, was nicht; welche Hilfestellungen, welcher Zeitaufwand nötig sind* |
|---|---|
| 2. Feinauslegung | Hermeneutische Sequenzanalyse (s. u. in Tab. 2 en détail)<br>→ Ziel: spezifischen Einzelfall als besondere Lösung eines allgemeinen (komm. Handlungs-)Problems typisieren; als Schlusshypothese formulieren<br>*Genaue Deutung der Daten unter Berücksichtigung der sprachlichen Besonderheiten, die für den Interviewtext speziell u. die betreffende(n) Sprachen im Allg. bedeutsam sind* |
| 3. Typisierende/ konzeptbildende Auslegung | Einzelinterpretationen von Interviews und Passagen daraus durch permanenten Vergleich gruppieren, klassifizieren, kategorisieren u. zu übergreifendem Gesamtmodell (Typologie, Kategoriensystem) verbinden<br>→ Ziel: Typologie od. gegenstandsfundierte Konzeption entwickeln, über Detail- und Einzelfallanalysen hinausgehende Abstraktionen fundieren u. entfalten<br>*Aufgabe, konsistentes u. für betreffende Kultur adäquates Gesamtmodell aus Daten und Zusatzwissen zu entwickeln* |

und eine entsprechende Schlusshypothese formuliert.[8] Darauf gehe ich im nächsten Abschnitt genauer ein. Schließlich werden die verschiedenen einzelnen Teilergebnisse (Schlusshypothesen) verglichen, gegenübergestellt oder zusammengeführt, um zu einer weiteren Verallgemeinerung zu kommen. Dies erfolgt entweder als Typenbildung *(typisierende Auslegung)* oder als Konzeptbildung *(konzeptionsgenerierende Auslegung)*.

Der Weg dahin ist gerade mit fremdsprachlichen Texten noch etwas komplizierter als mit solchen, die in einer völlig vertrauten Sprache gehalten sind. Das Problem ist, dass man im Zuge der Arbeit bewusst Mühe darauf verwenden muss, die dem fremden Gegenstandsbereich angemessenen Relevanzkriterien (für die Auswahl, die Deutungsansätze, die nächsten Forschungszüge etc.) zu entwickeln. Naiv vom eigenen Standpunkt auszugehen, kann irre leiten, ohne dass man es merkt. Wird der eigene Standpunkt samt Vor-Urteilen (Luckmann/Luckmann 1979), Vorannahmen, Vorwissen und Voraussetzungen des Forschens expliziert, kann man aus der Diskrepanz zwischen Vorverständnis und vorliegenden Daten,

---

8    Siehe zu anderen hermeneutischen Verfahren, die mehr oder weniger stark von der hier zentral gestellten Sequenzanalyse abweichen Hitzler/Honer (1997)

eigenen Erwartungen und neuen Befunden bereits wichtige erste Lehren dafür ziehen, was die fremdsprachlich vermittelte Kultur ausmachen mag.

### 3.2    Die hermeneutische Interpretation von Interviewdaten

Die Interviewdatenauslegung im multisprachlichen Kontext folgt den Prinzipien und der Praxis der Auslegung im monosprachlichen Kontext. Zunächst wird die Sequenz (idealerweise am Anfang des Datenstücks oder relevanten Abschnitts) ausgewählt, damit man einen vermuteten Sinnzusammenhang möglichst komplett in den Blick bekommt. Dann wird das vorhandene Kontextwissen ausgeblendet, um schnelle Plausibilitätsschlüsse („Ach, klar, das ist doch …"), also das Verstehen-so-wie-üblich, zu verhindern. Für die Sequenz werden nun mehrere verschiedene in sich stimmige, aber untereinander auch widersprüchliche Lesarten entwickelt und als Interpretationshypothesen notiert. Eine Lesart setzt sich aus den aufgefächerten Spektren der Wortbedeutungen, soziolinguistischen Aspekten, Handlungsbezügen und der gedankenexperimentell gewonnenen (realitätsnah „fantasierten") möglichen Kontexten zusammen. Damit werden neue Deutungsideen über erste Ahnungen und Gewissheiten hinaus generiert.

Je nachdem, wie sinnvoll es ist, die Spannung der Kontextausklammerung aufrecht zu erhalten, wird über mehrere Interpretationszüge statt des Kontextwissens nur der tatsächliche Kontext (also das, was vor und nach der Sequenz an Daten vorliegt) zur Kontrolle herangezogen. Das Bedeutungsspektrum wird weiter erkundet, indem man weitere sinnvoll mögliche Alternativen formuliert, was der/die Sprecher/in stattdessen hätte tun oder sagen können. All dies führt zu weiteren Deutungshypothesen, die festgehalten werden müssen. Bevor man die nächste Sequenz angeht, werden sinnvoll mögliche Fortsetzungen des Handlungs-/Kommunikationsgeschehens entwickelt. Dies bezieht sich auf die bislang vorliegenden Datenstücke und daran entwickelten Deutungshypothesen. So erschließt man sich den Handlungszusammenhang, so wie man ihn sich nach allem, was man aus den Daten (aber nicht aus dem ausgeblendeten Kontextwissen!) weiß, erwarten kann.

Schritt für Schritt wird dies nun für alle folgenden Sequenzen so durch- und weitergeführt. Auf diese Weise wird die Breite und Tiefe der Bedeutungen entfaltet und ausgelotet, nach und nach aber auch die Bedeutungsalternativen an den vorliegenden Daten (und am darin protokollierten Handlungsgeschehen) ausgedünnt. Man lernt so zu wissen, was man an Hand der Daten wissen kann. Später im Verfahren werden nach und nach auch Elemente des Kontextwissens hinzugezogen, um damit eine weitere Kontrastfolie zu zuvor gut begründeten Deutungen in Anschlag zu bringen.

Am Ende sollte es möglich sein anzugeben, in welcher Weise der vorliegende spezielle Fall die Lösung oder Antwort auf ein allgemeines Handlungsproblem bzw. auf eine Fragestellung ist. Man hat sich zuvor ja detailreich damit auseinander gesetzt, einerseits welche spezifischen Dimensionen der einzelne Fall hat und andererseits in welchen allgemein anzunehmenden Zusammenhängen dieser Fall auftreten kann. Das so besonders aufmerksam gestaltete Kennenlernen des Falls wird im Lernen über die Diskrepanz zwischen schnellen und gründlichen Deutungen, zwischen vorgängigen und nachfolgenden Handlungszügen, zwischen Daten und Kontextwissen, zwischen denkmöglichen und tatsächlich gewählten Alternativen und natürlich zwischen vorhandenem und neu zu lernendem Kulturwissen realisiert. In der Übersicht lässt sich das Verfahren wie in Tabelle 2 skizziert darstellen, wobei die Hinweise auf die Arbeit mit fremd-/multisprachlichen Daten wiederum kursiv hervorgehoben sind.

Erfolgt die hermeneutische Interpretation an Hand von Interviewdaten in fremder Sprache, so ist die Frage, wie weit man mit der fremden Kultur vertraut ist, um Bedeutungsalternativen wissen und einschätzen zu können. Der Trick ist, sich diese Frage und die Antwort(en) im gründlichen Umgang mit den Daten und den eigenen Interpretationen nach und nach zu erschließen. Mit dem radikalen Fokus auf jeweils die eine Sequenz und ihre Fortsetzungen hat man die Chance, gerade ohne Kontextwissen ein Gespür dafür zu entwickeln, was da vorhanden ist, was man eigentlich schon weiß und was noch unklar ist an den Details der Daten, und aus welchen Quellen man sich die Wissenslücken erschließt. Hier werden naive Vorverständnisse (Vor-Urteile, Vorwissen etc.) sichtbar und nutzbar gemacht: Man lernt besser zu wissen, wie man sich vorstellt, was die Bedeutung sein könnte.

Der strenge Fokus auf die Daten hilft, die Lesarten und Annahmen dem Test der vorausgehenden und nachfolgenden Daten auszusetzen, also das Fremde aus dem Kontext des Fremden, wie es in den Daten sich manifestiert, zu erschließen. Im weiteren Verlauf kann man dann ausprobieren, wie weit man schon im Sinne der fremden Kultur, wie sie „in den Daten steht" und wie man sie zu deuten bis hierher gelernt hat, Deutungen erzeugen kann, die im Verhältnis von Text und Kontext stimmig sind. Zugleich passt man auf, wo man mit den Deutungsgewohnheiten der eigenen Kultur im Verhältnis dazu steht. Bei der weiteren Überprüfung am Text müsste sich auch das Gespür für die fremdkulturellen Bedeutungen im weiteren Textzusammenhang einstellen, zumindest wie sich im Verlauf des vorliegenden Protokolls der Gesprächsinteraktion Sinn ergibt/konstruiert wird, gerade auch im Aufeinandertreffen zwischen den beiden Gesprächs-

*Tabelle 2*          Hermeneutische Feinauslegung nach Kurt (2004: 240–257)

| 1. Sequenz minus Kontext | Sequenz (möglichst der Interviewtranskript-Anfang od. relevanten Abschnitt) isolieren; Wissen über Kontext ausblenden<br>→ Ziel: sich unwissend stellen, „Verstehen wie üblich" unmöglich machen<br>*Ohne Kontextwissen Gespür entwickeln, was man schon weiß, was noch unklar ist, aus welchen Quellen man sich die Wissenslücken erschließt* |
|---|---|
| 2. Lesarten der Sequenz | Mehrere denkmögliche Lesarten der Sequenz entwickeln, als Interpretationshypothesen festhalten<br>→ Ziel: Vielzahl (un-)wahrscheinlicher, in sich stimmiger, durchaus widersprüchlicher Lesarten (bezogen auf denkmögliche Handlungskontexte) finden, Unausgesprochenes aussprechen, sich (gegenseitig) auf neue Deutungsideen bringen, deren Angemessenheit laufend kontrollieren, jedes kleinste Zeichen als sinnvoll beachten<br>*Naive Vorverständnisse sichtbar machen* |
| 3. Vom Text zum Kontext | Lesarten der Sequenz überprüfen zunächst nur am tatsächlichen Handlungskontext<br>→ Ziel: Abgleich von fantasiertem u. „tatsächlichem" Handlungskontext; das „Wirkliche" im Möglichen herausfinden od. das Ungewöhnliche des Falls; Protokolltext als Fixpunkt, Kontext als Gegenstand der Variation; Folgesequenz beachten<br>*Strenger Fokus auf Daten hilft, Lesarten u. Annahmen an den vorausgehenden/nachfolgenden Daten zu testen: das Fremde aus dem Kontext des Fremden zu erschließen* |
| 4. Vom Kontext zum Text | „Wirklichen" Kontext der Sequenz überprüfen an Hand der möglichen Handlungsweisen („Was hätte die Handelnde stattdessen sagen können?")<br>→ Ziel: Variation der Handlungsmöglichkeiten, Horizont der Lesarten (des betreffenden Handlungsschritts) durch Kontextwissen erweitern; Einzelfall vor dem Hintergrund von Alternativen Kontur geben; bekannter Kontext als Fixpunkt, Protokolltext als Gegenstand der Variation<br>*Ausprobieren, wie weit man im Sinne der fremden Kultur Deutungen erzeugen kann, die im Verhältnis von Text u. Kontext stimmig sind* |
| 5. Von der Sequenz zur denkmöglichen nächsten Sequenz | Fortgang des Kommunikationsgeschehens antizipieren („Was könnte als nächstes gesagt werden?")<br>→ Ziel: konsistenten Handlungszusammenhang erschließen<br>*Weiter sensibilisieren für die Logik der fremden Kultur; zugleich dafür, wo man mit den Deutungsgewohnheiten der eigenen Kultur im Verhältnis dazu steht* |
| 6. Von der Sequenz zur tatsächlichen nächsten Sequenz | Mögliche Fortführung des Handlungsgeschehens an nächster Textsequenz überprüfen<br>→ Ziel: Inkonsistenzen des Handlungsablaufs aus Perspektiven der Beteiligten entdecken; das Mögliche am „Wirklichen" überprüfen, Falsifikation bisheriger Interpretationshypothesen, unvereinbare Interpretationslinien aussortieren<br>*Weiter sensibilisieren für fremde Kultur in Relation zur eigenen; jetzt wieder mit Überprüfung am Text* |
| 7. Von Sequenz zu Sequenz | Sequenz für Sequenz, Schritt für Schritt weiter gehen<br>→ Ziel: weitere Sequenzen antizipieren u. überprüfen, Lesarten finden u. aussondern, bis für den gesamten zu interpretierenden Interviewabschnitt eine Interpretation übrig bleibt<br>*Hier auch das Gespür für fremdkulturelle Bedeutungen im weiteren Textzusammenhang aufbauen* |
| 8. Typisierung | Die spezielle Lösung eines typischen (kommunikativen Handlungs-)Problems erfassen<br>→ Ziel: spezifischen Einzelfall als besondere Lösung eines allgemeinen Problems typisieren; als Schlusshypothese formulieren<br>*Typik des vorliegenden Falls zudem vergleichen mit vergleichbarem Handlungsproblem in der eigenen Kultur* |

partnern aus verschiedenen Kulturen. Aus der Typik des vorliegenden Falls lässt sich schließlich ein Vergleich ableiten mit dem, was man in der eigenen Kultur im Umgang mit einem vergleichbaren Handlungsproblem zu tun erwarten könnte.

## 4    Weitere praktische Hinweise und theoretische Erwägungen

Das Faszinierende an der Interpretation von Forschungsdaten ist, dass man durch das Hinterfragen des Verstehens das Verstehen vertiefen kann. Das Faszinierende an der Interpretation von Forschungsdaten in multisprachlichen Kontexten ist, dass in den fremden, andersartigen Sinnstrukturen sowohl die Einladung steckt, nur ganz wenig oder ganz besonders viel zu verstehen: denn einerseits ist nichts leichter, als fremde, andersartige Sinnstrukturen zu ignorieren und sich die Mühe des Verstehens entlang der vorfindlichen Sinngehalte erst gar nicht zu machen (so wie es oft leichter fällt, fremdsprachliche Gespräche nebenan oder fremdsprachliche Songtexte in einem Lied, das man gerade hört, auszublenden, weil man ohnehin nicht jedes Wort begreift); andererseits besteht die Chance, gerade durch das Hindernis der Fremd-/Andersartigkeit sowohl hinter die Wundersamkeiten als auch die Trivialitäten der anderen Kultur zu kommen, da man viel gründlicher und komparativer die Sinngehalte ergründen muss, wenn man es hierbei mit dem Verstehen ernst meint. Daraus lässt sich eine Reihe weiterer theoretischer und praktischer Erwägungen ableiten:

1. In jeder Alltagskommunikation wird die Reziprozität der Perspektiven von allen Beteiligten implizit vorausgesetzt. Was eine Kommunizierende als ein Zeichen gebraucht, wird von ihr stets mit Blick auf die zu erwartende Deutung durch den Adressaten vorgedeutet – sie muss die zu erwartende Deutung „durchprobieren", wie Schütz (2003: 159) es ausdrückt. Unausweichlich ist es die Aufgabe von Dateninterpreten, gerade in fremdsprachlichen Forschungskontexten, ihrerseits die aus der zu beforschenden Akteursperspektive Sinn machenden Deutungen durchzuprobieren. Hinzu kommt die Schlüsselaufgabe jeglicher hermeneutischen Arbeit in sozialwissenschaftlichen Kontexten: sich als Interpret/in und später die Rezipienten und Rezipientinnen der Forschung darüber aufklären, auf welche Weise und auf welcher Grundlage man hier zu *verstehen* versucht. Die Vorgehensweisen sind – mit oder ohne fremdsprachliche Interviews – weitgehend die gleichen:

a) wie groß auch immer das Datenstück, wie grob oder fein die Analyse, auch sei, wenn man hermeneutisch vorgeht, wie oben beschrieben, klärt man sich

selbst im Interpretationsprozess darüber auf, woher man etwas weiß, das man
der Interpretation zu Grunde legt

b) reflektieren, auf welchen Grundannahmen in der konkreten Vorgehensweise
und den Interpretationsmustern, an denen man sich orientiert (welche Theorie, welche Konzepte, welche Heuristiken, welche Implikationen für die Erhebung, Auswahl, Aufbereitung, Deutung und Präsentation?), die Interpretation fußt

c) sich selbst außerdem fragen, welche Zwecke (Weil-Motiv: *woher* kommt das
Forschungsinteresse, die konkrete Formulierung der Forschungsfrage, die
Richtung der Deutung, wenn nicht aus dem Material selbst?), Ziele (Um-zu-
Motiv: *wozu* dient die Forschung?), Mittel (womit kann oder soll geforscht
werden; was könnte man in dem Rahmen sonst noch tun, was lässt man aber
weg?)

d) einschätzen, wie gut die Fremdsprachenkenntnisse sind, welche Informa-
tionsquellen (Wörterbücher, Lexika, Informanten, eigenes ethnografisches
Kulturlernen, Internetrecherchen etc.) man nutzen kann; was man am Material bereits gelernt hat; welche Fehler man immer wieder macht und worauf
sie zurückzuführen sind.

2. Man kann von einem doppelten Lernen (als methodisch notwendiger Bedarf
und praktischer Effekt) ausgehen: Zum einen sollte sich ein tieferes Verständnis
der fremdsprachlichen Daten im Zuge der hermeneutischen Analyse einstellen;
zum anderen lernt man die betreffende Sprache. Natürlich kann man Dinge aufgrund mangelnder Sprachkompetenz übersehen, genauso aber auch die Dinge
erst genauer entdecken, weil man angesichts der Fremdsprache sich die Mühe
macht, genauer hinzusehen. Die Interpretation fremdsprachlicher Interviews ist
zu einem guten Teil fortgesetztes Sprache- und Kulturlernen. Also nicht nur auf
der Ebene der Detailanalyse fragt man sich in der Praxis immer, was man noch
nicht weiß und was man noch lernen kann, sondern auch in der generellen Haltung zur Fremdsprachlichkeit, den eigenen Fremdsprachenkenntnissen und den
inhaltlichen Verständnissen, die man erworben zu haben glaubt. In multisprachlichen Forschungskontexten muss man sich auf entsprechend mehrdimensionale
Lernprozesse einrichten (und sie nicht etwa der Einfachheit halber unterbinden):
mit Niederländern auf Englisch geführte Interviews etwa enthalten immer auch
eine Reihe nicht oder gut/falsch übersetzter niederländischer Begriffe, mit denen
man sich auf Niederländisch auseinandersetzen muss. Und was „gut" oder „falsch"
ist, das weiß man nicht gleich, man muss es erst lernen zu unterscheiden im Zuge

der Forschung; oft machen nach einer Weile des Versuchs zu verstehen Dinge Sinn, die zunächst unplausibel oder nicht zuzuordnen waren.

3. Um keine Verfälschungen der in den Interviews verwendeten Begriffe zu bewirken und den Gesamtzusammenhang (Interviewthema, Interviewgeschehen) gut präsent zu haben, empfiehlt es sich, so weit wie irgend möglich in der Sprache der Daten zu arbeiten. Je nach Sprachkompetenz der Interpreten, bleibt man möglichst nahe an der Sprache der Daten oder behilft sich eben einer Diskussion in der allgemeinen Verkehrssprache des Projekts – wohl wissend, dass man jetzt durch den Bruch in der Sprachkonsistenz womöglich Informationen verliert oder verfälscht und daher noch gründlicher vergleichen, prüfen, nachforschen muss, was eigentlich gesagt wurde und wie. Übersetzungen von Datenstücken, etwa für Publikationen, werden, wenn irgend möglich, in gründlichem Austausch zwischen Interviewer/in bzw. Interpret/in und Übersetzer/in am ursprünglichen Datentext angefertigt.

4. Teilt man die gleiche vertraute Sprache, so ist es bei jeglicher Interpretationsarbeit von Vorteil, mit Ko-Interpretierenden an einer möglichst fruchtbaren *Vervielfältigung* von Lesarten arbeiten zu können: Lesartenvielfalt verhindert Schnellschlüsse auf die Bedeutung der Daten; sie stellt sich umso eher ein, je weniger man auf Konsens in der Deutung bedacht ist und je deutlicher eine Mehrzahl von Deutung artikuliert wird (was wiederum verschiedene Interpretierende besser können als eine Person allein). Kommt Fremdsprachigkeit (bzw. der Bedarf an Vertrautheit mit den betreffenden fremdkulturellen Zusammenhängen) hinzu, dann müssen die eher kulturvertrauten Ko-Interpretierenden neben der Rolle der Lesartenvervielfältigung auch noch die Rolle der Lesarteneinjustierung auf kulturspezifisches Wissen spielen. Wenn man sie zu Rate ziehen kann, dann müssen die kulturvertrauten Ko-Interpreten also idealerweise das Kunststück fertigbringen, gleichzeitig das kulturspezifische Lesartenspektrum einzugrenzen und das Spektrum der Lesarten der zu deutenden Dateneinheit zu entgrenzen.[9] Vertiefende praktische und theoretische Hinweise zur Feinarbeit mit kulturvertrauten Ko-Interpreten sind bei Schröer (2009 und in diesem Band) und Inhetveen (2012) zu finden.

5. Die Rolle der Transkriptoren und Transkriptorinnen ist nicht zu unterschätzen. Die besten Ergebnisse lassen sich in meinem Forschungskontext (In-

---

[9]    Ähnliches könnte passieren, wenn man sich zwar in einer völlig vertrauten Sprache bewegt beim Interpretieren, aber vielleicht dennoch ausgesprochen unbekannte soziale Phänomene deuten muss.

terviews auf Englisch mit Niederländern) erzielen mit bilingualen Transkriptoren und Transkriptorinnen, die z. B. also sowohl des Englischen und des Niederländischen mächtig sind, mit dem Englischen als Muttersprache. Niederländische Muttersprachler/innen hören zwar vielleicht mehr Feinheiten des kulturellen Hintergrundes des Interviews, können aber den Feinheiten der gesprochenen Englischen Sprache scheitern. Noch problematischer sind freilich Transkriptionen von Muttersprachler/innen einer dritten Sprache (etwa Deutsch) – wenn also ich selbst mit unvollkommenen Kenntnissen in Englisch und Niederländisch transkribieren würde.

Die hier vorgeschlagene Hermeneutik ist nicht das Allheilmittel für jedes Problem bei der Arbeit mit fremd- oder multisprachlichen Interviews. Die Erfahrung lehrt jedoch, dass eine gründliche hermeneutische Sensibilisierung für die eigenen Perspektiven und Wissensgrundlagen und die der anderen, der Beforschten, ein nicht zu unterschätzendes Imprägnierungsmittel gegen naive und unsystematische Fremddeutungen ist.

In meinen Überlegungen zur Interpretation von multisprachlichen (Interview-)Daten in kulturdifferenten Kontexten bin ich stets davon ausgegangen, dass man das Problem des Fremdverstehens prinzipiell in den Griff bekommen kann (womit nicht gesagt ist, wie lange das dauert und wie schwierig es von Fall zu Fall ist). Abschließend würde ich gern noch darauf hinweisen – ohne es an dieser Stelle theoretisch weiter begründen zu können –, dass ich aus der Reflektion der Praxis transnational und transkulturell vergleichender Forschung zu unterscheiden gelernt habe zwischen hermeneutischer Deutungsarbeit im autochtonen und solcher im allochtonen Forschungs- und Kulturkontext. Gern wird die im autochtonen Kontext gepflegte und begründete Hermeneutik auf Gedeih und Verderb an das *vorhandene, langwierig erworbene* kulturelle Vorwissen gekoppelt. Zwar ist es unbestreitbar, dass Kulturvertrautheit wichtig und hilfreich ist für adäquate Deutungen. Jedoch unterschlägt diese Prämisse der fundamental notwendigen Einheit der Kultur zwischen den Interpretierenden und den zu Interpretierenden den Umstand, dass es sich immer um einen Lernprozess handelt wenn man interpretiert, auch wenn man einen engeren Kulturhorizont teilt. Stets muss man die Balance finden zwischen Nähe und Distanz, zwischen vertrautem allgemeinem Kulturwissen einerseits und zum Beispiel weniger oder nicht vertrautem subkulturellem Wissen oder etwa professionellem Spezialwissen andererseits. Wer vor lauter Vertrautheit nicht immer schon alles wissen will, weil man sich aus systematischen Gründen lieber künstlich dumm stellt, lässt sich ohnehin immer auf einen Lernprozess ein. Man kommt allerdings nie umhin, für jeden Forschungskontext herauszufinden, ob man im Kern eine Hermeneutik auf Basis der Vertrautheitsannahme (bevorzugt im autochtonen Kontext) oder eine Hermeneutik im fundamentalen Lernmodus (bevorzugt im allochtonen Kontext) zu betreiben hat. Letztlich ist eine sich über die Grenzen der Deutungsarbeit qua ihres Verfahrens permanent selbst aufklärende Hermeneutik der Königsweg zu wissenschaftlich vertretbaren Ergebnissen auch und gerade im transnationalen, multisprachlichen Forschungszusammenhang.

Im Grunde kommt es für das Verstehen darauf an, sich erstens gegenüber den allzu vertrauten Aspekten zu befremden, sich zweitens die unvertrauten Aspekte zu Nutze zu machen und drittens stets den nächstvertrauten gemeinsamen Rahmen zu suchen, von wo aus man Wissen und Deutungen weiter vertiefen kann. Dann wird man sehen, wie weit man im Lernprozess, „Forschung" genannt, kommt.

## Literatur

Dreher, Jochen (2005): Interkulturelle Arbeitswelten. Produktion und Management bei DaimlerChrysler. Frankfurt am Main/New York: Campus

Dreher, Jochen/Stegmaier, Peter (2007): Einleitende Bemerkungen: ‚Kulturelle Differenz' aus wissenssoziologischer Sicht. In: Dreher, Jochen/Stegmaier, Peter (Hrsg.): Die Unüberwindbarkeit kultureller Differenz. Grundlagentheoretische Reflexionen. Bielefeld: transcript. 7–20

Eberle, Thomas Samuel (2007): Unter Aborigines: Reflexionen über eine exotische Fremdheitserfahrung. In: Dreher, Jochen/Stegmaier, Peter (Hrsg.): Die Unüberwindbarkeit kultureller Differenz. Grundlagentheoretische Reflexionen. Bielefeld: transcript. 235–268

Eberle, Thomas Samuel (1984): Sinnkonstitution in Alltag und Wissenschaft. Bern: Haupt

Fisher, Eric (2005): Lessons learned from the Ethical, Legal and Social Implications programme (ELSI): Planning societal implications research for the National Nanotechnology Program. In: Technology in Society. 27. Jg. 321–328

Göttlich, Andreas/Seebald, Gerd/Weyand, Jan (2011): Einleitung der Herausgeber. In: Schütz, Alfred (Hrsg.): Relevanz und Handeln 2. Gesellschaftliches Wissen und politisches Handeln – Alfred Schütz Werkausgabe Band VI.2 (hgg. v. Andreas Göttlich, Gerd Seebald, Jan Weyand). Konstanz: UVK. 7–54

Hackett, Edward J./Amsterdamska, Olga/Lynch, Michael/Wajcman, Judy (Hrsg.) (2008): The Handbook of Science and Technology Studies. Cambridge/Mass.: MIT Press

Hitzler, Ronald/Honer, Anne (Hrsg.) (1997): Sozialwissenschaftliche Hermeneutik. Opladen: Leske + Budrich

Hitzler, Ronald (1991): Dummheit als Methode. Eine dramatologische Textinterpretation. In: Garz, Detlef/Kraimer, Klaus (Hrsg.): Qualitativ-empirische Sozialforschung. Konzepte, Methoden, Analysen. Opladen: Westdeutscher. 259–318

Honer, Anne (1993): Lebensweltliche Ethnographie. Ein explorativ-interpretativer Forschungsansatz am Beispiel von Heimwerker-Wissen. Wiesbaden: DUV

Inhetveen, Katharina (2012): Translation Challenges: Qualitative Interviewing in a Multi-Lingual Field. In: Qualitative Sociology Review, VIII. Jg., H. 2. www.qualitativesociologyreview.org/ENG/Volume22/QSR_8_2_Inhetveen.pdf. [13.09.2012]

Knoblauch, Hubert (2007): Kultur, die soziale Konstruktion, das Fremde und das Andere. In: Stegmaier, Peter/Dreher, Jochen (Hrsg.): Die Unüberwindbarkeit kultureller Differenz. Grundlagentheoretische Reflexionen. Bielefeld: transcript. 21–42

Knoblauch, Hubert/Schnettler, Bernt (2004): „Postsozialität", Alterität und Alienität. In: Michael, Schetsche (Hrsg.): Der maximale Fremde. Begegnungen mit den Nichtmitmenschlichen und die Grenzen des Verstehens. Würzburg: Ergon. 23–41

Kurt, Ronald (2009): Indien und Europa. Ein kultur- und musiksoziologischer Verstehensversuch. Bielefeld: transcript

Kurt, Ronald (2004): Hermeneutik – Eine sozialwissenschaftliche Einführung. Konstanz: UVK/UTB

Luckmann, Thomas (1980): Philosophie, Sozialwissenschaft und Alltagsleben. In: Luckmann, Thomas (Hrsg.): Lebenswelt und Gesellschaft. Grundstrukturen und geschichtliche Wandlungen. Paderborn: Schöningh. 56–92

Luckmann, Thomas/Luckmann, Benita (1979): Wissen und Vorurteil. Kurseinheit I: Erfahrung und Alltag; Kurseinheit II: Funktionen und Auswirkungen. Hagen: Fernuniversität

Luhmann, Niklas (1997): Die Gesellschaft der Gesellschaft. Zwei Teilbände. Frankfurt am Main: Suhrkamp

Marquard, Otto (1991): Frage nach der Frage, auf die die Hermeneutik die Antwort ist. In: ders., Abschied vom Prinzipiellen. Stuttgart: Reklam. 117–146

Mittelstraß, Jürgen (2005): Methodische Transdisziplinarität. In: Technikfolgenabschätzung. Theorie und Praxis, 14. Jg., H. 2. 18–23

Ouborg, N. Joop (2009): Two-way communication between genomics and society. In: EMBO reports 10. Jg. 420–423

Ouborg, Joop N./Vriezen, Wim H. (2006): An ecologist's guide to ecogenomics. In: Journal of Ecology, 95. Jg., H. 1. 8–16

Przyborski, Aglaja/Wohlrab-Sahr, Monika (2008): Qualitative Sozialforschung. Ein Arbeitsbuch. München: Oldenbourg

Reichertz, Jo (1996): Lassen sich qualitative Interviews hermeneutisch interpretieren? In: Strobl, Rainer/Böttger, Andreas (Hrsg.): Wahre Geschichten? Zur Theorie und Praxis qualitativer Interviews. Baden-Baden: Nomos. 77–92

Schröer, Norbert (2009): Interkulturelle Kommunikation – Einführung. Essen: Oldib

Schröer, Norbert (2003): Verfehlte Verständigung? Kommunikationssoziologische Fallstudie zur interkulturellen Kommunikation. Konstanz: UVK

Schütz, Alfred (2011): Der Fremde. Ein sozialpsychologischer Versuch. In: Schütz, Alfred (Hrsg.): Relevanz und Handeln 2. Gesellschaftliches Wissen und politisches Handeln – Alfred Schütz Werkausgabe Band VI.2 (hgg. v. Andreas Göttlich, Gerd Seebald, Jan Weyand). Konstanz: UVK. 59–74

Schütz, Alfred (2004a): Der sinnhafte Aufbau der sozialen Welt. Eine Einleitung in die verstehende Soziologie – Alfred Schütz Werkausgabe Band II (hgg. v. Martin Endress und Joachim Renn). Konstanz: UVK

Schütz, Alfred (2004b): Relevanz und Handeln 1. Zur Phänomenologie des Alltagswissens – Alfred Schütz Werkausgabe Band VI.1 (hgg. v. Elisabeth List u. Mitarb. v. Cordula Schmeja-Herzog). Konstanz: UVK

Schütz, Alfred (2003): Theorie der Lebenswelt 2. Die kommunikative Ordnung der Lebenswelt – Alfred Schütz Werkausgabe Band V.2 (hgg. v. Hubert Knoblauch, Ronald Kurt und Hans-Georg Soeffner). Konstanz: UVK

Schütz, Alfred/Luckmann, Thomas (2003): Strukturen der Lebenswelt. Konstanz: UVK/ UTB

Schützeichel, Rainer (Hrsg.) (2007): Handbuch Wissenssoziologie und Wissensforschung. Konstanz: UVK

Smits, Ruud E./Kuhlmann, Stefan/Shapira, Philip (Hrsg.) (2010): The theory and practice of innovation policy. An international handbook. Cheltenham: Elgar

Soeffner, Hans-Georg (2000): Gesellschaft ohne Baldachin. Über die Labilität von Ordnungskonstruktionen. Weilerswist: Velbrück

Srubar, Ilja (2007): Transdifferenz, Kulturhermeneutik und alltägliches Übersetzen: Die soziologische Perspektive. In: Stegmaier, Peter/Dreher, Jochen (Hrsg.): Die Unüberwindbarkeit kultureller Differenz. Grundlagentheoretische Reflexionen. Bielefeld: transcript. 43–63

Srubar, Ilja (2005): Die pragmatische Lebenswelttheorie als Grundlage interkulturellen Vergleichs. In: Srubar, Ilja/Renn, Joachim/Wenzel, Ulrich (Hrsg.): Kulturen vergleichen. Sozial- und kulturwissenschaftliche Grundlagen und Kontroversen. Wiesbaden: VS Verlag für Sozialwissenschaften. 151–171

Stegmaier, Peter (2012): Phänomenologische und handlungstheoretische Reflektionen zum eigenen Jazzspiel als soziale Praxis. In: Dreher, Jochen (Hrsg.): Angewandte Phänomenologie. Zum Spannungsverhältnis von Konstruktion und Konstitution. Wiesbaden: VS Verlag für Sozialwissenschaften (im Druck)

Stegmaier, Peter (2011): Grounded Research – Zur kontinuierlichen Emergenz der Forschungspraxis und ihrer Reflektion. Auf: Jahrestagung ‚Praxis der Qualitätssicherung – Qualitätssicherung der Praxis‘ der DGS-Sektion Methoden der qualitativen Sozialforschung. Tübingen (unveröff. Manuskript)

Stegmaier, Peter (2009a): Wissen, was Recht ist. Richterliche Rechtspraxis aus wissenssoziologisch-ethnografischer Sicht. Wiesbaden: VS

Stegmaier, Peter (2009b): The rock 'n' roll of knowledge co-production. EMBO reports. 10. Jg. 114–119

Stegmaier, Peter/Dreher, Jochen (Hrsg.) (2007): Die Unüberwindbarkeit kultureller Differenz. Grundlagentheoretische Reflexionen. Bielefeld: transcript

Yesley, Michael (2005): Bioethics and the ELSI program in the U.S. Paper given at the conference ‚Bioethics in the Context of Law, Morals and Culture‘. Berlin, 14–15 September 2005 (unveröff.)

Zwart, Hub/Nelis, Annemiek (2009): What is ELSA Genomics? Profile and challenges of an emerging research practice. EMBO reports. 10. Jg. 540–544

**Interkultur als Forschungsgegenstand**

# Chancen und Risiken des Trainings interkultureller Kompetenzen
## Eine Studie in bunt

*Jonas Grutzpalk*

„C'est relativement dur de relativiser,
mais qui ne le fait pas ne peut que diviser."
Claude Mc☆Solaar

„Interkulturelle Kompetenz" (IK) ist sicherlich eines der erfolgreichsten „soft skills" der letzten Jahre. Die Bertelsmann-Stiftung (2006) nennt sie gar die „Schlüssel-kompetenz des 21. Jahrhunderts". Es gibt einen erkennbaren Bedarf an interkultureller Kompetenz: Industrie- und Handelskammern (Weniger 2010) berichten ebenso über eine erhöhte Nachfrage nach IK-Trainings, wie auch Polizei und Bundeswehr. Letztere ist z. B. spätestens mit ihren Einsätzen in Afghanistan mit ihrem kulturellen Latein am Ende. Sie reagierte 2010 mit der Einrichtung der „Zentralen Koordinierungsstelle interkulturelle Kompetenz" (Croitoru 2010).

Was ausschlaggebend für diesen Erfolg der IK-Trainings gewesen ist, ist nicht deutlich. Mitunter wird auf die Bevölkerungsstatistik verwiesen, der zufolge 19 % der Bewohner Deutschlands einen Migrationshintergrund vorzuweisen haben (Kälber/Braun 2011: 14). Das klingt zwar zuerst plausibel, aber erklärt diese Zahl wirklich die Notwendigkeit eines Trainings? Was sagt eine Statistik über nicht-deutsche Staatsangehörige, eingewanderte Deutsche und Kinder mindestens eines eingewanderten Elternteils[1] über die kulturelle Identität eines Menschen aus? Wenn wir uns allein die muslimische Zuwanderung einmal genauer ansehen, so stellen wir fest, dass nicht allein die Herkunft, sondern auch Beruf, Sexualität und/oder politisches Engagement eine Persönlichkeit ausmachen, wie Cem Özdemir (2011) zu Recht betont:

---

[1] Vgl.: § 6 Satz 2 Verordnung zur Erhebung der Merkmale des Migrationshintergrundes (Migrationshintergrund-Erhebungsverordnung – MighEV) vom 29. September 2010.

„Es gibt in Deutschland viele Menschen mit muslimischem Hintergrund, die (…) als Ingenieur, Journalistin oder Handwerker arbeiten, sich um die Bildung ihrer Kinder kümmern und sich ehrenamtlich engagieren. Darunter sind Gläubige mit und ohne Kopftuch, Kulturmuslime, Säkulare, Laizisten und Atheisten, Schwule, Lesben und Naturschützer."

Vielleicht ist der Erfolg der Idee einer als notwendig erachteten Interkulturalität darin begründet, dass, wie Peter Sloterdijk (1999: 785) es sagt, „die Kontinentaleuropäer ihre Traumbrillen" haben abnehmen müssen:

„Allmählich beginnen sie zu verstehen, was es bedeutet, dass europäische Selbstverständlichkeiten mitsamt ihren philosophischen und anthropologischen Sprachregelungen nur regionale Geltung besitzen und nicht von vornherein den *common sense* einer hypothetischen Gesamtmenschheit reflektieren."

Es würde zu dieser Analyse passen, dass es namentlich die westlichen Gesellschaften sind, die sich um das Erlernen interkultureller Kompetenzen bemühen. Die Idee der Inter-Kulturalität, so betont Byung-Chul Han (2005: 56), muss wohl als ein „westliches Phänomen" verstanden werden. Ihr Beschreibungspotential, so Han, beschränke sich auf einen Kulturkreis, der „Kultur ein ‚Wesen' zugrunde legt". In diesem Kulturkreis komme man „den kulturellen Unterschieden, die *nun mal gegeben* sind (…) durch ‚Integration' und ‚Toleranz' bei."

Oder vielleicht sind wir auch Zeitzeugen einer „Phase beschleunigter Globalisierung" (Ette 2009)[2], in der uns aufgrund der Rasanz der Entwicklungen kulturelle Unterschiede besonders auffallen. Das würde erklären, warum unsere Zeit eine Notwendigkeit darin sieht, kulturellen Umgang zu üben. Entscheidend ist hierbei nicht die interkulturelle Begegnung als solche, sondern, dass sie unter beschleunigten Bedingungen stattfindet. Es fällt dann in der beschleunigten Begegnung mit der fremden kulturellen Selbstwahrnehmung auf, dass man selbst auch durch Kultur geprägt ist. In vielen IK-Konzepten ist dementsprechend zu lesen, Trainingsziel sei die Wahrnehmung der fremdem und der eigenen Kulturgebundenheit.

---

2    Otttmar Ette unterscheidet *vier Phasen beschleunigter Globalisierung:* 1) das Zeitalter der Entdeckungen seit dem späten 15. Jahrhundert, 2.) das Zeitalter der Aufklärung, 3.) die koloniale Ausbreitung Europas und der USA. Die aktuelle vierte Phase setze mit den neuen Kommunikationstechnologien im letzten Drittel des 20. Jahrhunderts ein.

Hinter solchen Formulierungen stecken allerdings häufig nur sehr vage Kulturkonzeptionen. Eines der zentralen Probleme liegt hierbei im zugrunde gelegten Kulturbegriff. Der Hinweis auf die von Arthur Kroeber und Clyde Kluckhorn (1952) schon in den 1950er Jahren gezählten 164 Definitionen von Kultur darf an dieser Stelle nicht fehlen. Er dokumentiert das Dilemma, dem sich jedes Training in interkultureller Kompetenz ausgeliefert sehen muss: dass kulturelle Unterschiede zwar erkennbar, Kultur als solche aber kaum zu fassen ist.

Wer angesichts dieser Kulturdimensionen mit schablonenhaftem „Wissen" über kulturelle Besonderheiten auf den Markt geht, setzt sich der Gefahr aus, Vor-Urteilen überhaupt erst Vorschub zu leisten. Dass diese Gefahr tatsächlich gegeben ist, bestätigt auch Alexandra von Bose, selbst Anbieterin von IK-Trainings in einer E-Mail vom 22. August 2011. Hier schreibt sie, einige IK-Trainer lernten ihr Handwerk „in teuren Wochenendkursen … . Zum Teil mit verheerenden Folgen, denn genau mit diesen Oberflächentrainings werden Klischees und Stereotype erst recht festgetreten. Menschen, die niemals Auslandserfahrung gesammelt haben … ernennen sich zu Experten. Der Schaden, der angerichtet wird durch die Ignoranz diesem wirklich so wichtigen Thema gegenüber, ist enorm."

Das genaue Gegenteil von der Reproduktion von Stereotypen könnte sein, die Realität von kulturellen Unterschieden generell zu hinterfragen. Doch wer das tut, hinterfragt auch Sinn und Inhalt des IK-Trainings. Und wer mit „Hybridität" (griech./lat. = von zweierlei Herkunft) – einem mittlerweile in die Jahre gekommenen Modewort in der Kulturforschung (Sardar/van Loon 1997: 117 ff.) – argumentiert, verwirrt seine häufig an Faustformeln orientierte Zuhörerschaft.

Was wir also beobachten ist, dass es 1. einen Bedarf an IK-Trainings gibt, dass 2. diese Trainings aber schon aufgrund eines nur schwer zu fassenden Kulturbegriffes auf unsicherem Boden stehen und dass 3. solche Trainings auf unterschiedliche Weise stattfinden.

Dieser Artikel geht der Frage nach, was die Chancen und was die Risiken im Training interkultureller Kompetenz sein können. In zwei Kapiteln werden dabei unter den Stichworten „Lob der interkulturellen Kompetenz" und „Kritik der interkulturellen Kompetenz" einige theoretische Überlegungen zu dem Thema anstellt. Um das Phänomen der IK-Trainings besser zu verstehen habe ich getreu dem Motto des Nobelpreisträgers Feodor Lynen „sei naiv und mach ein Experiment" (Maier 2011: 95) versucht, mir mittels einer Umfrage unter Anbietern von IK-Trainings ein Bild davon zu verschaffen, welchen Bedarf es an IK-Trainings gibt, wie sie durchgeführt werden und welche Ziele sie verfolgen. Die Ergebnisse möchte ich in einem drittel Kapitel kurz vorstellen.

Seinen Titel verdankt der Artikel zum einen Arthur C. Doyles Roman „Eine Studie in scharlachrot", der im Verlaufe des Textes noch rezipiert werden wird und zum anderen der Einsicht Susanne Tatjes, der Projektbeauftragten für demographische Entwicklungsplanung der Stadt Bielefeld, der demographische Wandel bedeute u. a. eine Veränderung hin zu einer *bunteren* Gesellschaft.

## Lob der interkulturellen Kompetenz

Kultur ist vielfach definiert worden und hier soll gar nicht erst versucht werden, eine weitere Definition in den Ring zu werfen. Doch dass es einen Markt für IK-Trainings gibt, zeigt, dass es Unsicherheiten im Bereich der Kultur gibt, die mittels Trainings beseitigt werden sollen. Worauf diese Unsicherheiten beruhen können, ist sehr vielschichtig. Ich will im Folgenden anhand einiger Beispiele Quellen der interkulturellen Unsicherheit beschreiben und fragen, inwieweit ein IK-Training solche Unsicherheiten beseitigen kann.

So kann es sein, dass Traditionen in aktuell in Erscheinung tretende Kulturphänomene münden. Kulturelle Erscheinungsformen lassen sich also mitunter nur historisch deuten. Zeichen werden unterschiedlich benutzt und lassen sich nicht ohne weiteres übersetzen. Es gilt also, ihren Zusammenhang zu erlernen. Religiöse Überzeugungen können unterschiedliche Weltbilder fördern, wie auch die soziale Herkunft oder das Geschlecht. Für ein Verständnis dieser jeweilig unterschiedlichen Weltanschauungen gilt es, sie zu erlernen. Und dass wir ethnische Unterschiede wahrnehmen, trägt sicherlich ebenfalls zur Thematisierung von Kultur bei.[3] Man muss wohl erst lernen, farbenblind zu sein.

### Historische Deutung

Max Weber (1947: 818) hat in einem fast vergessenen Text zur Soziologie der Musik einige Überlegungen über die Entwicklung von Kulturen angestellt, die für das Training interkultureller Kompetenzen anregend sein können. So stellt er hier fest: „Alle harmonisch rationalisierte Musik geht von der Oktave … aus". Der Satz

---

3   Das zeigte sich anschaulich in einem von mir angeleiteten Studentenprojekt zum Thema demographischer Wandel. Eine befragte Behörde lieferte zur Frage, welche Art von Migrationshintergrund in ihrem Personal vertreten sei, nur die „offensichtliche" Antwort: Zimbabwe. Die zahlreichen Mitarbeiter mit Aussiedler-Hintergrund hingegen wurden nicht erfasst.

lässt erkennen, dass auch anders rationalisierte Formen der Musik denkbar sind: z. B. eine melodisch oder die rhythmisch rationalisierte. Und in der Tat treffen wir Musiktraditionen auf der Welt an, die ihre Aufmerksamkeit auf Harmonien vernachlässigen zugunsten einer Feinheit der melodiösen oder rhythmischen Präzision, die die westliche Musik gar nicht kennt. Die Tonleiter der traditionellen arabischen Musik z. B. unterscheidet sich erheblich von der okzidentalen. So ist die von Max Weber beschriebene Oktave in 12 Intervalle (Halbtonschritte) unterteilt, die klassische Musik Arabiens kann aber mit bis zu 24 Intervallen in der Oktave gespielt werden. Je nachdem, welche Aspekte von Musik (Harmonie, Rhythmus oder Melodie) in einer Kultur als wichtig wahrgenommen werden, werden die Musiken also auch unterschiedlich entwickelt. Kulturelle Entwicklung wäre hier wie ein Rangierbahnhof zu verstehen, wo die Entscheidung für ein kulturelles Gleis (z. B. harmonische Rationalisierung der Musik) spätere Erscheinungsformen der Kultur (z. B. Symphonieorchester) mit beeinflusst.

Das Beispiel der Musik zeigt, dass sich Traditionen entwickeln und auf vorherigen Entwicklungsschritten aufbauen. Das gleiche Prinzip ist auch für die Entwicklung von Sprachen bestätigt worden. Einer Studie des Max-Planck-Instituts zufolge beeinflusst die kulturelle Entwicklung sehr viel stärker, wie sich eine Sprache entwickelt, als universelle Regeln. „Die Sprachstruktur ist also offenbar weniger biologisch festgelegt, sondern wird von ihrer Abstammung geprägt", erklärt Stephen Levinson vom Max-Planck-Institut für Psycholinguistik (MPI 2012). Für das Verständnis einer aktuellen kulturellen Form ist es also lohnenswert zu verstehen, wie die Entwicklung zu ihr führen konnte. Eine Beschäftigung mit der Geschichte einer Kulturform lohnt sich immer dann, wenn man sie als in ihrer Gegenwart verstehen möchte.

### Übersetzung

„Die Frage nach der (…) Übersetzbarkeit von Kulturen ist in unserem Zeitalter der Wanderungen (…) von hoher Aktualität", stellt Wolf Lepenies (1997: 98) fest. Übersetzer verweisen zurecht auf das Problem, dass sich zwar Worte, nicht aber die dahinter stehenden gesellschaftlichen Konzepte übersetzen lassen. Der Literaturnobelpreisträger José Saramago (2011: 20 f.) erläutert das an einem Beispiel:

> „Das fängt schon bei ganz einfachen Dingen an: Was Spanischsprachige ‚calle' nennen, ist für uns Portugiesen ‚rua', die Italiener sagen ‚via', die Deutschen ‚Straße' und

die Engländer ‚street'. Wenn im Original ‚rua' auftaucht, wird meine Übersetzerin ins Spanische automatisch ‚calle' schreiben. Aber eine ‚rua' ist nicht dasselbe wie eine ‚calle'. Rein physisch vielleicht schon (…). Doch es herrscht eine vollkommen andere soziologische Realität zwischen einer ‚rua' und einer ‚calle'."

Ein beredtes Beispiel dafür, dass eine Übersetzung immer über das Wortwörtliche hinausgeht und ein Hintergrundwissen mitübersetzen muss, zeigt sich in folgendem Übersetzungsfehler: In der deutschen Fassung eines Krimis von Martha Grimes (1997: 17) ist von dem „Hathaway" die Rede. Offensichtlich versteht die Übersetzerin das als Straßennamen, wobei in Wirklichkeit das Haus der späteren Shakespeare-Gattin Anne Hathaway gemeint ist. Die Übersetzung von einer Sprache/Kultur in die andere bedarf eines erstaunlich detaillierten Wissens über Personen, Ereignisse und Entwicklungen.

Die Übertragbarkeit von sozialen Konzepten und Institutionen von einem Kulturkreis in den anderen stößt auf ähnliche Probleme der Übersetzbarkeit. So ist der in Frankreich entstandene politisch engagierte Intellektuelle in Deutschland nie recht heimisch geworden, weil die sozialen Strukturen, die ihn ermöglicht hatten (Zentralisierung der Macht in Versailles/Paris, Trennung von *katholischer* Kirche und Staat etc.) in Deutschland so nicht gegeben waren (Grutzpalk 2003: 183 ff.). Auch das Verständnis ein und desselben Wortes (z. B. Liebe) kann sehr unterschiedlich kulturell kodiert sein und bei der Dekodierung Probleme auslösen. So lässt sich nachvollziehen, dass der Faktor „Leidenschaft" in der Dekodierung des Begriffes „Liebe" in Frankreich eine wesentlichere Rolle spielt als der der Treue, der wiederum in Deutschland als maßgeblich zur Dekodierung von „Liebe" angenommen wird (Grutzpalk 2000: 45 ff.).

*Umgangsformen*

Gesten, Zeichen und Symbole können in unterschiedlichen Kulturen unterschiedlich gedeutet werden. Als eines der zahlreichen denkbaren Beispiele soll hier nur das verneinende Hochreißen des Kopfes dienen, das in Süditalien üblich ist und das für den Kulturunkundigen wie ein Nicken aussehen kann. Man kann also sehr leicht aneinander vorbeireden, wenn man auf vermeintliche gleiche, der Sache nach aber unterschiedliche Kommunikationsformen zurückgreift. Das Ergebnis sind Missverständnisse und – im schlimmsten Fall – Streit. Die Kenntnis unterschiedlicher Deutungsformen von Zeichen kann das verhindern. Auch können Worte in unterschiedlichen Kontexten benutzt werden: so benutzt man das italienische „ciao" in Nordeuropa nur zur Verabschiedung, in Italien jedoch auch zur Begrüßung.

Sitten und Gebräuche können unterschiedlich gewichtet werden. Legendär ist hier das Händeschütteln, dem in Ostdeutschland ein hoher sozialer Wert beigemessen wird, während man es in Westdeutschland gerne z. B. unter dem Hinweis auf Ansteckungsgefahr vermeidet. „Die Ostdeutschen reichen (…) deutlich öfter die Hand. Mit 70 Prozent extrem oft bei Freunden, in Westen sind es nur gut 40 Prozent" (Hoffmann 2012). Naseputzen gilt im Erkältungsfall in einigen Weltregionen als geboten, in anderen gilt es als abstoßend. Es ist vor dem Hintergrund solcher Unwägbarkeiten nur zu verständlich, dass man gerne wissen möchte, welche Fettnäpfchen sich im direkten Kontakt mit Anderskulturellen vermeiden lassen.

An dieser Stelle ist es sicherlich auch angemessen, das Thema Unternehmenskultur anzusprechen, die sich laut Wolfgang Zilessen (2011: B2) aus den Elementen „unternehmerischer Spielraum, interne Streitkultur, ungeschriebene Spielregeln und internationale Vernetzung" zusammensetzt. Die Fusion von Unternehmen aus demselben Kulturkreis kann an unüberwindlichen unternehmenskulturellen Schranken auch scheitern. Interkulturelle Kompetenz könnte hier helfen, den *Clash of Unternehmenskulturen* zu mildern.

## Religion

Viele Sitten und Gebräuche gehen auf religiöse Wurzeln zurück. Lev Tolstoi (1998: 29) hat in seinen religionsphilosophischen Überlegungen – vielleicht nicht unbedingt absichtlich – dargelegt, wie sich Religion auf eine Lebensführung auswirken kann: „Das Bewusstsein sagt, dass es eine Kraft gibt, die mich in die Welt gesandt hat. Darin liegt das Wesen jeder wahren Religion. Und die Anerkennung dieser Kraft (…) entwirrt das Ganze und gibt dem menschlichen Leben einen Sinn." Wenn also Religion einen Standpunkt beschreibt, den ich in der Welt einnehmen kann, um mit ihrer Komplexität fertig zu werden, dann ist sie sicherlich grundlegend für die Entstehung von Weltbildern.

Max Weber (1988) hat in seinem religionssoziologischen Werk sehr umfangreich dargelegt, wie sehr die unterschiedlichen religiösen Weltbilder auf das innerweltliche Verhalten auswirken können. Er hat sich insbesondere gefragt, welche ökonomischen Impulse von Religionen ausgehen können und ist zu dem Schluss gekommen, dass die religiösen Weltbilder entscheidend zu der Entwicklung einer Wirtschaftsethik beitragen. Seine berühmteste These ist, dass der moderne Kapitalismus durch die insbesondere in protestantischen Sekten verbreitete Leistungsethik überhaupt erst seine entscheidende Prägung erfahren habe. Religion wirkt sich also auf die Lebensführung von Menschen ganz real aus. Unterschiedliche Religionen bedeuten unterschiedliche Weltbilder und die müssen bei der interkulturellen Begegnung offensichtlich mit bedacht werden. Die Kenntnis religiöser Weltbilder kann dann auch sicherlich helfen, den Angehörigen eines anderen Glaubens besser zu verstehen. Die aktuelle Debatte über die Integrationsfähigkeit „des Islam" zeigt, dass dieser Gedanke in der medialen Öffentlichkeit weite Verbreitung gefunden hat.

Immanuel Kant (1881: 33) sieht in Religion und Sprache die von der Natur vorbehaltenen „Mittel, um Völker von der Vermischung abzuhalten und sie abzusondern." Kulturelle Unterschiede, das ließe sich daraus schlussfolgern, sind also entweder sprachlicher oder religiöser Natur. Das ermuntert zu einer besonderen Aufmerksamkeit des Trainings interkultureller Kompetenz der Religion gegenüber.

## Milieu

Der Begriff der „Integration" wiederum hat in der bundesrepublikanischen Nachkriegszeit seine Karriere angetreten, als es um die gesellschaftliche Einbindung vernachlässigter sozialer Schichten ging. Die Integration des sprichwörtlichen „katholischen Arbeitermädchen vom Lande" galt in der Bildungsdebatte der 1960er Jahre als besonders erstrebenswert. Es hatte bis dahin keinen Zugang zu dem, was Pierre Bourdieu später das „kulturelle Kapital" nennen sollte und seine Extgration manifestierte sich nicht zuletzt auch an einer kaum oder nicht vorhandenen Teilhabe an dem, was man „Hochkultur" nennt. Um es vereinfacht zu sagen: das katholische Arbeitermädchen vom Lande ging nicht in die Oper sondern allenfalls in die Operette.

Kulturelle Hierarchien, so Bourdieu (1992: 27), spiegeln ökonomische und soziale Hierarchien. Es kann also durchaus davon gesprochen werden, dass auch zwischen verschiedenen sozialen Milieus interkulturelle Kompetenz erforderlich ist. Kants Wort, der Gelehrte müsse „conversabel mit allen Ständen seyn" (zit. nach Ritzel 1985: 72) könnte somit als Aufforderung zur milieuübergreifenden interkulturellen Kompetenz gelesen werden. „Wer kann sich gleichzeitig auskennen in den Subkulturen der Golfer, der Schach-Experten, der Pferde-Osteopathen, der Body-Builder, der Mountain-Bike-Fahrer, der Swinger, der Jungdemokraten, der Drachenflieger, der Paläolinguisten, der Lack-Fetischisten, der Liebhaber von Süßwasseraquarien, der Tango-Fans, der Sammler von Comics, Flugzeugmodellen und altem Silber?" (Sloterdijk 2004: 816) Wie unterhält man sich mit jemandem, der seine Freizeit vollkommen anders verbringt als ich, der sich für Sportarten begeistern kann, von deren Existenz ich noch nicht einmal weiß und der von einer Musik schwärmt, die in meinen Ohren wie Lärm klingt? Kann man das ggf. in einem Benimmtraining lernen, wie es etwa Professor Higgins der Blumenverkäuferin Eliza Doolittle im Musical „My Fair Lady" angedeihen lässt?

## Gender

Was tatsächlich in Trainingsformat angeboten wird, sind Kurse für Managerinnen, die sich in einer durch männliche Rituale geprägten Welt durchsetzen müssen (Holch 2011: 13 ff.). Hier bekommen sie beigebracht, auf jeden Fall auf das Recht eines eigenen Parkplatzes zu pochen und Blickkontakt mit den Untergebenen einzufordern. Inwieweit Unterschiede zwischen den Geschlechtern tatsächlich bestehen, ist umstritten. Während der klassische Feminismus in Geschlechterrollen in erster Linie Machtverhältnisse wiedergespiegelt findet, ist für manchen Stand-Up-Comedian der unterstellte Mann/Frau-Unterschied ein nimmermüder Steinbruch für gelungene und nicht so gelungene Witze. Aber offensichtlich gibt es eine männlich geprägte Führungskultur, für die eine Frau in so genannten „Arroganztrainings" erst die interkulturelle Kompetenz erlernen muss.

## Wahrnehmung ethnischer Unterschiede

Zu guter Letzt sei hier noch ein recht heikler Punkt aufgeführt: dass wir, ob wir wollen oder nicht, ethnische Unterschiede wahrnehmen und thematisieren. Richard Dawkins (2004: 406) erzählt eine passende Anekdote zu diesem Thema:

> „This is, of course, a politically sensitive matter, a point I heard being amusingly lampooned by a west African medical researcher at a gathering of about 20 scientists. At the beginning of the conference, the chairman asked each of us around the table to introduce ourselves. The African, who was the only black person there, happened to be wearing a red tie. He finished his self-introduction by saying, ,You can easily remember me. I am the one with the red tie'."

Die Band *En Vogue* forderte in einem ihrer erfolgreichen Songs zu Recht: „Be color-blind, don't be so shallow. Free your mind and the rest will follow." Wie die Geschichte von Richard Dawkins zeigt, ist es allerdings nicht so leicht, über ethnische Unterschiede hinwegzusehen. Forschung mit am Williams-Syndrom leidender Kindern hat gezeigt, dass sie im Gegensatz zur gesunden Vergleichsgruppe ethnische Unterschiede tatsächlich nicht erkennen können. Diese genetisch bedingte Krankheit führt dazu, dass die Betroffenen zwar die Unterschiede zwischen Geschlechtern deutlich wahrnehmen und auch häufig thematisieren, sich aber für ethnische Unterschiede nicht interessieren, weil sie sie nicht wahrnehmen (Santos 2010). Wie der Blick auf die Vergleichsgruppe zeigt, müssen alle anderen erst lernen, dass ethnische Unterschiede nichts bedeuten. Ziel eines interkulturellen Trainings könnte also ein solcher Lernerfolg sein.

## Kritik der interkulturellen Kompetenz

Das Hauptproblem, das ich in IK-Trainings sehe ist, dass sie in der Praxis dahin führen können, Vorurteile eher zu verfestigen, als sie abzubauen. Im Folgenden möchte ich auf mehreren Ebenen darlegen, wie es dazu kommen kann und welche Gefahren sich jeweils daraus ergeben. Es wird dabei von den Beobachtungen ausgegangen, dass kulturelle Unterschiede unterstellt werden können, ohne real zu sein. Wissen über anderer Leute Kultur wird zudem gerne als Herrschaftswissen eingesetzt. Durch die Festlegung des Anderen auf „Kulturstandards" wird der der Möglichkeit beraubt, sich anders und in seinen Augen realistischer darzustellen. Festlegungen des als anderskulturell wahrgenommenen Gegenübers auf Kulturstandards unterschätzen darüber hinaus, dass Kultur immer auch den wechselseitigen Einfluss der Menschen aufeinander bedeutet und sich ändert.

Der Verdacht ist, dass der systemische blinde Fleck der IK-Trainings hier zu verorten ist: dass die Unterschiede von Kulturen dokumentiert werden, ohne festzustellen, dass Kultur ein dynamischer Prozess ist, der es nur in der Momentaufnahme erlaubt, ihn zu erfassen. Die nun folgenden Darlegungen dienen zur Dokumentation dieses Verdachts.

### *Kulturelle Unterstellung*

Arthur Conan Doyles erster Sherlock-Holmes-Roman „A Study in Scarlet" beschreibt London schon 1887 als ein Biotop verschiedenster – politischer, nationaler und religiöser – Kulturen. Sherlock Holmes erweist sich als ein Meister in Dingen der interkulturellen Kompetenz *avant la lettre*. Er fällt als einziger Beteiligter nicht auf den Täuschungsversuch des Mörders hinein, der am Tatort eine mit Blut an die Wand geschriebene und in deutscher Sprache verfasste Botschaft hinterlassen hatte: „Rache". Holmes erkennt anhand des Schriftbildes, dass hier ein Amerikaner und nicht ein Deutscher geschrieben haben muss. Die Absicht des Täters war, so vermutet Holmes richtig, den Verdacht in Richtung der deutschen Migranten in London zu schieben.

Doyle zeigt hier, dass die Epoche der Globalisierung nicht nur das Zeitalter des beschleunigten Zusammentreffens von Kulturen, sondern auch das der gegenseitigen kulturellen Unterstellung ist. So wird den Deutschen nicht nur vom Täter, sondern auch von der Londoner Öffentlichkeit eine kulturell eingeprägte Rachsucht nachgesagt. Der Begriff „Vehmgericht" wird als ein typisches deutsches Kulturgut gehandelt. Doyle (2004: 60) „zitiert" Zeitungen, die fordern, man müsse die in England befindlichen Ausländer besser unter Kontrolle halten, weil sie solche und ähnliche obskure Traditionen pflegten. Obwohl sie nur fiktional sind, treffen diese Zeitungsmeldungen den Ton sehr gut, den man noch aus heutigen Integrationsdebatten kennt.

> „Die *Daily News* bemerkte, (…) der Despotismus und Liberalenhass der kontinentalen Regierungen habe die Wirkung gezeitigt, an unsere Gestade eine große Anzahl von Männern zu spülen, aus denen hervorragende Bürger hätten werden können, wenn sie nicht durch die Erinnerung an all das, was sie erlitten, verbittert wären. Unter diesen Männern gebe es einen verbindlichen Ehrenkodex, den auch nur im mindesten zu übertreten mit dem Tode bestraft werde."

Ähnliches findet man heute oft z. B. zum Thema Ehrenmord, der in unserer Zeit dem Islam als kulturimmanent unterstellt wird (www.schura-hamburg.de). Vermutlich ist diese Darstellung genauso akkurat wie die der Rachsucht der Deutschen, die Ende des 19. Jahrhunderts in England offensichtlich sprichwörtlich war.

### Kulturelles Herrschaftswissen

An diesem Beispiel bestätigt sich ein Verdacht, den der Philosoph Slavoj Žižek ausgesprochen hat: dass „aufgeklärte" Gesellschaften von Kultur als verbindlichem Wertsystem in erster Linie dann reden, wenn sie vor- oder nichtmoderne Menschen meinen. Žižek (2009: 120) fasst diesen Gedanken wie folgt zusammen:

„Die grundlegende Opposition, auf der die gesamte liberale Vision fußt, ist der Gegensatz zwischen denen, die von ihrer Kultur geprägt sind, deren Leben vollkommen von der Lebenswelt, in die sie hineingeboren sind, bestimmt wird und denjenigen, die ihre Kultur nur ‚genießen‘, die erhaben über sie sind, die jederzeit frei sind, zu wählen.“

Anders gesagt: der Pekinger Bauarbeiter *muss* chinesisch essen, der Berliner Informatiker *kann* das tun, wenn er Lust dazu hat. Žižek unterstellt dem modernen Kapitalismus, „kulturlos“ sein zu wollen in dem Sinne, dass er Kultur individualisiert und ihr dadurch alle soziale Verbindlichkeit nimmt. Nur der nicht-moderne Mensch ist in dieser Betrachtungsweise „noch“ kulturgeprägt. In der modernen Gesellschaft werde den „Wilden“, nachgesagt, an kulturelle Vorgaben gebunden zu sein, während der Zivilisierte seine Kulturgüter frei handhaben könne.

Dieser Gedanke ist insofern wichtig, als dass er verständlich macht, warum interkulturelle Kompetenz als eine spezifische Form des Herrschaftswissens gesehen werden kann. So hieß es in einem Aufsatz über „Völkerkunde im Geographieunterricht“ von 1923:

„Viele Missgriffe und Opfer der Kolonialpolitik hätten sich bei genügender Kenntnis und Berücksichtigung der ethnographischen Verhältnisse vermeiden lassen. Wenn wir auch durch den Schmachfrieden (also den Versailler Vertrag JG) vorläufig unserer Kolonien beraubt und große Gebiete der Erde uns noch verschlossen sind, so müssen wir doch, gewappnet mit den beste Kenntnissen, wieder hinaus in die Welt und dort wieder festen Fuß fassen“ (zit. nach Riekenberg 2005: 45).

Im Grunde stellt sich die Ethnologie hier als Anbieter einer für Ausbeutungszwecke brauchbaren Glasperlenkunde dar: welchem Wilden bietet man wie welche Glasperlen im Tausch für welche Güter und Dienstleistungen. Sie will „beste Kenntnisse“ liefern, damit eine zukünftige deutsche Kolonialpolitik in der nicht-zivilisierten Welt „festen Fuß“ fassen könne. Die Vorstellung ist, dass der zukünftige Kolonialbeamte unter „Berücksichtigung der ethnographischen Verhältnisse“ wissen müsse, wie die Nicht-Zivilisierten „funktionieren“, damit er sie konfliktfreier steuern kann. Kultur wird hier ziemlich genau im Sinne Žižek als das verstanden, das die anderen haben und dem sie sich nicht entziehen können. Wer ihre Kultur beherrscht, beherrscht auch sie.

Deutlich wird dieses Verständnis von Kulturwissen als Herrschaftswissen auch in einem Antrag auf Gründung eines „Instituts für Eurasische Kulturforschung“, den der Ethologe Hans Findeis 1942 beim Amt Rosenberg einreichte. Hier schreibt er, ein Wissen über die während des Russlandfeldzuges angetroffenen Kulturen könne „im Zusammenhang mit erfolgversprechender Menschenführung, Verwaltung und Auswertung östlicher Arbeits- und Schaffens-Kräfte für den Neubau Europas an keiner Stelle entbehrt werden" (http://homepages.uni-tuebingen.de).

### Rassismus wider Willen

Eine Festlegung der anderen auf vermeintliche kulturelle Standards aber ist gefährlich. Sie kann falsch und irreführend sein, wie sich an dem o. g. Beispiel der deutschen Rachsucht zeigt. Das gilt insbesondere dann, wenn Kultur biologisiert wird und Ethnie und Kultur miteinander korreliert werden. Die von Alain de Benoist, Vordenker der so genannten „Nouvelle Droite" in Frankreich, entwickelte Lehre vom „Ethnopluralismus" z. B. überwindet nur auf den ersten Blick die rassistischen Überzeugungen (Verfassungsschutz NRW 2003) ihres Autors, wenn der schreibt:

> „Die Völker haben eine unterschiedliche Geisteshaltung je nach dem Lebensstil, den sie sich gaben, nach der Weltanschauung, die ihre Denkart gestaltete, sowie nach den kennzeichnenden Merkmalen, mit denen sie im Laufe der Evolution und unter dem Selektionsdruck ausgestattet wurden" (de Benoist 1983: 398).

Hier wird die Beobachtung humaner Biodiversität auf kulturelle Äußerungen, Lebensweisen etc. übertragen. Dadurch entsteht ein Bild des kulturellen Menschen, der mit seiner Kultur qua seiner Biologie „verwachsen" sei. Tatsächlich ist de Benoists Begriff der Kultur mit dem uns aus Supermarktkühlregalen bekannten Begriff der „Yoghurtkultur" vergleichbar. Denn „Kultur" basiert seiner Vorstellung nach auf der genetischen Ähnlichkeit ihrer Mitglieder.

Eine solche biologistische Beschreibung von Kultur kann dazu führen, dass andere in kulturelle Klischees richtiggehend eingesperrt werden. Jemand habe dies oder das „im Blut", sagt man dann gerne. Konzepte, die sich an solchen biologistischen Kulturvorstellungen orientieren, münden häufig in das, was man mit Anja Weiß (2001) „Rassismus wider Willen" nennen kann.

### Festlegung des Anderen auf Kulturstandards

Ein Autor, der sich mit besonderer Leidenschaft diesem Phänomen gewidmet hat ist Frantz Fanon. Selbst ein Enkel schwarzer Sklaven auf Martinique hat er sich hauptsächlich mit dem kolonialen Erbe und dessen Bedeutung für das Verhältnis von Schwarzen und Weißen zueinander auseinandergesetzt. Seine wichtigste These ist die: „Den Neger gibt es nicht. Genauso wenig wie den Weißen" (Fanon 1975: 187).

Was es gibt, ist ein Bild, das man sich voneinander macht. In diesen Bildern überleben die Machtverhältnisse der Kolonialzeit fort. Und sie sind dermaßen undeutlich, dass sie eigentlich immer zutreffen. In den Augen des Weißen seien, so Fanon (1953: 246), Schwarze „etwas vages, amorphes." Der Schwarze ist in ihrer Perspektive sportlich und faul, mysteriös und durchschaubar, sensibel und ungeschickt, kindlich und zugleich ein Sexprotz. „Den Schwarzen gibt es also gar nicht," stellt Gonslav Mainberger (1963: 81) in einem Artikel über Frantz Fanon fest. „Was es gibt, ist unser Bild von etwas, was vor allen Dingen eine Haut hat. Der Schwarze ist kein Mensch. Den Eingeborenen gibt es nicht. Es hat ihn nie gegeben." Der Schwarze ist das Bild, das sich der Weiße von ihm macht. Und was der auch immer tut, der Schwarze kann dem Bild nicht entkommen. So ist er z. B. „der-der-Arbeit-nicht mag. So sehr, dass alles was er tut von diesem a priori aus gemessen wird" (Fanon 1975: 172).

Max Frisch (1975) hat in seinem Theaterstück „Andorra" ein ähnliches Bild davon gezeichnet, was passiert, wenn sich eine Gesellschaft „ein Bild macht" von dem, was – im Falle des Stückes – einen Juden ausmache. Ein ganzes Dorf glaubt fälschlicherweise, der Schreinerlehrling Andri sei ein Jude. Die Leute sehen Andri fortan durch diese Brille, die alles herausfiltert, was nicht ihrem Bild von einem Juden entspricht. Andri kann tun, was er will, die Dorfbewohner deuten sein Verhalten immer nach ihrer vorgefassten Meinung.

Die soziale Dynamik, die Frisch beschreibt, ist die, die auch Fanon beschäftigt: nicht das Bild wird der Realität, sondern die Realität dem Bild angepasst. Es gibt einen alten Witz, der dieses Problem illustriert. Auf einem Betriebsfest grölt ein schon leicht betrunkener Sachbearbeiter, in Brasilien gebe es doch nur Prostitution und Fußball. Sein Chef antwortet darauf, seine Frau sei Brasilianerin. Da fragt ihn der Sachbearbeiter: „Für welchem Verein spielt denn Ihre Frau?"

Für die interkulturelle Kompetenz bedeutet das, dass „Kenntnisse" einer fremden Kultur den Effekt haben können, den Blick auf die Realität eher zu versperren als zu öffnen. Es wird dann in vorgefertigte Bahnen gedacht und die eigene Wahrnehmung des anderen wird ihm aufgezwungen. Aus einem vermeintlichen Wissen über andere Kulturen kann ein tatsächliches Vorurteil werden. Es kann dann das passieren, was Mark Terkessidis (2010: 78) als ein „naives Verständnis von ‚Interkultur'" bezeichnet hat, das Menschen „auf ihre Herkunft festlegt":

„Hülya muss zum Sommerfest der Schule nicht nur Speisen aus ihrer ‚Heimat' mitbringen, sie muss auch im Unterricht etwas über den Islam erzählen, über den sie möglicherweise gar nicht so viel weiß. Denn in erster Linie ist Hülya ein Kind, und Kinder sind in der Schule, um etwas zu lernen."

Anbieter interkultureller Kompetenztrainings können berichten, dass die Erwartungshaltung eines Teils des Publikums dennoch in eine ähnliche Richtung gehen. So beklagen auch einige meiner Studierenden mitunter die „Praxisferne" der Kurse zur „interkultureller Kompetenz", die bei der Fachhochschule für öffentliche Verwaltung vorgesehen sind. In Feedbackrunden geben sie dann an, sie würden gerne kulturelle Handlungsanweisungen für verschiedene ethnische Gruppen bekommen. „Mitunter wird nach einfachen Lösungen im Checklisten- bzw. Taschenkartenformat gefragt," heißt es auch in einem Papier der ZKiK der Bundeswehr (2010). „Die Notwendigkeit solcher vereinfachten Verhaltensregeln ist selbstevident, sie können aber auch dazu führen, dass sich die Betroffenen in falscher Sicherheit wiegen. Interkulturelle Kompetenz ist eben deutlich mehr als nur do's and dont's."

### Unterschätzung des Interkulturellen

Bei einem statischen Festlegen von Akteuren auf Kulturrollen und dem damit verbundenen „Erlernen" von so genannten „Kulturstandards" fremder Kulturen wird regelmäßig deren Fähigkeit zur Beobachtung und Anpassung unterschätzt. Wo hier das Problem liegt, macht Michael Riekenberg (2005: 50) in seiner Definition des Kulturbegriffes deutlich:

„Kulturen sind keine Essenzen, sondern symbolisierte Konstrukte, die sich außer unter den Bedingungen vollständiger gesellschaftlicher Isolation in mehr oder weniger beständigen, teils offenen, teils unterschwelligen, mal latenten, mal dichten Interaktionen und „Kulturvergleichen" reproduzieren und dabei zugleich verändern."

Man kann es nicht deutlich genug sagen: „Kulturen sind keine Essenzen". Kulturen entstehen und bestehen durch Interaktion und insbesondere Imitation (Tomasello 2006: 45) und sind deswegen nie endgültig fixiert auf Inhalte und Aussagen. Sie entstehen im Zusammenspiel von Menschengruppen. Je nachdem, welcher Gruppe ich mich zugehörig fühle, definiert sich auch deren Kultur. „Meine"

Kultur vergleicht sich dabei mit anderen Kulturen. Das erkennt man daran, dass Kulturen immer dazu neigen, sich abzugrenzen, indem sie vermeintliche oder echte Unterschiede betonen. „Selbstthematisierung ist nur mit Einschließen des Ausschließens, nur mit Hilfe eines negativen Korrelats möglich," schreibt Niklas Luhmann (2002: 15) über diese soziologische Konstante. So stecken besonders monotheistische Religionen großen Ehrgeiz in die Beschreibung der aus ihrer Sicht „Ungläubigen" und keine Jugendkultur kommt ohne den „Spießer" als Gegenmodell zum eigenen Lebensentwurf aus.

Diese Interaktion mit den jeweils anderen Kulturen ermöglicht erst die – immer nur zeitweilig geltende – Definition des „eigenen". Dieses sich gegenseitige Beobachten der Kulturen kann zu mehreren Ergebnissen führen: 1. zu Hybridität, 2. zu kultureller Vermischung oder 3. zu radikalisierter Abgrenzung. Diese drei Dimensionen des Umgangs der Kulturen miteinander sollen zumindest in Kürze einmal angerissen werden:

## Hybridität

Der Kulturtheoretiker Homi Bhabha hat den eigentlich botanischen Begriff der „Hybridität" in der aktuellen Kulturtheorie populär gemacht. „Hybridität tritt auf in Situationen kultureller Überschneidung, d. h. teilweise antagonistische Denkinhalte und Logiken aus unterschiedlichen kulturellen, sozialen oder religiösen Lebenswelten werden zu neuen Handlungs- und Denkmustern zusammengesetzt," erklären Naika Foroutan und Isabel Schäfer den Begriff (2011). In einem Interview mit der Frankfurter Allgemeinen Sonntagszeitung zeichnet Bhabha (2010: 4) ein besonders einprägsames Bild von dem, was man unter „Hybridität" verstehen kann. Er beschreibt eine junge Frau in einer Burka, der er in einem Vorortzug in Manchester begegnete.

> „Ich konnte nur ihre Augen sehen. Ich muss Ihnen ehrlich sagen, ich war schockiert. Sie sah aus wie auf einem venezianischen Maskenball. Man kann so etwas nicht einfach ignorieren. An der nächsten Station stieg sie aus und ging an mir vorbei und von hinten sah ich eine sehr tief sitzende Jeans – und ein Tattoo. Sie spielte ganz klar eine Rolle, lebte an einer bestimmten Grenze und versuchte, das zu ihrem persönlichen Stil zu machen, aber auch zu ihrem persönlichen Glauben. Sie war absolut ambivalent."

Die moderne Welt ist voller Beispiele von solchen und ähnlichen Kulturhybridisierungen. Das „Magazin für Fußballkultur" 11Freunde stellte z. B. in ihrer Märzausgabe 2011 den Bundesligaprofi Almog Cohen vor, der sich als sehr gläubigen Juden versteht: was ihn nicht daran hindert, regelmäßig am Sabbat seiner Arbeit nachzugehen (Kuhlhoff 2011: 59). Jeder Versuch, Kulturstandards zu beschreiben, würde die Augen vor der Realität solcher hybrider Lebensentwürfe verschließen.

## Zusammenfluss der Kulturen

Das, was Ilja Trojanow und Ranjit Hoskote (2007) mit der Metapher des Flusses beschreiben, nämlich das sich stets neu ereignende Zusammenfließen von Kulturen, was jeweils zu neuen Kulturformen beiträgt, ist besonders deutlich in der Sprache zu erkennen. So hat das Deutsche ohne erkennbaren Widerstand den hebräischen Ganoven genauso integriert wie die aztekische Schokolade. Unser Alkohol hat noch nicht einmal den arabischen Artikel abgelegt und das französische Bistro ist eigentlich ein russisches. Aber auch jenseits der Sprache ist der kulturelle Zusammenfluss immer wieder zu entdecken: Der im römischen Reich beliebten Mysterienkulte der Isis und des Mithras waren bunte Sammelsurien ägyptischer, griechischer, persischer und nicht zuletzt römischer Vorstellungswelten (Kloft 2010: 41 ff.). Das *Sitzen* in Parks wurde durch italienische und türkische Migranten in Deutschland eingebürgert. Vorher war man hier höchstens flaniert.

## Betonung der Unterschiede im Kulturkontakt

Christoph Antweiler (2009) hat darauf aufmerksam gemacht, dass gerade die Nähe verschiedener Kulturen zueinander in einer globalisierten Welt dazu führen kann, dass zwar die realen Unterschiede zwischen den Kulturen immer weniger werden, dafür aber ihre Abgrenzungen voneinander immer intensiver betrieben wird. In seiner Rezension zu Antweilers Buch für die Frankfurter Allgemeine Zeitung erklärt Karl-Heinz Kohl (2009) diese Entwicklung wie folgt:

> „Alle sozialen Gruppen neigen dazu, ein starkes Wir-Gefühl herauszubilden. Dies geschieht vor allem dadurch, dass sie sich von anderen Gruppen abgrenzen. (…) Bezieht man die Theorie der wechselseitigen Abgrenzung auf das Phänomen der multikulturellen Gesellschaft, so gelangt man zu einem paradoxen Befund. Je stärker die Interaktion zwischen den Angehörigen einzelner Kulturen ist, desto mehr werden sie (…) Unterschiede betonen und Gemeinsamkeiten ausblenden. Genau diese Entwick-

lung lässt sich in kulturellen Diasporagemeinden beobachten. Als Symbole kultureller Identität spielen der karibische Karneval, das indische Hochzeitsfest, die Koranschule und der Schleier in der Fremde oft eine viel größere Bedeutung als in der eigenen Heimat. Werden sie zu ostentativ hervorgekehrt, bleibt die Reaktion von Seiten der Mehrheitsgesellschaft nicht aus, die nun ihrerseits ihre kulturellen Besonderheiten hervorkehrt."

Mitunter werden kulturelle Unterschiede auch erst im Moment der Begegnung richtiggehend erfunden. In der 31. Aventiure des Nibelungenliedes wird eine in dieser Hinsicht viel sagende Geschichte erzählt: Am Hofe des Hunnenfürsten Etzel benehmen sich Hagen von Tronje und seine Mannen merkwürdig – sie gehen bewaffnet in den Gottesdienst. Etzel ist irritiert, als er die Ritter in voller Montur sieht. Hagen behauptet ihm gegenüber, das sei bei den Burgundern so Sitte.[4]

Es ist *nicht* zu erkennen, wie ein Unterricht zu burgundischen Kulturstandards Etzel in dieser diplomatisch schwierigen Lage hätte helfen können, weil er ihm nichts zum Thema „bewaffnetes Betreten von Kirchen" hätte mitteilen können.

Die kulturalisierende Argumentation von Hagen im Nibelungenlied ist ein Vorgeschmack auf das, was die globalisierte Welt in vielfacher Weise erlebt: kulturelle Unterschiede werden postuliert. Es wird behauptet, dass die anderen so seien, während man selbst eine diametral dazu stehende Haltung einnehme. So fand ich in England folgende handschriftliche Notiz eines erzürnten Lesers in einem Buch zu islamistischem Terrorismus, die ein sehr drastisches Bild von den Unterschieden zwischen muslimischer und westlicher Kultur zeichnet:

„Reasons why the West fears Islam: 1) Age-old racism as in the crusades. 2) Women are no longer satisfying sex-objects 3) The principle of ‚the end justifies the means' does not apply. The ‚end' in capitalism is personal wealth. 4) It will cost too much to look after the disabled and elderly people, as you must in Islam. By economics the West drains the poor.

What Islam fears: 1) God and doing injustices to people 2) Opressive regimes 3) Propaganda such as this book which highlight the UNISLAMIC acts done by misguided people and claiming they are Islamic."[5]

---

4    „ez ist site miner herren / daz si wafe/n\t gan / zallen hochgeciten / ze vollen drien tagen" Nibelungenlied, 31. Aventiure.

5    Handschriftliche Anmerkungen eines Lesers auf 313 von Taheri 1989 gefunden im Herbst 1995 in der Ausgabe der Oxford Central Library.

Kurz gesagt heißt das: Westler sind rassistische, sexbesessene, habgierige und familienfeindliche Monster, während Muslime familienfreundliche, weil gottesfürchtige Menschen sind. Was der Autor dieser Zeilen von muslimischen Pflegeheimen halten würde, deren Einrichtung seit einigen Jahren eine gewissen Konjunktur erfährt, die es nach seiner Darstellung aber gar nicht geben kann, wäre interessant zu erfahren.

Vor dem Hintergrund mit der von Christoph Antweiler beobachteten kulturellen Abgrenzung werfen solche Kulturpostulate eine wichtige Frage für das Training interkultureller Kompetenz auf: sollen behauptete kulturelle Differenzen wirklich als tatsächliche angenommen werden? Spielen hier nicht ganz andere Aspekte wie z. B. die Selbstdefinition durch Abgrenzung eine viel wichtigere Rolle?

### Interkulturelles Training in der Praxis: Fragen an Anbieter

Die bislang aufgeführten Überlegungen haben mögliche Chancen und Risiken eines interkulturellen Trainings dargelegt. Um so interessanter dürfte jetzt sein zu erfahren, wie Profis, die interkulturelle Trainings anbieten, ihre Angebote gestalten. Im online-basierte „Business-Netzwerk" „xing" habe ich unter den Stichworten „interkulturelle Kompetenz" bzw. „interkulturelles Training" gesucht und 97 Anbieter ausmachen können, die fast ausschließlich auf Trainings interkulturelle Kompetenz spezialisiert sind. Alle diese Anbieter habe ich eingeladen, sich an einer online-Umfrage zu beteiligen und dabei 10 Fragen zum Thema „interkulturelle Kompetenz" zu beantworten. 43 der Angefragten sind dieser Einladung dankenswerterweise nachgekommen. Die Fragen wurden zusammen mit Britta van Erckelens (BMZ) entwickelt.

Die Überlegung, die Auswahl der Umfrageteilnehmer bei xing.de zu suchen war dadurch getragen, dass ich diese Plattform durch ihren relativ niedrigschwelligen Zugang auch kleinen oder Gelegenheitsanbietern die Möglichkeit bietet, sich darzustellen. Da interkulturelle Kompetenz ein junges Fach ist, das noch wenig Standardisierungen erfahren hat, können hier viele Anbieter ausprobieren, ob sie sich auf dem Trainingsmarkt behaupten können.

Der Fragebogen wurde auf der internetbasierten Auswertungssoftware von surverymonkey.de erstellt und umfasst 10 Fragen. Der Sache nach hätte ich die meisten Fragen als offene an die Teilnehmer richten wollen, weil m. E. die meisten Aspekte von interkultureller Kompetenz noch ungeklärt sind. Um aber einerseits den Teilnehmern einen erleichterten Zugang zum Thema zu ermöglichen und sie andererseits zu klareren Aussagen zu zwingen, habe ich mich für 9 Mul-

tiple-Choice-Fragen entschieden, die jeweils mehrere Antwortmöglichkeiten, sowie eine Rubrik „sonstiges" bereithielten. Diese Möglichkeit, Aspekte einzubringen, die ich in den jeweiligen Fragenkatalogen nicht aufgenommen hatte, wurde
teilweise intensiv genutzt, teilweise auch nicht, was im Nachhinein die Entscheidung für Multiple-Choice-Fragen rechtfertigt. (Die Frage nach den Kulturkreisen,
für die man sich zuständig sehe, hatte sich bei einem Pretest als zu schwierig erwiesen, die überarbeitete Alternative allerdings fand auch wenig Anklang. Hier ist
der Fragebogen m. E. wenig aussagekräftig.)

38 der 43 Teilnehmer assoziieren „Kultur" mit den Begriffen „Religion", und
„Sitten und Gebräuche". 37 sagen, dass „Geschichte" und jeweils 36, dass „Sprache"
und „Identifikation mit Normen und Werten" Kultur ausmache. „Milieu" wird
28 Mal genannt. Wirtschaftliche Kulturfaktoren wie Beruf und Ökonomie fanden
16 Zustimmungen, während der Begriff „Hybridität" mit lediglich 12 Nennungen
sogar auf dem vorletzten Platz landete.

Bemerkenswert ist insbesondere, dass Religion zwar deutlich den ersten Rang
bei der Definition von Kultur einnimmt, bei der Vermittlung von interkultureller
Kompetenz aber in den unteren Rängen rangiert. So gaben nur fünf der befragten
Anbieter an, Ziel ihres Trainings sei es, „die Religion anderer zu verstehen" und lediglich acht vermitteln im Training religionsgeschichtliche Informationen. In den
seltenen Fällen, dass überhaupt Ausflüge gemacht werden, führen die in allerers-
ter Linie in Moscheen (7 Nennungen) und lediglich bei zwei Anbietern auch in
Kirchen. Die Religion, die als besonders kulturell prägend wahrgenommen wird
ist also offensichtlich der Islam. (Bemerkenswert ist in diesem Zusammenhang,
dass im Kapitel „Hintergrundwissen zu Kultur und Religion" im vom Programm
polizeiliche Kriminalprävention 2010 herausgegebenen Kompendium „Interkultureller Dialog" allein auf den Islam eingegangen wird.)

Dass Kultur von nur sieben der Befragten als „Gegensatz zur Natur" definiert
wurde, ist ebenfalls erstaunlich, sind doch Ansätze weit verbreitet, die die Kultu-
ralität des Menschen z. B. damit erklären, dass er ein „instinktreduziertes Män-
gelwesen" sei (Eibl 2009: 12). Es ist mit den Mitteln des vorliegenden Fragebogens
nicht zu klären, wie diese Aussage zu deuten ist. An dieser Stelle zeigt sich ein For-
schungsdesiderat an die interkulturelle Kompetenz: inwieweit ihre Trainer Kultur
nicht zuletzt auch als biologische Gegebenheit ansehen? Erkennbar ist immerhin
eine hohe Bereitschaft, „Ethnie" und Kultur miteinander in Verbindung zu denken (28 Nennungen).

Dass der Faktor „Hybridität" so selten genannt wurde mag darin liegen, dass
der Begriff es nicht geschafft hat, den kulturwissenschaftlichen Elfenbeinturm zu
verlassen und sich der Praxis anzudienen. Dass aber nur neun der Teilnehmer als

Ziel ihres Trainings angaben, die Vermischung von Kulturen vermitteln zu wollen, lässt vermuten, dass viele IK-Trainings von der Annahme ausgehen, dass Kulturstandards eine kaum zu beeinflussende Geltung haben. „Kulturelle Unterschiede sind", stellt einer der Teilnehmer apodiktisch fest. Und zwei geben an, in ihren Trainings „Kulturstandards" zu unterrichten.

Ihre Kunden beschreiben IK-Trainer als sehr zielgerichtet: 34 Teilnehmer nennen als deren Erwartung, „Tips für Verhaltensweisen in berufstypischen Situationen" zu erhalten. Ein Teilnehmer schreibt hierzu, seine Kunden forderten „eine do's und dont's Liste für Nationalitäten gereicht zu bekommen – die sie nicht erhalten". Hier zeigt sich, dass die Anbieter von IK-Trainings auf eine pointierte Nachfrage treffen. Ziel der Kunden ist es häufig, sich auf Auslandseinsätze vorzubereiten (26 Nennungen). Auf das Bedürfnis, konkrete Konflikte lösen zu wollen (23 Nennungen), gehen die meisten Trainings offensichtlich ein: 29 Anbieter nennen Konfliktmanagement als eines ihrer Ziele und 33 von ihnen erklären den aktuellen Erfolg des Themas Interkulturelle Kompetenz damit, dass „Konflikte durch kulturelle Unterschiede erklärt werden". 29 Anbieter wollen für Kultur im Allgemeinen sensibilisieren, was aber die Kunden nur in 20 Fällen anzusprechen scheint.

Die Zusammensetzung der Kundschaft ist vor dem Hintergrund der kleinen Grundmenge der Befragten sicherlich nicht repräsentativ, aber dennoch interessant: So sind die meisten Kunden von IK-Trainings in privatwirtschaftlichen Betrieben tätig (27) bzw. haben dort eine führende Funktion inne (27). Der vergleichende Blick auf die behördlichen Auftraggeber ist hier bemerkenswert: während 18 IK-Trainer Mitarbeiter von Behörden als Kunden nannten, waren es nur 13, die Führungskräfte in Behörden ausbildeten. Hier zeigt sich ein Gefälle zwischen privatwirtschaftlichen Betrieben und Behörden einerseits und Behörden*mitarbeitern* und Behörden*führung* andererseits. Die von der politikwissenschaftlichen Forschung geforderte Einstellung moderner Behörden auf interkulturelle Kompetenz (Möltgen 2009: 14 ff.) jedenfalls scheint in den behördlichen Strukturen als Anforderung an die Mitarbeiter, seltener aber als Aufgabe der Führung angesehen zu werden.

Die Kunden wollen schnell an das Thema des Trainings herangeführt werden. Acht Anbieter müssen innerhalb eines Tages ihr Trainingsziel erreichen, zehn haben zwei Tage Zeit. Sieben Anbieter sagen aus, sie könnten drei- und mehrtägige IK-Trainigs anbieten, einer hat bis zu 10 Tage dafür Zeit. „Meiner Erfahrung nach, werden jedoch die meisten Firmentrainings leider, leider immer zeitlich begrenzter," schreibt einer der Umfrageteilnehmer. Ein anderer bietet innerhalb von vier Tagen den Erwerb eines „ interkulturellen Kompetenzführerschein" an.

Die hauptsächlich eingesetzten Lehrmethoden (Gruppendiskussion (30), Partnerübungen (27), Debatten über Konflikte (23)) lassen erkennen, dass die meisten IK-Trainer auf eine Aktivierung ihrer Kunden setzen und sie stark an der Entwicklung von Ergebnissen beteiligen. Zwar setzen 21 der Befragten auch auf Vorträge in Länderkunde, 8 auf religionsgeschichtliche Informationen und 2 auf die Vermittlung von „Kulturstandards", im Großen und Ganzen zeigt sich aber, dass sehr unterschiedliche aktivierende Formate wie auch Rollenspiele und Simulationen (7) häufig zum Einsatz kommen. Benimmtraining im Sinne der Vermittlung von Etikette wird in 9 Fällen als Trainingsmethode genannt. Hier liefert die Umfrage leider keine Ergebnisse darüber, ob dieses Etikettetraining insbesondere in der Vorbereitung von Auslandseinsätzen zum Einsatz kommt, was zu vermuten wäre.

Die offene Frage: „Fürchten Sie sich vor dem Effekt, dass durch die Thematisierung kultureller Unterschiede diese Unterschiede vertieft werden?" haben 19 Befragte beantwortet. Acht von ihnen schreiben „nein". Andere gehen das Problem auf unterschiedliche Weise an: So betonen einige Anbieter z. B., den „Umgang mit Fremdheit" oder „Akzeptanz von Unterschieden" trainieren zu wollen, andere wollen generell für Kultur sensibilisieren oder Angst vor fremden Kulturen durch Vermittlung von Wissen darüber verringern. Wieder andere richten den „Fokus auf Weiterbringendes" oder versuchen „über Gemeinsamkeiten Annäherung zu schaffen". Drei Anbieter stellen fest, dass Kultur nicht allein thematisiert werden sollte, und dass Kommunikationsformen bzw. Resilienz eine wichtigere Rolle im zwischenmenschlichen Geschehen spielen.

## Schlussfolgerung

Die Umfrage zeigt, dass IK-Trainings insbesondere deswegen in Anspruch genommen werden, weil „Kultur" als konfliktfördernd wahrgenommen wird. Dabei ist der den Trainings zugrunde liegende Kulturbegriff als solcher unklar und reflektiert Faktoren wie Religion und Nationalgeschichte deutlich mehr als soziale Faktoren wie Milieu und Beruf. Zwar wird Religion (und hier namentlich der Islam) besonders thematisiert, doch in der Gestaltung von IK-Trainings findet eine Beschäftigung mit religiösen Themen kaum Platz.

Kunden von IK-Trainings wollen innerhalb kurzer Zeit am liebsten handfeste Informationen über einen möglichst konfliktfreien und gewinnbringenden Kulturkontakt bekommen. Anbieter gehen auf diese Forderung teilweise ein, legen aber ihrerseits Wert darauf, für Kultur im Allgemeinen zu sensibilisieren. Dabei setzen sie insbesondere auf aktivierende Methoden wie Gruppendiskussionen und Partnerübungen.

In der Wahrnehmung der potentiellen Gefahr der Vorurteilsverstärkung durch IK-Trainings ist die Anbieterschaft gespalten. Einige sehen die Probleme nicht, andere gehen in ihren Trainings auf mögliche Vorurteilsbildung und -festigung ein und versuchen so, sie zu verhindern.

Was den IK-Trainings also ganz offensichtlich fehlt ist ein operativer Kulturbegriff, der verhindert, dass Vorurteile gefestigt werden. Aktuell wird Kultur zu sehr mit Konflikten in Zusammenhang gebracht. Das verengt zum einen die Perspektive auf Konfliktfaktoren und zum anderen ist der Kulturbegriff dadurch viel zu schwammig, um grifffeste Lösungen erarbeiten zu können. Religion z. B. wird zwar als einer der wichtigsten Kulturfaktoren benannt, spielt in den Trainings aber so gut wie keine Rolle. Dieses Andeuten von Kulturkonflikten öffnet einer (in den meisten Fällen nicht intendierten) Vorurteilsproduktion Tür und Tor.

Nicht umsonst warnt deswegen z. B. Reza Ahmari (2009: 239 ff.), dass generalisierte IK-Angebote nicht zielführend sein können und dass ein IK-Training immer auf real bestehende kulturelle Konflikte Bezug nehmen sollte, um sich nicht in allgemeinen Postulaten zu verirren. Denn die Definition der Kultur anhand polemogener Begriffe, die aber nicht vertieft erörtert werden, mystifiziert das Anderssein, ohne es zu konkretisieren. Umgekehrt gilt es aber darauf zu achten, Kultur so konkret wie möglich zu fassen, um Mystifikationen des „anderen" zu verhindern. Gleichzeitig darf dieser Kulturbegriff nicht vorurteilsfördernd sein, indem er Menschen auf kulturell vorgeprägte Schicksale reduziert.

Es bedarf also eines Kulturbegriffes, der anerkennt, dass Kultur wichtig ist, aber sich nicht alles mit ihm erklären lässt. Das „Gesetz zur Förderung der gesellschaftlichen Teilhabe und Integration in Nordrhein-Westfalen" vom 14. Februar 2012 umschifft geschickt das Problem einer genaueren Begriffsdefinition, indem es „interkulturelle Kompetenz" u. a. als: „die Fähigkeit, die durch Diskriminierung und Ausgrenzung entstehenden integrationshemmenden Auswirkungen zu erkennen und zu überwinden" definiert (§ 4, Abs. 2, Punkt 3). Damit wird das Ziel der integrativen Maßnahme in den Vordergrund gerückt und der Grund der Extegration nicht weiter thematisiert. Diese Operationalisierung des Kulturbegriffs anhand einer als wünschenswert beschriebenen Überwindung von Integrationshemmnissen ist m. E. durchaus geeignet, das Definitionsproblem gültig zu umgehen.

Als anderes Beispiel für einen m. E. recht gelungenen operativen Kulturbegriff möchte ich aus dem Counterinsurgency Field Manual der US-Armee zitieren. Hier wird Kultur definiert als:

- „a system of shared beliefs, values, customs, behaviors, and artifacts that members of a society use to cope with their world and with one another.
- Learned through a process called enculturation.
- Shared by members of a society; there ist no „culture of one"
- Patterned, meaning that people in a society live and think in ways forming definite, repeating patterns.
- Changeable, through social interactions between people and groups.
- Arbitrary, meaning that Soldiers and Marines should make no assumptions regarding what a society considers right and wrong, good and bad.
- Internalized, in the sense that it is habitual, taken for granted, and percieved as ‚natural' by people within the society" (US Army Marine Corps 2007: 89 f.).

Hier wird deutlich gemacht, dass Kultur zwar das Handeln eines Menschen sehr entscheidend beeinflusst und Konflikte durch kulturelle Unterscheide entstehen können, dass dieser Einfluss aber veränderbar und durch den Außenstehenden nicht vorhersagbar ist. Diese Kulturdefinition warnt letztlich vor dem Auswendiglernen so genannter „Kulturstandards". Auch das bereits zitierte Arbeitspapier der Bundeswehr (2010) betont, dass „interkulturelle Kompetenz (…) als eine erweiterte Form sozialer Kompetenz verstanden werden" müsse, die eine „Bereitschaft und die Fähigkeit zum Lernen, sich also mit Fremdem und Unbekanntem auseinanderzusetzen" erfordere.

Was der Definition von der US-Armee allerdings m. E. fehlt, ist ein Hinweis auf die Bedeutung von Gruppenzugehörigkeit und Abgrenzung für die Formulierung von Kultur, die weiter oben thematisiert wurde. Hierzu kann die Soziologie eine Menge sagen: Sei es zum Thema der Gruppenzugehörigkeit, die u. a. durch wechselseitige Imitation bestärkt wird, sei es zum Thema der Abgrenzung von anderen. Denn das ist es doch, was wir an fremden Kulturen beobachten: dass die Menschen aufeinander Bezug nehmen und dabei auf einen gemeinsamen Schatz an Konventionen zurückgreifen, während sie sich zugleich von anderen Menschengruppen abgrenzen (Maalouf 2000: 27 ff.). All das ist für Soziologen nicht neu.

Beobachtungen zum Zusammenhang von Kultur und Imitation sind in der Frühzeit der Soziologie bereits z. B. von Ibn Khaldun (1992: 96 f.) und Gabriel Tarde (2009) gemacht worden und sie werden durch die aktuelle anthropologische Forschung bestätigt (Tomasello 2010). Michael Tomasello (2006: 254) hat deutlich gemacht, dass die dem menschlichen Individuum angeborene Neigung „sich mit Artgenossen so zu identifizieren, dass sie diese Artgenossen als intentionale Akteure" verstehen die auf den Erfahrungen anderer aufbauende Errichtung von Kulturen ermöglicht. Es ist dem Menschen *eigen*-artig, dem Geschehen in der Welt – insbesondere dem sozialen Geschehen – einen Sinn zu unterstellen. Diese Vermutung wiederum ermuntert zu Nachahmung und Weitergabe von als sinnvoll erachteten Formen. Dass sich dieser Prozess der Akkulturation durch Nachahmung mithilfe von Robotern reproduzieren lässt, hat Luc Steels (2003: 308 ff.) eindrücklich gezeigt. René Girard (2010: 1; 10) hat mit seiner „mimetischen Theorie" darauf hingewiesen, dass die Orientierung aneinander nicht nur friedlich abläuft, sondern gewaltigen Konfliktstoff innerhalb der Gruppen liefert, der wiederum durch kulturelle Formen gebändigt werden muss.

Auch die Abgrenzung voneinander im Dienste einer verstärkten Gruppensolidarität ist für die Soziologie keine Überraschung. Spätestens seit Lewis Cosers (1956) Untersuchung zu dem Thema weiß sie um die gruppenbildungsfördernde Funktion des sozialen Konfliktes. Dass diese Abgrenzung regelmäßig erfolgt, hat Bruno Latour (2010: 59) wie folgt beschrieben: „Wenn irgendeine Bindung betont wird, so erfolgt stets ein Vergleich mit anderen konkurrierenden Bindungen." Ob dieser Vergleich entlang kultureller oder religiöser, musikalischer oder sonstiger Grenzen geht, ist egal. Entscheidend ist, dass Gruppenzugehörigkeit sich immer auch durch Abgrenzung manifestiert.

Wenn *Imitation und Abgrenzung* als die beiden Achsen gesehen werden können, die die Wirksamkeit von Kulturen beschreiben, kann die Soziologie viel zu einem besseren Verständnis von kulturell begründeten Konflikten beitragen. Sie kann die Dynamiken der Identifikation untereinander genauso nachzeichnen wie die der Abgrenzung zu anderen. Die Soziologie sollte sich deswegen der interkulturellen Kompetenz annehmen. Sie sollte erkennen, dass das Fach in ihrem Terrain stattfindet und dass sie viel Grundsätzliches zu dem Thema zu sagen hat. Sie sollte darauf beharren, dass sie die besten Voraussetzungen dafür mitbringt, IK-Trainings mit einem soliden theoretischen Unterbau zu versehen.

Die aktuelle Praxis der IK-Trainings wiederum zeigt m. E. mindestens einen erfreulichen Trend auf: dass sie ihre Inhalte in aktivierenden Formaten anbietet. Hier lässt sich sicherlich noch einiges tun, um sachgerechte Qualitätsstandards einzubauen, aber an dieser Stelle ist der Markt auf einem richtigen Weg. Besser als „Kulturstandards" zu vermitteln, ist es allemal, Kulturkontakte zu üben und dabei Kontingenzerfahrungen zu sammeln. Toleranz im Wortsinn von lat. *tolerare* = erdulden/ertragen muss man üben – sie fällt nie leicht. Das gilt insbesondere für Ambiguitätstoleranz, die zu Recht als eines der Lernziele bei IK-Trainings genannt wird.

Zusammen mit einem operativen Kulturbegriff und soziologischer Expertise kann interkulturelle Kompetenz in Trainingsform mit Hilfe von aktivierenden

Übungen gelehrt werden, ohne aus Versehen Vorurteilen Auftrieb zu verschaffen. Das allerdings erfordert eine wie auch immer geartete Standardisierung der Trainingsformate. Diese sollte bald erfolgen. Denn unsere Erde ist ein enger Planet geworden, der Philosoph Peter Sloterdijk (2011: 94 f.) schreibt gar, „das Raumschiff Erde besitzt keine Ausgänge". Wir sind – so gesehen – alle miteinander Bewohner eines gigantischen Fahrzeuges, das durch Raum und Zeit steuert. Wer in der Besatzung dieses Raumschiffs durch das Sähen von Vorurteilen Unfrieden stiftet, richtet unermesslichen Schaden an.

## Literatur

Ahmari, Reza (2009): Die Reichweite von interkultureller Kompetenz; In: Liebl, Karlhans (Hrsg.): Polizei und Fremde – Fremde in der Polizei. Wiesbaden: VS Verlag für Sozialwissenschaften. 239–244

Antweiler, Christoph (2009): Heimat Mensch. Was uns alle verbindet. Hamburg: Murmann

Benoist, Alain de (1983): Aus rechter Sicht. Eine kritische Anthologie zeitgenössischer Ideen. Tübingen/Buenos Aires/Montevideo: Grabert

Bertelsmann-Stiftung (Hrsg.) (2006): Interkulturelle Kompetenz – Schlüsselkompetenz des 21. Jahrhunderts? Thesenpapier auf Basis der Interkulturellen-Kompetenz-Modelle von Dr. Darla K. Deardorff. Gütersloh

Bourdieu, Pierre (1992): Die verborgenen Mechanismen der Macht – Schriften zu Politik & Kultur 1. Hamburg: VSA

Coser, Lewis (1956): The Function of Social Conflict. New York: Free Press

Croitoru, Joseph (2010): Der sensible Soldat im Einsatzgebiet. In: FAZ vom 9.6.

Dawkins, Richard (2004): The Ancestor's Tale: A Pilgrimage to the Dawn of Evolution. New York: Houghton Mifflin Harcourt

Doyle, Arthur C. (2007): A Study in Scarlet. London.

Eibl, Karl (2009): Kultur als Zwischenwelt. Eine evolutionsbiologische Perspektive. Frankfurt am Main: Suhrkamp

Ette, Otttmar (2009): Europäische Literatur(en) im globalen Kontext. Literaturen für Europa; In: Özkai Ezli (Hrsg.): Wider den Kulturenzwang: Migration, Kulturalisierung und Weltliteratur. Bielefeld: transcript. 257–296.

Fanon, Frantz (1953): Le „syndrome nord-africain". In: Esprit 20. 237–248

Fanon, Frantz (1975): Peau noire, masques blancs. Paris

Findeisen, Hans: Über die Begründung und den wissenschaftlichen Kriegseinsatz eines „Institutes für Eurasische Kulturforschung" http://homepages.uni-tuebingen.de/ (Aufruf am 2.1.2012)

Foroutan, Naika/Isabel Schäfer: Projektbeschreibung. Hybride europäisch – muslimische Identitätsmodelle. www.heymat.hu-berlin.de (Aufruf am 2.1.2012)

Frisch, Max (1975): Andorra. Stück in zwölf Bildern. Frankfurt am Main

Girard, René (2010): Gewalt und Religion – Ursache oder Wirkung? Über den Mob, das ritualisierte Menschenopfer, die mimetische Krise und den Erhalt des sozialen Friedens. In: Recherche. Zeitung für Wissenschaft 3. 1 und 10 f.

Grimes, Martha (1995): Inspektor Jury küsst die Muse. Reinbek bei Hamburg

Grutzpalk, Jonas (2000): Leidenschaft und Treue. Zur Ausdifferenzierung kultureller Liebescodes in Italien, Frankreich und Deutschland. In: Grenzen und Grenzüberschreitungen der Liebe. Burkart, Günter/Hahn, Kornelia (Hrsg.): Grenzen und Grenzüberschreitungen der Liebe. Opladen: Leske + Budrich. 45–72

Grutzpalk, Jonas (2003): Erkenntnis und Engagement. Wissenssoziologie als Methode eines Kulturvergleichs deutscher und französischer Intellektueller. Opladen: Leske + Budrich

Han, Byung-Chul (2005): Hyperkulturalität. Kultur und Globalisierung. Berlin: Merve

Hoffmann, Christine: Unterschiede in Ost und West. www.welt.de (Aufruf am 2.1.2012)

Holch, Christine (2011): Rein! Tür zu! Setzen! Geradeso wie Männer müssen Frauen auf der Arbeit ihr Revier verteidigen und ihren Rang zeigen. In: Chrismon. Februar. S. 13–18

Ibn Khaldun (1992): Buch der Beispiele. Al Muqaddima. Leipzig

Kälber, Cécile/Braun, Ottmar L. (2011): Evaluation eines Trainings zu verschiedenen Facetten der interkulturellen Kompetenz. In: Polizei & Wissenschaft 1. 14–30

Kant, Immanuel (1881): Zum ewigen Frieden. Ein philosophischer Entwurf. Leipzig

Kloft, Hans (2010): Mysterienkulte in der Antike. Götter, Menschen, Rituale. München: Beck

Kroeber, Alfred/Kluckhohn, Clyde (1952): Culture. A Critical Review of Concepts and Definitions. Cambridge

Kuhlhoff, Benjamin (2011): Interview mit Almog Cohen; In: 11 Freunde. Magazin für Fußballkultur. März. 59

Latour, Bruno (2010): Eine neue Soziologie für eine neue Gesellschaft. Einführung in die Akteur-Netz-Theorie. Frankfurt am Main: Suhrkamp

Lepenies, Wolf (1997): Die Übersetzbarkeit von Kulturen. Ein europäisches Problem, eine Chance für Europa. In: Haverkamp, Anselm (Hrsg.): Die Sprache der anderen. Übersetzungspolitik zwischen den Kulturen. Frankfurt am Main: Fischer. 95–117

Leys, Ruth (2009): Meads Stimmen. Nachahmung als Grundlage oder Der Kampf gegen die Mimesis. In: Soziologie der Nachahmung und des Begehrens. Materialien zu Gabriel Tarde. Borch, Christian/Stäheli, Urs (Hrsg.): Soziologie der Nachahmung und des Begehrens. Frankfurt am Main: Suhrkamp. 62–107

Luhmann, Niklas (2002): Die Religion der Gesellschaft. Frankfurt am Main: Suhrkamp

Maalouf, Amin (2000): Mörderische Identitäten. Frankfurt am Main: Suhrkamp

Mainberger, Gonslav (1963): Mythe et réalité de l'homme noir; In: Présence africaine 46

Möltgen, Katrin (2009): Pluralisierung erfordert interkulturelle Kompetenz; In: Innovative Verwaltung. 31. 14–16

MPI für Psycholinguistik: Vorgeschichte einer Sprache lenkt ihre Entwicklung; www.mpg.de (Aufruf am 2.1.2012)

Münch, Richard (1999): McDonaldized Culture: The End of Communication? In: Smart, Barry (Hrsg.): Resisting McDonaldization. London: Sage. 135–147

Özdemir, Cem (2011): Wir sind doch keine statistischen Ausreißer. Integrationsprobleme kann man nicht dem Islam in die Schuhe schieben. Sie sind sozialer Natur. Fronten darf es nur zwischen Demokraten und Nichtdemokraten geben. In: FAZ 27.5.

Programm polizeiliche Kriminalprävention der Länder und des Bundes (Hrsg.) (2010): Interkultureller Dialog. Ein Kompendium mit Anregungen für die Praxis. Bonn/Stuttgart.

Riekenberg, Michael (2005): Ein Plädoyer für die Differenz im Geschichtsunterricht; In: Riekenberg, Michael (Hrsg.): Geschichts- und Politikunterricht zeitgemäß? Fragen und Bemerkungen aus der Sicht der Regionalwissenschaften. Leipzig: Universitätsverlag. 43–58

Santos, Andreia/Meyer-Lindenberg, A./Deruelle, C. (2010): Absence of racial, but not gender, stereotyping in Williams syndrome children; In: Current Biology. Volume 20, Ausgabe 7, R307-R308. 13 April

Saramago, José (2011): Sich der Wirklichkeit stellen; In: Kulturaustausch. Zeitschrift für internationale Perspektiven. Ausgaben 2 und 3. 20 f.

Sardar, Ziauddin/van Loon, Borin (1999): Introducing Cultural Studies; London: Totem

Schura Hamburg: Ehrenmorde – und Schuld ist wieder einmal der Islam. www.schura-hamburg.de (Aufruf am 2.1.2012)

Sloterdijk, Peter (1999): Sphären II. Globen. Frankfurt am Main: Suhrkamp

Sloterdijk, Peter (2004): Sphären III. Schäume. Frankfurt am Main: Suhrkamp

Sloterdijk, Peter (2011): Wie groß ist „groß"?. in: edition unseld (Hrsg.): Das Raumschiff Erde hat keinen Notausgang. Berlin. 93–112

Staun, Harald (2010): Vorne vom Golf, hinten aus Soho. Der Kulturtheoretiker Homi K. Bhabha über Barack Obamas Versprechen, rebellische Migranten und Tattoos unter der Burka. In: FAS 31.1. 4

Steels, Luc (2003): Evolving grounded communication for robots. In: Trends in Cognitive Science. 7. 308–312

Taheri, Amir (1989): Holy Terror. Inside Story of Islamic Terrorism. London

Tarde, Gabriel (2009): Die Gesetze der Nachahmung. Frankfurt am Main: Suhrkamp

Terkessidis, Mark (2010): Interkultur. Berlin

Tolstoi, Lev (1998): Tolstoi-Brevier. Axel Dornemann (Hrsg.). Stuttgart

Tomasello, Michael (2006): Die kulturelle Entwicklung menschlichen Denkens. Frankfurt am Main: Suhrkamp

Tomasello, Michael (2010): Warum wir kooperieren. Berlin

Tönnies, Sybille (2001): Der westliche Universalismus. Die Denkwelt der Menschenrechte. Wiesbaden

Trojanow, Ilja/Hoskote, Ranjit (2007): Kampfabsage: Kulturen bekämpfen sich nicht, sie fließen zusammen. München.

Ulrich, Uwe (2010): Interkulturelle Kompetenz in der Bundeswehr (Arbeitspapier). Koblenz.

US Army Marine Corps (Hrsg.) (2007): Counterinsurgency Field Manual. Chicago

Verfassungsschutz Nordrhein-Westfalen (Hrsg.) (2003): Die Kultur als Machtfrage. Die ‚Neue Rechte' in Deutschland. Düsseldorf

Weber, Max (1947): Die rationalen und soziologischen Grundlagen der Musik. In Wirtschaft und Gesellschaft. Tübingen: Mohr. 818–869

Weber, Max (1988): Die protestantische Ethik und der Geist des Kapitalismus. In: Gesammelte Aufsätze zur Religionssoziologie. Tübingen: Mohr.

Weiß, Anja (2001): Rassismus wider Willen. Ein anderer Blick auf die Struktur sozialer Ungleichheit. Wiesbaden: VS Verlag für Sozialwissenschaften

Zilessen, Wolfgang (2011): Mars trifft Venus. Fusionen von Consultingunternehmen sind selten erfolgreich. Ein häufiger Grund ist die Inkompatibilität der zusammenzuführenden Kulturen. In: FAZ 7.9.; S. B2

Zimmer, Dieter (1982): Unsere erste Natur. Die biologischen Ursprünge menschlichen Verhaltens. Frankfurt am Main/Berlin

Žižek, Slavoj (2009): Violence. Six Sideways Reflections. London.

# Interkulturalität als Thema und Aufgabe in der Lehre

*Gernot Saalmann*

> „The biggest sin is to be blind to other's
> problems and pains. Not seeing them
> means denying their existence.“
> Azar Nafisi (2003: 132)

Obwohl moralisierend formuliert („Sünde"), spricht dieser Satz doch die Grundvoraussetzung interkultureller Kommunikation (IK) aus: Die Anderen sollen als ganze Menschen wahrgenommen und behandelt werden, und der leichteste Weg dahin führt darüber, sich mit dem zu beschäftigen, was sie in ihrem Leben bewegt (sei es negativ, wie Probleme und Schmerzen, oder positiv, wie schöne Erlebnisse und Freude). Das Geheimnis der interkulturellen Kommunikation ist somit *Anthropologie*.

Menschliche Individuen und Gruppen haben sowohl viele Gemeinsamkeiten miteinander, als auch Differenzen, die sie voneinander trennen. Es kommt daher entscheidend darauf an, sich nicht von – vielleicht nur oberflächlichen – Ähnlichkeiten dazu verführen zu lassen, über (gravierendere) Unterschiede hinwegzusehen. Erst diese machen in ihrer Gesamtheit die kulturelle Differenz aus, die man doch *als solche* verstehen will. Andererseits können Ähnlichkeiten und Gemeinsamkeiten Anknüpfungspunkte für ein beginnendes Verstehen sein.

Es gibt gewisse grundlegende Elemente menschlichen Lebens, die in allen Kulturen (wenn auch unterschiedlich ausgestaltet) zu finden sind:

- Arten des Wahrnehmens (Sehen, Riechen, Hören, Fühlen) und ihre Gewichtung,
- Zeitvorstellungen (Jahreslauf, Zeitmessung),
- Raumerleben (Einteilungen, Raumaneignung),
- Weisen des Denkens (eher konkret oder abstrakt),
- Sprache (und ihre Komplexität) und nonverbale Kommunikation (die Bedeutung von Mimik, Gestik),

- Werte (was wird angestrebt, was und wie viel vermieden?; wie werden Männer und Frauen oder Besucher gesehen?),
- Verhaltensmuster (Normen, Rollen – gibt es Raum für Individualität?, Umgang mit Körperkontakt),
- Soziale Beziehungen (Begrüßung, Respekt gegenüber Älteren, Verwandtschaft, Machtverteilung).

Alle Kulturen, sofern sie wirklich das Leben umfassend gestalten und nicht nur den Stil einiger Elemente prägen, müssen zu all diesen Punkten ihre spezifischen Lösungen und Regelungen anbieten. Es kommt zunächst darauf an, darüber zu reflektieren, indem man sich die Lösungen der eigenen Kultur bewusst macht. Hierzu steht jedem Menschen die von Helmuth Plessner so benannte „exzentrische Positionalität" zur Verfügung: Jeder hat die Fähigkeit, sich zu sich selbst „exzentrisch" (und damit selbst beobachtend) zu positionieren. Menschen erleben gleichsam mit einer gewissen Distanz ihr eigenes Erleben, während Tiere nur erleben können und Pflanzen leben. Mit Hilfe dieser Selbstreflexivität kann man sich in gleichsam verengender Fokussierung sozio-kultureller Prägungen bewusst werden: von *anthropologischen* Möglichkeiten, über den *kulturellen* Rahmen zum *sozialen* Aspekt – auch von Interkulturalität (Srubar 2007). In Fortführung dieser Überlegungen könnte man den sozialen Aspekt noch zerlegen in die *allgemeinen* sozialen Formen und die *konkrete* Ausgestaltung der sozialen Interaktionssituation.

An dieser Stelle ist jedoch vor zwei häufigen Fehldeutungen zu warnen: 1) Selbst wenn man vielleicht mit Gewinn von „Kulturstandards" sprechen kann, wie es Alexander Thomas (2003) vorgeschlagen hat, macht doch die Rede von *Standards* im Umkehrschluss klar, dass es auch Abweichungen gibt. Kultur determiniert nicht, sie gibt nur einen spezifischen Rahmen vor – und wie Pierre Bourdieu plausibel argumentiert, ist dieser Rahmen für jeden auch *sozial* bestimmt (und liegt als Habitus in seinem Körper verankert; s. Rehbein; Saalmann 2009). Da Kulturen nicht statisch sind, bilden und verändern sich kulturelle Standards auch durch interkulturelle Kommunikation.

2) Gerade die Selbstreflexion macht deutlich, dass die Kultur spezifischen Lösungen für menschliche Grundprobleme normalerweise nicht bewusst und explizit formulierbar sind. Seit Aristoteles könnte man sich des Unterschieds und der notwendigen wechselseitigen Ergänzung von praktischer Klugheit und theoretischem Wissen bewusst sein. Aber wie vielfach zu Recht kritisch hervorgehoben wurde, ist in der europäischen Philosophie- und Wissenschaftsgeschichte lange Zeit der Blick sehr einseitig und verengt auf das *theoretische* Wissen gelenkt gewe-

sen. Angemessener zur Erfassung kultureller Selbstverständlichkeiten und Kompetenzen sind die Konzepte des impliziten oder *praktischen* Wissens. Noch besser, weil nicht auf Wissen eingeengt, ist wohl Bourdieus Begriff des Habitus, der neben dem Wissen die vorbewusste Doxa und inkorporierte Schemata des Wahrnehmens, Denkens und Handelns einschließt (zu Bourdieus Theorie siehe den knappen Überblick in Saalmann 2012: 200 ff.). So kann auch eine zweite Verzerrung in der Geistesgeschichte korrigiert werden, die das Verhältnis von Rationalität und Emotionen betrifft, selbst wenn Bourdieu dazu leider ebenfalls noch zu wenig sagt. Max Weber war bekanntlich davon ausgegangen, Soziologie wolle nicht (nur) verstehen, sondern „verstehend erklären" – also durch Interpretationen sinnhaften Handelns (nach Weber mittels Idealtypen, die strikt an Rationalität ausgerichtet sind) zu einer Erklärung kommen (Weber 1922: 1). Es geht somit genauso um Verstehen bewirkende Erklärungsschritte. Wie sinnhaft ist Handeln aber wirklich? Schon Weber benannte mit Affekten und Traditionen zwei Bestimmungsgründe von Handlungen, die nicht rational sind. Sie sind gerade nicht so bewusst, dass der zugehörige Handlungssinn „subjektiv gemeint" ist. Die Rolle der Emotionen im menschlichen Leben ausreichend wahrzunehmen ist auch insofern wichtig, weil interkulturelle Kompetenz verschiedene Dimensionen hat (wie noch zu zeigen sein wird), von denen eine eben die emotionale ist.

Es soll hier von der Grundthese ausgegangen werden, dass prinzipiell jede in der Lage ist, mit Anderen zu kommunizieren und dabei etwas von dem zu verstehen, was sie in die Kommunikation gegeben haben. Nur *wie viel* man versteht und *was,* kann sehr stark variieren, kann aber auch optimiert werden durch Training der Reflexivität und Ausbildung von Kompetenzen.

Vor jedem Einsatz qualitativer, interpretierender Methoden liegt die Selbstreflexion, nicht nur um die Themen und Formulierungen für die Gespräche abzuwägen, sondern auch, um sich auf den schwierigen Balanceakt zwischen Teilnahme und Beobachtung vorzubereiten. Eine solche Reflexion steht selbstverständlich in einem interkulturellen Zusammenhang noch mehr im Mittelpunkt.

Im folgenden Text wird dieser Aspekt zunächst an drei Beispielen aus der Lehrerfahrung aufgezeigt: Der Lehre interkultureller Kompetenz für deutsche Studenten mit Bezug auf Indien, dem Unterricht für eine internationale Studierendengruppe erst in Deutschland und danach in Indien, und schließlich der Lehre mit indischen Studenten in Indien. Nachdem in Teil I die differenten Spezifika dieser Situationen kurz umrissen worden sind, sollen in Teil II einige allgemeine Einsichten für interkulturelle Begegnungen und Dialoge formuliert werden.

## I    Im Dialog mit Indien

Die drei Lehrsituationen, die kurz vorgestellt werden sollen, unterscheiden sich
im Hinblick auf die Gruppendynamik. Zudem sind sie stark geprägt durch den
besonderen Kontext der Universität im Unterschied zur Alltagspraxis gelebter Interkulturalität. Nicht zuletzt geht es in den Situationen um spezifische Ziele.

*IK für deutsche Studierende:*
Im Mittelpunkt steht die *Vorbereitung* auf den Kulturkontakt und Austausch. Erreicht werden soll das Sich-öffnen für die Anderen.

Den Teilnehmern soll unter anderem bewusst gemacht werden, dass ein Auf-
bruch in andere Kulturen den Verlust des vertrauten Umfeldes bedeutet und zumindest anfangs oft die Gefahr der Isolation besteht. Die anderen Sicht- und Verhaltensweisen der Menschen können irritieren und Gefühle der Hilflosigkeit bis
hin zur Verwirrung auslösen. Das bedeutet einen gewissen Stress, mit dem man
umgehen muss, sonst kommt es schlimmstenfalls zu einem *Kulturschock,* dessen
typischen Verlauf man mit Oberg (1960) so beschreiben kann:

a)  Faszination: man ist überwältigt vom Neuen und den ungewohnten Eindrü-
    cken, was aber auch zu Angst führen kann
b)  Krise: Missverständnisse und schwierige Seiten der Kultur nerven, man ver-
    fällt in Stereotype oder reagiert aggressiv
c)  Erholung: Unterschiede werden deutlicher erkannt und akzeptiert, Verste-
    hensbemühungen zeigen erste Ergebnisse
d)  Anpassung: man hat gelernt, mit den Unterschieden und den Menschen um-
    zugehen.

Interkulturelle Kompetenzen helfen dieses zu vermeiden. Sie bestehen in Wissen, Fähigkeiten und Einstellungen, und ihr Erwerb ist hauptsächlicher Inhalt des
Kurses. Dabei ist im Wesentlichen jede auf sich *alleine* gestellt (auch wenn die
Gruppe beim Erkennen und Lernen hilfreich sein kann): Jede muss für sich selbst
herausfinden, wie weit sie ethnozentrische Voreingenommenheiten hinter sich
lassen kann. Sie selbst muss einen reflexiven Standpunkt einnehmen, Sichtweisen
überarbeiten und auf unkonventionelle Art zu denken lernen.

*Internationale Studierende in Indien:*
Inhaltlich ging es in dem Kurs um Globalisierung, also die theoretische Durchdringung des im Alltag Beobachteten. Daneben wurden die Studierenden bei ih-

ren Kulturerfahrungen *begleitet,* das Bewusstsein für Verschiedenheit gepflegt und erweitert. Hierbei kann die *Gruppe* eine viel größere Rolle spielen: Dieselben Informationen und Erfahrungen verarbeitet jede auf andere Weise, wodurch die Inhomogenität und Pluralität der Gruppe erhalten bleibt, trotz eines engen Zusammenlebens. Dadurch können mehrere Perspektiven nebeneinander gestellt werden, sodass sie sich ergänzen können, auch wenn sie nie zu einer einzigen verschmelzen.

In diesem Kontext zeigten sich deutlich die Herausforderungen, nicht nur die Personen interkulturell zu trainieren, sondern auch Bildung und Wissenschaft wirklich interkulturell zu organisieren (zu weiteren Aspekten wissenschaftlicher Zusammenarbeit über Grenzen hinweg vgl. die Beiträge in Kuhn/Weidemann 2009).

*Indische Studierende:*
Hier war der Dozent selbst *konfrontiert* mit neuen Fragen der Interkulturalität, die mittels Selbstreflexion aufgeworfen und dann bearbeitet werden konnten.

Inhaltlich standen soziologische Theorien auf dem Plan. Hier kamen zumindest am Rande die Besonderheiten der Geschichte des Faches in Indien ins Spiel und viel mehr noch andere Akzentsetzungen bei der Interpretation einzelner Theoretiker. Beispielsweise versteht ein europäischer Leser einen Hinweis auf die Werke Michel Foucaults höchst wahrscheinlich anders als ein indischer. Während in Europa an die Kritik an den Machteliten und dem Staatsapparat im Gegenüber zum einfachen Bürger gedacht wird/werden kann, sieht eine Inderin in Foucaults Theorie ein Instrument zur post-kolonialen Kritik an Europa als Ganzes. Hier kommt ein ethischer Aspekt in den Blick, der dazu Anlass gibt, Vorstellungen eines „falschen" Verstehens oder „Missverstehens" durch die des „Anders-Verstehens" zu ergänzen, wenn nicht gar zu ersetzen. Nur so kann ein in den Sozialwissenschaften nach wie vor bestehender Eurozentrismus überwunden werden.

Kulturkontakt kann bewusst machen, wie sehr die Herkunftskultur und die soziale Position das Wahrnehmen, Denken und Handeln prägt – als sozial-relational bestimmter Habitus (Bourdieu). Man lernt andere Seiten kennen – der Welt, des Lebens und sogar des eigenen Selbst: „Ich bin (potenziell) ein Anderer". Insgesamt bedeutet das eine Erweiterung der Möglichkeiten. Aber ein bloßes Wissen davon reicht dazu nicht aus, wie Misserfolge von reinen Aufklärungskampagnen zeigen, man muss es trainieren und praktisch durchleben, damit es dauerhaft als mögliche Option im Habitus inkorporiert werden kann. Dazu ist ein multikontinentaler Studiengang bestens geeignet.

Zu diesen Punkten im Folgenden einige allgemeine Überlegungen, die Einsichten aus den drei Lehrsituationen aufnehmen.

## II    Fremde Kulturen verstehen im Spannungsfeld von Interkulturalität und kultureller Hybridisierung

Jeder Mensch hat einen großen Gestaltungsspielraum für sein Leben: Man kann die Zumutungen der Gesellschaft annehmen, die Erwartungen der Anderen erfüllen und die Rollen spielen, *oder* aber auf Distanz gehen, auf Eigenheiten beharren und eher sich Selbst darstellen. Das gilt auch mit Bezug auf Kommunikation und Verstehen: Man kann auf die Anderen zugehen, Kommunikation und Interaktion zulassen oder suchen und sich sowohl einbringen, wie neugierig bleiben, *oder* auf Distanz gehen, bei sich bleiben und sich einschließen im Gewohnten. Irgendwo zwischen diesen extremen Optionen gestaltet jeder sein Leben, wobei man viele Handlungsroutinen mit den Menschen teilt, mit denen man öfter in Kontakt kommt. Gemeinsamkeiten können dabei auch nur unterstellt werden, solange die Kommunikation und Kooperation funktioniert. Verstehen wird erst zu einer expliziten Aufgabe, wenn das Erfahrene oder Widerfahrene über das Selbstverständliche hinausgeht und deshalb bewusst als Problem wahrgenommen wird. Ein *intra-kulturelles Verstehen* ist dann erreicht, wenn wieder eine gemeinsame Basis erarbeitet worden ist (wenn quasi eine Harmonisierung der kurzzeitig auseinander getretenen Perspektiven stattgefunden hat). Eine solche *Horizontverschmelzung* reicht für ein *inter-kulturelles Verstehen* nicht aus, hier ist vielmehr eine *Horizontverschiebung* erforderlich.

Erst die Reflexion auf eigene (Vor-)Verständnisse (wenn nicht gar Vorurteile) über den Anderen kann den Weg zu einem Verstehen frei machen. Dazu muss man diese größtenteils nicht bewussten, oft sogar im Habitus inkorporierten Vorverständnisse erst einmal ins Bewusstsein holen. Ein Training interkultureller Kompetenzen kann dabei behilflich sein, denn eine der Kompetenzen besteht in eben dieser Fähigkeit, sich selbst zu reflektieren. Eine weitere Kompetenz liegt im Wissen über die andere Kultur, das für eine gelungene Kommunikation notwendig sein kann. Wichtigste Voraussetzung für ein gelingendes interkulturelles Gespräch ist jedoch die Bereitschaft, den Anderen zu Wort kommen zu lassen, ihm aufmerksam zuzuhören und dann in der eigenen Rede ihr/ihm wirklich zu antworten, statt einen selbst bezogenen Monolog zu halten, mit dem eigene Ansichten, Weltverständnisse und die eigene Identität nur unangefochten aufrecht erhalten würden. Hier ist zu sehen, dass einen echten interkulturellen *Dialog* zu führen immer auch bedeutet, *das Eigene* (bis hin zur eigenen Identität) zu *riskieren*. Gleichwohl ist das genauso eine Chance. Identitätskonstruktionen, die sich sowieso ständig leicht ändern müssen, um neue Erlebnisse in die Biographie einzubauen, können so bereichert werden (es werden Möglichkeiten des Andersseins aufgezeigt). Diese Schritte sollen kurz einzeln erläutert werden.

1. *Ausgang* vom Eigenen: Die Identität einsetzen und aufs Spiel setzen
Man muss ein Selbst(bild) haben, um sich für den Anderen präsentieren zu können. Dazu braucht man auch ein Bild vom Anderen. Beide Bilder werden konstruiert durch Reduktion – Vereinfachung und Zuspitzung auf Typen. Ambivalenz und Diversität lassen sich jedoch nie völlig unterdrücken (außerdem würde dies eine mangelnde Flexibilität nach sich ziehen). Identität besteht in dem kontinuierlichen Prozess der Integration der eigenen biographischen Erfahrung zu einem kohärenten Ganzen und der individuellen Verortung im Sozialen (was durch Rollen erleichtert werden kann). Identitäten sind immer labil, weshalb sie auf unterschiedliche Weise verteidigt werden, wie z.B. die Abwehr kritischer Reflexion, Unterdrückung von Wünschen oder ihre Projektionen (positive oder negative) auf Andere (Menschen oder Götter). Der Andere kann folglich mit dem ganzen Spektrum von Interesse, Nachlässigkeit, Faszination, Bewunderung oder Angst betrachtet werden. Eine mehrdimensionale Identität zu entwickeln und zu pflegen bedarf eines größeren Aufwandes, als sie im Wesentlichen in konfrontativer Exklusion stereotypisierter Anderer zu formen. Genauer betrachtet gibt es aber ohne Andere kein Ich(bewusstsein). Identität ist grundsätzlich *relational* und keine Substanz. Erst die Spiegelung im Anderen führt im Zusammenhang mit dem Erlernen der Fähigkeit sich reflexiv zu sich selbst zu stellen und den Standpunkt eines Anderen einzunehmen, zur Ausbildung eines Selbstbewusstseins und der vollen sozialen Kompetenz. Zwischen dem eigenen Ich und den Anderen steht auch später immer das „soziale Selbst", wie es in der konkreten Situation konstruiert wird und bedeutsam ist für die Interaktion. Hiermit hängt auch das Intersubjektive und die Möglichkeit von „Interkultur" zusammen (s.u.).

2. *Annäherung* an die Anderen
Man muss sich dem Anderen vom Eigenen her nähern, das kann gar nicht anders sein und doch begibt man sich auf den Weg vom Eigenen zum Anderen ohne das eine jemals ganz hinter sich lassen zu können und das andere (das Andere) je ganz erreichen zu können. Es kann kein vollständiges Verstehen geben, man erreicht nur stets neue, tiefere Verständnisse im Rahmen nicht abschließbarer Lernvorgänge, Auslegungsprozesse und Aneinanderreihungen von Deutungsvorschlägen.

Die Bekanntschaft mit dem unvertrauten Anderen ruft zunächst und verständlicher Weise Befremden hervor (Alterität ist eine Zumutung: Ette 1998: 31). Wie auch immer man mit diesem Gefühl umgeht, bleibt die Tatsache bestehen, dass Andersheit zum Verstehen auffordert. Andersheit ist dabei nichts Feststehendes, sondern etwas Relatives, ein Faktum auf der Erfahrungsebene, auf das ganz unterschiedlich reagiert werden kann: Man kann beim/im Eigenen bleiben oder man kann in eine Beziehung zum Anderen treten und auf verschiedene Weisen mit ihm umgehen, wovon jedoch nur eine zum Verstehen führt. Ein Verstehen des Anderen zu verweigern hingegen, bedeutet den Beginn seiner „Entmenschlichung", da man keine „normalen" Beziehungen mit ihm aufnimmt.

Somit zeichnen sich für den Umgang mit Anderen drei Möglichkeiten ab:

1. Andersheit *überbetonen* und Fremdheit konstruieren, bis hin zu Fremdenfeindlichkeit
2. Andersheit *nicht anerkennen* und Gleichheit herstellen wollen, was ebenfalls eine Form der Fremdenfeindlichkeit darstellt
3. Andersheit *erkennen und anerkennen*

Die unvertraute Andere steht immer in der Gefahr, als Fremde konstruiert und behandelt zu werden. Sie wird außerhalb der vertrauten Umgangsweisen platziert und verkörpert so soziale Distanz im Gegensatz zur moralischen Nähe zu den vertrauten Anderen. Erst ein Schritt zur Anderen hin und die aktiv unternommenen Bemühungen des Verstehens können diese Fremdheitskonstruktionen abbauen oder verhindern.

Zweierlei kann hierbei hilfreich sein: Statt einer Gruppen basierten Moral eine offene Ethik auf der Basis allgemeiner Rechte und Vorstellungen (z. B. Menschenrechte) zu vertreten und die Be-/Abwertung anderer Kulturen zu unterlassen. Sie hat die Geschichte der Kulturbegegnungen verhängnisvoll geprägt und je nach Sichtweise ergeben sich andere Formen des Umgangs:

| unterlegen | gleichwertig | höherwertig |
|---|---|---|
| Einverleibung möglich | Erforschen und Katalogisieren | Verherrlichung |
| *(Kolonialismus)* | *(Ethnographie)* | *(Exotismus)* |
| Entwicklung notwendig | Begegnung und Austausch | Nacheifern |
| *(Evolutionismus)* | *(Interkultureller Dialog)* | *(Assimilation)* |

Die Formen treten nie rein auf, sondern es finden sich immer mehrere Haltungen und Praxen kombiniert. Als Ideal angestrebt, aber auch als Notwendigkeit anerkannt wird der interkulturelle *Dialog*. Er setzt ein Neutralitätsgebot *vor* dem Vergleich voraus. Das Andere tritt in eigen-wertigen Formen auf, nicht etwa bloß unvollständigen oder mangelhaften Formen im Vergleich mit dem Eigenen. Hier ist die Überwindung des Ethnozentrismus relevant (der ein allgemeines Problem ist, siehe Antweiler 1998). Es geht mithin darum, Andere anzuerkennen, sie ernst zu nehmen und davon auszugehen, dass sie (gute) Gründe für die ihnen eigene Welt- und Lebensauffassung haben. Man kann über diese ihre Gründe mit ihnen diskutieren, wenn man sie nicht teilt. Allerdings müssen die Anderen diesen Wunsch zu diskutieren anerkennen und dazu bereit sein, wie man selbst sich die Mühe des Verstehens machen muss (s. Saalmann 2009a). Wesentliche Grundvoraussetzung für wechselseitige Verstehensprozesse ist jedoch Aufgeschlossenheit, die bei Menschen unterschiedlich ausgebildet sein kann. Sie zu vergrößern, ist eines der Ziele interkultureller Lehre.

*3. Ziel:* Verstehen
Sofern es um ein inter-kulturelles Verstehen geht, hat sich die Methode bewährt, sich als praktisch handelnder Akteur in die andere Kultur einzuleben und sie dann reflektierend zu verstehen. Unabdingbar dafür ist die oben bereits erwähnte Fähigkeit des Perspektivenwechsels. Man kann (sozialphänomenologisch) *beobachten*, dass Menschen im Alltagsleben die Reziprozität der Perspektiven per Idealisierung unterstellen und man kann (interaktionstheoretisch) *beschreiben*, wie sie die Fähigkeit dazu ausbilden. Die Möglichkeit des interkulturellen Verstehens ist erst dann erklärt, wenn man (erkenntnistheoretisch) *begründen* kann, dass sich die wechselseitig unterstellten Perspektiven nicht radikal unterscheiden – und warum das so ist. Ein pragmatistisch begründeter kritischer Realismus kann dies leisten (Saalmann 2005).

Verstehen beinhaltet folgende Teilschritte:

- ein Nachdenken über sich selbst und das eigene Vor-Verständnis
- das Nachdenken über den Anderen und sein Verständnis
- das in Beziehung setzen verstandener Einzelheiten mit dem Ganzen, sowie des eigenen Verständisses zum anderen Verständnis
- Zusammenfassen der Teilverständnisse, bis sich ein umfassenderes Verständnis einstellt.

Verstehen kann verunsichern: die Welt gerät zwar nicht unbedingt gleich ins Wanken, aber in eine eigentümliche Schwebe. Wenn man sich darauf einlässt, kann das allerdings eine positive Erfahrung sein. Es öffnen sich Möglichkeitsräume, denn Verstehen lehrt Dinge auf neue Weise zu sehen, zeigt andere Arten der Lebensgestaltung auf und eröffnet Chancen zur Verständigung mit Anderen. Insofern ist Verstehen auf Lernen und positive Toleranz aus, statt in Arroganz und Ignoranz nur *neben* Anderen zu leben oder sie mehr oder weniger gewaltsam von angeblichen Wahrheiten zu überzeugen. Sich von Anderen berühren und rühren zu lassen, ist die höchste Form der Menschlichkeit, vor der all die herrsch- und rachsüchtigen Götter, an welche sich Menschen oft wenden, nur ohnmächtig verbleichen können.

Auch ohne sich auf die religiös geprägte Philosophie von Emanuel Lévinas oder Martin Buber beziehen zu müssen, kann man (an)erkennen, dass Erkenntnisse über die Anderen nur im Gespräch mit ihnen erworben werden können. Dies umso mehr, sofern man akzeptiert, dass Erkenntnis stets eine Konstruktion ist und es daher kein objektives Wissen über Andere geben kann, das in monologischen Auslegungsprozessen gewonnen werden könnte.

In der Kommunikation mit den Anderen tritt man vergleichend aus sich heraus in die Symbolwelt/Sprachwelt. Man trifft sich in der Sprache – und trifft sich doch nicht, bzw. nie ganz, weil es keine objektive Bedeutung sprachlicher Symbole gibt. Deshalb müssen sie gedeutet werden und sind Fragen im Dialog zu klären. In der interkulturellen Kommunikation sind dafür Informanten, Vermittler und Übersetzer hilfreich (dazu Schröer 2009). Bedeutung ergibt sich aus der kommunikativen Inter-Aktion und liegt nicht abgeschlossen im Bewusstsein vor, genauso wenig wie sie an Symbolen objektiv festgemacht und ablesbar ist. Man kann zu Recht darauf verweisen, dass Sprecher genauso Konventionen folgen, wie sie Intentionen verfolgen (Loenhoff 2009: 155 f.). An diese sozialen und kulturellen Konventionen kann aber ein Verstehen leichter anknüpfen, als an Subjektives.

Kommunikation setzt ein gewisses *Vertrauen* darauf voraus, dass sich die Bemühungen des Gesprächs auch lohnen, also das Vertrauen, dass Gesprächspartner aufrichtig und glaubwürdig sind und sich um Wahrhaftigkeit bemühen (wie von Davidson und Habermas hervorgehoben). Dieser Vertrauensvorschuss resultiert aus der lebenspraktischen Erfahrung, dass Vertrauen eher selten völlig enttäuscht wird, was aber noch lange nicht bedeutet, dass immer ein Konsens erzielt worden wäre oder dass das überhaupt sein müsste (hier steht das faktisch zu Beobachtende Habermas' kontra-faktischem Ideal entgegen). Neben dieser Vertrauensbildung durch Erfahrung, kann Vertrauen auch auf der Basis von Informationen über die Anderen entstehen. Auch wenn die Vertrauensbildung von Kultur spezifischen Vorgaben abhängen kann, ist wohl die persönliche Einstellung viel wichtiger. Es kommt darauf an, ob jemand offen ist, oder eher reserviert. Letzteres kann verschiedene Ursachen haben: „Charakter", schlechte Erfahrungen, Denken in Stereotypen, Vorurteile.

4. *Im Hintergrund:* Kulturelle Traditionen
Alle Menschen wollen Anerkennung, sowohl als Vertreter einer Kultur, wie auch als Individuen. Dennoch sind sie eigentlich weder das eine noch das andere alleine. Sie scheinen viel eher in Kultur geprägten Regionen verwurzelt. Allerdings ist diese Metapher der „Wurzeln" mit großer Vorsicht zu gebrauchen. So ist im Zusammenhang mit der Umdeutung sozialer Konflikte in ethnische oder religiöse Konflikte in letzter Zeit vielfach die Rede von „unseren kulturellen Wurzeln" oder den „christlichen Wurzeln des Abendlandes" gewesen. Einspruch gegen die Verwendung dieses Sprachbildes ist jedoch nicht nur nötig, weil es eine konservative Prägung des 19. Jahrhunderts ist, die später von faschistischen Bewegungen benutzt worden ist, sondern, weil es völlig unangemessen ist: Menschen haben keine Wurzeln – schließlich sind sie kein Gemüse. Menschen haben Traditionen, die sich bilden, weiter getragen und umgeformt werden. Traditionen können sogar regelrecht erfunden werden (Hobsbawm/Ranger 1983). Die Fixierung auf vermeintliche Wurzeln bedeutet eine Essenzialisierung von Kulturen – die Verleugnung ihrer Dynamik und ihre scharfe Abtrennung voneinander. Damit wird der friedliche Kontakt und Dialog zwischen Menschen verhindert und ein Konflikt oder Zusammenprall geradezu herbeigeredet (wie von Huntington 1993).

Wenn überhaupt eine Metapher aussagekräftig die menschlichen Verhältnisse beschreibt, dann ist es der Baustein (nicht etwa das Fundament, mit dem gleichfalls viel geistige Brandstiftung betrieben worden ist). Das Bild des Bausteins macht deutlich, dass Elemente ganz unterschiedlicher Herkunft zusammengeführt werden können, um etwas zu errichten oder fortwährend weiter- und umzubauen. Kulturen sind nicht klar abgrenzbar und sie wachsen nicht etwa aus sich heraus (wie ja auch Pflanzen Stoffe und Energie aufnehmen), sondern in kreativer Interaktion mit Elementen oder Vertretern anderer Kulturen. Es kommt immer auf den *Zeitrahmen* der Betrachtung an, ob Kulturen eher als statische Einheiten oder als an vielen Punkten im Fluss befindliche Gebilde erscheinen.

5. *Dazwischen:* Interkultur
In der Kulturbegegnung entsteht so etwas wie ein interkultureller Raum, da die Interaktionspartner, wenn sie sich denn einen Schritt auf den Anderen zu bewegen, ihre jeweilige Kultur minimal verlassen. Nach dem Überschreiten der (für sie relevanten) Grenze treffen sich beide für die Dauer ihrer Interaktion in einem Zwischenraum, den sie selbst miteinander gestalten können. Aber sehr oft bildet

sich kein dauerhafter *Third Space* (wie von Homi K. Bhabha 1994 erhofft), weil
nach beendigtem Austausch beide in ihre Kultur „zurück kehren", ohne wirklich
eine Hybridkultur geschaffen zu haben – selbst wenn die Beiden durch die Interaktion selbstverständlich (leicht) verändert worden sind. Meist bleibt das jedoch
im Rahmen ihrer Persönlichkeit oder schlägt sich in idiosynkratischen Verhaltensweisen nieder, aber hat kaum oder keinen Einfluss auf die Gesamtkultur (zur
Akkulturation vgl. Berry 1990). Viel bedeutsamer ist wahrscheinlich, dass man
in der „Interkultur" Erfahrungen der „Transdifferenz" machen kann[1]: Interkulturelle Begegnung öffnet einen temporären, zwischenkulturellen Erfahrungsraum,
in den die Akteure sich selbst und Elemente ihrer Kultur mitbringen, in dem sie
aber auch unaufhebbare kulturelle Differenz erfahren. Gleichwohl wird genauso
spürbar, dass kulturelle Differenzen bis zu einem gewissen Grad überbrückt und
überschritten werden können durch Über-Setzen/Übersetzen[2] mit mehr oder weniger Verlust. In interkulturellen Situationen ist somit die Ungewissheit besonders stark ausgeprägt, ob und wie man verstanden wird und ob Konflikte entstehen. Deshalb gehen beide Seiten meistens eher vorsichtig und behutsam vor, was
wiederum zum Erfolg des Austauschs beitragen kann.

6. *Immer weiter* wachsend: Interkulturelle Kompetenz
Interkulturelle Kompetenz ist die *Fähigkeit,* mit Angehörigen anderer *Kulturen*
*„erfolgreich"* umgehen zu können.

Diese *Fähigkeit* basiert auf Wissen, beinhaltet Affektkontrolle und Einfühlungsvermögen, sowie schließlich interaktive und kommunikative Kompetenzen.

Eine *Kultur* umfasst ihr eigentümliche Symbol, Bedeutungs- und Wertsysteme,
die das Handeln prägen und dazu führen, dass sich Menschen, die sich der Kultur
zugehörig fühlen, von anderen Kulturen abgrenzen. Dies kann räumlich fassbar
sein oder sich hauptsächlich in symbolischen Praktiken ausdrücken. Das bedeutet, mehrere Kulturen (Subkulturen, Parallelkulturen, Lebensstilgemeinschaften)
können innerhalb desselben Territoriums, aber doch voneinander abgegrenzt

---

1   Der von Wolfgang Welsch vorgeschlagene Begriff „Transkulturalität" hat sich nicht durchgesetzt,
    was vielleicht auch daran liegt, dass er ihn nur in Abgrenzung zu Vorstellungen kultureller Ho-
    mogenität und von Globalisierung als Prozessen der Homogenisierung plausibel machen konnte
    (Welsch 1997). Kulturen *sind* wissenschaftlich betrachtet in der Tat *nicht* gekennzeichnet durch
    soziale Homogenität, ethnische Fundierung und interkulturelle Abgrenzung, aber sie *werden so*
    *gelebt* und von den Akteuren so gesehen oder idealisiert.
2   Zu diesem Thema des Übersetzens wurde in letzter Zeit sehr viel geschrieben (z. B. Shimada
    2007), von dem nur Weniges über das hinausgeht, was Ottmar Ette bereits 1998 dazu gesagt hat.

existieren. So genannte Nationalkulturen sind intern differenziert und nicht etwa homogen. Das trifft auf den riesigen Bundesstaat Indien erst recht zu (Saalmann 2009b). Kulturen müssen nicht einheitlich sein, um als größere Systeme funktionieren zu können, dazu genügen unterschiedlich weit reichende Überlappungen der kulturellen Praxis in verschiedenen Bereichen.

Ein *Erfolg* ist bereits die Vermeidung von Feindseligkeiten, danach käme das Ausräumen bzw. Verhindern von Missverständnissen, der Aufbau von Kooperationen und schließlich der (allseits zufrieden stellende) Austausch auf möglichst vielen Ebenen. Inter-kulturelle *Kompetenz* besteht darin, *trotz* kultureller *Inkompetenz* so zu handeln, dass keine Konflikte entstehen und für ein Verstehen Raum geschaffen wird. Dann kann die „Arbeit" beginnen, das Eigene zum Anderen in ein Verhältnis zu setzen. Hierbei liegt immer ein *impliziter* Vergleich zu Grunde, der zu explizieren ist, damit Verzerrungen minimiert werden können. Nur so können auch bestimmte Erwartungen, die man in die Kontaktsituation mitbringt, deutlich werden. Arne Weidemann (2010) beschreibt am Beispiel des Tourismus, dass die Stärke von Erwartungen und Sehnsüchten dazu führen kann, dass diese bei gegenläufigen Erfahrungen eher mit zahlreichen Mechanismen gerettet werden, weil man nicht wirklich an Erkenntnis interessiert ist.

Es ist also zu sehen, dass die zu erarbeitende interkulturelle Interaktionskompetenz auf drei Ebenen liegt und vier Dimensionen umfasst.

Die zunehmend spezifischer werdenden *Ebenen* sind:

| | |
|---|---|
| kulturunspezifisch | Umgang mit unvertrauten Anderen im Allgemeinen: Besteht eine starke Tendenz zum Ethnozentrismus? Gerinnen Typisierungen zu Stereotypen und gibt es ausgeprägte Vorurteile? Wie selbstbewusst ist die kollektive Identität? |
| kulturspezifisch | Spezifisches Wissen über die andere Kultur |
| interkulturell | Begegnung und Austausch |

Die Kompetenzen lassen sich diesen *Dimensionen* zuordnen:

| | |
|---|---|
| kognitiv | Wissen über andere Kulturen und Kultur allgemein Selbstreflexivität Besonderheiten der IK sehen |
| affektiv | Aufgeschlossenheit, Offenheit Lernbereitschaft Sich in die Position des Anderen hinein versetzen |

| ethisch | Möglichst vorurteilsfrei |
| | geringer Ethnozentrismus |
| | Respekt |
| praktisch | Geeignete Kommunikationsmuster auswählen |
| | mit Missverständnissen/Konflikten umgehen |

Wie in den bisherigen Ausführungen schon deutlich geworden ist, besteht ein wesentlicher Teil der interkulturellen Kompetenz darin, es aushalten zu können, dass das Ergebnis interkultureller Kommunikation offen ist, da es sich bei IK um einen Prozess ohne Ende handelt. *Kommunikation und Dialog sind das Ziel, gleichzeitig aber auch der Weg.*

## Schluss

Es wäre die Frage zu stellen, was die Erfahrungen in den Kontexten der Lehre für eine interkulturell geprägte, qualitative Sozialforschung bedeuten mögen. Eine grundsätzliche Offenheit für die Anderen und ein in einer *hermeneutischen Spirale* weiter schreitendes, in der Praxis überprüftes Verstehen ist nicht nur bereichernd, sondern fordert auch das Eigene heraus. Man muss sich daher stets fragen, wie weit man sich von vertrauten Sichtweisen entfernen kann/will, ohne dass die „Befremdung" durch das Andere mit abwehrenden Konstruktionen des Eigenen und Fremden konterkariert werden muss, was den Erkenntnisvorgang unter- oder abbricht. Wer hier praktische Erfahrungen gesammelt und IK trainiert hat, ist besser auf diese Herausforderungen vorbereitet.

Obwohl durch die Globalisierung heute Distanzen weniger bedeutsam geworden sind, können kulturelle Differenzen oft noch stärker überraschen und befremden, wenn man nicht auf den Kontakt vorbereitet ist. Gleichzeitig kann selbst das Nahe aus dem Blick geraten, sobald das Ferne näher rückt. Damit steigt die Bedeutung und Notwendigkeit von interkultureller Kompetenz.

Globalisierung bedeutet *nicht Vereinheitlichung* von Kulturen, *sondern* viel eher eine *kommunikative Einheit* aller Kulturen (Mall 1997). Das meint den Austausch bei gleichzeitigem Respekt für die Vielheit von Kultur, was wiederum nicht unbedingt Akzeptanz des Anderen bedeutet, aber das Wahrnehmen seiner Perspektive. Die Bemühungen des Verstehens von beiden Seiten sind deutlicher Ausdruck des Anerkennens von Gleichwertigkeit der Kulturen. Das schließt gegenseitige Kritik und das Favorisieren einer oder mehrerer Kulturen nicht aus. Es ist nur zu vermeiden, dass eine besondere kulturelle Perspektive auf die Welt und den Menschen verabsolutiert wird. Es gibt also keine globale Kultur, stattdessen aber eine *globale Arena,* in der kulturelle Unterschiede deutlich werden und wo nicht nur für ein Verstehen geworben wird, sondern auch um die Verbreitung und sogar Durchsetzung gekämpft werden kann. Hier können diejenigen erfolgreich mitmachen, die persönlichkeitsstark sind (und daher Ziel orientiert), emotionale Festigkeit besitzen (und mit Widrigkeiten umzugehen wissen), flexibel ihr Verhalten ändern können, offen sind, aufnahmebereit und aufmerksam, gut zuhören können, klare Signale senden, Kultur spezifisches Wissen haben (und daher Unterschiede sehen und schätzen können), Sensitivität besitzen (sodass sie Andere sanft dirigieren) und schließlich eine Bereitschaft zur Zusammenarbeit mitbringen, durch die gemeinsam Neues erarbeitet werden kann (nach: www.worldwork. biz/legacy; sehr ausführlich zu diesen Schlüsselkompetenzen s. Spencer-Oatey/ Franklin 2009).

Abschließend soll ein Aspekt noch einmal besonders hervorgehoben werden, der meist vernachlässigt wird: Die Rolle von Emotionen im menschlichen Leben und beim interkulturellen Verstehen. Es gibt zwar seit einigen Jahrzehnten Forschungen zur sozialen Konstruktion von Emotionen, aber die Ergebnisse sind bisher nicht systematisch in die soziologische Theorie aufgenommen worden. Auch wenn bei einem Klassiker der Soziologie wie Émile Durkheim Emotionen in dem Religionsbuch von 1912 eine tragende Rolle spielen, handelt es sich doch nur um kollektive Hochgefühle während Ritualen, nicht individuelle Gefühle im Alltagsleben. Diese hatte Max Weber zwar benannt (s. oben im Text), aber dann zu Gunsten der vermeintlich wissenschaftlicher zu erfassenden Rationalität in den Hintergrund gerückt.

Menschen stehen der Welt und dem Leben nicht neutral gegenüber, sondern stets emotional gefärbt. Das beginnt mit der Frage, ob jemand angstfrei und vertrauensvoll offen den Ereignissen und den Anderen begegnet. Bei der ersten Begegnung mit einem anderen Menschen entwickelt man eine emotionale Einstellung zu ihr/ihm – Sympathie, Antipathie oder Neutralität. Das trifft bei allen Bemühungen um wissenschaftliche Professionalität auch auf den Feldforscher zu.

Im vorstehenden Text wurden viele Punkte genannt, bei denen Emotionen beteiligt sind:

a) Die Reflexion der Vorverständnisse zur Vorbereitung auf die interkulturelle Begegnung kann behindert werden durch Emotionen, die Teil von Stereotypen und Vorurteilen sind.

b) Das notwendige Riskieren der eigenen Identitätskonstruktion in der Auseinandersetzung mit den Möglichkeiten der Anderen aus anderen Kulturen wird beeinträchtigt durch die emotionale Identifikation mit dem Selbstbild und der daraus resultierenden geringeren Bereitschaft, dieses aufs Spiel zu setzen.

c) Das Andere kann verunsichern – eine eindeutig emotionale Reaktion (s. a. den Kulturschock). Sie kann eine Annäherung und weitere Auseinandersetzung mit dem unvertrauten Anderen (zunächst) verhindern und schlimmstenfalls zur sozialen Distanzierung und damit der Konstruktion „des Fremden" führen.

d) Die verstehende Annäherung und Beschäftigung mit den Anderen kann wiederum neue Gefühle auslösen. Man kann (auch als Feldforscher) den anderen Menschen nicht unbeteiligt gegenüber bleiben. Verstehen heißt auch Anteil nehmen – mit allen damit verbundenen Gefühlsreaktionen. Schließlich setzt ein gelingendes Verstehen ein gewisses Maß an Einfühlungsvermögen voraus, selbst wenn es zum großen Teil auch auf neutraleren Verfahren wie Textinterpretation, Strukturanalyse und Diskursanalyse beruht. Es soll hier also keineswegs wieder der „Einfühlung als Methode" das Wort geredet werden, sondern lediglich auf die Tatsache aufmerksam gemacht werden, dass Gefühle stets auch beteiligt sind, wenn es um Menschen geht. Perspektivenübernahme ist kein unpersönliches, rein rationales Verfahren, sondern immer geprägt von den beteiligten Menschen in ihrer Ganzheit. Schließlich ist sie die Grundkompetenz, die erst jeden Menschen zu einem sozial lebensfähigen Wesen macht.

Emotionalität sollte also gerade bei einem so sensiblen Thema wie der interkulturellen qualitativen Forschung nicht vernachlässigt werden, sondern vielmehr thematisiert, wodurch sie leichter kontrollierbar werden kann.

## Literatur

Antweiler, Christoph (1998): Ethnozentrismus im interkulturellen Umgang – Theorien und Befunde im Überblick. In: Eckert, Roland (Hrsg.): Wiederkehr des „Volksgeistes"? Ethnizität, Konflikt und politische Bewältigung. Opladen: Leske + Budrich. 19–81

Berry, John W. (1990): Psychology of Acculturation. In: Brislin, Richard W. (ed.): Applied Cross-cultural Psychology. Newbury Park. 232–53

Bhabha, Homi K. (1994): The Location of Culture. London: Sage

Ette, Ottmar (1998): Mit Worten des Anderen. In: Armbruster, Claudius/Hopfe, Karin (Hrsg.): Horizont-Verschiebungen. Interkulturelles Verstehen und Heterogenität in der Romania. Tübingen: Günter Narr Verlag. 13–33

Hobsbawm, Eric/Ranger, Terence (ed.) (1983): The Invention of Traditions. Cambridge: University Press

Huntington, Samuel (1993): The Clash of Civilizations? In: Foreign Affairs (Nr. 3) 72/1993. 22–49

Kuhn, Michael/Weidemann, Doris (Hrsg.) (2009): Internationalization of the Social Sciences. Bielefeld: transcript

Loenhoff, Jens (2009): Kommunikation und Verstehen im interkulturellen Kontext. Verständnisse und Vorverständnisse. In: Rehbein, Boike/Saalmann, Gernot (Hrsg.): Verstehen. Konstanz: UVK. 151–69

Mall, Ram A. (1997): Die Morphologie einer Weltkultur. In: Senghas, Dieter (Hrsg.): Frieden machen. Frankfurt: Suhrkamp. 314–23

Nafisi, Azar (2003): Reading Lolita in Teheran. A Memoir in Books. London: Random House

Oberg, Kalervo (1960): Culture Shock. In: Practical Anthropology 7/1960. 177–82

Plessner, Helmuth (1928): Die Stufen des Organischen und der Mensch. Einleitung in die Philosophische Anthropologie. Berlin: de Gruyter

Rehbein, Boike/Saalmann, Gernot (2009): Habitus. In: Fröhlich, Gerhard/Rehbein, Boike (Hrsg.): Bourdieu-Handbuch. Leben – Werk – Wirkung. Stuttgart: Metzler. 110–18.

Saalmann, Gernot (2005): Fremdes Verstehen. Das Problem des Fremdverstehens vom Standpunkt einer „metadisziplinären" Kulturanthropologie. Aachen: Shaker

Saalmann, Gernot (2009a): Verstehen können und verstehen wollen. In: Rehbein, Boike/Saalmann, Gernot (Hrsg.): Verstehen. Konstanz: UVK. 185–92

Saalmann, Gernot (2009b): Tendenzen der kulturellen Globalisierung in Indien. In: Rehbein, Boike/West, Klaus-G. (Hrsg.): Globale Rekonfigurationen von Arbeit und Kommunikation. Konstanz: UVK. 131–46

Saalmann, Gernot (2012): Zur Zukunftsgenese in Bourdieus Theorie der Praxis. In: Tiberius, Victor (Hrsg.): Zukunftsgenese. Theorien des zukünftigen Wandels. Wiesbaden: VS Verlag. 199–210

Schröer, Norbert (2009): Hermeneutic Sociology of Knowledge for Intercultural Understanding. In: Forum Qualitative Sozialforschung 10/2009. Art. 40. (www.qualitative-research.net/fqs)

Shimada, Shingo (2007): Kulturelle Differenz und Probleme der Übersetzung. In: Dreher, Jochen/Stegmaier, Peter (Hrsg.): Zur Unüberwindbarkeit kultureller Differenz. Grundlagentheoretische Reflexionen. Bielefeld: transcript. 113–27

Spencer-Oatey, Helen/Franklin, Peter (2009): Intercultural Interaction. A Multidisciplinary Approach to Intercultural Communication. Houndmills: Palgrave

Srubar, Ilja (2007): Transdifferenz, Kulturhermeneutik und alltägliches Übersetzen: Die soziologische Perspektive. In: Dreher, Jochen/Stegmaier, Peter (Hrsg.): Zur Unüberwindbarkeit kultureller Differenz. Grundlagentheoretische Reflexionen. Bielefeld: transcript. 42–63

Thomas, Alexander (2003): Interkulturelle Kompetenz. Grundlagen, Probleme und Konzepte. In: Erwägen, Wissen, Ethik 14/2003. 137–50

Weber, Max (1922): Wirtschaft und Gesellschaft. Tübingen: Mohr

Weidemann, Arne (2010): Touristische Begegnungen aus der Perspektive einer Psychologie interkulturellen Handelns. In: Casper-Hehne, Hiltraud/Gupte, Niteen (Hrsg.): Kommunikation über Grenzen. Aktuelle Ansätze zur interkulturellen Verständigung. Göttingen. 103–35

Welsch, Wolfgang (1997): Transkulturalität. Zur veränderten Verfassung heutiger Kulturen. In: Schneider, Irmela/Thomsen, Christian W. (Hrsg.): Hybridkultur. Medien, Netze, Künste. Köln: Wienand. 67–90

# Blue Thingy
## Zur Genese sozialer Praktiken in interkulturellen Kommunikationsprozessen

*Michael Roslon*

„Trying is the first step towards failure." (Homer J. Simpson)

## 1    Einleitung

Interkulturelle Kommunikationsforschung untersucht häufig Missverständnisse und Kommunikationsprobleme in interkulturellen Kommunikationsprozessen und versucht die Ursachen für derartige Kommunikationsschwierigkeiten aufzudecken – der vorliegende Beitrag richtet demgegenüber seinen Blick auf die Genese sozialer Praktiken, die sich aus interkulturellen Handlungsproblemen ergeben. Zu diesem Zweck wird eine interkulturelle Kommunikationssituation betrachtet, in der Austauschstudierende aus verschiedensten Ländern während des gemeinsamen Kochens mit einem Problem konfrontiert werden, das aufgrund des akuten Handlungsdrucks einer schnellen und effizienten Lösung zugeführt werden muss: blue thingy stellt die praktische Lösung dieses Problems dar.

Vielerorts wird immer wieder untersucht, welche Probleme die Interaktanten in interkulturellen Kommunikationsprozessen haben und wie es zu Missverständnissen und wechselseitigen Fehleinschätzungen kommt. Interkulturelle Kommunikationsprobleme werden aus dieser Perspektive häufig auf kulturelle Differenzen, auf unterschiedlich Kulturstandards, Werte und Normen zurückgeführt, die zu Stolpersteinen in interkulturellen Kommunikationsprozessen werden (vgl. exemplarisch Hofstede 2011) Bei Thomas heißt es: „In zwei so unterschiedlichen Kulturen wie England und China gelten für zwischenmenschliche Beziehungen völlig andere Regeln. Wer die Regeln nicht kennt und anzuwenden verstehen, muss im jeweils anderen Land scheitern" (Thomas 2009: 21). Interkulturelle Kommunikationsforschung, die sich damit begnügt, die Probleme im Kommunikationsprozess zu erforschen, verliert aus dem Blick, wie Akteure diese Handlungsprobleme tatsächlich lösen und wie sie mit kulturellen Differenzen umgehen.

Der vorliegende Ansatz geht davon aus, dass es im Verlauf interkultureller Kommunikationsprozesse zu häufigen Unstimmigkeiten und Missverständnissen zwischen den Akteuren kommen kann. Dies bedeutet indes nicht, dass
Missverständnisse zwangsläufig das Ausmaß 'hermeneutischer Katastrophen' besitzen müssen, sondern teilweise auch zu produktiven Interaktionsprozessen führen. Renn exemplifiziert eine derart produktive interkulturelle Kommunikation
am Beispiel von Kapitän Cook's Tod auf Hawaii. Die Hawaiianer halten Cook irr-
tümlich für einen ihrer Götter, Lono, und töten Cook bzw. Lono, als dieser aus
Sicht der Hawaiianer Gefahr läuft, die Herrschaft über die Insel an sich reißen
zu wollen. Nach dem Tod reißen die Tauschbeziehungen zwischen den Kulturen
nicht ab und führen zu einer sozialen Integration zwischen den Hawaiianern und
den Briten, bei der die Hawaiianer ihr Staatswesen an das britische System anpassen (Renn 1999; Sahlins 1986). Situationen, in denen Akteure auf interkulturelle
Handlungsprobleme stoßen, so die These des vorliegenden Beitrages, bringen oftmals unvorhergesehene und kreative Lösungen hervor. Über interkulturelle Kommunikationsprozesse kann es also grundsätzlich immer auch zur Neuschöpfung
vormals unbekannter Interaktions- und Kommunikationspraktiken kommen.

Von einer solch unvorhergesehenen Lösung wurde im Rahmen eines For-
schungskolloquiums an der Universität Duisburg-Essen zu dem Thema interkulturelle Kommunikation berichtet. Im ersten Teil möchte ich die Geschichte von
blue thingy als eine Fallgeschichte beschreiben. Im zweiten Teil werde ich die Geschichte von blue thingy aus einer kommunikationswissenschaftlichen Perspektive betrachten (Reichertz 2009). Das Hauptaugenmerk liegt darauf, wie aus interkulturellen Kommunikationsprozessen neue Praktiken entstehen (Schatzki 1996).
Anschließend werde ich anhand der Darstellung und der theoretischen Einordnung und Reflexion Vorschläge für die empirische Untersuchung interkultureller
Kommunikationspraktiken formulieren.

## 2    Die Geschichte des blue thingy

Die Geschichte von blue thingy hat sich während eines Auslandssemesters in Lin-
köping (Schweden) ereignet. Dort hat Nicole, eine Teilnehmerin unseres For-
schungskolloquiums, ein Semester als Erasmusstudent verbracht. Die Geschichte
von blue thingy hat sie dort als Ethnographien gemacht und in einem Forschungs-
kolloquium berichtet.[1]

---

1    Alle Daten wurden anonymisiert.

Zusammen mit anderen Austauschstudierenden wohnte sie einem Wohnheim mit zehn anderen Studierenden auf einer Etage. Jede Etage besaß eine eigene kleine Küche sowie ein Wohnzimmer. In diesen Gemeinschaftsräumen sind die Studierenden immer wieder miteinander in Kontakt gekommen. Gewöhnlich sprachen die Studierenden auf Englisch miteinander. Alle Studierenden beherrschten diese Sprache unterschiedlich gut, aber es war kein Muttersprachler unter ihnen.

Ein häufig verwendetes Küchenutensil der Austauschstudierenden ist das Sieb, genauer der Durchschlag, d. h. ein grobmaschiges Sieb. Während des Kochens wird der Durchschlag zu einem kommunikativen Problemfall, da niemand den korrekten englischen Begriff für diesen Durchschlag kennt. Deshalb ist es ab und an für alle Auslandstudierenden schwierig, während des Kochens die Bitte an andere Anwesende zu richten, ihr oder ihm den Durchschlag, oder ein wenig unspezifischer das Sieb, zu reichen. Sätze wie ‚Could you pass me the…‘ bleiben grammatikalisch unvollendet und werden mit einer Zeigegeste beendet.

Die Englischkenntnisse keines der Studierenden reichen offensichtlich aus, um die Bitte, den Durchschlag angereicht zu bekommen, zu formulieren. Anstatt in einem Wörterbuch nachzuschauen, wie dieses Kochinstrument im Englischen bezeichnet wird, um dann alle anderen davon zu unterrichten, wurde der blaue Durchschlag unter dem Handlungsdruck mit dem Begriff ‚blue thingy‘ belegt. Handelt es sich hierbei um interkulturelle Kommunikation, die aufgrund mangelnder Sprachkenntnisse ‚gescheitert‘ und somit ‚falsch‘ ist?

## 3 Interkulturelle Kommunikation zwischen Einschränkung und Ermöglichung kommunikativer Praktiken

Oft wird von Problemen in der interkulturellen Kommunikation berichtet. Fremdkulturelle Eigenarten scheinen aus der eigenen Perspektive nicht nachvollziehbar zu sein, häufig treten Missverständnisse auf, häufig sind diese sprachlicher Natur und ziehen belustigende oder gar schwere Folgen nach sich. Die Ethnologie versucht durch ihre Feldaufenthalte die fremden Sinn- und Bedeutungsmuster verstehbar zu machen (Malinowski 2007; Geertz 1987) und mündet in einer ‚Krise der Repräsentation‘ (Fuchs/Berg 1993). Es ist demnach kein Wunder, dass interkulturelle Kommunikation häufig als per se problembeladene Kommunikation aufgefasst wird. Und dort, wo Probleme auftreten, sind auch professionelle Problemlöser oft nicht fern. Mittlerweile ist der Markt an Coaches für interkulturelle Kommunikation, die in Trainings für die fremdkulturellen Eigenheiten sensibilisieren wollen, unüberschaubar geworden (vgl. Grutzpalk in diesem Band).

Oft wird in diesen Trainings theoretisches Wissen über das Fremde vermittelt. Anhand exotisierter, idealisierter und stereotyper Formate versuchen diese Trainer den Trainees Wissen über die Andersartigkeit der zu begegnenden Fremden zu vermitteln. Die Chinesen machen das so und die Inder so. So grüßt man in Indonesien und so in Lateinamerika.

All diese Ansätze unterliegen der Annahme, dass an nationalen Grenzen auch die Kultur der Nation endet und die Probleme der interkulturellen Kommunikation einsetzen, sobald man diese Grenze überschreitet. Unter dieser Perspektive ist Kultur dem gegenseitigen Verstehen und für den reibungslosen Kommunikationsprozess eher hinderlich als förderlich. Solange die sozialwissenschaftliche Theoriebildung sich dieser Auffassung anschließt, ist sie Wasser auf den Mühlen derjenigen, die kulturelle Differenzen predigen und trägt dazu bei, den Mythos des Fremden als unverstehbar und hermetisch geschlossen aufrecht zu erhalten.

Die Geschichte des blue thingy soll als bescheidenes Beispiel dienen um aufzuzeigen, dass interkulturelle Kommunikation nicht zwangsläufig die Handlungspraxis behindert, sondern dass interkulturelle Kommunikationsprobleme und -barrieren produktiv vermindert werden können: der vorliegende Beitrag betrachtet interkulturelle Kommunikation als Möglichkeit und weniger als Hindernis, zur Ausbildung neuer Verständigungsbrücken und Handlungspraktiken, Interkulturelle Kommunikation muss nicht – so die These des Artikels – notwendigerweise immer aus einer defizitorientierten Perspektive betrachtet werden. Interkulturelle Kommunikation birgt vielmehr die Möglichkeit, neue Verständigungsbrücken aufzubauen.

## 4     Kommunikation als soziale Praxis

Blue thingy soll im Folgenden aus einer kommunikationstheoretischen Perspektive betrachtet werden. Die Kommunikationstheorie befasst sich mit der Frage, wie Akteure, konfrontiert mit handlungspraktischen Problemen, gemeinsame Lösungen aushandeln. Im Beispiel von blue thingy gerät Kommunikation in einer interkulturellen Situation ins Stocken. Die Akteure besitzen anscheinend nicht das nötige Wissen oder Handlungsrepertoire, um adäquat und für alle verstehbar zu agieren, da sie keinen Begriff für das Objekt besitzen, um das sie durch ihren symbolischen Ausdruck bitten wollen. Anstatt nun also zu analysieren, warum die soziale Praxis ins Stocken gerät soll hier betrachtet werden, wie die Akteure mit dem Problem umgehen und welche Folgen dies nach sich zieht.

Kommunikation wird Reichertz wie folgt definiert:

„Kommunikation ist menschliche Verhaltensabstimmung mittels symbolischer Mittel, die in soziale Praktiken eingebettet sind. Kommunikation ist also stets eine Form sozialen Handelns, ihr Ausgangspunkt ist ein Handlungsproblem. Kommunikation ist Ausdruck einer spezifischen, einer bestimmten Situation [...], die ein Handlungsproblem hervorgebracht hat, das mittels Kommunikation bearbeitet werden soll." (Reichertz 2009: 98).

Kommunikation ist Problemlösen. Es geht der Kommunikationstheorie um die Frage, wie Akteure in spezifischen Handlungssituationen, wie z. B. der Interkulturalität, wechselseitig Lösungen für Handlungsprobleme herausarbeiten. Gewöhnlich greifen Akteure zu diesem Zweck auf gesellschaftlich verbürgte soziale Praktiken zurück (Reichertz 2009; Reckwitz 2010). Im Falle von blue thingy mangelt es den Akteuren an einer derartigen Bezeichnungs- bzw. Handlungspraxis.

Da das geschilderte Kommunikationsproblem Ausdruck einer interkulturellen Kommunikationssituation ist, wird im vorliegenden Artikel vorgeschlagen, die Kommunikationstheorie um die Perspektive der Praxistheorie zu erweitern: die Praxistheorie fasst soziale Praktiken als „a temporally unfolding and spatially dispersed nexus of doings and sayings" (Schatzki 1996: 89). Praktiken, wie des Bezeichnens, Bittens und Anreichens bilden sich zu bestimmten Zeiten an bestimmten Orten aus. Dabei handelt es sich kulturelle Praxisformen, da sie nicht nur auf die Frage antworten, was man zu tun hat, sondern vor allem wie man etwas zu hat (Hörning 2004). Diese kulturellen Praxismuster enden aus Sicht der Praxistheorie nicht an nationalen Grenzen halt, sondern entfalten sich rekursiv über diese hinweg. Nation und Kultur decken sich nicht zwangsläufig (vgl. die Einleitung zu diesem Band).[2]

Die Praxistheorie stellt gegenwärtig ein Feld von Theorie dar, die die soziale Ordnung in der Stabilität sozialer Praktiken verorten.[3] Diese geben den sozialen Praktiken den Vorzug vor mentalistischen Erklärungen, die soziales Handeln auf individuelle Motive zurückführen, sowie vor strukturalistischen Erklärungs-

---

2    Wie Bettmann und Roslon in der Einleitung zu dem vorliegenden Band argumentiert haben, kann man in einem weiten Sinne dann von interkultureller Kommunikation sprechen, wenn praktische Prozesse keine passenden Anschlusshandlungen nach sich ziehen, d. h. wenn sich noch kein Handlungsmuster herausgebildet hat. Das Faktum der Interkulturalität beeinflusst maßgeblich, auf welche Weise diese Probleme gelöst werden, da die Akteure nicht auf gemeinsame (Praxis-)Routinen und Deutungsmuster zurückgreifen können (Schröer 2009), wie das oben angeführte Beispiel plastisch darstellt.

3    Im Folgenden wird von der Praxistheorie im Singular gesprochen, obwohl sich eine Vielzahl von Ansätzen unter dem Terminus vereint: vom amerikanischen Pragmatismus ausgehend hat

modellen, die die Ordnung auf eine außerhalb des Subjekts liegende Struktur zurückführen (Schatzki 1996; Reckwitz 2010). Gemeinsam ist den gegenwärtigen praxistheoretischen Ansätzen (z. B. Reckwitz; Hörning) darüber hinaus, dass sie nicht von einem homogenen kulturellen Kern einer Gesellschaft ausgehen, sondern Kulturen als heterogen, dispers und teilweise widersprüchlich auffassen, was Reckwitz als ‚kulturelle Interferenzen‘ bezeichnet (Reckwitz 2010). Kultur wird somit zu einem Prozess (Wimmer 1997) und Menschen leben kulturell (Hörning 2004). Kultur ist somit nicht Ausdruck einer statischen Ordnung. Vor dem Hintergrund der Praxistheorie ist Kultur praktisch immer im Werden, dynamisch und wandelbar. Aus dieser Dynamik des kulturellen Lebens heraus bilden sich Praktiken zur Lösung neuer *und alter* Probleme.

Mit Blick auf die Genese neuer Praxismuster kann man Kommunikation durch die praxistheoretische Erweiterung eine Doppelfunktion zusprechen. Einerseits werden etablierte Lösungen wiederkehrender Handlungsprobleme tradiert und gleichermaßen neue Lösungen hervorgebracht. In interkulturellen Kommunikationssituationen gilt es den Blick auf die Ausbildung von Praktiken zu werfen, da hier ein Mangel an ausgebildeten wechselseitig erkennbaren Praxismustern zu vermuten ist.

## 5    Blue thingy als soziale Praxis

Blue thingy ist erst einmal nichts weiter als ein Begriff, mit dem die Austauschstudierenden den Durchschlag bezeichnen – in Ermangelung des richtigen englischen Begriffs ‚einigten‘ sich die auf der Etage lebenden Austauschstudierenden auf diese Wortschöpfung für den blauen Durchschlag. Doch wie und unter welchen Bedingungen kommt diese Einigung zustande und was bewirkt sie?

Blue thingy ist die Lösung eines Handlungsproblems, das von den beteiligten Akteuren in einer spezifischen Handlungssituation vorgefunden wurde: der Praxisverlauf des Kochens, Bittens, Anreichens und Abschüttens wird unterbrochen, da eine einzelne Handlung, die angemessene Bitte, nicht durchgeführt wer-

sich v. a. die Ethnomethodolologie der Interaktionsdynamik zugewandt. Wittgenstein's Spätwerk, Bourdieu und Butler stellen weitere wichtige Vertreter dar, eingeläutet wurde der praxis turn durch Schatzkis Werk „Social Practices" (1996).Gegenwärtige deutschsprachige Vertreter sind u. a. Reckwitz, Hörning, Reuter und Hirschauer.

den kann (Schatzki 1996: 91 ff.). Die Analyse kommunikativer Praktiken muss die Kommunikationssituation berücksichtigen, da nur vor dem situativen Hintergrund das prozessuale kommunikative Geschehen verstehbar wird. Der situative Kontext hat in kommunikativen Prozessen zweierlei Funktionen: zum einen eröffnet die soziale Situation ein Handlungsfeld, vor dem Akteure überhaupt erst handlungsfähig werden. Die Definition einer geteilten sozialen Situation ist daran geknüpft, dass konkrete Akteure sich gegenseitig eine Situationsdefinition unterstellen wird über die Handlungspraktiken sowie das ‚Bühnenbild' (Goffman 2002) hergestellt. Unter Verweis auf eine geteilte Situation wird das eigene Handeln den Kommunikationspartnern verständlich gemacht (ebd.). Bereits die Situation des ‚gemeinsamen Kochens' wirft die Frage auf, ob Studierende gemeinsam Essen zubereiten oder jeder für sich alleine agiert.

Zum anderen stellen Situationen für Akteure oftmals eine Herausforderung dar (Hörning 2004: 30). In Form von Akteuren, Gruppendynamiken oder Objekten, in diesem Fall einem Durchschlag und Kommilitonen aus verschiedenen Nationen, die noch keine gemeinsame Handlungspraxis ausgebildet haben, fordert die Situation die Akteure heraus. Unter Austauschstudierenden unter informellen Bedingungen sollte ein fehlendes Wort keine Katastrophe sein, sondern lediglich eine Hürde im Handlungsprozess.

Anstatt diese Hürde dadurch zu umgehen, den korrekten englischen Begriff für Durchschlag oder Sieb nachzuschlagen, entschieden sich die Studierenden, sich mit blue thingy zu behelfen. Statt eines sprachlichen Symbols haben sich die Studierenden unter Rückgriff auf deiktische Zeigegesten buchstäblich mit Händen und Füßen verständigt und schließlich die Umschreibung blue thingy genutzt, welche sich als gültiges Symbol für den Durchschlag etabliert hat. Ein Symbol wird hier verstanden als „[…] die soziale Repräsentation einer (individuellen) Handlung [die; M. R.] damit [durch die Wahrnehmung und durch sozial etablierte Interpretation; M. R.] eine soziale" (Reichertz 2009: 103) wird. Die Gruppe hat es geschafft, dem Durchschlag als symbolische Handlung eine soziale Bedeutung zuzuweisen und dem gemeinschaftlichen Wissensvorrat der Interaktionsgemeinschaft auf dieser Etage zugeführt.

Das Wissen um soziale Bedeutungen machen soziale Praktiken erst verstehbar. Verstehen soll hier bedeuten, dass Akteure Einsicht in soziale Prozesse erhalten und in der Lage sind, angemessene Anschlusshandlungen zu vollführen. Verstehen drückt sich darin aus, dass man an einen vorangegangenen kommunikativen ‚Zug' (move; vgl. Goffman 2005) sinnvoll anschließen und weiterhandeln kann. Die Akteure haben die Bitte um das blue thingy verstanden, wenn sie den Durchschlag weiterreichen.

Die beteiligten Akteure selbst nehmen eine zentrale Rolle für die Ausgestaltung eines Kommunikationsprozesses ein. Jedes soziale Subjekt ist Träger einer individuellen Identität, die sich in sozialer Interaktion formt (Mead 1973). Aufgrund der vielfältigen Zuweisungen von sozialen Identitäten in modernen Gesellschaften definiert Taylor Identität wie folgt: „Was ich als Selbst bin – meine Identität –, ist wesentlich durch die Art und Weise definiert, in der *mir* die Dinge bedeutsam erscheinen und das Problem meiner Identität wird einer Lösung zugeführt, die ich im Laufe der Zeit als gültige Artikulation dieser Fragestellung akzeptiert habe" (Taylor 1996: 67; Hervorhebungen M. R.). Eine stabile Identität zu etablieren bedeutet heutzutage, die Vielzahl von Identitätszuschreibungen, die man in handlungspraktischen Zusammenhängen erfährt, zu einem kohärenten und stabilen Selbstbild zusammenzuführen.

Identität entsteht Taylor zufolge wesentlich aufgrund von „Bindungen und Identifikationen" (Taylor 1994: 55), d. h. über die Gruppenzugehörigkeit eines Akteurs. In interkultureller Kommunikation ist wesentlich, ob sich die Akteure gegenseitig vornehmlich über nationale bzw. kulturelle Identität (Hall 1994) wahrnehmen und dies auch in ihren kommunikativen Praktiken ausdrücken. Wird der Andere jedoch (auch) in Formen anderer Aspekte seiner Identität wahrgenommen und ihm dies in der Art und Weise des kommunikativen Ausdrucks vermittelt, ist die Basis für die Kommunikation auf einer anderen sozialen Ebene anzusiedeln. Dies gehört zu den zentralen Einflussfaktoren und Analyseeinheiten in der interkulturellen Kommunikation. Der vorliegende Ansatz geht mit Hall davon aus, dass nationale Identitäten sich durch hochgradige Heterogenität auszeichnen, die durch spezifische diskursive Artikulationspraktiken stabilisiert und hegemonial durchgesetzt werden und zu einer gemeinsamen Repräsentation in Form einer ‚imagined community' führen (Hall 1994; Anderson 1996).

Dieser Aspekt ist ein besonders sensibler Punkt in der vorliegenden Argumentation: viele Theorien innerhalb der interkulturellen Kommunikation setzen geradezu voraus, dass sich Interaktionspartner in interkulturellen Situationen einzig und allein über die kulturelle Zugehörigkeit definieren. Daraus folgern diese Ansätze, dass Missverständnisse aufgrund der kulturellen Unterschiede in den Werten und Normen zustande kommen, deren Träger die Akteure sind (vgl. exemplarisch hierzu Thomas/Kinast/Schroll-Machl 2009). Wäre dem so, würde der Andere immer nur als Fremder zugänglich – unabhängig davon, ob wir diese Fremde interessant, exotisch oder befremdlich empfinden. Diese Perspektive verstellt jedoch den theoretischen Blick für Interaktionssituationen, in denen Menschen aus fremden Kulturen sich als in gewisser Hinsicht ähnlich wahrnehmen, z. B. aufgrund gleicher Interessen, Einstellungen oder Gesinnungen. Es muss demnach die Form der sozialen Beziehung der Akteure zueinander berücksichtigt werden.

Schließlich bedeutet kommunizieren, eine soziale Beziehung mit dem Anderen einzugehen. In der sozialen Beziehung liegt Reichertz zufolge die Quelle der Kommunikationsmacht begründet, da sie die Chance beinhaltet, Identität zu geben und zu nehmen (Reichertz 2009: 217). Im Zuge jeder Interaktionsgeschichte baut sich eine soziale Beziehung auf, jenseits von nationaler und kultureller Identität, es stellt sich die Frage, ob der Andere zu einem ‚signifikanten Anderen‘ (Mead 1973) wird, der das Recht erwirbt, die eigene Identität zu stärken oder zu schädigen.

Kommunikationsmacht ist schließlich dort wirksam, wo Akteure wechselseitig im Handeln *ohne Zwang* ihre Interessen durchsetzen können. Anders als bei Weber ist es demnach nicht irrelevant, worauf die Chance auf Macht beruht. Voraussetzung ist die Schaffung einer gemeinsamen Perspektive, die einem die Verlässlichkeit gibt, Dinge ähnlich zu beurteilen und eine Kopplung zwischen Wort und Tat herstellt, d. h. Vertrauen untereinander etabliert und Handlungspraktiken in Zukunft sichert: blue thingy hat sicherlich dazu beigetragen, kommunikative Macht unter den Austauschstudierenden zu etablieren. Und dort, wo Macht ist, ist Foucault zufolge auch Wirklichkeit: „In Wirklichkeit ist Macht produktiv; und sie produziert Wirkliches" (Foucault 1994: 250). Inwiefern ist blue thingy also als Wirklichkeit aufzufassen?

## 6 Wie blue thingy *wirklich* wurde

Jede Interaktionsgemeinschaft konstruiert kommunikativ ihre Wirklichkeit (Reichertz 2012). Es gilt nun zu prüfen, ob die Interaktionsgemeinschaft der Austauschstudierenden im Zuge der andauernden Interaktionsprozesse und der wachsenden kommunikativen Beziehung ebenfalls eine gemeinsame Wirklichkeit konstruiert. Wirklichkeit, so die These von Berger und Luckmann, existiert immer dort, wo sozial objektiviertes Wissen über Dinge symbolisch verfügbar ist (Berger/Luckmann 2003: 1). Blue thingy hat, Nicole zufolge, in zwei Momenten unter Beweis gestellt, dass es Wirklichkeit geworden ist.

Nicole berichtet, dass der blaue Durchschlag im Laufe des Auslandssemesters durch einen weißen Durchschlag ersetzt wurde. Damit hat sich jedoch nicht der Begriff verändert: der Durchschlag wurde unabhängig von der Farbe blue thingy genannt; es *existiert* kein white thingy. Wirklichkeit ist das Ergebnis wechselseitiger Kommunikationsakte, bei denen Lösungen unabhängig von der individuellen

Wahrnehmung etabliert werden, und dies hatte blue thingy für die Interaktionsgemeinschaft, zumindest auf dieser Wohnheimetage, geschafft.

Aber blue thingy hat darüber hinaus den Status von Wirklichkeit erhalten. Bei
einer Diskussion unter deutschen Austauschstudierenden, die nicht alle den Begriff des Durchschlags kannten, entschieden sich diejenigen, für die der Begriff
unbekannt war, den Begriff des blue thingy vorzuziehen – auch im deutschen
Ausdruckrepertoire. Für diese Deutschen schien der Begriff blue thingy mehr
*Wahrheitswert* zu besitzen als der korrekte deutsche Begriff. Mit Wahrheitswert
soll aus einer pragmatistischen Perspektive gemeint sein, dass der Begriff blue
thingy vermeintlich besser geeignet ist, das Handlungsproblem zu lösen und den
Durschlag adäquat zu benennen, als es der tatsächliche Begriff dies zu leisten im
Stande ist (James 1977; Mead 1973).

Blue thingy hat die Wirklichkeit, zumindest auf dieser Etage des Studieren-
denwohnheims, verändert. Derartige Veränderungen bedeuten auch, dass Neues
in die Welt kommt. Es bleibt abschließend zu fragen, was die Quelle dieses Neu-
en war.

Es gibt unterschiedliche denkbarer Quellen des Neuen in kommunikativen
Prozessen. Diese Lösungen sind oftmals nicht das Werk eines bewusst planenden
Akteurs und auch sonst schwerlich alleine einer Quelle zuzurechnen (Reichertz
2009: 238 f), sei dies die Kreativität eines reflexiven Akteurs (Mead 1973; Tomasello 2003), die Interaktionsdynamik (vgl. Goffman 2005) der verändernden Kraft
der Wiederholung sozialer Praktiken (Hörning 2004) oder der Widerspenstigkeit
von Objekten – wie in diesem Falle von blue thingy (Hörning 2001; Reckwitz 2010;
Latour 2008), hier in Kombination mit einer Situation ergebnisoffenen Handelns,
dessen ‚Situiertheit' (vgl. Goffman 2005) nicht unter den Studierenden geklärt ist
und unter der Bedingung von Interkulturalität auch dem Mangel an tradierten
kommunikativen Praktiken geschuldet ist.

Blue thingy ist Nicoles Ausführungen zufolge *nicht* das Ergebnis eines bewusst geplanten Handlungsvorgangs, sondern hat sich situativ aus dem Handlungsdruck eines Akteurs ergeben und sich in Wiederholungen bei den Beteiligten durch die Bezeichnungspraxis in den Körper und dessen Ausdrucksrepertoire
eingeschliffen. Irgendwann hat *man* im Laufe der Zeit den Durchschlag mit blue
thingy bezeichnet.

Natürlich darf man nicht so weit gehen, dass sich durch blue thingy die Wirklichkeit der Austauschstudierenden vollständig gewandelt hat. Austauschstudierende sind eine temporäre Interaktionsgemeinschaft. Vielmehr partizipieren Akteure heutzutage an einer Vielzahl von sozialen Praktiken in unterschiedlichen
Gruppen und werden auf diese Weise mit unterschiedlichen Wirklichkeitsauffas-

sungen konfrontiert. Bereits vor einhundert Jahren schrieb Dewey dazu: „Brüche und Unvereinbarkeiten kommen in der gemeinsamen Kultur ebenso vor wie im individuellen Leben" (Dewey 2007: 8). Dieses Phänomen bezeichnet Reckwitz als ‚kulturelle Interferenzen' (Reckwitz 2010), da Akteure mit differierenden Wirklichkeitsauffassungen konfrontiert werden. Diese Erfahrungen in unterschiedlichen Wirklichkeiten sollen nach Bettmann und Roslon (vgl. Einleitung zu diesem Band) unter dem Begriff ‚diverse sense' verhandelt werden.

Derartige Wirklichkeiten stellen, mit Wittgenstein gesprochen, ‚Zwischenglieder' dar (Wittgenstein 1993: 132). Wittgenstein meint damit Überlappungen von Handlungspraktiken, bei denen das Agieren des Anderen aus der eigenen Wirklichkeitsauffassung heraus verständlich wird. Zwischenglieder, so Wittgenstein können ge- oder erfunden werden. Handelt es sich bei den gefundenen Zwischengliedern um bekannte Handlungsformen fremder Kulturen so kann im Fall von blue thingy konstatiert werden, dass das gerade nicht der Fall ist. Stattdessen werden Zwischenglieder erfunden, indem eine ‚gemeinsame menschliche Handlungsweise' etabliert wird (Wittgenstein 2001: § 206). In Wittgensteins Ausführungen dient das Zwischenglied als tertium comperationis zwischen zwei Kulturen, aber es spricht sicherlich vieles das dafür, dass derartige Zwischenglieder im Rahmen der Kommunikationstheorie schrittweise zu einer Anähnlichung von Wirklichkeitsauffassungen führen.

Blue thingy zeigt, wie das Aufeinandertreffen von Akteuren mit differenten kulturell geprägten Wirklichkeiten nicht in Missverständnisse ausartet, sondern der Beginn fruchtbarer Kommunikationsbeziehungen ist, d. h. man die Genese sozialer Praktiken betreibt, die einen Wandel der Wirklichkeit einleiten.[4]

## 7    Erkenntnisse für die interkulturelle empirische Kommunikationsforschung

Die interkulturelle hermeneutische Forschung sollte den hier getätigten Ausführungen zufolge in den Blick nehmen, wie Akteure Handlungsprobleme in interkulturellen Kommunikationssituationen gemeinsam lösen – anstatt lediglich die Gründe für Kommunikationsprobleme herauszuarbeiten. Die gemeinsame

---

4    Dies bedeutet nicht, dass es für eine qualitativ arbeitende Sozialforschung nicht mehr gilt, ‚Dichte Beschreibungen' zu liefern (Geertz 1987), sondern den Prozess des Aushandelns von Bedeutungen und dessen Rahmenbedingungen in den Blick zu nehmen, da hier vielfältige Quellen des kulturell Neuen liegen.

Problemlösung *kann* zur Genese neuer sozialer Praktiken führen. Zu diesem Zweck gilt es, das Trajekt oder genauer die Genese des Trajekts zu rekonstruieren (Strauss 1993).

Um derart dynamische interkulturelle Kommunikationsprozesse in den Blick zu nehmen, muss ein methodischer Zugang zu der Genese der Praktiken ermöglicht werden. Die Teilnahme im Feld eignet sich, um solch kreative Praktiken aufzuspüren. Die Ethnographie kann in ihren beiden Ausrichtungen – als teilnehmender Beobachtung und als beobachtender Teilnahme – von Nutzen für den Forschungsprozess förderlich sein. Als teilnehmende Beobachtung gerät das Feld unter den analytischen Blick des Forschers: es geht ihr darum, „wie die Wirklichkeiten praktisch ‚erzeugt‘ werden (Lüders 2003: 390; Hervorhebungen im Original), was sich mit der hier vorgeschlagenen Analyse der sozialen Praktiken deckt. Zugleich ist notwendig, dass der Forscher sich existenziell in das von ihm beobachtete Feld einlässt und eine temporäre Mitgliedschaft in der Gruppe erwirbt und auf diese Weise den Blick der Beforschten einnimmt (Honer 2003: 198 ff.).

Im Falle von blue thingy unterscheiden sich die Ebenen der teilnehmenden Beobachtung und beobachtenden Teilnahme, indem die teilnehmende Beobachtung den konkreten Verlauf möglichst kleinschrittig darstellt, und zwar bezogen auf den gesamten Ablaufprozess der Praktiken. Doch diese Daten bleiben so lagen ‚analytisch kalt‘ und deskriptiv, wie man selbst nicht in der Situation gewesen ist, umgeben von Menschen mit den man diese soziale Praxis (noch) nicht teilt und am eigenen Leibe erfährt, wenn so scheinbar alltägliche Praktiken wie die Bitte um einen Durchschlag oder ein Sieb ins Stocken geraten. In der Datenauswertung gilt es die subjektive Perspektive kenntlich zu machen (Mruck/Roth/Breuer 2003), damit das Kriterium der Nachvollziehbarkeit der wissenschaftlichen Darstellung und der Plausibilität für den Leser aufrechterhalten wird (Reichertz 2000).

Zur Dokumentation eignet sich im Idealfall die Videoaufzeichnung. Die Videoanalyse stellt gegenwärtig eine der zentralen Forschungsmethoden innerhalb der hermeneutischen Wissenssoziologie dar (Reichertz/Englert 2010). Durch Videographie (Tuma/Schnettler/Knoblauch 2013) erhalten der Forschende und die Interpretationsgruppe umfassendes Datenmaterial, das über sprachliche Interaktionsprotokolle oder narrative Stehgreiferzählungen (Schütze 1977; Küsters 2009) hinausgeht. Die Videoanalyse erlaubt es, den *nexus of doings and sayings* in Gänze sequentiell zu erfassen, indem körperliche Praktiken und die Interaktionsprotokolle aufgezeichnet werden. Durch das Abtragen aller Handlungen vor der Kamera auf einem Notationssystem kann der Forschende den gesamten Prozess sozialer Praktiken abbilden und anschließend analysieren (Moritz 2012).

Auf diese Weise kann es gelingen, die Interpretationsvorgänge, die Lesartenbildung und die daraus resultierende Falltypen(re-)konstruktion der sozialen
Praxis am Datenmaterial nachzuvollziehen. Für den konkreten Interpretations-
vorgang kann es sinnvoll sein, eine interkulturelle Forschergruppe einzusetzen,
um die Multiperspektivität der Ergebnisse zu fördern (Schröer in diesem Band).
Wenn dies nicht realisierbar ist, sollte auf die Zusammensetzung der Gruppe geachtet werden, die Forschungshintergründe der Interpreten und ihre persönlichen Erfahrungen, da dies den Raum der Deutungen und Interpretationen erweitert (Riemann 2011). Allerdings stellt sich dem Forschenden hier die Frage, aus
welcher Perspektive die Bedeutung der sozialen Praxis herausgearbeitet werden
soll: aus der deutschen Interaktionsgemeinschaft, da es sich bei dem vorliegenden Text um einen deutschen Text handelt? Oder aus einer englischen Perspektive, da blue thingy ein englischer Begriff ist? Oder der der anderen Nationen, die
am Kommunikationsprozess beteiligt waren. Macht es gar Sinn, mehrere Typen
zu rekonstruieren (Amelina in diesem Band)?

Jede hermeneutische Forschung muss sich eingestehen, dass die Reichweite
der Forschungsergebnisse an die Interaktionsgemeinschaft gebunden ist, vor deren Hintergrund die Ergebnisse produziert werden – selbst wenn der Forschungsgegenstand wie blue thingy interkulturelle Brücken schlägt. Das bedeutet, dass
es unvermeidlich ist, den Interpretationsprozess ethnozentristisch einzufärben,
weshalb qualitative Sozialforschung niemals für sich beanspruchen darf, kulturell losgelöste und wahre Ergebnisse zu produzieren. Stattdessen, so ein wichti-
ges Postulat der Wissenssoziologie, speisen die Wissenschaftler ihre Ergebnisse
selbst wieder in das Wirklichkeitskonstrukt einer Interaktionsgemeinschaft. Und
diese Interaktionsgemeinschaft(en), weder die des Alltagsmenschen noch die der
Wissenschaftler, ist heutzutage kulturell nicht mehr verschlossen: deutsche Interpretationen werden ins Englische und Spanische übersetzt und dort rezipiert,
d. h. auch Wissenschaft vernetzt ihre Muster und ihre Analyseergebnisse über die
Grenzen einer reinen Sprachgemeinschaft hinaus und legt ihre Argumentationen
und Interpretationen dorthin offen. Daher gilt es, den Forschungsprozess und
die eigenen Vorannahmen möglichst transparent und klar darzustellen. Diese
Form der Explikation soll dann dazu beitragen, den argumentativen Ausführungen zu folgen.

Blue thingy ist ein Beispiel dafür, dass interkulturelle Kommunikation unter
Handlungsdruck und ohne bei gegenseitiger Wertschätzung von einer Behilfsfor-
mulierung zur gültigen Wirklichkeit über nationale und kulturelle Grenzen hinweg gerinnen kann. Dabei nehmen spezifische Faktoren Einfluss auf den Weg zu
Konstruktion einer gemeinsamen Wirklichkeit. Die Widrigkeiten, die durch den

Durchschlag und die Interkulturalität die Handlung behindert, lassen den Versuch einer Verständigung folgen, der Homer J. Simpson darin widerlegt, dass jeder Versuch den ersten Schritt des Scheiterns darstellt: Kommunikation ist produktiv und trägt zur Entfaltung des kulturellen und sozialen Lebens bei, so wie blue thingy die Welt ein wenig verändert hat.

Im Übrigen – der Vollständigkeit halber – heißt Durchschlag auf Englisch colander. Diejenigen, die mit dem Begriff des Durchschlags ebenso wenig vertraut sind wie die deutschen Austauschstudierenden in Nicoles Bericht, können auf den Begriff sieve = Sieb zurückgreifen.

**Literatur**

Anderson Benedict (1996): Die Erfindung der Nation. Zur Karriere eines folgenreichen Konzepts. Frankfurt a. M.: Campus.

Berger, Peter L./Luckmann, Thomas (2003): Die gesellschaftliche Konstruktion der Wirklichkeit. Eine Theorie der Wissenssoziologie. Frankfurt am Main: Fischer

Dewey, John (2007): Erfahrung und Natur. Frankfurt am Main: Suhrkamp

Fuchs, Eberhard/Berg, Martin (1993): Kultur, soziale Praxis, Text. Die Krise der ethnographischen Repräsentation. Frankfurt am Main: Suhrkamp

Geertz, Clifford (1987): Dichte Beschreibung. Beiträge zum Verstehen kultureller Systeme. Frankfurt am Main: Suhrkamp

Goffman, Erving (2002): Wir alle spielen Theater. Die Selbstdarstellung im Alltag. München: Piper

Goffman, Erving (2005): Rede-Weisen. Formen der Kommunikation in sozialen Situationen. Konstanz: UVK

Hall, Stuart (1994): Die Frage der kulturellen Identität. In: ders.: Rassismus und kulturelle Identität. Ausgewählte Schriften 2. Hamburg: Argument

Hofstede, Geert (2011): Lokales Denken, globales Handeln. München: Dt. Taschenbuchverlag

Honer, Anne (2003): Lebensweltanalyse in der Ethnographie. In: Flick, Uwe/von Kardoff, Ernst/Steinke, Ines (Hrsg.): Qualitative Forschung. Ein Handbuch. Reinbek bei Hamburg: Rowohlt. 194–203

Hörning, Karl H. (2001): Experten des Alltags. Weilerswist: Vehlbrück

Hörning, Karl H. (2004): Soziale Praxis zwischen Beharrung und Neuschöpfung. Ein Erkenntnis- und Theorieproblem. In: Hörning, Karl H./Reuter, Julia (Hrsg.): Doing Culture. Neue Positionen zum Verhältnis zwischen Kultur und sozialer Praxis. Bielefeld: transcript

James, William (1977): Der Pragmatismus. Hamburg

Küsters, Ivonne (2009): Narrative Interviews. Grundlagen und Anwendungen. Wiesbaden: VS Verlag für Sozialwissenschaften

Latour, Bruno (2008): Wir sind nie modern gewesen. Frankfurt am Main: Suhrkamp

Lüders, Christian (2003): Beobachten im Feld und Ethnographie. In: Flick, Uwe/von Kardoff, Ernst/Steinke, Ines (Hrsg.): Qualitative Forschung. Ein Handbuch. Reinbek bei Hamburg: Rowohlt. 384–401

Malinowski, Bronislaw (2007): Argonauten des westlichen Pazifik. Eschborn: Klotz

Mead, George Herbert (1973): Geist, Identität und Gesellschaft. Aus Sicht des Sozialbehaviorismus. Frankfurt am Main: Suhrkamp

Moritz, Christine (2012): Die Feldpartitur. Multikodale Transkription von Videodaten in der qualitativen Sozialforschung. Wiesbaden: VS Verlag für Sozialwissenschaften

Mruck, Katja/Roth, Wolff-Michael/Breuer, Franz (2002): Subjectivity and Reflexivity in Qualitative Research I. In: Forum Qualitative Sozialforschung. Vol 3. No. 3

Reckwitz, Andreas (2010): Unscharfe Grenzen. Perspektiven der Kultursoziologie. Bielefeld: transcript

Renn, Joachim (1999): Der Tod des Kapitän Cook. Zur Pragmatik sozialer Integration am Beispiel einer interkulturellen Begegnung. In: Handlung, Kultur, Interpretation. 8. Jg. 5–27

Reichertz, Jo (2000): Zur Gültigkeit von Qualitativer Forschung. IN: Forum Qualitative Sozialforschung. Volume 1, No. 2, Art. 32. Abrufbar unter: http://www.qualitative-research.net/index.php/fqs/article/view/1101/2427. Letzter Abruf: 14. 09. 2012

Reichertz, Jo (2009): Kommunikationsmacht. Was ist Kommunikation und was vermag sie? Und weshalb vermag sie das? Wiesbaden: VS Verlag für Sozialwissenschaften

Reichertz, Jo (2012): Kommunikativer Konstruktivismus. In Vorbereitung.

Reichertz, Jo/Englert, Carina Jasmin (2010): Einführung in die qualitative Videoanalyse. Eine hermeneutisch-wissenssoziologische Fallanalyse. Wiesbaden: VS Verlag für Sozialwissenschaften.

Riemann, Gerhard (2011): Grounded theorizing als Gespräch: Anmerkungen zu Anselm Strauss, der frühen Chicagoer Soziologie und der Arbeit in Forschungswerkstätten. In: Mey, Günther/Mruck, Katja (2011): Grounded Theoy Reader. Wiesbaden: VS Verlag für Sozialwissenschaften

Sahlins, Marshall D. (1986): Historical Metaphors and mythical realities. University of Michigan Press

Schatzki, Theodore R. (1996): Social practices. A Wittgensteinian approach to human activity and the social. Cambridge: University Press

Schröer, Norbert (2009): Interkulturelle Kommunikation. Essen: Oldib Verlag.

Schütze, Fritz (1977): Die Technik des narrativen Interviews in Interaktionsfeldstudien. Hagen

Strauss, Anselm L. (1993): Continual Permutations of Action. New York: de Gruyter

Taylor, Charles (1995): Quellen des Selbst. Die Entstehung der neuzeitlichen Identität. Frankfurt am Main: Suhrkamp

Tomasello, Michael (2003): Die kulturelle Entwicklung menschlichen Denkens. Zur Evolution der Kognition. Frankfurt am Main: Suhrkamp

Thomas, Alexander (2009): Kultur und Kulturstandards. In: Thomas, Alexander/Kinast, Eva-Ulrike/Schroll-Machl, Sylvia (Hrsg.): Handbuch interkulturelle Kommunikation und Kooperation. Göttingen: Vandenhoeck & Ruprecht. 19–31

Tuma, René/Schnettler, Bernt/Knoblauch, Hubert (2013): Videographie. Einführung in die interpretative Video-Analyse sozialer Situationen. Unveröffentlichtes Manuskript

Wimmer, Andreas (1997): Kultur als Prozess. Zur Dynamik des Aushandelns von Bedeutungen. Wiesbaden: VS Verlag für Sozialwissenschaften

Wittgenstein, Ludwig (1993): „Bemerkungen über Frazers Golden Bough." In: ders. Philosophical Occasions: 1912–1951. Indianapolis & Cambridge: Hacket

Wittgenstein, Ludwig (2001): Philosophische Untersuchungen. Frankfurt am Main: Suhrkamp.

# Autorenangaben

**Anna Amelina,** geb. 1977, ist wissenschaftliche Mitarbeiterin an der Fakultät für Soziologie, Universität Bielefeld. Ihre Forschungsschwerpunkte sind Methodologie der Transnationalisierungsforschung, intersektionelle Ungleichheitsforschung, Kultursoziologie und Migrationsforschung. Ausgewählte Publikationen: Amelina, Anna/Nergiz, Devrimsel D./Faist, Thomas/Glick Schiller, Nina (Ed.) (2012): Beyond Methodological Nationalism. Research Methodologies for Cross-Border Studies. Routledge; Amelina, Anna (2012): Methodologies on the Move: Transnational Turn in the Empirical Migration Research", Ethnic and Racial Studies, Special Issue 35 (10) (Gastherausgeberschaft gemeinsam mit Faist, Thomas und Nergiz, Devrimsel D.)

**Norbert Schröer,** geb. 1953, ist Professor für ‚Empirische Sozialforschung mit dem Schwerpunkt Qualitative Methoden' am Fachbereich Sozial- und Kulturwissenschaften der Hochschule Fulda. Seine Forschungsschwerpunkte sind Methodologie und Methoden der Qualitativen Sozialforschung; Interkulturelle Kommunikation und Interkulturelle Hochschulbildung. Ausgewählte Publikationen: Schröer, Norbert (2002): Verfehlte Verständigung: Kommunikationssoziologische Fallanalyse zur interkulturellen Kommunikation. Konstanz. UVK; Schröer, Norbert (2009): Interkulturelle Kommunikation. Einführung. Essen: Oldib; Schröer, Norbert/Bidlo, Oliver (Hrsg.) (2011): Die Entdeckung des Neuen. Qualitative Sozialforschung als Hermeneutische Wissenssoziologie. Wiesbaden: VS Verlag für Sozialwissenschaften

**Almut Zwengel,** geb. 1963, ist Professorin für Soziologie mit Schwerpunkt interkulturelle Beziehungen an der Hochschule Fulda. Ihre Forschungsschwerpunkte sind Migrationssoziologie, qualitative Sozialforschung und Sprachsoziologie. Ausgewählte Publikationen: Zwengel, Almut (2008): ‚Wenn die Worte fehlen …'. Wie Migrantinnen mit geringen deutschen Sprachkenntnissen ihren Alltag gestalten. In: Hentges, Gudrun/Hinnenkamp, Volker/Zwengel, Almut (Hrsg.): Migrations- und Integrationsforschung in der Diskussion. Biografie, Sprache und Bildung als zentrale Bezugspunkte. Wiesbaden: VS Verlag für Sozialwissenschaften.

205–227. Zwengel, Almut/Paul, Laura (2009): Spracherwerb und Generationen-verhältnis. Wenn Eltern durch ihre Kinder lernen. In: Dirim, Inchi/Mecheril, Paul (Hrsg.): Migration und Bildung. Soziologische und erziehungswissenschaftliche Schlaglichter. Münster: Waxmann. 79–98

**Ana Mijić,** geb. 1979, war bis 2011 Assistentin am Institut für Soziologie der Universität Wien. Seit Oktober 2011 ist sie Fellow des IFK – Internationales For-schungszentrum Kulturwissenschaften in Wien. Ihre Forschungsschwerpunkte sind Wissenssoziologie, Identitäts- und Ethnizitätsforschung. Ausgewählte Pu-blikationen: Mijić, Ana (2010): Verletzte Identitäten? Zur Transformation von Deutungsmustern in Bosnien und Herzegowina des Nachkriegs. In: Hans-Georg Soeffner, DGS (Hg.): Transnationale Vergesellschaftung. Verhandlungen des 35. Kongresses der Deutschen Gesellschaft für Soziologie in Frankfurt/M. 2010. Wiesbaden: VS Verlag für Sozialwissenschaften; Mijić, Ana/Neckel, Sighard/von Scheve, Christian/Titton, Monica (Hg.) (2010): Sternstunden der Soziologie. Weg-weisende Theoriemodelle des soziologischen Denkens. Frankfurt am Main/New York: Campus

**Halyna Leontiy,** geb. 1973, ist Lehrende am Germanistischen Institut der WWU Münster sowie Associate Research Fellow am Kulturwissenschaftlichen Institut Essen (Leitung des DFG-Forschungsprojektes „Migration und Komik"). Ihre For-schungsschwerpunkte sind Interkulturalität und Mehrsprachigkeit, Migrations- und Osteuropaforschung, Soziologie der Komik, Methoden der qualitativen So-zialforschung und Gender-Studies. Ausgewählte Publikationen: Leontiy, Halyna (2009): Deutsch-ukrainische Wirtschaftskommunikation. Ethnographisch-ge-sprächsanalytische Fallstudien. Wiesbaden: VS Verlag für Sozialwissenschaften; Drews-Sylla, Gesine/Dütschke, Elisabeth/Leontiy, Halyna/Polledri, Elena (Hrsg.) (2010): Konstruierte Normalitäten – Normale Abweichungen. Wiesbaden: VS Verlag für Sozialwissenschaften; Leontiy, Halyna (2012): Komik, Kultur und Mi-gration. Institutionalisierte Komik und Alltagskomik in deutsch-türkischen und russlanddeutschen Kontexten. Erscheint in: LiTheS, Heft 8

**Ingo Haltermann,** geb. 1978, ist Associate Junior Fellow am Kulturwissenschaft-lichen Institut Essen. Seine Forschungsschwerpunkt sind Mensch-Umwelt-Bezie-hungen, Klimafolgenforschung, geographische Risikoforschung, und Urbanistik, regionaler Schwerpunkt: Subsahara-Afrika. Ausgewählte Publikationen: Halter-mann, Ingo (2012): The perception of natural hazards in the context of human (in-)security. In: Luig, Ute (ed.): Negotiating Disasters: Politics, Representation,

Meanings. Frankfurt a. M., Berlin, Bruxelles, New York, Oxford, Wien: Peter Lang Verlag; Haltermann, Ingo (2011): Vom Alltagsrisiko zur Katastrophe. In: SWS-Rundschau. Jg. 51. Nr. 3. 349–366

**Lois Chidalu Nwokey,** geb.1983; ist wissenschaftliche Hilfskraft am Fachbereich Sozial- und Kulturwissenschaften der Hochschule Fulda. Ihre Forschungsschwerpunkte sind Humanitarismus und Interkulturelle Konfliktforschung; Publikation: Nwokey, Lois Chidalu (2012): Humanitarianism and Conflict Management in Africa: A case of the Nigeria-Biafra war. MS Fulda

**Adiam Zerisenai,** geb. 1981; ist wissenschaftliche Hilfskraft am Fachbereich Sozial- und Kulturwissenschaften der Hochschule Fulda. Ihre Forschungsschwerpunkte sind nachhaltige Entwicklungszusammenarbeit; Globalisierung und Migration. Publikation: Zerisenai, Adiam (2011): Zur Lebenswelt von Bildungsausländern. MS Fulda

**Martin Bittner,** geb. 1982, ist Erziehungswissenschaftler und wissenschaftlicher Mitarbeiter am Arbeitsbereich Anthropologie und Erziehung der Freien Universität Berlin. Seine Forschungsschwerpunkte sind Ethnographische Unterrichtsforschung, Praxistheorie, Diskursethnographie und Diskursanalyse. Ausgewählte Publikationen: Bittner, Martin/Wulf, Christoph/Clemens, Iris/Kellermann, Ingrid (2012): Unpacking recognition and esteem in school-pedagogics. In: Ethnography and Education 7(3). 151–173; Bittner, Martin (2010): Soziale Unruhen – zur Sicherheit der Gesellschaft? Der banlieue-Diskurs in deutschen Printmedien. In: Groenemeyer, Axel (Hrsg.) (2010): Wege der Sicherheitsgesellschaft. Gesellschaftliche Transformationen der Konstruktion und Regulierung innerer Unsicherheiten. Wiesbaden: VS Verlag für Sozialwissenschaften

**Marga Günther,** geb. 1963, ist Soziologin, Sozialpädagogin, und Professorin für Theorien und Methoden der Sozialen Arbeit an der Ev. Hochschule Darmstadt. Ihre Arbeitsschwerpunkte sind Jugend- und Adoleszenzforschung, Migrationssoziologie, Bedeutung von Körper, Sexualität und Geschlecht in Sozialisationsprozessen, soziale Ungleichheiten, Theorien und Methoden der Beratung, und Methoden und Methodologien hermeneutischer Sozialforschung. Ausgewählte Publikationen: Günther, Marga (2009): Adoleszenz und Migration. Adoleszenzverläufe weiblicher und männlicher Bildungsmigranten aus Westafrika. Wiesbaden: VS Verlag für Sozialwissenschaften; Günther, Marga (2012): Körper und Körperlichkeiten: Inszenieren, Präsentieren und Erleben. In: Liebsch, Katharina

(Hrsg.): Jugendsoziologie. Über Adoleszente, Teenager und neue Generationen.
München: Oldenbourg Verlag. 115–134

**Edith Enzenhofer,** geb. 1970; ist wissenschaftliche Projektleiterin am Forschungsinstitut des Roten Kreuzes. Ihre Arbeitsschwerpunkte sind Migrationsforschung,
qualitative und quantitative Methodik unter Berücksichtigung transkultureller
Aspekte.

**Katharina Resch,** geb. 1983; ist Fachbereichsleiterin für Forschung bei den origo
Gesundheitszentren. Ihre Arbeitsschwerpunkte sind Gesundheitssoziologie, Al-
terns- und Pflegeforschung, seelische Gesundheit, Essstörungen und Burnoutprä-
vention. Ausgewählte Publikationen: Enzenhofer, E., & Resch, K. (2011). Überset-
zungsprozesse und deren Qualitätssicherung in der qualitativen Sozialforschung.
In: Forum Qualitative Sozialforschung, Mai 2011, Volume 12, No. 2, Art. 10; Resch,
Katharina/Enzenhofer, Edith (2012): Muttersprachliche Interviewführung an der
Schnittstelle zwischen Sozialwissenschaft und Translationswissenschaft: Relevanz,
Grundlagen, Herausforderungen. In: Kruse, Jan/Bethmann, Stephanie/Niermann,
Debora/Schmieder, Christian (Hrsg.): Qualitative Interviewforschung im Kontext
fremder Sprachen. Weinheim: Juventa

**Peter Stegmaier,** geb. 1969, ist Assistant Professor am Department of Science,
Technology, and Policy Studies (STePS), Institute for Innovation and Governance
Studies, School of Management and Governance der Universität Twente in den
Niederlanden und zugleich Assistant Professeur Associé an der Université du Lu-
xembourg. Er unterrichtet Theorien, Methoden und Projektarbeit in den Stu-
diengängen Public Administration, European Studies, Bestuurskunde, Health
Sciences und Philosophy of Science, Technology and Society sowie im Bache-
lor en Sciences de l'Éducation (professionel) in Luxemburg. Seine Arbeits- und
Forschungsschwerpunkte sind Wissenschafts-, Innovations- und Rechtspraxis-
forschung, Sozialtheorie, explorative-interpretative Methodologie und Phänomenologie, Wissen und Normativität, Organisations- und Schulethnografie, Musik als soziale Praxis. Wichtige Publikationen: Stegmaier, Peter (2009): Wissen,
was Recht ist. Richterliche Rechtspraxis aus wissenssoziologisch-ethnografischer
Sicht, Wiesbaden: VS Verlag für Sozialwissenschaften; Raab, Jürgen/Pfadenhauer,
Michaela/Stegmaier, Peter/Dreher, Jochen/Schnettler, Bernt (2008): Phänomenologie und Soziologie. Theoretische Positionen, aktuelle Problemfelder und empirische Umsetzungen, Wiesbaden: VS Verlag für Sozialwissenschaften; *Die ganze
Vernetzung der inneren Sicherheit: Wissenskrise und Effektivitätsmythos,* in: Möllers,

M. H. W. & Ooyen, R. Chr. van (Hg.), Jahrbuch Öffentliche Sicherheit 2008/2009. Frankfurt/M.: Verlag für Polizeiwissenschaft, S. 305–316 (2009)

**Jonas Grutzpalk,** geb. 1972, ist Professor für Politikwissenschaft und Soziologie an der FHöV NRW, Studienort Bielefeld. Seine Forschungsschwerpunkte sind Innere Sicherheit, Religion und Gesellschaft, Gewalt- und Konfliktforschung. Ausgewählte Publikationen: Grutzpalk, Jonas (2012): Online Dossier „innere Sicherheit" der bpb; mit Berhard Frevel als Hrsg. (2012): Vendetta; In: Encyclopedia of Immigrant Health; Sana Loue & Martha Sajatovic (Hrsg.); New York. 1469–1470; Grutzpalk, Jonas (2002): Blood Feud and Modernity. Max Weber's and Émile Durkheim's Theory. In: Journal of Classical Sociology 2. 115–134; Grutzpalk, Jonas (Hrsg.): Beiträge zu einer vergleichenden Soziologie der Polizei; Potsdam 2009

**Gernot Saalmann,** geb. 1963, ist Lehrbeauftragter in Soziologie an der Albert-Ludwigs-Universität Freiburg im Breisgau. Zudem war er 2010 Visiting Professor mit Erasmus Mundus am Department of Sociology der University of Pune (Indien) und 2011 Visiting Professor am Center for the Study of Social Systems an der Jawaharlal Nehru University in Delhi. Seine Forschungsschwerpunkte sind Soziologische Theorie (besonders Praxistheorie), Religionssoziologie, Interkulturalität und Verstehen, Kultursoziologie (insbesondere Musik und Film) und Globalisierungsprozesse (Fokus: Indien). Letzte Publikationen: Saalmann, Gernot (2011): „Classical Sociological Theories" (48 Seiten). Occasional Papers. Department of Sociology. Pune. Frei unter www.freidok.uni-freiburg.de/volltexte/7907. Saalmann, Gernot (2012): „Klassiker als Pioniere" In: Soziologie (3) 41. 311–16; Saalmann, Gernot (2012): „Soziologische Theorie. Grundformen im Überblick." Freiburg; Saalmann, Gernot (2013) „Zur Aktualität von Clifford Geertz. Einleitung in sein Werk." Wiesbaden: (im Erscheinen)

**Michael Roslon,** geb. 1980, ist wissenschaftlicher Mitarbeiter am Institut für Kommunikationswissenschaft der Universität Duisburg-Essen. Seine Forschungsschwerpunkte sind Praxistheorie, Ritual- und Spieltheorien, Interkulturelle Kommunikation. Ausgewählte Publikationen: Englert, Carina Jasmin/Roslon, Michael (2010): Design (be-)deutet die Welt. Ein Wegweiser durch die Kommunikationswissenschaft für DesignerInnen. Essen: hellblau. Englert, Carina Jasmin/Roslon, Michael (2010): Gemeinschaft für lau. Der Flashmob als kurzzeitige Form der Vergemeinschaftung. In: merz medien + erziehung. Zeitschrift für Medienpädagogik. Ausgabe 01/2010. 64–68.

**Richard Bettmann,** geb. 1982, ist wissenschaftlicher Mitarbeiter in dem DFG Projekt „Fremde Eigenheiten und eigene Fremdheiten. Interkulturelle Verständigung und transkulturelle Identitätsarbeit in globalisierten Arbeitskontexten am Beispiel deutsch-indischer Flugbegleitercrews" an der Universität Duisburg-Essen (in Kooperation mit dem Kulturwissenschaftlichen Institut Essen [KWI]) sowie wissenschaftlicher Mitarbeiter in dem Teilprojekt „Förderung der lokalen Interkultur" im Rahmen des Bund-Länder-Programms zur Verbesserung der Qualität in Studium und Lehre an der Hochschule Fulda. Seine Forschungsschwerpunkte sind Interkulturelle Kommunikation, Normalitäts- und Alteritätsforschung, Methoden der qualitativen Sozialforschung und kommunikations- und gesundheitssoziologische Fragestellungen im Zusammenhang mit Fragen der psychosozialen Gesundheit. Ausgewählte Publikationen: Bettmann, Richard/Schröer, Norbert (2012): Organisationale Kommunikationsmacht. Die Einbeziehung indischer Flugbegleiter in eine globalisierte Airline – ein Zwischenbericht. In: Knoblauch, Hubert/Keller, Reiner/Reichertz, Jo (Hg.): Kommunikativer Konstruktivismus. Wiesbaden: VS Verlag für Sozialwissenschaften. 275–293; Schröer, Norbert/Bettmann, Richard/Leifeld, Ulrich/Sharma, Anandita (2012): Protointerpretative Horizontverschmelzung: Zur Bildung einer ‚gemeinsamen Mitspielkompetenz' in einer multiperspektivischen Interpretengruppe. In: Schröer, Norbert/Hinnenkamp, Volker/Kreher, Simone/Poferl, Angelika (Hrsg.) (2012): Lebenswelt und Ethnographie. Essen: Oldib Verlag. 231–242

Druck: KN Digital Printforce GmbH · Schockenriedstraße 37 · 70565 Stuttgart